"十三五"国家重点出版物出版规划项目

· 经 / 济 / 科 / 学 / 译 / 丛 ·

Dynamic Optimization
The Calculus of Variations and Optimal Control in Economics and Management
(Second Edition)

动态优化
经济学和管理学中的变分法和最优控制
（第二版）

莫顿·I·凯曼 （Morton I. Kamien）
南茜·L·施瓦茨 （Nancy L. Schwartz） 著

王高望 译

中国人民大学出版社
· 北京 ·

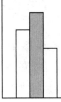

《经济科学译丛》总序

中国是一个文明古国，有着几千年的辉煌历史。近百年来，中国由盛而衰，一度成为世界上最贫穷、落后的国家之一。1949 年中国共产党领导的革命，把中国从饥饿、贫困、被欺侮、被奴役的境地中解放出来。1978 年以来的改革开放，使中国真正走上了通向繁荣富强的道路。

中国改革开放的目标是建立一个有效的社会主义市场经济体制，加速发展经济，提高人民生活水平。但是，要完成这一历史使命绝非易事，我们不仅需要从自己的实践中总结教训，也要从别人的实践中获取经验，还要用理论来指导我们的改革。市场经济虽然对我们这个共和国来说是全新的，但市场经济的运行在发达国家已有几百年的历史，市场经济的理论亦在不断发展完善，并形成了一个现代经济学理论体系。虽然许多经济学名著出自西方学者之手，研究的是西方国家的经济问题，但他们归纳出来的许多经济学理论反映的是人类社会的普遍行为，这些理论是全人类的共同财富。要想迅速稳定地改革和发展我国的经济，我们必须学习和借鉴世界各国包括西方国家在内的先进经济学的理论与知识。

本着这一目的，我们组织翻译了这套经济学教科书系列。这套译丛的特点是：第一，全面系统。除了经济学、宏观经济学、微观经济学等基本原理之外，这套译丛还包括了产业组织理论、国际经济学、发展经济学、货币金融学、公共财政、劳动经济学、计量经济学等重要领域。第二，简明通俗。与经济学的经典名著不同，这套丛书都是国外大学通用的经济学教科书，大部分都已发行了几版或十几版。作者尽可能地用简明通俗的语言来阐述深奥的经济学原理，并附有案例与习题，对于初学者来说，更容易理解与掌握。

经济学是一门社会科学，许多基本原理的应用受各种不同的社会、政治或经济体制的影响，许多经济学理论是建立在一定的假设条件上的，假设条件不同，结论也就不一定成立。因此，正确理解掌握经济分析的方法而不是生搬硬套某些不同条件下产生的结论，才是我们学习当代经济学的正确方法。

　　本套译丛于 1995 年春由中国人民大学出版社发起筹备并成立了由许多经济学专家学者组织的编辑委员会。中国留美经济学会的许多学者参与了原著的推荐工作。中国人民大学出版社向所有原著的出版社购买了翻译版权。北京大学、中国人民大学、复旦大学以及中国社会科学院的许多专家教授参与了翻译工作。前任策划编辑梁晶女士为本套译丛的出版做出了重要贡献，在此表示衷心的感谢。在中国经济体制转轨的历史时期，我们把这套译丛献给读者，希望为中国经济的深入改革与发展做出贡献。

《经济科学译丛》编辑委员会

动态优化——经济学和管理学中的变分法和最优控制（第二版）

第四次印刷序言

我依旧为当代学生对本书的热情而感到兴奋。知道它能帮助他们获取本书所覆盖的知识，我感到很高兴。

作为"越小即越多"理论的应用，我力图排除在上一次印刷中能发现的打印错误。在这项任务中，我得到了爱达荷大学 S. Devadoss 教授的帮助。

第二版序言

世界各地的学生对本书第一版的热情接受提示我服从建议，不要修改既有的体系。然而，对这个学科的学生来说，动态优化方法已经有许多有用的新的理论进展和应用。新的进展包括如何做比较动态分析，如何在计划期内最优地从一个状态方程转换到另一个状态方程，以及如何通过利用积分状态方程来考察最优化问题的系统的历史。这些新进展中的每一个要么包含在以前存在的章节中，要么包含在一个全新的章节中。本教材包括这些新进展的应用例子，或者提供相关的参考文献。

最重要的补充是关于微分博弈的章节。自从本书第一版出版以来，博弈理论的分析方法几乎在经济学和管理科学中无处不在。特别地，通过模型化为微分博弈，经济学和管理学的问题已经得到许多有趣的洞见。最优控制和连续时间的动态规划方法是分析这类博弈问题的标准方法。因此，加进这个主题看起来是必要的。

关于解释，我试图坚持在第一版中被证明是成功的相同的表述风格和水平。因此，重点依然是在非正式的富有直觉的水平上为学生提供专业的技术。由于在 Feichtinger 和 Hartl, Seierstad 和 Sydsaeter 写的教科书以及 Basar 和 Olsder, Mehlmann 写的微分博弈书中出现了最优控制方法更正式的解释，这个目标变得更容易保持。在整本书中，我努力改进解释并提供新的洞见。在我最喜欢的物理学家的鼓励和帮助下，我加入了变分法在物理学中的几个经典应用。

由于 Richard Hartl 对第一版提出了许多非常有思想性和有用的评论，我想对他表示感谢。Stuart Halliday 提供了极好的打字技术和非常有帮助的编辑意见。每当我对任务的热情减弱时，Carolyn Settles 都会鼓励我继续进行下去。也特别感谢我的妻子 Lenore 和儿子 Randall，他们在整个过程中耐心地陪伴着我。

准备这个新版的最困难和最痛苦的部分是失去了我的合作者南茜·L·施瓦茨，没能与她分享第一版的成功并让她帮助我写这个版本。要不是因为她，绝对不会有第一版。因此，这个版本也是为了纪念她。

莫顿·I·凯曼

第一版序言

我们一直认为短期最优行动在长期不一定是最优的。因此，我们从长期的、动态的观点研究各种经济学和管理科学项目。除了使用动态优化作为研究工具的经验之外，近十年来，我们在西北大学教授这些方法。我们发现大量文章使用这些方法，每年又会增多，也发现一些高级的数学和工程学教材，但是缺少在相对初级的水平上系统介绍这些方法的教材。本书的产生源于我们的研究和课堂经验，以满足经济学和管理学学生的需要。

我们努力简要地解释这些方法并说明它们的应用；在其他地方可以找到更高水平的书。我们使用了很多从文献中采集或者引发的例子和解释。我们认为，这是一本高度可读的关于变分法和最优控制以及它们在经济学和管理学中应用的导论。

我们把注意力限制在连续时间的问题。这反映了个人偏好、我们对文献缺口的觉察和篇幅限制。当然，许多有趣的问题也可以用离散时间方法同样好或更好地处理。尽管知道它们的重要性和用处，但我们还是决定省略它们。

本教材大量地借鉴了文献，对于博学的读者来讲，这是显而易见的。我们没有标记每一个来源，特此对那些我们大量援引的且在参考文献中提到的教材和论文表示感谢。

本书曾作为学过微观经济学和非线性规划（Kuhn-Tucker定理）的经济学和管理学一年级博士生的教材。它也适用于数理社会科学或者经济学和数学高年级本科生。最后，它也十分适用于自学。

第 I 部分讨论了变分法，而最优控制是第 II 部分的主题。这两种方法紧密相关，在整个第 II 部分的习题中，学生被多次要求注意它们之间的联系。第 II 部分是在假设读者已经熟悉第 I 部分主体的情况下编写的。

我们假设读者熟悉多变量微积分。附录 A 回顾了很多用到的微积分结果。这个附录可以作为微积分最优化的导论。尽管微分方程的一些预备知识是有帮助的，但它不是必要的。附录 B 是微分方程中一些必要事实和技术的自备导论。

　　大多数章节都有习题，它们是学习计划不可分割的一部分。有些习题是章节中所建立的理论的常规扩展；这些习题打算用来巩固已经采用的想法，并提供适度的扩展。其他习题是常规的数值计算问题；再说一次，我们坚定地认为做常规习题是阅读和仿效教材中研究的实例的有益补充。有些习题不是常规扩展。最后，有些问题在应用文献中被提到，不仅作为练习，而且指明了方法的进一步应用。目录表明了教材中所讨论的主要应用和每一节的习题。

　　有些章节包含了进一步阅读的评论。我们引用了可以找到这些理论的教材和论文，也提到了一些应用理论的代表性论文。所有引用和附加的参考文献都在教材结尾。

　　利用一个分层系统，公式可以用圆括号内的数字来查阅。单个数（n）是当前章节的第 n 个方程；(s, n) 是书中同一部分第 s 节的第 n 个方程；(Ps, n) 是书中第 P 部分或者附录 P 第 s 节的第 n 个方程。例子、章节和习题都用同一个数字系统查阅，例 1 是这部分的第一个例子，例 5.1 是第 5 节的第一个例子，例 I 5.1 是第 I 部分第 5 节的第一个例子。

　　导数和偏导数分别用上撇号和下标来表示。撇号表示函数关于自变量的导数。因此，$f'(x) = df/dx$，$x'(t) = dx/dt$。两个撇号代表二阶导数：$f''(x) = d^2 f/dx^2$，$x''(g) = d^2 x/dt^2$。偏导数经常用下标来表示；有时给出自变量的名字，有时给出数字或者阶数：$f_x(x, y) = f_1(x, y) = \partial f/\partial x$。自变量 t 经常省略。通常 x 是 t 的函数，有时表示为 $x(t)$。

　　我们感谢十年来的学生、许多同事和评论者，感谢他们启发和帮助我们澄清思考和表达，并且减少了错误。我们特别感谢 R. Amit, R. Braeutigam, R. deBondt, M. Intriligator, S. Kawasaki, E. Muller, S. Ochiai, Y. Ohta 和 H. Sonnenschein 等人的帮助。对于手稿的数不清的草稿，许多打字员帮助了我们，包括 Judy Hambourger, Laura Coker，特别是 Ann Crost。我们感谢凯洛格研究生管理学院、管理经济学和决策科学高级研究中心以及 IBM 的资助。当我们编写本书的时候，Lenore 和 Randall Kamien 给予了必要的耐心。

莫顿 · I · 凯曼

南茜 · L · 施瓦茨

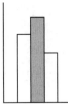

目　录

第 I 部分　变分法

第 II 部分 最优控制

附录 A 微积分和非线性规划

附录 B　微分方程

目　录

第 I 部分

变分法

1. 引　言

我们在幼时就被教导过提前计划的必要性。通过使某些机会可用以及排除其他机会和改变另外一些机会的成本，当前的决策影响未来的事件。如果当前的决策不影响未来机会，计划问题就不重要了。那时，我们仅需要对当前做出最好的决策。

本书处理求解连续时间计划问题的分析方法，即被称为变分法和最优控制的动态优化方法。连续时间动态问题的解是连续函数（或者函数集合），其表明了变量跨越时间（或者空间）而遵循的最优路径。

变分法的起源通常追溯到 John Bernoulli 于 1696 年提出的最速降线问题以及由他和他的兄弟于 1697 年独立给出的解。（如果一个小的物体在重力的影响下运动，哪条路径可以使它在最短的时间内走完全程？）Euler 和 Lagrange 解决了其他的特殊问题，并创立了一套一般的数学理论。变分法最成功的应用在于理论物理，特别在与汉密尔顿原理或者最小行动原理有关的方面。在 20 世纪 20 年代晚期和 30 年代早期，Roos，Evans，Hotelling 和 Ramsey 把它最早应用于经济学，此后，它的进一步应用偶尔有出版。

随着数学家以及诸多经济学家和管理科学家对某些动态问题重燃兴趣，现代的研究开始于 20 世纪 60 年代早期。通过拓展其应用范围，最优控制理论推广了变分法。它由 Pontryagin 和他的合作者于 20 世纪 50 年代晚期在苏联创立并于 1962 年出版了英文版。同时，经济学家对最优经济增长模型（几十年前由 Ramsey 开创）感兴趣，而管理学家在研究最优存货政策。这些研究者是动态分析新工具的"现货市场"，应用很快就开始了。在 20 世纪 50 年代由 Richard Bellman 创立的动态规划也激发了兴趣。当然，这些数学工具被应用于许多其他领域，比如天文学和化学工程。现在，变分法和最优控制几乎是经济学和管理科学中的标准方法。本书致力于讲解这些方法和它们在这些领域中的应用。

在静态问题中，我们寻找一个最优的数或者数的有限集合。例如，企业可能寻找产出水平 x^* 以最大化由生产和出售 x 单位产品而产生的利润 $F(x)$：

$$\max_{x \geqslant 0} F(x)。 \tag{1}$$

这个问题的答案是一个数 x^*。如果 $F(x)$ 有一个特殊的函数形式，数 x^* 就可以精确地确定。否则，就由函数 F 来刻画。如果 F 是连续可微的且生产是合算的，x^* 通常就会满足一阶必要条件 $F'(x^*) = 0$。

在另一个例子中，可以同时选择几个变量：

$$\max F(x_1, \cdots, x_n)$$
$$\text{s. t. } x_t \geqslant 0, \quad i = 1, 2, \cdots, n,$$

其中，$F(x_1, \cdots, x_n)$ 是利润函数，x_i 是第 i 种产品的数量，$i = 1, \cdots, n$。解是 n 个数的集合 $x_1^*, \cdots, x_n^*$，代表为了最大化利润而生产和销售的每一种产品的数量。

问题（1）的多期离散时间推广涉及在每个时期 t 选择要生产和出售的产品数量 x_t：

$$\max \sum_{t=1}^{T} F(t, x_t) \tag{2}$$
$$\text{s. t. } x_t \geqslant 0, \quad t = 1, \cdots, T。$$

最优解是 T 个数的集合 $x_1^*, \cdots, x_T^*$。因为任何一期的产出仅影响该期的利润，所以问题（2）就退化成一个静态问题序列，也就是说，在每期选择一个产出水平最大化当期利润。这样，T 个变量满足的 T 个一阶条件分解成 T 个互不相关的条件，每个条件涉及一个单独变量。扩展到 n 种商品将是显然的。

如果当期产出水平不仅影响现在的利润而且影响后期的利润，问题就变成真正动态的了。例如，由于改变生产率的成本（例如，雇佣和解雇的成本），当期利润可能既依赖于当期的产出又依赖于过去的产出：

$$\max \sum_{t=1}^{T} F(t, x_t, x_{t-1}) \tag{3}$$
$$\text{s. t. } x_t \geqslant 0, \quad t = 1, \cdots, T,$$

在做计划的时刻 $t = 0$，有一个产出水平 x_0。注意，x_0 一定要规定好，因为它影响时期 1 的可用利润。最优解满足的 T 个一阶条件不是分离的；它们必须同时求解。

与问题（2）类似的连续时间问题是

$$\max \int_0^T F(t, x(t)) dt \tag{4}$$
$$\text{s. t. } x(t) \geqslant 0。$$

解 $x^*(t)$，$0 \leqslant t \leqslant T$，是一个函数，它给出在整个计划期内每个时刻企业的最优生产率。像问题（2）一样，这不是一个真正的动态问题，因为任何时刻 t 的产出仅影响当期利润。最优解是选择 $x(t)$ 以最大化每个时刻 t 的利润 $F(t, x(t))$。

问题（3）的连续时间对应表达不是很直接。因为时间是连续的，所以"过去期"的含义不清楚。它与当期利润不仅依赖于当期产出而且依赖于产出关于时间的变化率的观点有关。产出的跨时变化率是 $x'(t)$。因此，问题可以写为

$$\max \int_0^T F(t, x(t), x'(t)) dt$$

s. t. $x(t) \geqslant 0$，$x(0) = x_0$。

解的必要条件将推迟到给出更多连续时间动态优化问题的例子之后。

例 1　一家企业接到一个到 T 时刻交割 B 单位产品的订单。它寻找以最小成本在规定的交割期完成订单的生产计划。谨记单位生产成本随着生产率线性增加，而单位时间的单位持有成本是常数。令 $x(t)$ 代表到 t 时刻为止积累的存货。于是，我们有 $x(0) = 0$ 并且必须达到 $x(T) = B$。任何时刻的存货水平是积累的过去的产出；存货的变化率是生产率 $dx/dt = x'(t)$。这样，企业在任何时刻 t 的总成本是

$$[c_1 x'(t)] x'(t) + c_2 x(t) = c_1 [x'(t)]^2 + c_2 x(t),$$

其中，第一项是总生产成本，即单位生产成本和生产水平的乘积；第二项是持有存货的总成本；c_1 和 c_2 是正常数。企业的目标是在 $0 \leqslant t \leqslant T$ 上确定生产率 $x'(t)$ 和存货积累路径 $x(t)$ 以

$$\min \int_0^T [c_1 (x'(t))^2 + c_2 x(t)] dt$$

s. t. $x(0) = 0$，$x(T) = B$，$x'(t) \geqslant 0$。

一个可能的生产计划是以相同的速率进行生产，即 $x'(t) = B/T$。那么，$x(t) = \int_0^t (B/T) ds = Bt/T$，而导致的总成本将是

$$\int_0^T [c_1 (B/T)^2 + c_2 Bt/T] dt = c_1 B^2/T + c_2 BT/2。$$

尽管这是一个可行的计划，但是它没有最小化成本。

例 2　利用 t 时刻的资本存量 $K(t)$，产品可以以速率 $F(K)$ 生产出来。生产函数 F 是二阶连续可微、递增和凹的。产品可以被消费而直接得到满足感，或者它可以被投资用于扩大资本存量和未来的生产能力。因此，产出 $F(K)$ 是消费 $C(t)$ 和投资 $K' = dK/dt$ 之和。问题是，通过在每个时刻 t 选择要投资的产出比例，最大化在某个规定时期内的消费效用。这意味着选择资本存量的增长率 K' 来

$$\max \int_0^T U(C(t)) dt \text{ 或者 } \max \int_0^T U[F(K(t)) - K'(t)] dt$$

s. t. $K(0) = K_0$，$K(T) \geqslant 0$，

其中，消费的效用函数 U 是二阶连续可微的、递增的和凹的。

如果资本不是完美的耐用品，而是以不变的比率 b 衰减，为了保持存量不变（参见本部分附录），以比率 $bK(t)$ 进行再投资是必要的，因此 $F(K) = C + K' + bK$。因此，可用于消费的数量等于产出减去用于补充资本存量的数量和资本存量的净变化。并且，如果未来的满意度以速率 r 贴现（参考本部分附录），问题就是

$$\max \int_0^T e^{-rt} U[F(K(t)) - K'(t) - bK(t)] dt$$

s. t. $K(0) = K_0$，$K(T) \geqslant 0$。

例 3　令 $P(K)$ 为由生产性资本存量 K 赚得的排除资本成本的利润率。如果企业

对价格没有影响，那么 $P(K)=pF(K)$，其中，p 是市场价格，$F(K)$ 为由资本存量 K 获得的产出。假设函数 P 或 F 是二阶可微、递增（至少对于自变量的较小和中等大小的数值而言）和凹的。资本存量以不变比率 b 衰减，因此 $K'=I-bK$，其中，I 是总投资，即资本的总增加。资本以比率 I 毛增加的成本是 $C(I)$，其中，C 是递增的凸函数。如果投资品有常数价格 c，那么 $C(I)=cI$。

我们试图最大化给定计划期 $0 \leqslant t \leqslant T$ 内利润流的现值：

$$\max \int_0^T e^{-rt} [P(K) - C(K' + bK)] dt$$

$$\text{s. t. } K(0) = K_0, \quad K(T) \geqslant 0,$$

其中，$K=K(T)$，$K'=K'(t)$。回顾一下，$I=K'+bK$。

这个例子可以被解释为如下问题：K 是"人力资本"，$P(K)$ 是由人力资本 K 带来的收益，$C(I)$ 是教育和培训成本，b 是遗忘率。或者，K 是公司的信誉存量；那么 $P(K)$ 就是信誉为 K 的情况下公司的最大收益率，$C(I)$ 是为了增强信誉在广告和推广方面的支出。在其他背景下，K 是要出租的耐用品存量，$P(K)$ 是要收取的租金，$C(I)$ 是生产或者获取额外租金的成本。最后，K 可以是健康状态或者健康资本，$P(K)$ 是与健康 K 有关的收益或者福利，$C(I)$ 是在预防性卫生保健方面的支出。

应用范围远远超出这三个例子所表明的程度。而且，除了跨时问题，相同的数学技巧也被用于跨越空间的问题，例如，被用于城市的最优设计。接下来，我们指出几个经典的几何问题。

例 4 寻找平面上两点 (a, A) 和 (b, B) 之间的最短距离。为了更正式地陈述问题，回顾直角三角形弦长度的平方等于其他两个侧边长度的平方和。这样，一个小距离可以表示为 $ds = [(dt)^2 + (dx)^2]^{1/2} = [1 + x'(t)^2]^{1/2} dt$（参见图 1.1）。因此，要最小化的路径长度为

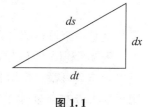

图 1.1

$$\int_a^b [1 + x'(t)^2]^{1/2} dt, \text{ s. t. } x(a) = A, x(b) = B_\circ$$

例 5 求由一条长度为 L 的曲线和一条直线在平面上围成的最大区域的面积。这是一个类似的代数问题的推广，即寻找包围最大区域而周长为 L 的矩形。这个代数问题仅涉及选择两个参数（长度和宽度），因为要求是矩形。在当前问题中，我们也要求曲线的形状。

特别地，我们求能够被一条长度为 L 的细线和一条直线所围成的最大区域的面积，细线从直线上的点 $(0, 0)$ 出发到点 $(T, 0)$ 结束（见图 1.2）：

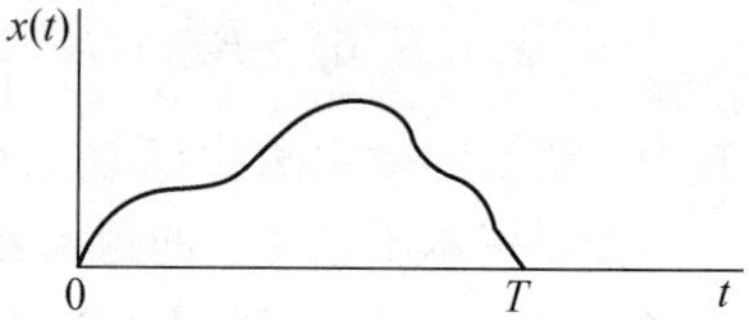

图 1.2

$$\max \int_0^T x(t) dt$$

$$\text{s. t. } \int_0^T [1 + x'(t)^2]^{1/2} dt = L, \quad x(0) = 0, \quad x(T) = 0_\circ$$

例 6 在 x, y 平面上求路径 $y(x)$，使得质量为 m 的微粒在重力的作用下用最短的时间从初始点 (x_0, y_0) 运动到终点 (x_1, y_1)。微粒可以想象成露珠，路径代表它滑

动态优化——经济学和管理学中的变分法和最优控制（第二版）

过的路线形状。微粒旅行的总时间为：

$$T = \int dt。$$

现在，$dt = ds/(ds/dt) = ds/v$，其中，v 是微粒的速度 ds/dt，ds 是沿着路径的一个短距离。但是 $(ds)^2 = (dx)^2 + (dy)^2$，因此 $ds = (1 + y'^2)^{1/2} dx$，其中 $y' = dy/dx$。而且，假设微粒在运动过程中既不会获得能量也不会损失能量。这意味着，沿着这条路径动能处处等于势能，$mv^2/2 = mgy$，其中，mg 代表微粒的重量，g 代表重力加速度。（我们假设微粒的初始速度为零。）于是，$v = (2gy)^{1/2}$。通过适当的代换，问题变为

$$\min \int_{x_0}^{x_1} \left[(1 + y'^2)/y \right]^{1/2} dx/(2g)^{1/2}。$$

这就是最速降线问题。

像上面提到的那样，动态优化问题的解是跨越时间（或者空间）的函数。在讨论的过程中，我们会在任何必要的地方与使用微积分的静态优化概念做类比。我们将要讨论三种动态优化方法——第一种是变分法，第二种是最优控制，第三种是动态规划。在应用时，变分法类似于古典微积分。也就是说，当刻画问题的所有函数是光滑的且最优解严格在可行区域内部时，它大都可以很容易地应用。在这些例子中，最优控制都可以应用，而且也容许边界解。它可以被看作是 Kuhn-Tucker 理论的一个类比；参见第 A.6 节。动态规划是这两种方法的推广。它在处理涉及不确定性和微分博弈的问题时特别有用。

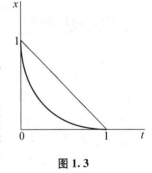

图 1.3

微积分中出现的三个问题——最优的存在性、最优的必要条件和最优必要条件的充分性，在动态优化中都有与它们相对应的。存在性是最难回答的问题，我们这里不予处理。例如，尽管存在连接平面上任意给定两点最短长度的曲线，但是不存在最大长度的连线。不存在连接 $(t, x) = (0, 1)$ 和 $(1, 0)$ 使得函数下方区域面积最小的连续函数。在连续函数类中，问题（参见图 1.3）

$$\min \int_0^1 x(t) dt$$
$$\text{s.t. } x(0) = 1, x(1) = 0$$

无解。（当路径趋近于连接 $(0, 1)$，$(0, 0)$ 和 $(1, 0)$ 的 L 形的间断直线时，面积趋于零。但是，那条间断线不是一个函数的图像，与每个 t 相对应的 x 值不唯一。）

我们将强调最优的必要条件，有时注意充分性。我们给出的经济学和管理科学的例子贯穿全书。

■ 第 1 节附录

□ 贴现

如果以年利率 $100r\%$ 投资 A 美元，1 年后数量就会增长到 $A + rA = (1+r)A$，2 年

后就会增长到 $(1+r)A+r(1+r)A=(1+r)^2A$，t 年后会增长到 $(1+r)^tA$。如果利率是一年两次的复利而不是年利率，那么，每 6 个月的利率就是 $r/2$，1 年后初始数量 A 将增长到 $(1+r/2)^2A$，而 t 年后数量会增长到 $(1+r/2)^{2t}A$。更一般地，如果利息是每年 m 次复利，那么每期的利率是 r/m。1 年后数量 A 将增长到 $(1+r/m)^mA$，t 年后数量将增长到 $(1+r/m)^{mt}A$。连续复利意味着 $m\rightarrow\infty$。由于

$$\lim_{m\rightarrow\infty}(1+r/m)^{mt}=e^{rt},$$

因此，A 美元以年利率 r 投资，用连续复利计算，在 t 年后增长到 Ae^{rt} 美元。

如果利息以比率 r 连续复合，当前数量 X 是多少时才能在 t 年后增长到 B 美元？未知金额 X 在 t 年后将值 Xe^{rt}，因此 $Xe^{rt}=B$。那么，$X=e^{-rt}B$。也就是说，如果利率或者贴现率是 r，那么在未来 t 年 B 美元的现值是 $e^{-rt}B$。

□ 衰减

如果存量 K 以常数比率 $b>0$ 衰减且没有补充，那么 $K'(t)/K(t)=-b$；即 $K'(t)=-bK(t)$。因为这个微分方程的解是 $K(t)=K(0)e^{-bt}$，我们有时说存量 K 以速率 b 指数衰减。

▊ 进一步阅读

变分法的参考文献包括 Bliss；Elsgolc，Gelfand 和 Fomin；以及 D. R. Smith。Goldstine 给出了变分法的历史。关于变分法在经济学中的早期应用，参见 Evans（1924，1930），Hotelling 和 Ramsey。第 II 1 节引用的关于最优控制的许多参考文献也讨论了变分法，还表明了这两种方法在动态优化问题中的联系。在第 II 20 节引用的关于动态规划的某些参考文献表明了这些技术之间的联系。现在，变分法的现代应用不胜枚举；精选的参考文献在本书末尾。

像（1）～（3）的离散时间问题的解在第 A4～A6 节中有讨论，其中也给出了一些参考文献。函数的凹凸性在第 A3 节中有讨论。

例 1 将在本书中追踪讨论。例 2 是著名的新古典增长模型；也参见第 10 节。这个基本增长模型的推广或许包括这些技术在经济学中任意单个应用领域最大的论文集。Takayama；Intriligator（1971）；Hadley 和 Kemp；Tu，Miller，Seierstad 以及 Sydsaeter（1987）；Sethi 和 Thompson；以及 Feichtinger 和 Hartl 都回顾了这类文献中的一些文章。例 3 和它的变形将在不同背景下给予讨论。

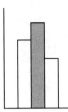

2. 例子求解

在第 1 节的例 1 中，假设持有存货的成本为零：$c_2 = 0$。尽管现在 $x(t)$ 不进入被积函数，问题也是动态的，因为在长度为 T 的整个时间区间内总生产一定为 B。因为 c_1 是一个正常数，所以通过取 $c_1 = 1$ 可以得到一个等价问题。

$$\min \int_0^T [x'(t)]^2 dt \tag{1}$$
$$\text{s. t. } x(0) = 0, \quad x(T) = B, \quad x'(t) \geq 0.$$

此问题的离散时间近似解将会提示式（1）解的形式，它的最优性将被验证。

把区间 $[0, T]$ 以等长度 k 分割成 T/k 段。函数 $x(t)$ 可以被以顶点 y 为每一段端点：$(0, 0)$，(k, y_1)，$(2k, y_2)$，…，(T, B) 的多边形线来逼近。决策变量是存货水平 y_1，y_2，…，$y_{T/k-1}$（见图 2.1）。

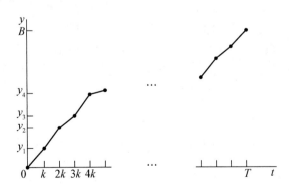

图 2.1

变化率 $x'(t)$ 用 $\Delta x / \Delta t = (y_i - y_{i-1})/k$ 来逼近。因此，这个近似问题是寻找 y_i，

$i=1,\cdots,(T/k)-1$，使得

$$\min \sum_{i=1}^{T/k}[(y_i-y_{i-1})/k]^2 k，其中，y_0=0,y_{T/k}=B,\qquad(2)$$

回忆一下，用 $\Delta t=k$ 来逼近 dt。令式（2）关于每个 y_i 的偏导数等于零，

$$(y_i-y_{i-1})/k-(y_{i+1}-y_i)/k=0,\quad i=1,\cdots,T/k-1。$$

因此，

$$y_i-y_{i-1}=y_{i+1}-y_i,\quad i=1,\cdots,T/k-1。$$

于是，逐次差分相等。存货的变化，或者生产率，在长度为 k 的每个时间区间都是相同的。存货是线性增长的，y_i 在从（0，0）到（T，B）的一条直线上。

连续时间的最优化问题式（1）是式（2）在 $k\to 0$ 的情况下得到的。前面的计算提示我们，连续时间问题的解也涉及以常数比率进行线性存货积累的生产模式：$x(t)=tB/T$。因为 $x'(t)=B/T\geqslant 0$，所以这个路径是可行的。通过表明不存在可行的存货积累路径能够给出更低的成本，这个猜测可以被验证。

所有可行路径满足相同的初始和终点条件。令 $z(t)$ 为满足 $z(0)=0$，$z(T)=B$ 的某个连续可微的比较路径。定义 $h(t)=z(t)-x(t)$ 为比较路径 $z(t)$ 和候选路径 $x(t)=tB/T$ 之间的偏差。那么，$h(0)=0$ 和 $h(T)=0$，因为路径 x 和 z 在起点和终点处重叠。由于 $z(t)=tB/T+h(t)$，因此，$z'(t)=B/T+h'(t)$，由于 $h(T)=h(0)=0$，利用计划 z 和利用计划 x 的成本差为

$$\begin{aligned}
\int_0^T\{[z'(t)]^2-[x'(t)]^2\}dt &= \int_0^T\{[B/T+h'(t)]^2-(B/T)^2\}dt \\
&= 2(B/T)\int_0^T h'(t)dt+\int_0^T[h'(t)]^2 dt \\
&= 2(B/T)[h(T)-h(0)]+\int_0^T[h'(t)]^2 dt \\
&= \int_0^T[h'(t)]^2 dt\geqslant 0。
\end{aligned}$$

于是，使用任何可行生产计划（比较路径）的成本都不小于沿着候选计划（路径）$x(t)=tB/T$，$0\leqslant t\leqslant T$ 的成本。因此，候选路径是最优的。

通常，问题不是以这种方式求解的，尽管离散时间近似和验证最优都是有用的。然而，比较路径的概念是重要的，因为它在发展解的方法时起核心作用。

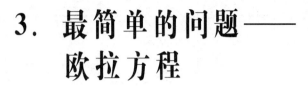

3. 最简单的问题——欧拉方程

我们探求问题

$$\max_{x(t)} \int_{t_0}^{t_1} F(t, x(t), x'(t)) dt \tag{1}$$

$$\text{s. t. } x(t_0) = x_0, \quad x(t_1) = x_1 \tag{2}$$

的解的性质。假设函数 F 是它的三个分量 t，x，x' 的连续函数，它关于第二和第三个分量 x 和 x' 有连续的偏导数。注意，尽管 F 的第三个分量是第二个分量的时间导数，但 F 还是被看作三个**独立**分量的函数。因此，如果 $F(a, b, c) = a^2 + bc - c^2$，那么 $F(t, x, x') = t^2 + xx' - (x')^2$。函数 $x(t)$ 的可行类（在其中寻找最大值）由定义在区间 $[t_0, t_1]$ 上满足固定终点条件式（2）的所有连续可微函数组成。

假设函数 $x^*(t)$，$t_0 \leqslant t \leqslant t_1$ 给出式（1）的最大值。令 $x(t)$ 为某个其他的可行函数。定义函数 $h(t)$ 为最优路径 $x^*(t)$ 和比较路径 $x(t)$ 在 t 时刻的偏离：

$$h(t) = x(t) - x^*(t)。$$

因为 x^* 和 x 一定满足式（2），所以我们有

$$h(t_0) = 0, \quad h(t_1) = 0。 \tag{3}$$

如果函数 $x = x^* + h$ 是可行的，我们就称偏离 h 是**可行**的。

对于任意常数 a，函数 $y(t) = x^*(t) + ah(t)$ 也是可行的，因为它是连续可微的且满足式（2）（因为 x^* 是这样的且 h 在端点处等于零）。在函数 x^* 和 h 都固定的情况下，把 $y(t)$ 看成是参数 a 的函数（参见图 3.1），计算式（1）中的积分值。结果是 a 的函数，称为 $g(a)$：

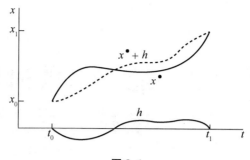

图 3.1

$$g(a) = \int_{t_0}^{t_1} F(t, y(t), y'(t))dt。$$

$$= \int_{t_0}^{t_1} F(t, x^*(t) + ah(t), x^{*'}(t) + ah'(t))dt \tag{4}$$

由于 x^* 最大化式（1），因此函数 g 一定在 $a = 0$ 处达到极大值。但是，由单变量函数最大化的一阶必要条件，这意味着 $g'(0) = 0$；参见式（A4.2）。为了计算 $g'(a)$，首先对式（4）的被积函数应用链式法则式（A1.5）：

$$dF(t, x^*(t) + ah(t), x^{*'} + ah'(t))/da = F_x h(t) + F_{x'} h'(t),$$

其中，F_x 和 $F_{x'}$ 分别代表 F 关于它第二和第三个分量的偏导数，而且在 $(t, x^*(t) + ah(t), x^{*'}(t) + ah'(t))$ 处取值。第二，利用在积分下求微分的 Leibnitz 法则（A1.10）来计算 $g'(a)$，而且结果在最大化 $g(a)$ 的点，即 $a = 0$ 处取值，得到

$$g'(0) = \int_{t_0}^{t_1} [F_x(t, x^*(t), x^{*'}(t))h(t) + F_{x'}(t, x^*(t), x^{*'}(t))h'(t)]dt = 0。 \tag{5}$$

条件 $g'(0)$ 为零是必要的，因为 x^* 被假定为最优的。回顾一下，在此处给定的函数 h 是任意选择的，仅限制其为连续可微的且满足端点条件（3）。对于满足这两个限制的任意的 h，式（5）的右侧一定等于零。

通过对第二项利用式（A1.8）分部积分，表达式（5）能够写成更方便的形式。在 $\int u dv = uv - \int v du$ 中，我们取 $F_{x'}$ 起 u 的作用并且取 $h'(t)dt$ 起 dv 的作用，得到

$$\int_{t_0}^{t_1} F_{x'} h' dt = F_{x'} h \Big|_{t_0}^{t_1} - \int_{t_0}^{t_1} h(t)(dF_{x'}/dt)dt。 \tag{6}$$

（我们假定 $dF_{x'}/dt$ 存在。该节附录研究了这个假设。）回顾式（3）并把它代入式（5）：

$$\int_{t_0}^{t_1} [F_x(t, x^*(t), x^{*'}(t)) - dF_{x'}(t, x^*(t), x^{*'}(t))/dt]h(t)dt = 0。 \tag{7}$$

如果 x^* 最大化式（1），式（7）就一定成立，而且它对每个在端点处等于零的连续可微函数 h 都是成立的。如果 $h(t)$ 的系数对于每个 t 等于零，即

$$F_x(t, x^*(t), x^{*'}(t)) = dF_{x'}(t, x^*(t), x^{*'}(t))/dt, \quad t_0 \leqslant t \leqslant t_1, \tag{8}$$

它当然也是成立的。式（8）称为对应于问题式（1）～式（2）的**欧拉方程**。它可以看作是数 x^* 最大化函数 $f(x)$ 的标准微积分一阶必要条件 $f'(x^*) = 0$ 的推广。事实上，

如果 $dF_{x'}/dt=0$，式（8）就退化为标准微积分条件。

其实，式（7）对于整个函数类 h 都是成立的，仅当式（8）成立。

引理 1　假设 $g(t)$ 是定义在 $[t_0, t_1]$ 上的给定的连续函数。如果

$$\int_{t_0}^{t_1} g(t)h(t)dt = 0 \tag{9}$$

对于定义在 $[t_0, t_1]$ 上的每一个连续函数 $h(t)$ 都是成立的，而且满足式（3），那么在 $t_0 \leqslant t \leqslant t_1$ 上都有 $g(t)=0$。

证明：假设结论不真，那么 $g(t)$ 在某个 t 时刻非零，比方说为正。于是，因为 g 是连续的，所以在 $[t_0, t_1]$ 上的某个区间 $[a, b]$，我们有 $g(t)>0$。我们构造满足引理 1 条件的一个特殊的 $h(t)$，即（见图 3.2）

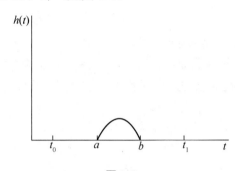

图 3.2

$$h(t) = \begin{cases} (t-a)(b-t), & a \leqslant t \leqslant b, \\ 0, & \text{其他}。 \end{cases}$$

计算

$$\int_{t_0}^{t_1} g(t)h(t)dt = \int_a^b g(t)(t-a)(b-t)dt > 0,$$

因为被积函数是正的。这与假设式（9）对于给定类中的每个函数 h 都成立相矛盾。类似的推论表明"对于某个 t，$g(t)<0$"也可以导出矛盾。引理结论为假而假设为真的假定导致了不一致，从而证明了引理。

将引理 1 应用于式（7）表明，式（8）一定成立。式（8）（欧拉方程）是问题式（1）～式（2）中函数 $x^*(t)$ 最优的基本必要条件。

认识到欧拉方程对于区间 $[t_0, t_1]$ 内每个 t 都成立是必要的。同等重要的事实是，$dF_{x'}/dt$ 是关于 t 的全微分。在解释这个符号时，一定要记住偏导数 $F_{x'}(t, x, x')$ 本身是三个变量的函数。这个函数关于 t 是可微的。函数 $F_{x'}$ 随着 t 的总变化率，不仅源于 t 自身的变化，而且也源于 x 和 x' 的伴随变化。利用链式法则计算

$$dF_{x'}/dt = F_{x't} + F_{x'x}x' + F_{x'x'}x'',$$

注意，F 的每一个分量都依赖于 t。下标表示偏导数。因而，欧拉方程可以被写为

$$F_x = F_{x't} + F_{x'x}x' + F_{x'x'}x'', \quad t_0 \leqslant t \leqslant t_1 \tag{10}$$

其中，偏导数都在 $(t, x^*(t), x^{*'}(t))$ 处取值，而 $x'=x'(t)$，$x''=x''(t)$。欧拉方程

是关于 $x(t)$ 的二阶微分方程，与两个边界条件式（2）一起求解。欧拉方程的另一个有用的形式是

$$F_{x'}(t,x^*(t),x^{*'}(t)) = \int_{t_0}^{t} F_x(s,x^*(s),x^{*'}(s))ds + c, \tag{11}$$

其中，c 是常数。这种形式叫做 duBois-Reymond 方程，当可行函数 $x(t)$ 有角点解时，也可以应用它。如果 F_x 是连续的，式（11）关于 t 求微分就得到式（8）。

通过求

$$\begin{aligned} d(F-x'F_{x'})/dt &= F_t + F_x x' + F_{x'}x'' - x''F_{x'} - x'dF_{x'}/dt \\ &= F_t + x'(F_x - dF_x/dt) \\ &= F_t \end{aligned} \tag{12}$$

的值，可以找到欧拉方程的另一种有用的形式。第二行是由于消掉 $x''F_{x'}$ 并合并涉及 x' 的项而产生的。第三行源于我们知道括号里的表达式刚好是欧拉方程（8）且对于解式（1）的任何函数 $x(t)$ 都是成立的。当函数 F 不显式依赖于 t，即 $F=F(x(t)，x'(t))$ 时，欧拉方程的这种形式（12）是特别有用的。

通常，式（10）的系数（F 的偏导数）不是常数，微分方程很难求解。事实上，对于一个给定的 F 设定，微分方程可能不存在封闭形式的解析解。然而，在这种情况下，即使找不到解析解，也有可能得到对于最优解 x^* 行为的定性认识。如果问题是以隐函数的形式陈述的（如例 1.2 和例 1.3），通常就考察解的定性特征。

在处理二阶微分方程形式的欧拉方程时，通过用两个一阶微分方程替代它以避免考察二阶微分方程。通过定义

$$p(t) = F_{x'}(t,x,x'), \tag{13}$$

这可以做到。然后，如果 $F_{x'x'} \neq 0$，x' 可以表示成 t，x 和 p 的函数。现在，一个称为汉密尔顿函数的新函数定义为

$$H(t,x,p) = -F(t,x,x') + px', \tag{14}$$

其中，p 在物理学中被称为广义角动量。在经济学中，它即是影子价格。汉密尔顿函数的全微分是

$$dH = -F_t dt - F_x dx - F_{x'}dx' + pdx' + x'dp = -F_t dt - F_x dx + x'dp,$$

因为由 p 的定义，$F_{x'}dx' = pdx'$。因此，我们有

$$\partial H/\partial x = -F_x, \partial H/\partial p = x'。$$

现在，如果函数 $x(t)$ 满足欧拉方程（8），那么 $-F_x = -dF_{x'}/dt = -dp/dt = -p'$。最后，有

$$p' = -\partial H/\partial x, x' = \partial H/\partial p。 \tag{15}$$

这两个一阶方程被称为**欧拉方程的标准型**。汉密尔顿函数在最优控制理论中起重要的

动态优化——经济学和管理学中的变分法和最优控制（第二版）

作用。

欧拉方程也是满足式（2）的情况下式（1）的最小值满足的必要条件。回顾推导过程，最大化的想法仅出现在式（4），这里我们注意到 g 在 $a=0$ 处的最大化意味着 $g'(0)=0$。但是，对于式（1）到式（2）来说，如果 x^* 是最小化的函数，那么 $g(a)$ 将在 $a=0$ 处取得最小值，使得 $g'(0)=0$。

欧拉方程的解被称为**极值曲线**。它们与方程 $f'(x)=0$ 的解类似，称为均衡点。如果一个点最大化函数 $f(x)$，它就一定是均衡点。另一方面，均衡点不一定给出最大值；它可能是最小值点，或者既不是最大值点也不是最小值点。我们的确知道最大值点是均衡点，因此我们限于寻找均衡点的最大值。同样地，我们知道，如果问题式（1）和式（2）的最大化函数存在，它一定是极值曲线。这样，我们找到了欧拉方程的解，即我们寻找极值曲线，并在极值曲线中寻找最优路径。

第3节附录

式（5）到式（7）的分部积分依赖于导数 $dF_{x'}/dt$ 存在的假设。通过一对引理，我们表明这个假设是正确的。

引理 2 如果 $g(t)$ 是 $[t_0, t_1]$ 上给定的连续函数，对于定义在 $[t_0, t_1]$ 上满足 $h(t_0)=h(t_1)=0$ 的每个连续可微函数 h，它有下列性质

$$\int_{t_0}^{t_1} g(t)h'(t)dt = 0, \tag{16}$$

那么，函数 $g(t)$ 在 $[t_0, t_1]$ 上一定是常数。

证明：令 c 为 g 的平均值，因此，由中值定理（A2.1）可知

$$\int_{t_0}^{t_1} [g(t)-c]dt = 0。$$

对于满足这个假设的任何 h，考虑到式（16）和式（3），我们计算

$$\int_{t_0}^{t_1} [g(t)-c]h'(t)dt = \int_{t_0}^{t_1} g(t)h'(t)dt - c[h(t_1)-h(t_0)] = 0。 \tag{17}$$

特别地，考虑

$$h(t) = \int_{t_0}^{t} [g(s)-c]ds,$$

其满足这个假设。那么，由 Leibnitz 公式，$h'(t)=g(t)-c$，因此，

$$\int_{t_0}^{t_1} [g(t)-c]h'(t)dt = \int_{t_0}^{t_1} [g(t)-c]^2 dt \geqslant 0。 \tag{18}$$

这个积分一定是非负的，因为被积函数是非负的，但是，式（17）和式（18）左侧的表达式是一样的；因为式（17）是零，式（18）一定也是零，因此，

$$g(t)=c, \quad t_0 \leqslant t \leqslant t_1。$$

引理 3   如果 $g(t)$ 和 $f(t)$ 在 $[t_0, t_1]$ 上是连续的，而且对于定义在 $[t_0, t_1]$ 上满足 $h(t_0) = h(t_1) = 0$ 的每个连续可微函数 $h(t)$，

$$\int_{t_0}^{t_1} [g(t)h(t) + f(t)h'(t)]dt = 0 \tag{19}$$

都是成立的，那么，函数 $f(t)$ 一定是可微的，而且对于 $t_0 \geqslant t \geqslant t_1$，$f'(t) = g(t)$。

证明：因为 h 是可微的，我们可以分部积分：

$$\int_{t_0}^{t_1} g(t)h(t)dt = -\int_{t_0}^{t_1} G(t)h'(t)dt, \text{其中 } G(t) = \int_{t_0}^{t} g(s)ds,$$

因为 $h(t_0) = h(t_1) = 0$。代入式（19）可得

$$\int_{t_0}^{t_1} [f(t) - G(t)]h'(t)dt = 0。$$

应用引理 2 表明 $f(t) - G(t)$ 在 $[t_0, t_1]$ 上是常数。因此，对于某个常数 c，$f(t) = \int_{t_0}^{t} g(s)ds + c$，这表明 f 是一个可微函数，而且 $f'(t) = g(t)$。

对式（5）应用引理 3，我们注意到，因为 $x(t)$ 和 $x'(t)$ 是规定好的函数，所以式（5）中 $h(t)$ 和 $h'(t)$ 的系数仅仅是 t 的函数。把这些系数同引理 3 中的 $g(t)$ 和 $f(t)$ 等同起来，可以得出 $dF_{x'}/dt$ 的确存在的结论，而且，

$$dF_{x'}/dt = F_x。$$

这是欧拉方程。进一步地，因为 $dF_{x'}/dt$ 存在，极值曲线的二阶导数对于满足 $F_{x'x'}$ $(t, x(t), x'(t)) \neq 0$ 的所有 t 都是存在的。不用引理 1，仅用引理 2 和引理 3，欧拉方程也能推导出来。利用引理 1 的推导不够严格但是更为简单。

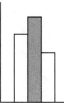# 4. 例子和解释

例 1　求函数 $x(t)$ 来解上面第 2 节的问题：

$$\min \int_0^T x'^2(t)dt$$

s. t. $x(0)=0$, $x(T)=B$。

被积函数是 $F(t, x, x')=x'^2$。因此，$F_{x'}=2x'$。因为在此情形下 F 独立于 x，所以 $F_x=0$。因此，欧拉方程是 $0=2x''(t)$，它等价于 $x''=0$，积分一次得到 $x'(t)=c_1$，其中，c_1 是一个积分常数。再积分一次给出 $x(t)=c_1t+c_2$，其中，c_2 是另外一个积分常数。这两个常数由问题的两个边界条件来确定；函数 x 在 $t=0$ 和 $t=T$ 处的取值给出 c_1 和 c_2 一定满足的条件，即

$$x(0)=0=c_2, \quad x(T)=B=c_1T+c_2。$$

求解，我们得到 $c_1=B/T$，$c_2=0$；因此，对于给定的边界条件，欧拉方程的解是

$$x(t)=Bt/T, \quad 0\leqslant t\leqslant T。$$

如果给出的问题存在解，就一定是它。当然，这是第 2 节中得到的解。

例 2　求

$$\int_0^1\{[x'(t)]^2+10tx(t)\}dt, \text{ s. t. } x(0)=1, x(1)=2$$

的极值曲线。因为 $F(t, x, x')=x'^2+10tx$，所以我们有 $F_x=10t$，$F_{x'}=2x'$，$dF_{x'}/dt=2x''$；因此，欧拉方程是 $10t=2x''$，或者，等价地，

$$x''(t)=5t。$$

第 Ⅰ 部分　变分法

17

变量 x 和 t 是分离的。积分，引入积分常数 c_1 和 c_2：

$$x'(t) = 5t^2/2 + c_1,$$
$$x(t) = 5t^3/6 + c_1 t + c_2。$$

利用边界条件可以求出常数；它们满足

$$x(0) = 1 = c_2，\quad x(1) = 2 = 5/6 + c_1 + c_2。$$

解之，$c_1 = 1/6$，$c_2 = 1$，要求的极值曲线是

$$x(t) = 5t^3/6 + t/6 + 1。$$

例 3 求问题

$$\int_{t_0}^{t_1} [tx'(t) + (x'(t))^2] dt，\text{ s. t. } x(t_0) = x_0, x(t_1) = x_1$$

的极值曲线，其中，t_0，t_1，x_0 和 x_1 是给定的参数。记 $F(t, x, x') = tx' + x'^2$，计算 $F_x = 0$ 和 $F_{x'} = t + 2x'$。因此，欧拉方程是

$$dF_{x'}/dt = d(t + 2x')/dt = 0。$$

因为右侧是零，所以不必进行微分；导数为零的函数自身一定是常数。因此，对于某个常数 c_1，

$$t + 2x'(t) = c_1。$$

分离变量，再次积分并稍微重新整理结果，得到

$$x(t) = c_2 + c_1 t/2 - t^2/4。$$

积分常数一定满足一对方程：

$$x(t_0) = x_0 = c_2 + c_1 t_0/2 - t_0^2/4，$$
$$x(t_1) = x_1 = c_2 + c_1 t_1/2 - t_1^2/4。$$

例 4 回到例 1.1，我们求生产计划和存货积累计划以最小化生产成本和存储成本之和：

$$\min \int_0^T \{c_1 [x'(t)]^2 + c_2 x(t)\} dt$$
$$\text{s. t. } x(0) = 0，\quad x(T) = B，\quad x'(t) \geqslant 0，$$

其中，c_1 和 c_2 是给定的非负常数。假设最优解以严格不等式满足非负条件 $x'(t) \geqslant 0$，使得此约束不是紧的。因为 $F_x = c_2$，$F_{x'} = 2c_1 x'$，所以欧拉方程是 $2c_1 x'' = c_2$ 或者

$$x''(t) = c_2/2c_1。 \tag{1}$$

积分两次得到

$$x(t) = c_2 t^2/4c_1 + k_1 t + k_2，$$

其中，k_1 和 k_2 是由边界条件

动态优化——经济学和管理学中的变分法和最优控制（第二版）

$$x(0)=0=k_2, \quad x(T)=B=c_2T^2/4c_1+k_1T+k_2$$

决定的积分常数。

那么，

$$k_1=B/T-c_2T/4c_1, \quad k_2=0。$$

因此，

$$x(t)=c_2t(t-T)/4c_1+Bt/T, \quad 0\leqslant t\leqslant T \tag{2}$$

是所求的极值曲线。

我们验证式（2）是否满足 $x'\geqslant 0$。由欧拉方程（1）可知，我们立即有 $x''>0$，因此 x' 是 t 的增函数。因此，对于所有的 t，$x'(t)\geqslant 0$ 当且仅当它在初始时就成立：$x'(0)=k_1\geqslant 0$。这意味着式（2）满足约束 $x'(t)\geqslant 0$，前提是

$$B\geqslant c_2T^2/4c_1。 \tag{3}$$

因此，如果相对于可用的时间期限 T，需要的总产出 B 充分大，并且相对于单位生产成本，存储成本充分小，式（2）就是问题的解。如果式（3）不成立，在最优计划中生产起点就会推迟。以后，当研究 $x'(t)\geqslant 0$ 是紧约束的情形时，我们将会表明这一点（第 II 10 节）。

欧拉方程 $2c_1x''=c_2$ 有一个解释。回顾一下，c_2 是持有一期额外一单位存货的成本。$c_1[x'(t)]^2$ 是时刻 t 的总生产成本，因此，$2c_1x'$ 是生产的瞬时边际成本而 $2c_1x''$ 是它的时间变化率。因此，为了最小化在时刻 T 交割 B 单位产品的成本，欧拉方程要求平衡边际生产成本的变化率和边际存货持有成本。

把欧拉方程在一个非常小的时间段 Δ 上取积分之后，这个解释可以更清楚。因为方程对于路径上所有 t 都是成立的，所以我们有

$$\int_t^{t+\Delta}2c_1x''(t)ds=\int_t^{t+\Delta}c_2ds,$$

也就是，利用式（A1.1），

$$2c_1[x'(t+\Delta)-x'(t)]=c_2\Delta,$$

或者，重新组合，

$$2c_1x'(t)+c_2\Delta=2c_1x'(t+\Delta)。$$

因此，在 t 时刻生产一单位产品并持有额外时间 Δ 的边际成本与在 $t+\Delta$ 时刻生产它的边际成本相等。也就是说，对于在 t 生产一个边际单位产品或者推迟一小会再进行生产，我们是无差异的。事实上，沿着最优路径，生产计划的任何变化都不能减少成本。

例 5 在例 4 中，假设花费以连续比率 r 贴现（回顾第 1 节的附录）。

$$\min \int_0^T e^{-rt}[c_1x'^2+c_2x]dt$$

s. t. $x(0)=0, \quad x(T)=B。$

为了保证有经济学意义，我们还要求 $x'(t) \geqslant 0$，而且，再次暂时不考虑这个条件。计算 $F_x = e^{-rt} c_2$ 和 $F_{x'} = 2e^{-rt} c_1 x'(t)$。欧拉方程为

$$e^{-rt} c_2 = d(2e^{-rt} c_1 x'(t))/dt。$$

它要求平衡 t 时刻边际存货成本的现值和相应边际生产成本的变化率。在一个小时间段内对这个方程积分，我们得到

$$\int_t^{t+\Delta} e^{-rt} c_2 ds = \int_t^{t+\Delta} [d(2e^{-rt} c_1 x'(s))/ds] ds，$$

即，

$$2e^{-rt} c_1 x'(t) + \int_t^{t+\Delta} e^{-rt} c_2 ds = 2e^{-r(t+\Delta)} c_1 x'(t+\Delta)。$$

在 t 时刻生产一单位的边际成本加上在下一个小的时间段 Δ 内持有它的成本等于在时刻 $t+\Delta$ 生产一单位的边际成本。从而，我们对于在 t 时刻或者稍晚一点生产一边际单位产品是无差异的。生产计划的任何变化都不能减少总的贴现成本。

展开

$$dF_{x'}/dt = -2re^{-rt} c_1 x'(t) + 2e^{-rt} c_1 x''(t)$$

并简化也给出了欧拉方程：

$$x''(t) = rx'(t) + c_2/2c_1。 \tag{4}$$

注意，因为 x' 一定是非负的，所以式（4）的右侧一定是正的。因此，最优计划满足 $x'' > 0$；最优计划涉及一个严格递增的跨时生产计划。即使没有持有成本，为了保持边际生产成本的常数现值，对货币的时间偏好（$r > 0$）也使得企业以递增的跨时速率进行生产。单位持有成本越大和利率越大，推迟生产就越有利，从而生产关于时间的路径就越陡。

为了求解欧拉方程（4），注意 x 和 t 都没有出现在微分方程里。做变量代换 $x' = u$，于是 $x'' = u'$。这给出了一个常系数一阶线性微分方程（参见第 B2 节）：

$$u' = ru + c_2/2c_1。$$

它有解

$$x' = u = k_1 e^{rt} - c_2/2rc_1，$$

其中，k_1 是积分常数。积分得到

$$x(t) = k_1 e^{rt}/r - c_2 t/2rc_1 + k_2。$$

边界条件

$$x(0) = 0 = k_1/r + k_2，\quad x(T) = B = k_1 e^{rT}/r - c_2 T/2rc_1 + k_2$$

给出了积分常数的值

$$k_2 = -k_1/r，\quad k_1 = r(B + c_2 T/2rc_1)/(e^{rT} - 1)。$$

因此，解是

$$x(t)=(B+c_2T/2rc_1)(e^{rt}-1)/(e^{rT}-1)-c_2t/2rc_1, \quad 0\leqslant t\leqslant T, \tag{5}$$

给定 $x'(t)\geqslant 0$ 是满足的。与以前一样，这也可以验证。因为 $x''>0$，所以如果 $x'(0)\geqslant 0$，我们有 $x'\geqslant 0$。相应地，可以证明，$x'(0)\geqslant 0$，当且仅当

$$B\geqslant(e^{rT}-1-rT)c_2/2r^2c_1。 \tag{6}$$

如果式（6）成立，式（5）就满足非负条件 $x'\geqslant 0$，它也将是最优解。尽管式（6）的函数形式与式（3）有点不同，最优生产还是 $t=0$ 时刻在与 $r=0$ 相类似的定性环境下开始的。如果式（6）不满足，生产的开端就会推迟。

例 6 继续进行讨论，假设生产成本 $g(x')$ 是生产率 x' 的单调增加的凸函数：

$$g(0)=0, \quad g'\geqslant 0, \quad g''>0,\text{对于 } x\geqslant 0。$$

二次生产成本显然是个特例。对于问题

$$\min \int_0^T e^{-rt}[g(x')+c_2x]dt$$
$$\text{s. t. } x(0)=0,x(T)=B,$$

计算

$$F_x=e^{-rt}c_2, \quad F_{x'}=e^{-rt}g'(x'),$$
$$dF_{x'}/dt=-re^{-rt}g'(x')+e^{-rt}g''(x')x''。$$

因此，欧拉方程是

$$g''(x'(t))x''(t)=rg'(x'(t))+c_2。 \tag{7}$$

除了 x'' 以外，式（7）中的所有项都是非负的。由此得出结论，$x''>0$，于是，最优生产率（为正）将是时间的严格增函数，直到 T 时刻为止积累的总量为 B。与例 5 一样，持有成本和时间偏好都使企业推迟生产以节省存货成本和推迟花费。由式（7）可知，对于给定的生产率 x'，利率 r 越大和持有成本越大，生产的变化率 x'' 就一定越大。注意，解的定性性质在没有精确设定生产成本函数 g 的情况下已经被确定了。当然，现实的解析解通常依赖于这些规定（像上面讨论的二次情形）。

例 7 个人寻找每个时刻的消费率以最大化某个已知长度为 T 的时期的贴现效用流。每个时刻 t 的消费效用 $U(C(t))$ 是一个给定的递增凹函数（消费的边际效用递减）：$U'>0$，$U''<0$。未来效用以速率 r 贴现。目标是

$$\max \int_0^T e^{-rt}U(C(t))dt, \tag{8}$$

满足现金流约束。个人从外生决定的工资 $w(t)$ 和持有资本资产 $K(t)$ 的利息收益 iK 取得当期收入。为了简化，个人可以像以利率 i 借出资本一样借入资本（$K<0$）。资本可以以价格 1 进行买卖。于是，从利息和工资得到的收入用于消费和投资：

$$iK(t)+w(t)=C(t)+K'(t)。 \tag{9}$$

初始和终点资本存量都是给定的：

$$K(0)=K_0, \quad K(T)=K_T。 \tag{10}$$

利用式（9）把式（8）中的 C 消掉，得到关于函数 $K(t)$ 的变分问题。用 F 表示式（8）中的被积函数，把式（9）考虑进去，我们计算（利用链式法则）$F_K=e^{-rt}U'(C)i$ 和 $F_{K'}=-e^{-rt}U'(C)$。欧拉方程为

$$d(-e^{-rt}U'(C))/dt=e^{-rt}U'(C)i。 \tag{11}$$

为了便于解释，把式（11）在一个小的时间区间内取积分并重新排列得

$$e^{-rt}U'(C(t)) = \int_t^{t+\Delta} e^{-rs}U'(C(s))i\,ds + e^{-r(t+\Delta)}U'(C(t+\Delta))。 \tag{12}$$

沿着最优消费计划，个人不能通过改变额外一美元的消费时间而增加效用。t 时刻消费的边际贴现效用（式（12）左侧）一定等于通过把消费推迟到 $t+\Delta$ 期得到的边际贴现效用（式（12）右侧）。为了进一步解释，注意到，如果消费推迟了，被消费的一美元可以像挣得的一美元一样以速率 i 获得收入。因为在 s 时刻消费一美元的效用增加是 $U'(C(s))$，所以在 s 时刻消费一美元的一个比例 i 的效用增加是 $iU'(C(s))$。因此，式（12）右侧第一项是在推迟期间得到的贴现增加效用。最后，在推迟期的终点，这一美元自身也被消费了，得到效用增量 $U'(C(t+\Delta))$。式（12）右侧第二项是这个贴现的边际效用。

求式（11）中显示的微分并合并项给出

$$-U''C'/U'=i-r。 \tag{13}$$

边际效用的变化率等于所投资资本的收益率和贴现率之差。因为根据假设 $-U''/U'>0$，最优解的特点是：$dC/dt>0$，当且仅当 $i>r$。如果资本的收益率 i 超过个人的贴现率 r（相对耐心的个人放弃某些当前消费让资本增长，使得以后可以得到更高的消费率），最优消费路径就会上升。

如果 U 的函数形式给定，就可以说更多。取 $U(C)=\ln C$，$w(t)=0$，对于 $0\leqslant t\leqslant T$，取 $K_T=0$。因此，式（13）变为

$$C'/C=i-r。$$

积分并代入式（9）：

$$K'-iK=-C=-C(0)e^{(i-r)t}。$$

为了求积分常数，两边同乘以 e^{-it}，积分，并利用边界条件 $K(0)=K_0$ 和 $K(T)=0$，得到

$$K(t)=e^{it}K_0[1-(1-e^{-rt})/(1-e^{-rT})]。 \tag{14}$$

那么，

$$C(t)=rK_0e^{(i-r)t}/(1-e^{-rT})。$$

习　题

1. 求

$$\int_1^2 \big[x + tx' - (x')^2 \big] dt \,, \text{ s. t. } x(1) = 3, x(2) = 4$$

的欧拉方程和它的解。

2. 求

$$\int_a^b F(t, x, x') dt \,, \text{ s. t. } x(a) = A, x(b) = B$$

的欧拉方程和它的解，不用求积分常数，其中

a. $F(t, x, x') = (x')^2 / t^3$,
b. $F(t, x, x') = (x')^2 - 8xt + t$。

3. 证明：在例 6 的最优解中，在 t 时刻生产一单位或者在 $t + \Delta$ 时刻生产一单位是无差异的，因为在 t 时刻生产的边际贴现成本与从 t 到 $t + \Delta$ 时刻的贴现持有成本之和恰好等于在 $t + \Delta$ 时刻生产的边际贴现生产成本。

4. 求解在 $r = 0$ 情形下的例 6，并解释经济学原因。

5. 在给定时期内求消费计划 $C(t)$，$0 \leqslant t \leqslant T$，以最大化贴现的效用流

$$\int_0^T e^{-rt} C^a(t) dt$$

$$\text{s. t. } C(t) = iK(t) - K'(t), \quad K(0) = K_0, \quad K(T) = 0,$$

其中，$0 < a < 1$，与例 7 一样，K 代表资本存量。

进一步阅读

微分方程的解在附录 B 中有讨论；特别地，参见第 B1～B2 节。我们将会在整本书中讨论例 4；在第 II 10 节讨论非负条件。例 7 援引自 Yaari（这个模型在税制中的应用也可参见 Levhari 和 Sheshinksi）。

第 I 部分　变分法

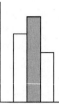

5. 求解特殊情形的
欧拉方程

欧拉方程可能很难求解。如果三个分量 (t, x, x') 中有任何一个不出现或者被积函数有一个特殊结构，就能找到解的线索。为了分类指导和练习，下面会提到一些例子。注意，有时候这些"线索"可能没用，直接求解欧拉方程可能更容易。

情形 1 F 仅依赖于 t 和 x'：$F=F(t, x')$。

因为 F 不依赖于 x，所以欧拉方程（3.11）简化为

$$F_{x'} = 常数。$$

这是仅与 (t, x') 有关的一阶微分方程，被称为欧拉方程的第一次积分。例 4.1 和例 4.3 适用于这种情形。

例：$\int_{t_0}^{t_1} (3x' - tx'^2)dt$ 满足 $x(t_0)=x_0$，$x(t_1)=x_1$ 的欧拉方程是

$$F_{x'} = 3 - 2tx' = c_0；$$

因此，

$$tx' = (c_0 - 3)/(-2) \equiv c_1。$$

分离变量：

$$x' = c_1/t；$$

积分：

$$x = c_1 \ln t + c_2。$$

积分常数 c_1 和 c_2 满足一对方程：

$$x_0 = c_1 \ln t_0 + c_2，\quad x_1 = c_1 \ln t_1 + c_2。$$

情形 2 F 仅依赖于 x 和 x'：$F=F(x, x')$。

欧拉方程（3.12）简化为**第一次积分**

$$F-x'F_{x'}=常数, \quad t_0 \leqslant t \leqslant t_1,$$

这是需要求解的一阶微分方程。

例：在连接 (t_0, x_0) 和 (t_1, x_1) 的曲线中，寻找一条曲线，当其沿着 t 轴旋转时生成的曲面面积最小。即，

$$\min \int_{t_0}^{t_1} 2\pi x[1+(x')^2]^{1/2} dt$$

$$\text{s. t. } x(t_0)=x_0, \quad x(t_1)=x_1。$$

因为（忽略常数 2π）

$$F_{x'}=xx'/[1+(x')^2]^{1/2},$$

我们求解

$$F-x'F_{x'}=x[1+(x')^2]^{1/2}-x(x')^2/[1+(x')^2]^{1/2}=c。$$

用代数方法处理，

$$x=c(1+x'^2)^{1/2}, 或者 x^2=c^2+c^2x'^2。$$

在给定 $c \neq 0$ 的情况下，重新排列，

$$x'^2=(x^2-c^2)/c^2, 或者 x'=\pm[(x^2-c^2)/c^2]^{1/2}。$$

由于问题的对称性，我们仅仅处理正根的情形。在给定 $x \neq c$ 的情况下，分离变量：

$$dx/(x^2-c^2)^{1/2}=dt/c。$$

积分（利用积分表）：

$$\ln[(x+(x^2-c^2)^{1/2})/c]=(t+k)/c,$$

其中，k 是积分常数。注意，$\ln c$ 的导数等于 0，因此，对两侧取微分，我们回到原来的微分方程。取反对数得出

$$x+(x^2-c^2)^{1/2}=ce^{(t+k)/c}。$$

现在，

$$x-(x^2-c^2)^{1/2}=[x-(x^2-c^2)^{1/2}][x+(x^2-c^2)^{1/2}]/[x+(x^2-c^2)^{1/2}]$$
$$=[x^2-(x^2-c^2)]/[x+(x^2-c^2)^{1/2}]$$
$$=c^2/ce^{(t-k)/c}=ce^{-(t+k)/c}。$$

通过代换 $x+(x^2-c^2)^{1/2}$，我们有最后一步。最后，由加法，我们得到

$$x=c[e^{(t+k)/c}+e^{-(t+k)/c}]/2。$$

这是被称为悬链线的图形的方程；利用条件 $x(t_0)=x_0$ 和 $x(t_1)=x_1$，我们可以求出 c 和 k。

例： 最速降线问题。

$$\min \int_{x_0}^{x_1} [(1+y'^2)/y]^{1/2} dx,$$

其中，常数 $(2g)^{-1/2}$ 被忽略了。因为被积函数不明显涉及 x（即这里被积函数的一般形式是 $F(x, y(x), y'(x))$，而不像以前的例子那样是 $F(t, x(t), x'(t))$，我们有

$$F - y'F_{y'} = [(1+y'^2)/y]^{1/2} - y'^2[y(1+y'^2)]^{-1/2}$$
$$= [y(1+y'^2)]^{-1/2}[1+y'^2-y'^2] = 常数。$$

这表明

$$[y(1+y'^2)]^{-1/2} = 常数。$$

进而，意味着

$$y(1+y'^2) = 2k,$$

其中，k 是一个常数，于是，

$$y' = [(2k-y)/y]^{1/2}。$$

分离变量给出

$$[y/(2k-y)]^{1/2} dy = dx。$$

把括号内的表达式同时乘以 y 可得到

$$y dy / (2ky-y^2)^{1/2} = dx。$$

两边积分可得到

$$x = -(2ky-y^2)^{1/2} + k\arccos(1-y/k) + c,$$

其中，c 是一个常数。这是摆线方程。

例： 牛顿第二运动定律是 $F = ma = m d^2x/dt^2$，是一个二阶常微分方程。问题是找到一个积分，使得这个微分方程是欧拉方程。结果是积分

$$\int_{t_0}^{t_1} (mx'^2/2 - V(x)) dt。$$

因为被积函数不涉及 t，所以

$$mx'^2/2 - V(x) - mx'^2 = c,$$

这是一个常数。于是，

$$-V(x) - mx'^2/2 = c。$$

关于 t 取导数得到

$$-V'x' - mx'x'' = 0$$

或者

动态优化——经济学和管理学中的变分法和最优控制（第二版）

$$-V'(x) = mx''。$$

确认 $-V'(x) = F$ 就得到想要的结果。

被积函数中的项 $mx'^2/2$ 代表微粒的动能，而 $V(x)$ 被定义为它的势能。物理学家取 $T = mx'^2/2$ 并称

$$\int_{t_0}^{t_1} (T - V)dt = \int_{t_0}^{t_1} Ldt$$

为**作用**，或者汉密尔顿积分，其中，$L = T - V$ 被称为拉格朗日函数。用这个积分的欧拉方程刻画的微粒在空间中的运动被称作最小作用原理或者汉密尔顿平稳作用原理。这个原理在理论物理中起统一化的作用，其中，由微分方程刻画的物理学原理把它们与一个合适的作用积分联系起来了。事实上，发现作用积分（其欧拉方程是合意的物理学原理）是一个重要成就。

"特殊方法"并不总是解决问题的最简单的方式。有时欧拉方程可应用的特殊形式比通常形式更为简单，有时它更为困难。最简单的方法由试错法来确定。例如，考虑求

$$\int_{t_0}^{t_1} \left[2x^2 + 3xx' - 4(x')^2 \right]dt, \ \text{s. t. } x(t_0) = x_0, x(t_1) = x_1$$

的极值曲线。因为被积函数不依赖于 t，我们可以把欧拉方程写成 $F - x'F_{x'} = c$ 的形式；即

$$2x^2 + 4(x')^2 = c。 \tag{1}$$

这个非线性方程不容易求解。

另一方面，这个方程的欧拉方程（$F_x = dF_{x'}/dt$）的标准形式是一个二阶线性微分方程

$$2x'' + x = 0, \tag{2}$$

它的解很容易求出（参见第 B3 节）。与这个微分方程有关的特征方程是 $2r^2 + 1 = 0$，根是 $r = \pm i/2^{1/2}$。因此，极值曲线形如

$$x(t) = c_1 \sin t/2^{1/2} + c_2 \cos t/2^{1/2}。$$

利用给定的边界条件，我们可以求出常数 c_1 和 c_2。（把第一次发现的欧拉方程（1）关于 t 取微分得到第二个形式（2）。）注意，本节练习中的几个题目采取这里标明的形式，用标准欧拉方程求解更容易。

情形 3 F 仅依赖于 x'：$F = F(x')$。

欧拉方程是 $F_{x'x'}x'' = 0$。于是，沿着最优解，在每个时刻 t，要么 $F_{x'x'}(x') = 0$，要么 $x''(t) = 0$。在后一种情形中，积分两次表明极值曲线是线性形式 $x(t) = c_1 t + c_2$。在前一种情形中，要么 $F_{x'x'}(x') \equiv 0$，要么 x' 是常数，即 $F_{x'} = 0$。x' 是常数的情形刚才讨论过了。如果 F 关于 x' 是线性的，$F(x') = a + bx'$，欧拉方程就是一个恒等式，任何 x 显然都满足它（也可以参见下面的情形 5）。

我们得到结论，如果被积函数 F 仅依赖于 x' 但不是线性的，极值曲线的图形就是直线。即使 F 或 $F_{x'x'}$ 的函数形式很复杂，我们也知道极值曲线一定是线性的。边界条件

决定了常数。

这个结果可以直接应用于例 1.4 而得到结论：平面上两点之间的最短距离是连接它们的直线。

情形 4 F 仅依赖于 t 和 x：$F = F(t, x)$。

欧拉方程是 $F_x(t, x) = 0$，它不是一个微分方程。它要求在每个时刻 t 优化被积函数。动态问题退化了。（例如，回顾式（1.4）。）

情形 5 F 关于 x' 是线性的：$F = A(t, x) + B(t, x)x'$。

欧拉方程是 $A_x + B_x x' = B_t + B_x x'$；也就是说，$A_x(t, x) = B_t(t, x)$，它不是一个微分方程。这可以把 x 看成 t 的隐函数。如果这个方程的解满足边界条件，它就是最优解。

或者，欧拉方程 $A_x = B_t$ 可以是一个任意函数 x 都满足的恒等式，$A_x(t, x) \equiv B_t(t, x)$。那么，根据恰当微分方程的可积定理（参见附录 B），存在一个函数 $P(t, x)$，使得 $P_t \equiv A$，$P_x \equiv B$（因此 $P_{tx} \equiv A_x \equiv B_t$）且

$$F(t, x, x') = A + Bx' = P_t + P_x x' = dP/dt。$$

于是，被积函数是函数 P 的全微分且

$$\int_{t_0}^{t_1} (A + Bx') dt = \int_{t_0}^{t_1} (dP/dt) dt = P(t_1, x(t_1)) - P(t_0, x(t_0))。$$

积分值仅仅依赖于端点；在这种情况下，连接它们的路径是无关紧要的。任何可行路径都是最优的。这类似于一个最大化常值函数的问题；任何可行点将得到相同的值。

情形 5 是欧拉方程为恒等式的唯一情形。为了理解这一点，假设式（3.10）是一个恒等式，对于 t，x，x'，x'' 四个数的任何集合都是成立的。如果式（3.10）对于 x'' 的每一个可能值都是成立的，x'' 的系数就一定等于零。因此，$F_{x'x'} \equiv 0$。于是，对于任何 t，x，x'，$F_x - F_{x't} - x' F_{x'x} \equiv 0$。第一个恒等式表明 F 关于 x' 是线性的，因此 F 有形式 $A(t, x) + B(t, x)x'$。而像已经表明的那样，第二个恒等式变为 $A_x \equiv B_t$。

两个看起来很不相同的被积函数能够导致相同的欧拉方程进而有相同的极值曲线。如果被积函数相差一个恰当微分，这就会发生。例如，令 $P(t, x)$ 为一个二阶可微函数并定义

$$Q(t, x, x') \equiv dP/dt = P_t(t, x) + P_x(t, x)x'(t)。$$

那么，对于任意二阶可微函数 $F(t, x, x')$，满足

$$x(t_0) = x_0, \quad x(t_1) = x_1$$

的两个积分

$$\int_{t_0}^{t_1} F(t, x, x') dt \text{ 和 } \int_{t_0}^{t_1} [F(t, x, x') + Q(t, x, x')] dt$$

相差一个常数（即，$P(t_1, x_1) - P(t_0, x_0)$），与各自的积分有关的欧拉方程是一样的。

例 1 $\int_{t_0}^{t_1} x'(t) dt$ 满足 $x(t_0) = x_0$，$x(t_1) = x_1$。因为 $F = x'$，$F_x = 0$ 和 $F_{x'} = 1$，所以欧拉方程是 $0 = 0$，这总是满足的。被积函数是一个恰当微分，因此，对于任何可微

函数，

$$\int_{t_0}^{t_1} x'(t)dt = x(t_1) - x(t_0) = x_1 - x_0。$$

积分的值仅依赖于端点条件，而不依赖于连接端点的路径。

例 2 假设例 1.1 中的生产成本是线性的：

$$\min \int_0^T [c_1 x'(t) + c_2 x(t)]dt$$

$$\text{s. t. } x(0)=0, \quad x(T)=B。$$

那么，$F_x = c_2$，$F_{x'} = c_1$，因此，欧拉方程是 $c_2 = 0$。这表明，如果存在正的持有成本 ($c_2 > 0$)，就不存在最优的生产计划；如果持有成本是零，任何可行计划都是最优的。经济学含义如下。如果单位生产成本是常数，那么不管时间计划是什么，制造 B 单位产品总的制造成本就是 $c_1 B$：

$$\int_0^T c_1 x'(t)dt = c_1[x(T) - x(0)] = c_1 B。$$

如果持有存货的成本等于零，所有可行的生产计划就是同样好的。如果存货持有成本为正，那么把生产推迟到最后一刻会减少总存储成本。极限解答是 $x(t)=0$，$0 < t < T$，$x(T)=B$，这是一个可以趋近的解，但它自身不是连续函数。

例 3 为了求

$$\int_0^T txx'dt, \text{ s. t. } x(0)=0, x(T)=B$$

的极限曲线，计算 $F_x = tx'$，$F_{x'} = tx$，$dF_{x'}/dt = x + tx'$。欧拉方程是 $tx' = x + tx'$ 或者 $0 = x$，仅当 $B=0$ 时满足。

为了确定这个问题无解，取 $xx'dt = dv$ 和 $t = u$，分部积分，于是，$x^2/2 = v$，$dt = du$。那么

$$\int_0^T txx'dt = \left(B^2 T - \int_0^T x^2 dt\right)\Big/2 \leqslant B^2 T/2。$$

仅当取 $x(t)=0$，$0 \leqslant t \leqslant T$ 时能够达到上界 $B^2 T/2$。这个函数满足欧拉方程但不满足边界条件（除非如果 $B=0$）。很明显，不存在最小化的解；积分可以任意小。

例 4 对于

$$\int_{t_0}^{t_1} e^{-rt}(x' - ax)dt, \text{ s. t. } x(t_0)=x_0, x(t_1)=x_1,$$

我们计算

$$F_x = -ae^{-rt}, \quad F_{x'} = -e^{-rt}, \quad dF_{x'}/dt = -re^{-rt}。$$

欧拉方程是 $a=r$。其实，如果 $a=r$，欧拉方程就是恒等式，被积函数是恰当微分，即 $d(e^{-rt}x(t))/dt$。积分的值是 $e^{-rt_1}x_1 - e^{-rt_0}x_0$，独立于两个给定端点之间的路径。另一方面，如果 $a \neq r$，欧拉方程就不能被满足；因而就不存在最优解。为了确认这一点，

把 $rx-rx$ 加到被积函数上，然后利用刚才的观察：

$$\int_{t_0}^{t_1} e^{-rt}(x'-rx+rx-ax)dt = \int_{t_0}^{t_1} e^{-rt}(x'-rx)dt + \int_{t_0}^{t_1} e^{-rt}(rx-ax)dt$$

$$= x_1 e^{-rt_1} - x_0 e^{-rt_0} + (r-a)\int_{t_0}^{t_1} e^{-rt}xdt.$$

如果 $r=a$，所有的可行路径都给出了相同的值。如果 $a \neq r$，通过选择一条有非常高的顶点或者非常低的谷底的路径，积分的值可以任意大或者任意小。

例5 考虑贴现的利润最大化问题（与例1.3相比较），

$$\max \int_0^T e^{-rt}[p(t)f(K(t))-c(t)(K'+bK)]dt \qquad (3)$$

$$\text{s. t. } K(0)=K_0, \quad K(T)=K_T,$$

其中，$c(t)$ 是总投资的单位成本，$p(t)$ 是单位产出的价格（时间的给定函数），$K(t)$ 是生产资本存量，$f(K)$ 是产出，$I=K'+bK$ 是总投资（净投资加上折旧）。计算

$$F_K=e^{-rt}[pf'(K)-cb], F_{K'}=-e^{-rt}c.$$

欧拉方程是

$$d[-e^{-rt}c(t)]/dt=e^{-rt}[p(t)f'(K(t))-c(t)b].$$

为了解释，在一个小的时间区间上取积分：

$$e^{-rt}c(t)-e^{-r(t+\Delta)}c(t+\Delta)=\int_t^{t+\Delta} e^{-rs}[p(s)f'(K(s))-c(s)b]ds.$$

在 t 时刻购买一边际单位资本与 $t+\Delta$ 时刻购买的成本之差刚好被资本在时期 $[t, t+\Delta]$ 内挣得的边际利润所抵消。

对欧拉方程求显示的微分导出等价要求

$$e^{-rt}[pf'(K)-cb]=e^{-rt}[rc-c'],$$

于是，选择最优资本水平 $K^*(t)$ 的规则是

$$p(t)f'(K^*(t))=(r+b)c(t)-c'(t). \qquad (4)$$

这是关于 $K^*(t)$ 的静态方程，而不是微分方程。仅当 $K^*(0)=K_0$ 和 $K^*(T)=K_T$ 时它是可行的。它说明，如果可能，选择的资本存量应当使得资本在每一时刻的边际产品价值等于它的使用成本。资本的"使用成本"$(r+b)c-c'$ 不仅包含投资在资本上的货币所放弃的利息和由于物质损耗导致的货币价值下降，还包含资本收益（或者损失）。资本收益可能发生，例如，如果资本的单位价格上升，从而增加了公司持有资本存量的价值，资本收益就会发生。另一方面，资本损失也是可能的，例如，通过新生产方法的发明，公司的资本存量过时了，从而减少了它的价值。

例6 $\int_0^1 (x'^2-2xx'+10tx)dt$ 满足 $x(0)=1$，$x(1)=2$ 的欧拉方程是 $x''=5t$，解是 $x(t)=5t^3/6+t/6+1$。对于这个问题，它的欧拉方程和解应当与例4.2相比较。欧拉方程和解是相同的。被积函数相差一个恰当微分项，$-2xx'=d(-x^2)/dt$。沿着极值曲

线，两个积分值相差

$$-x^2(1)+x^2(0)=-4+1=-3。$$

习 题

1. 求候选路径来最大化或者最小化

$$\int_{t_0}^{t_1}\left[t(1+(x')^2)\right]^{1/2}dt,\ \text{s. t. } x(t_0)=x_0, x(t_1)=x_1。$$

不需要求出积分常数。

2. 求候选路径来最大化或者最小化

$$\int_{t_0}^{t_1}F(t,x,x')dt,\ \text{s. t. } x(t_0)=x_0, x(t_1)=x_1$$

（但是不需要求出积分常数）其中

a. $F(t,x,x')=x^2+4xx'+2(x')^2$，
b. $F(t,x,x')=x^2-3xx'-2(x')^2$，
c. $F(t,x,x')=x'(\ln x')^2$，
d. $F(t,x,x')=-x^2+3xx'+2(x')^2$，
e. $F(t,x,x')=te^{x'}$。

3. 求候选路径来最大化或者最小化

$$\int_{t_0}^{t_1}\left[x^2+axx'+b(x')^2\right]dt,\ \text{s. t. } x(t_0)=x_0, x(t_1)=x_1。$$

考虑 $b=0$，$b>0$ 和 $b<0$ 的情形。参数 a 如何影响解？为什么？

4. 一个垄断者认为，他能售卖的数量不仅取决于他设定的价格 $p(t)$，而且取决于价格的变化率 $p'(t)$：

$$x=a_0p+b_0+c_0p'。 \tag{5}$$

他以速率 x 生产的成本是

$$C(x)=a_1x^2+b_1x+c_1。 \tag{6}$$

给定初始价格和要求的最终价格，求在 $0\leqslant t\leqslant T$ 上的价格政策以最大化利润

$$\int_0^T\left[px-C(x)\right]dt,$$

给定式（5）、式（6）和上面的边界条件。（注意：这个问题涉及复杂的计算；由于它的历史意义，我们把它包括进来。参见后面的"进一步阅读"的建议。）

5. 假设一个矿藏包含数量为 B 的矿产资源（比如煤、铜或者石油）。以速率 x 售卖资源赚得的利润率是 $\ln x$。为了最大化从矿藏得到的利润现值，在某个固定期限 [0,

T]内求资源的售卖率。[提示：令 $y(t)$ 为到 t 时刻为止所累积的售卖数量。那么 $y'(t)$ 就是 t 时刻的售卖率。求 $y(t)$ 以

$$\max \int_0^T e^{-rt} \ln y'(t) dt$$
$$\text{s. t. } y(0)=0, y(T)=B_{\circ}]$$

6. 重新考虑上面习题 5 的问题，但是，假设利润率是 $P(x)$，资源以速率 x 售卖，其中 $P'(0)>0$ 和 $P''<0$。

a. 证明在计划期内从抽取资源得到的边际利润的现值是常数。（否则，把一单位资源的销售时刻从欠有利可图的时刻转换到更有利可图的时刻将是值得的。）因此，边际利润以贴现率 r 指数增长。

b. 证明最优抽取率是跨时下降的。

■ 进一步阅读

关于最优企业投资的讨论，参见 Arrow（1964）和 Jorgenson。Samuelson（1965）提供了一个重要的经济学应用。关于最速降线问题和最小面积演化曲面的问题，Bliss 和 D. R. Smith 给出了非常完备的分析。Feynman 提供了一个关于最小作用原理的优美陈述。也参见 Goldstein。在 Boorse，Motz 和 Weaver 中，可以找到汉密尔顿有趣的传记和他对物理学的贡献。习题 4 源于 Evans，且 Allen 也讨论了这个问题。这是在第 Ⅱ23 节中要讨论的 Roos 微分博弈的起点。习题 5 和习题 6 被 Hotelling 在更一般的框架中讨论了，第 7 节和第 9 节也有讨论。

关于二阶线性微分方程，参见第 B3 节。关于 x' 线性的被积函数在第 16 节无穷边界自治问题中有进一步讨论。

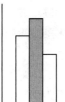

6. 二阶条件

在开区间上最优化单变量 x 的一个二阶连续可微函数 $f(x)$ 时，我们知道如果数 x^* 最大化 $f(x)$，那么 $f'(x^*)=0$ 和 $f''(x^*) \leqslant 0$ 是必要的。如果 x^* 满足 $f'(x^*)=0$ 和 $f''(x^*)<0$，那么 x^* 给出了 f 的局部最大值。也就是说，如果函数在 x^* 处是不变的且在 x^* 的邻域内是局部凹的，那么 x^* 一定给出局部最大值。

对于求最大化

$$\int_{t_0}^{t_1} F(t,x,x')dt, \text{ s. t. } x(t_0)=x_0, x(t_1)=x_1 \tag{1}$$

的一个连续可微函数 $x(t)$ 的问题，其中 F 是三个分量的二阶连续可微函数，我们可以推导出类似条件。我们已经看到，如果函数 $x^*(t)$ 最大化式（1），那么，对于任意给定的可行函数 $h(t)$，定义

$$g(a)=\int_{t_0}^{t_1} F(t,x^*+ah,x^{*'}+ah')dt,$$

我们一定有

$$g'(0)=\int_{t_0}^{t_1} (F_x h+F_{x'}h')dt=0。\tag{2}$$

中间的表达式称为**第一变分**。与以前讨论的一样，要求它沿着最优函数 $x^*(t)$ 取值时等于零，从而得到欧拉方程。

与函数二阶导数类似的是**第二变分**，即

$$g''(0)=\int_{t_0}^{t_1} \left[F_{xx}h^2+2F_{xx'}hh'+F_{x'x'}(h')^2\right]dt。\tag{3}$$

如果 $x^*(t)$ 最大化式（1），那么对于所有可行函数 $h(t)$，第二变分式（3）非负就是必

要的。在式（3）的被积函数中，所有二阶偏导数都是沿着 $(t,x^*(t),x^{*\prime}(t))$ 取值的。关于 $x^*(t)$ 最大化的二阶条件导致了我们即将推导出的 Legendre 条件。

如果 F 关于 (x,x') 是凹的，第二次变分就一定是非正的。为了看到这一点，注意式（3）的被积函数是关于 h 和 h' 的二次型；回忆一下，如果它的系数是一个凹函数的二阶偏导数，这个二次型将是非正的（参见第 A3 节）。

其实可以做一个更严格的陈述：如果被积函数 $F(t,x,x')$ 关于它的第二和第三个分量是联合凹的，且 $x^*(t)$ 满足欧拉方程 $F_x = dF_{x'}/dt$，那么 $x^*(t)$ 最大化式（1）。因此，如果 F 关于 x 和 x' 是凹的，对于最优来说，欧拉方程就是**充分的**。这个表述很容易证明。（它类似于凹函数的平稳点是最大化的情形；参见第 A4 节。）

假设 $x^*(t)$ 满足欧拉方程且 F 关于 (x,x') 是凹的。简记

$$F=F(t,x,x'), \quad F^*=F(t,x^*,x^{*\prime}), \tag{4}$$

令 $h(t)=x(t)-x^*(t)$，于是，$h'(t)=x'(t)-x^{*\prime}(t)$。那么，因为 F 是一个凹函数，所以由式（A3.5）可知

$$\int_{t_0}^{t_1}(F-F^*)dt \leqslant \int_{t_0}^{t_1}\left[(x-x^*)F_x^* + (x'-x^{*\prime})F_{x'}^*\right]dt$$
$$= \int_{t_0}^{t_1}(hF_x^* + h'F_{x'}^*)dt = \int_{t_0}^{t_1}h(F_x^* - dF_{x'}^*/dt)dt = 0。 \tag{5}$$

倒数第二个等式源于分部积分；根据假设，由于 x^* 满足欧拉方程，因此最后一个表达式等于零。关系式（5）表明，与满足欧拉方程的路径 x^* 相比，不存在可行路径 x 能提供更大的值，因此，x^* 是最大化的。

对于许多我们感兴趣的问题，F 关于 (x,x') 不是凹的。Legendre 条件要求被积函数沿着最优路径是局部凹的。经过一些处理，它可以从式（3）非正这一要求得到。为了看到式（3）非正要求什么，对中间的项分部积分。令 $u=F_{xx'}$，$dv=2hh'dt$，因此，$du=(dF_{xx'}/dt)/dt$，$v=h^2$。那么，

$$\int_{t_0}^{t_1}2F_{xx'}hh'dt = -\int_{t_0}^{t_1}h^2(dF_{xx'}/dt)dt, \tag{6}$$

如果我们回顾 $h(t_1)=h(t_0)=0$。把式（6）代入式（3）：

$$g''(0) = \int_{t_0}^{t_1}\left[(F_{xx} - dF_{xx'}/dt)h^2 + F_{x'x'}h'^2\right]dt。 \tag{7}$$

现在我们需要一个引理。

引理：令 $P(t)$ 和 $Q(t)$ 是 $[t_0,t_1]$ 上给定的连续函数，令二次泛函

$$\int_{t_0}^{t_1}\{P(t)[h'(t)]^2 + Q(t)[h(t)]^2\}dt \tag{8}$$

对于 $[t_0,t_1]$ 上满足 $h(t_0)=h(t_1)=0$ 的所有连续可微函数 $h(t)$ 都有定义。对于所有这样的 h，式（8）非正的必要条件是 $P(t)\leqslant 0$，$t_0\leqslant t\leqslant t_1$。

证明：证明在本节附录。

一旦函数 x^* 固定，式（7）中的偏导数就只是 t 的函数。已知

动态优化——经济学和管理学中的变分法和最优控制（第二版）

$$P(t) = F_{x'x'}(t, x^*(t), x^{*'}(t)), \quad Q(t) = F_{xx}^* - dF_{xx'}^*/dt,$$

引理告诉我们，式（7）非正要求

$$F_{x'x'}(t, x^*(t), x^{*'}(t)) \leqslant 0。 \tag{9}$$

这是 **Legendre 条件**：最大化路径既满足欧拉方程也满足 Legendre 条件式（9）。像下面习题 3 表明的那样，对于最小化路径，式（9）中的符号要反过来。

对于例 4.6，$F = e^{-rt}[g(x') + c_2 x]$，Legendre 条件要求沿着最小化路径

$$F_{x'x'} = e^{-rt} g''(x') \geqslant 0。$$

因为假设 $g'' > 0$，所以沿着任何路径这都是满足的；因此，Legendre 条件必定是满足的。而且，F 关于 x，x' 是凸的，不仅因为 $F_{x'x'} > 0$，而且因为

$$F_{xx}F_{x'x'} - F_{xx'}^2 = 0，$$

读者可以确认。在例 4.6 中，欧拉方程的解是最小化路径。

　　总之，**最大化路径必定满足欧拉方程和 Legendre 条件式 (9)**。这些是**必要**条件。我们将在习题 3 中证明，最小化路径必定满足欧拉方程和 Legendre 条件 $F_{x'x'}(t, x^*, x^{*'}) \geqslant 0$。我们将在习题 5 中证明，加强的 Legendre 条件有严格不等式（即 $F_{x'x'} < 0$），它对于最优不是充分的。然而，如果被积函数 F 关于 (x, x') 是凹的，那么满足欧拉方程的路径是最大化的；如果被积函数关于 (x, x') 是凸的，满足欧拉方程的路径就是最小化的。这样，**对于最大化（最小化）来讲，欧拉方程与被积函数关于 (x, x') 的凹性（凸性）就是充分的。**

第 6 节附录 （选学）

☐ 引理的证明

　　利用反证法，通过证明式（8）总是非正的假设和 $P(t)$ 在区间 $[t_0, t_1]$ 上总是正的假设是矛盾的，引理就可以得到证明。假设对于某个时刻 s 和某个 $b > 0$，我们有 $P(s) = 2b > 0$。因为 P 是连续的，所以在 s 附近存在一个小的时间区间使得 P 大于 b。因此，存在一个 $c > 0$ 使得（见图 6.1）

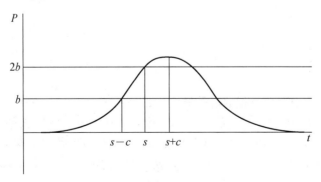

图 6.1

$$t_0 \leqslant s-c < s < s+c \leqslant t_1,$$

和

$$P(t) > b, \quad s-c \leqslant t \leqslant s+c。$$

对应于这个函数 P，我们构造一个特定的连续可微函数 $h(t)$ 使得式（8）是正的。这就表明了 $P(t) \leqslant 0$ 对于式（8）非正的必要性。特别地，令

$$h(t) = \begin{cases} \sin^2 \pi(t-s)/c, & s-c \leqslant t \leqslant s+c, \\ 0, & \text{其他。} \end{cases} \tag{10}$$

那么，

$$h'(t) = (\pi/c) 2 \sin\Theta \cos\Theta = (\pi/c) \sin 2\Theta,$$

其中，$\Theta = \pi(t-s)/c$。这个 h 满足所有的要求。那么，

$$\int_{t_0}^{t_1} [P(h')^2 + Qh^2] dt = \int_{s-c}^{s+c} P(\pi/c)^2 \sin^2 2\Theta dt + \int_{s-c}^{s+c} \sin^4 \Theta dt。 \tag{11}$$

因为对于 $s-c \leqslant t \leqslant s+c$，$P(t) > b$，所以利用积分变量代换（$u = 2\Theta = 2\pi(t-s)/c$）和积分表，我们有

$$\int_{s-c}^{s+c} P(\pi/c)^2 \sin^2 2\Theta dt \geqslant (b\pi/2c) \int_{-2\pi}^{2\pi} \sin^2 u \, du = b\pi^2/c。 \tag{12}$$

由于 $Q(t)$ 在闭区间 $[s-c, s+c]$ 上是连续的，因此存在某个正的 M 使得对于 $s-c \leqslant t \leqslant s+c$，$-M \leqslant Q(t) \leqslant M$。那么，

$$\int_{s-c}^{s+c} Q \sin^4 \Theta dt \geqslant \int_{s-c}^{s+c} -M dt = -2cM。 \tag{13}$$

在式（11）中利用式（12）和式（13）的下界得到

$$\int_{t_0}^{t_1} [P(h')^2 + Qh^2] dt \geqslant b\pi^2/c - 2cM。 \tag{14}$$

但是，如果 $b\pi^2/2M > c^2$，我们就有 $b\pi^2/c - 2cM > 0$。因此，可以选择足够小的 c，使得式（14）的右侧是正的，进而式（14）的左侧也是正的。因此，对于任何可行的 h，仅当 $P(t) \leqslant 0$，$0 \leqslant t \leqslant t_1$ 时，式（8）都是非正的。这完成了引理的证明。

▉ 习　题 _____

1. 证明例 4.7 中欧拉方程的解是最大化路径。

2. 证明如果 $F(t, x, x')$ 关于 (x, x') 是联合凸的，那么任何满足欧拉方程 $F_x = dF_{x'}/dt$ 和式（1）中边界条件的函数 $x^*(t)$ 都最小化式（1）中的泛函。

3. 证明 $x^*(t)$ 最小化式（1）的必要条件是对于每一个 $t_0 \leqslant t \leqslant t_1$，不等式 $F_{x'x'}(t, x^*(t), x^{*'}(t)) \geqslant 0$ 总是成立的。

4. 在习题 5.3 中，对于问题

$$\int_{t_0}^{t_1} \big[x^2 + axx' + b(x')^2 \big] dt, \text{ s. t. } x(t_0) = x_0, x(t_1) = x_1 \tag{15}$$

的极大值和极小值，候选解已经被找到，其中 a 和 b 是已知常数。下面的问题是要问，对于 b 的每一个可能的符号，这些极值曲线是最小化的、最大化的还是两者都不是。

a. 证明如果 $b=0$，那么 $x=0$ 是唯一的最小化候选解。（那么，仅当 $x_0 = x_1 = 0$ 时存在最小值。）证明如果 $b=0$，就不存在最大化路径。

b. 证明如果 $b > (a/2)^2$，极值曲线就是最大化的。

c. 假定 $(a/2)^2 > b > 0$。求最小化

$$\int_{t_0}^{t_1} (x^2 + b(x')^2) dt, \text{ s. t. } x(t_0) = x_0, x(t_1) = x_1$$

的路径。这个路径如何与式（15）中的极值曲线关联起来？解的值有什么不同？现在能论证在当前情形下，找到的式（15）的极值曲线是最小化的吗？（这表明了尽管 Legendre 条件是必要的，被积函数的凸性还是不必要的。）现在也证明，如果 $b = x_0 = x_1 = 0$，那么 $x(t) = 0$，$t_0 \le t \le t_1$，它能使式（15）达到极小化。

5. 考虑

$$\max \int_0^{2\pi} \big[x^2 - (x')^2 \big] dt, \text{ s. t. } x(0) = 0, x(2\pi) = 0。$$

a. 证明极值曲线取 $x(t) = c \sin t$ 的形式，且使得积分值等于零。Legendre 条件满足吗？被积函数关于 (x, x') 是凹函数吗？

b. 证明 $y(t) = t - t^2 / 2\pi$ 是导致积分为正值的可行解。关于 Legendre 条件的充分性可以得到什么结论？关于所述问题的存在性呢？

进一步阅读

引理及其证明取自 Gelfand 和 Fomin。附加的二阶条件被赋予 Weierstrass 和 Jacobi 的名字，可以在引用的变分法文献中找到。

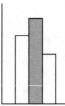

7. 等周问题

最优化问题也许会满足积分约束：

$$\max \int_{t_0}^{t_1} F(t, x, x') dt \tag{1}$$

$$\text{s. t.} \int_{t_0}^{t_1} G(t, x, x') dt = B, \quad x(t_0) = x_0, \quad x(t_1) = x_1, \tag{2}$$

其中，F 和 G 是二阶连续可微函数，B 是给定的数。例如，最大化由一条直线和长度为 B 的细线所包围的面积的问题可以用这种形式提出来。令直线从 $(t_0, x_0) = (0, 0)$ 伸展到 $(t_1, x_1) = (t_1, 0)$。那么，曲线下的面积由式（1）给出，而且 $F(t, x, x') = x$。细线长度的约束由式（2）给出，而且 $G(t, x, x') = [1 + (x')^2]^{1/2}$。（回顾例1.5。）在这个问题中，周长为常数，由式（2）规定——因此，名为"等周的"。此例为由式（1）和式（2）给出的一整类问题提供了名称。形如式（1）和式（2）的另一个例子由习题5.5和习题5.6给出。

$$\max \int_0^T e^{-rt} P(x) dt \tag{3}$$

$$\text{s. t.} \int_0^T x dt = B, \tag{4}$$

其中，$x(t)$ 是资源的提取率，B 是资源的初始禀赋，而 $P(x)$ 为资源在 t 时刻以 $x(t)$ 的速率被提取和销售情况下的利润率。由于其特殊结构，通过把

$$y(t) = \int_0^t x(s) ds \tag{5}$$

定义为到 t 时刻为止被抽取的资源数量，等周约束式（4）可以转化成固定端点约束。因此，$y'(t) = x(t)$，式（3）和式（4）被等价地表述为

$$\max \int_0^T e^{-rt} P(y') dt \tag{6}$$

$$\text{s. t. } y(0)=0, \quad y(T)=B_\circ \tag{7}$$

通常并不存在消除等周约束的简单变换。然而，回顾在有约束的微积分优化问题中，我们可以利用约束消去一个变量（得到一个等价的无约束问题），或者利用拉格朗日乘子把约束附加到目标上进而导出等价的必要条件（参见第 A5 节）。拉格朗日乘子方法在这里也适用。例如，利用拉格朗日乘子把式（4）附加到式（3）上，我们有

$$L = \int_0^T e^{-rt} P(x) dt - \lambda \left(\int_0^T x dt - B \right) = \int_0^T [e^{-rt} P(x) - \lambda x] dt + \lambda B_\circ \tag{8}$$

为最大化式（8）中扩展的被积函数，x 的必要条件是满足欧拉方程

$$e^{-rt} P'(x) = \lambda_\circ \tag{9}$$

与习题 5.6 的发现相一致，在计划期内，边际利润的现值为常数。

在一般情况式（1）和式（2）下，我们利用待定乘子 λ 把约束式（2）附加到式（1）上。任意可行的函数 x 满足式（2），因此，对于这样的 x，

$$\int_{t_0}^{t_1} F(t, x, x') dt = \int_{t_0}^{t_1} [F(t, x, x') - \lambda G(t, x, x')] dt + \lambda B_\circ \tag{10}$$

当左侧的积分关于 x 达到极值时，右侧的积分也达到极值；然后选择 λ 以使其满足式（2）。右侧积分的欧拉方程为

$$F_x - \lambda G_x = d(F_{x'} - \lambda G_{x'})/dt_\circ \tag{11}$$

由式（A5.11）可知，拉格朗日乘子方法依赖于最优点不是约束关系的平稳点的假设；这避免了在证明时被零除。由于同样的原因，这里有一个类似的限制条件必须要满足。因此，问题式（1）和式（2）解的必要条件可以表述为：如果函数 x^* 是式（1）和式（2）的最优解，而且 x^* 不是约束积分式（2）的极值曲线，那么，存在数 λ，使得 $x^*(t)$ 和 λ 满足式（1）和式（2）。

例 1

$$\min \int_0^1 [x'(t)]^2 dt$$

$$\text{s. t. } \int_0^1 x(t) dt = B, \quad x(0) = 0, \quad x(1) = 2_\circ$$

扩展的被积函数为 $(x')^2 - \lambda x$。欧拉方程 $\lambda + 2x'' = 0$ 的解为

$$x(t) = -\lambda t^2/4 + c_1 t + c_2_\circ$$

利用积分约束和边界条件，三个常数待定——λ, c_1, c_2：

$$\int_0^1 x dt = \int_0^1 (-\lambda t^2/4 + c_1 t + c_2) dt = B,$$

$$x(0) = c_2 = 0, \quad x(1) = -\lambda/4 + c_1 + c_2 = 2_\circ$$

因此，

$$c_1 = 6B - 4, \quad c_2 = 0, \quad \lambda = 24(B-1)。$$

例 2 对于

$$\max \int_0^T x \, dt$$

$$\text{s. t.} \int_0^T [1 + (x')^2]^{1/2} dt = B, \quad x(0), \quad x(T) = 0。$$

扩展的被积函数 $x - \lambda[1 + (x')^2]^{1/2}$ 有欧拉方程

$$1 = -d(\lambda x'/[1 + (x')^2]^{1/2}) dt。$$

分离变量和积分：

$$t = -\lambda x'/[1 + (x')^2]^{1/2} + k。$$

利用代数方法求 x' 的解：

$$x' = (t-k)/[\lambda^2 - (t-k)^2]^{1/2}。$$

令 $u = \lambda^2 - (t-k)^2$，于是，$du = -2(t-k)dt$。那么，

$$x(t) = \int x'(t) dt = -\int du/2u^{1/2} = -u^{1/2} + c,$$

因此，

$$(x-c)^2 + (t-k)^2 = \lambda^2。$$

这个解勾画出了圆的部分轮廓。利用两个端点条件和积分约束，我们可以求出常数 k, c, λ。

与式（1）和式（2）相关的拉格朗日乘子有一个有用的解释，即参数 B 的边际价值；也就是说，随着 B 的增加，最优值变化的速率。例如，在资源提取问题式（3）和式（4）中，λ 代表增加一单位资源带来的边际利润。在例 2 中，λ 代表面积随着细线长度增加的速率。

为了证明以上论断，注意最优路径 $x^* = x^*(t; B)$ 取决于参数 B。假设 x^* 关于 B 是连续可微的。定义 $V(B)$ 为式（1）和式（2）的最优值。那么，

$$V(B) = \int_{t_0}^{t_1} F(t, x^*, x^{*'}) dt$$

$$= \int_{t_0}^{t_1} [F(t, x^*, x^{*'}) - \lambda G(t, x^*, x^{*'})] dt + \lambda B。 \tag{12}$$

由于式（2）满足，其中，

$$x^* = x^*(t; B), \quad x^{*'} = \partial x^*/\partial t。 \tag{13}$$

把式（12）关于 B 求导数并利用式（13），我们有

$$V'(B) = \int_{t_0}^{t_1} [(F_x^* - \lambda G_x^*)h + (F_{x'}^* - \lambda G_x^*)h'] dt + \lambda, \tag{14}$$

其中，

$$h=\partial x^* /\partial B, \quad h'=\partial x^{*\prime} /\partial B=\partial^2 x^* /\partial t\partial B。 \tag{15}$$

但是，因为式（12）中扩展的被积函数满足欧拉方程（11），所以在对最后一项分部积分以后，对于任意连续可微和满足端点条件的函数 h，式（14）中的积分等于 0。于是，就像我们断定的那样，

$$V'(B)=\lambda。 \tag{16}$$

（要想知道式（15）中定义的函数 h 是可行的，我们仅需要观察到，对应于任意修正的 B，最优路径一定是可行的。）

习　题

1. 求 $\int_0^1 (x')^2 dt$ 满足 $\int_0^1 x^2 dt = 2$，$x(0)=0$，$x(1)=0$ 的极值曲线。

2. 最小化 $\int_0^T e^{-rt} x dt$，满足 $\int_0^T x^{1/2} dt = A$。

a. 利用乘子求解。

b. 通过消除等周约束求解。［提示：定义 $y(t) = \int_0^t x^{1/2}(s) ds$。］

3. 给定 $b>0$，$c>0$，最小化 $\int_a^b (1+x^2)^{1/2} dt$，满足 $\int_a^b x dt = c$。

4. 最大化 $\int_0^1 (2x - x^2) dt$，满足 $\int_0^1 tx dt = 1$。

进一步阅读

Cullingford 和 Prideaux 利用等周方式来处理项目计划问题。

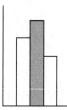

8. 自由终值

到目前为止，函数的初值和终值都是预先设定好的。假设仅仅给定初值，而所有后续的值都是最优选择的：

$$\max \int_{t_0}^{t_1} F(t, x(t), x'(t))dt$$
$$\text{s. t. } x(t_0) = x_0, \tag{1}$$

其中，x_0，t_0，t_1 是给定的。终值 $x(t_1)$ 是自由的。现在我们求连接一个给定点和一条给定垂线的最好的可微曲线，而不是连接平面中两个给定点的曲线（参见图 8.1）。

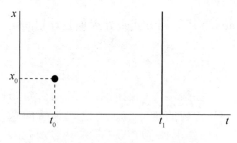

图 8.1

为了找到最优化函数 $x(t)$，$t_0 \leqslant t \leqslant t_1$ 所满足的必要条件，我们利用已经发展好的步骤。为了书写方便，在上下文意义清楚的地方，我们有时候省略最优函数的星号。

假设函数 $x(t)$ 是最优的，取 $x(t) + h(t)$ 是一个可行函数。因此，$x(t) + h(t)$ 在 $[t_0, t_1]$ 上有定义，连续可微且满足初始条件。这意味着 $h(t_0) = 0$，但是对 $h(t_1)$ 没有施加任何限制。比较曲线可以在候选路径终结点 $x(t_1)$ 的上方或者下方（或者刚好在 $x(t_1)$）结束，因此，$h(t_1)$ 可以为正、负或零。

动态优化——经济学和管理学中的变分法和最优控制（第二版）

我们考虑可行曲线族 $x(t)+ah(t)$，其中，$x(t)$ 和 $h(t)$ 固定。那么，积分式（1）的值取决于参数 a，

$$g(a) = \int_{t_0}^{t_1} F(t, x(t)+ah(t), x'(t)+ah'(t))dt, \tag{2}$$

由于 x 是最优的，它在 $a=0$ 处取得最大值。因此，与以前一样，

$$g'(0) = \int_{t_0}^{t_1} [F_x(t,x,x')h + F_{x'}(t,x,x')h']dt = 0。 \tag{3}$$

令 $F_{x'}=u$，$h'dt=dv$，对第二项分部积分：

$$\int_{t_0}^{t_1} F_{x'}h'dt = F_{x'}h \Big|_{t_0}^{t_1} - \int_{t_0}^{t_1}(hdF_{x'}/dt)dt = (F_{x'}h)\Big|_{t_1} - \int_{t_0}^{t_1}(hdF_{x'}/dt)dt,$$

由于 $h(t_0)=0$。记号 $(F_{x'},h)\big|_{t_1}$ 表示竖线前面括号中的表达式在时刻 $t=t_1$ 处取值。代入式（3）可得

$$\int_{t_0}^{t_1} h(F_x - dF_{x'}/dt)dt + (F_{x'}h)\Big|_{t_1} = 0, \tag{4}$$

其中，被积函数中的 F_x 和 $F_{x'}$ 沿着最优路径 $(t, x(t), x'(t))$ 取值。

因为对于所有可行的比较函数来说式（4）一定等于零，所以，特别地，对于那些与候选函数 x 在同一点结束的函数来说，它也等于零。因此，对于满足 $h(t_1)=0$ 的所有可微函数 h 来讲，式（4）一定为零。这意味着最优函数 x 必定满足欧拉方程

$$F_x(t,x,x') = dF_{x'}(t,x,x')/dt, \quad t_0 \leqslant t \leqslant t_1。 \tag{5}$$

因为 x 满足式（5），所以对于所有可行函数 h 来说式（4）等于零的条件施加了下述要求：即对于所有可行的 $h(t_1)$，

$$F_{x'}(t_1, x(t_1), x'(t_1))h(t_1) = 0。$$

因为 $h(t_1)$ 没有限制且不必然为零，所以这进而意味着

$$\text{如果 } x_1 \text{ 是自由的,则在 } t_1 \text{ 处 } F_{x'} = 0。 \tag{6}$$

大致来讲，这意味着在最后时刻路线的微小变化不能提高目标值。来自最优化考虑的边界条件式（6）被称为**横截性条件**。它被用来与给定初始条件一起去求二阶微分方程（5）的解中两个任意积分常数的特殊值。总之，**为解问题（1），函数 x 的必要条件是它满足欧拉方程（5）、初始条件 $x(t_0)=x_0$ 和横截性条件（6）**。Legendre 条件也是必要条件。

例1 求点 $x(a)=A$ 到直线 $t=b$ 的最短距离。

解：由例 1.4 的方法可知，问题为

$$\min \int_a^b \{1+[x'(t)]^2\}^{1/2}dt$$

$$\text{s. t. } x(a)=A \quad (a, A, b \text{ 固定})。$$

因为被积函数 F 仅仅取决于 x'，所以欧拉方程的解（利用情形 5.3）有形式 $x(t)=$

c_1t+c_2。因为横截性条件式（6）是 $F_{x'}=x'/[1+x'^2]^{1/2}=0$，所以 $x'(b)=0$。因此，常数 c_1，c_2 一定满足

$$x(a)=A=c_1a+c_2，\quad x'(b)=0=c_1，$$

因此，要求的极值曲线为从 $(a，A)$ 到 $(b，A)$ 的水平线，

$$x(t)=A，\quad a\leqslant t\leqslant b。$$

注意，Legendre 条件是满足的，因为 $F_{x'x'}>0$。事实上，由于被积函数是凸的，很明显，这个解是最小化的。

例2 最优检测计划和随机失效。

我们的工具的一个精妙应用是，确定在任何时刻 t 都可能失效的系统状态的检测计划。状态（失效和正常）的单位检测成本是 c_0。在失效和它被检测到之间的时间 T 越长，由失效带来的损失 $L(T)$ 就越大。系统被检测得越频繁，未检测到失效的损失 $L(T)$ 就越低，而总检测成本就越高。最优的检测计划要最小化这些成本的期望和。

我们假设检测很频繁，使得它们可以用一个光滑的密度函数 $n(t)$ 来刻画，它给出了单位时间的检测次数。因此，$1/n(t)$ 代表检测之间的时间间隔，$1/2n(t)$ 代表失效与检测到失效的那次检验之间的期望时间间隔。假设第一次失效在 t 时刻出现。近似的（如果 L 是线性的，就是精确的）期望损失将是 $L(1/2n(t))$，而检测成本是 $c_0\int_0^t n(s)ds$（单位检测成本乘以直到 t 时刻的监测次数）。令 $F(t)$ 为（已知的）从 0 到 t 时刻的失效概率，因此，$F'(t)$ 为失效的概率密度。F 是非减函数，满足 $F(0)=0$ 和 $F(t_1)=1$；系统确定会在 t_1 时刻失效。从 0 时刻直到第一次失效的检测时间导致的期望成本是

$$\int_0^{t_1}\left[c_0\int_0^t n(s)ds+L(1/2n(t))\right]F'(t)dt。\tag{7}$$

这是在 t 时刻失效的成本乘以在 t 时刻失效的概率密度，然后对所有可能的失效时刻取积分。我们寻找一个检测函数 $n(t)$ 来最小化期望成本式（7）。

如果我们定义 $x(t)=\int_0^t n(s)ds$，进而 $x'(t)=n(t)$，表达式（7）看起来就更熟悉。通过代换，式（7）变为

$$\min\int_0^t[c_0x(t)+L(1/2x')]F'(t)dt \tag{8}$$
$$\text{s. t. } x(0)=0，\quad x(t_1)\text{自由}。$$

常规计算得到欧拉方程

$$c_0F'(t)=-d[L'(1/2x')F'(t)/2x'^2]/dt。\tag{9}$$

横截性条件式（6）变为

$$\text{在 } t_1 \text{ 处，}-L'F'/2x'^2=0。\tag{10}$$

对式（9）分离变量并积分：

动态优化——经济学和管理学中的变分法和最优控制（第二版）

$$c_0 F(t) = -L'F'/2x'^2 + k,$$

其中，k 是积分常数。记 $a = k/c_0$，回顾 $x' = n$ 并重新组合

$$L'(1/2n)/n^2 = 2c_0[a-F]/F'. \tag{11}$$

由式（11），$-L'F'/2n^2 = c_0[a-F]$，因此式（10）等价于

$$c_0[a - F(t_1)] = 0 \tag{12}$$

由于假设 $F(t_1) = 1$，式（12）说明

$$a = 1. \tag{13}$$

因此，把式（13）代入式（11），决定最优检测计划的规则由

$$L'(1/2n(t))/n^2(t) = 2c_0[1 - F(t)]/F'(t) \tag{14}$$

隐含地给出。

在此特例中，由系统失效导致的损失刚好与未检测的失效持续的时间成比例，$L(T) = c_1 T$，方程（14）给出一个显式解

$$n(t) = \{c_1 F'(t)/2c_0[1 - F(t)]\}^{1/2}. \tag{15}$$

给定 t 时刻系统仍完好，在 t 时刻失效的条件概率密度越大，检测的成本就越小，未检测到的失效带来的损失就越大，检测的频率就越频繁。

习　题

1. 在仅有 t_0 和 t_1 给定的条件下，求最大化

$$\int_{t_0}^{t_1} F(t, x, x') dt$$

的函数 $x = x^*(t)$，$t_0 \leqslant t \leqslant t_1$ 的必要条件。注意，$x(t_0)$ 和 $x(t_1)$ 可以被最优选择。（答案：欧拉方程和条件 $F_{x'}(t_i, x(t_i), x'(t_i)) = 0$，$i = 0, 1$。）

2. 如果"最大化"被"最小化"所取代，式（1）的解所满足的必要条件是什么？

3. 当 $x(0)$ 和 $x(1)$ 可以自由选择时，求

$$\int_0^1 \{(1/2)[x'(t)]^2 + x(t)x'(t) + x(t)\} dt$$

的极值曲线。

4. 在例 2 的检测模型中，假设损失率是常数（$L(T) = c_1 T$）并应用最优检测计划式（15）。

a. 证明期望成本是

$$(2c_0 c_1)^{1/2} \int_0^{t_1} [F'(t)(1 - F(t))]^{1/2} dt.$$

b. 在可能的最糟糕的情形下，自然将选择 F 来最大化 a 中的期望成本。假设在一个设定好的时间 t_1 失效会发生（$F(t_1)=1$），求可能的最糟糕的函数 $F(t)$。然后，求相关的检测计划。

（答案：$1-F(t)=(1-t/t_1)^{1/2}$，$0 \leqslant t \leqslant t_1$。）

▌进一步阅读

例 2 和习题 4 基于 J. B. Keller（1974b）的工作。

动态优化——经济学和管理学中的变分法和最优控制（第二版）

9. 自由边界——横截性条件

考虑问题

$$\max \int_{t_0}^{t_1} F(t, x(t), x'(t)) dt, \text{ s. t. } x(t_0) = x_0, \tag{1}$$

其中，初始点 (t_0, x_0) 是给定的，但终点坐标都不必然提前给定。与以前一样，函数 F 是二阶连续可微的。

令 t_1 和 $x^*(t)$，$t_0 \leqslant t \leqslant t_1$ 是最优的，考虑比较函数 $x(t)$，$t_0 \leqslant t \leqslant t_1 + \delta t_1$。这两个函数的定义域可以稍微有差别，$\delta t_1$ 是绝对值很小但可以取任何符号的数。x^* 和 x 都是连续可微的函数，而且满足初始条件。因为它们的定义域可以不同，x^*（若 $\delta t_1 > 0$）或者 x（若 $\delta t_1 < 0$）被延拓到区间 $[t_1, t_1 + \delta t_1]$ 上，使得函数（延拓后）具有相同的定义域。例如，如果 $\delta t_1 > 0$，我们可以让 x^* 沿着它在 t_1 时刻的切线继续延伸，于是，

$$x^*(t) = x^*(t_1) + x^{*'}(t_1)(t - t_1), \quad t_1 \leqslant t \leqslant t_1 + \delta t_1.$$

另一方面，如果 $\delta t_1 < 0$，那么 x 可以用类似的线性外推法从 $t_1 + \delta t_1$ 延拓到 t_1。以后我们不再规定这种延拓，这里已经指明了一种可操作的步骤。

定义 $h(t)$ 为延拓函数在它们共同定义域内每个时刻 t 的偏差，于是，

$$x(t) = x^*(t) + h(t), \quad t_0 \leqslant t \leqslant \max(t_1, t_1 + \delta t_1). \tag{2}$$

由假设 $x^*(t_0) = x(t_0) = x_0$，我们有 $h(t_0) = 0$。我们仅仅考虑与候选函数"接近"的那些比较函数，函数 x^* 与 x 的距离由

$$\| x - x^* \| = \max_t |h(t)| + \max_t |h'(t)| + |\delta t_1| + |x(t_1 + \delta t_1) - x^*(t_1)| \tag{3}$$

来定义，其中，在 h 的整个区间上取最大的绝对值。最后两项表示两个函数终点坐标的

差。因而，如果在延拓定义域的每一点，它们的值接近、斜率相似且终点坐标接近，两个函数就是接近的。

图 9.1 用图说明了要使用的一些记号。在图中，为了清晰起见，路径之间的距离被夸大了。令 $x^*(t)$，$t_0 \leqslant t \leqslant t_1$ 最优化式 (1)，令 $h(t)$ 为任意可行的给定函数，令 δt_1 为给定的较小的数。定义

$$g(a) = \int_{t_0}^{t_1 + a\delta t_1} F(t, x^*(t) + ah(t), x^{*\prime}(t) + ah'(t))dt \text{。} \tag{4}$$

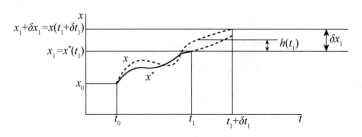

图 9.1

由于函数 g 在 $a=0$ 处取得最大值，因此，要求 $g'(0)=0$。应用莱布尼茨规则（参见式 (A1.10)）给出

$$g'(0) = F(t_1, x^*(t_1), x^{*\prime}(t_1))\delta t_1 + \int_{t_0}^{t_1}(F_x h + F_{x'}h')dt = 0 \text{。} \tag{5}$$

对被积函数中的第二项分部积分，回顾 $h(t_0)=0$，得到

$$\begin{aligned} g'(0) = & F(t_1, x^*(t_1), x^{*\prime}(t_1))\delta t_1 + F_{x'}(t_1, x^*(t_1), x^{*\prime}(t_1))h(t_1) \\ & + \int_{t_0}^{t_1}(F_x - dF_{x'}/dt)hdt \text{，} \end{aligned} \tag{6}$$

其中，被积函数沿着最优路径 $(t, x^*(t), x^{*\prime}(t))$ 取值。

称函数在各自终点处取值的差为 δx_1：

$$\delta x_1 \equiv x(t_1 + \delta t_1) - x^*(t_1) \text{。} \tag{7}$$

现用截距为 $x(t_1)$ 且斜率为 $x^{*\prime}(t_1)$ 的线逼近 $x(t_1 + \delta t_1)$（参见图 9.1）。那么，我们近似地有

$$\delta x_1 \approx x(t_1) - x^*(t_1) + x^{*\prime}(t_1)\delta t_1 = h(t_1) + x^{*\prime}(t_1)\delta t_1 \text{。} \tag{8}$$

因此，函数在各自终点处的取值之差近似等于它们在 t_1 时刻的取值之差加上它们在 t_1 到 $t_1 + \delta t_1$ 区间上取值的变化。重新写式 (8)

$$h(t_1) \approx \delta x_1 - x^{*\prime}(t_1)\delta t_1 \text{。} \tag{9}$$

把式 (9) 代入式 (6)，整理可得

$$\int_{t_0}^{t_1}(F_x - dF_{x'}/dt)hdt + F_{x'}\Big|_{t_1}\delta x_1 + (F - x'F_{x'})\Big|_{t_1}\delta t_1 = 0 \text{。} \tag{10}$$

这就是我们要找的表达式。它是式 (1) 的第一变分。

因为比较曲线 x **可以**恰好在 x^* 结束的相同点处结束，此时 $\delta t_1 = 0$ 且 $\delta x_1 = 0$，所以，对于那些满足 $h(t_0) = h(t_1) = 0$ 的所有可行函数 h，我们一定有

$$\int_{t_0}^{t_1} (F_x - dF_{x'}/dt) h dt = 0 。 \tag{11}$$

因此，欧拉方程

$$F_x - dF_{x'}/dt = 0$$

成立是必要的。但此时式（10）退化为

$$F_{x'}|_{t_1} \delta x_1 + (F - x' F_{x'})|_{t_1} \delta t_1 = 0 。 \tag{12}$$

对于终点条件的任何规定，式（12）是寻找最优化一阶必要条件的基本表达式。这些条件被用来和初始条件一起去寻找欧拉方程解的积分常数。

在从式（12）获得新的结果之前，我们检验过去的结果是成立的。当然，如果 t_1 和 $x(t_1) = x_1$ 给定，式（12）就退化为恒等式 $0 = 0$。在第 8 节，我们考察了 t_1 固定和 $x(t_1)$ 自由的情形。在当前的框架下，这说明 $\delta t_1 = 0$ 和 δx_1 没有限制，因此，式（12）表明，对于任何 δx_1，

$$F_{x'}(t_1, x(t_1), x'(t_1)) \delta x_1 = 0 。$$

因此，如果 x_1 自由，就要求

$$F_{x'}(t_1, x(t_1), x'(t_1)) = 0 , \tag{13}$$

这与第 8 节的结论一致。

现在假定 t_1 自由而 $x(t_1) = x_1$ 固定。那么，$\delta x_1 = 0$，在这种情况下，式（12）变成

$$(F - x' F_{x'})|_{t_1} \delta t_1 = 0 。$$

对于所有 δt_1 都成立。因此，如果 t_1 是自由的，我们要求，在 t_1 时刻，

$$F - x' F_{x'} = 0 。 \tag{14}$$

最后，如果 $x(t_0) = x_0$，而 $x(t_1)$ 和 t_1 是自由的，式（13）和式（14）就一定成立。初始条件和这两个横截性条件确定了欧拉方程中的两个积分常数和终点时刻 t_1。如果 x_0 和 x_1 是给定的而 t_1 是自由的，那么两个给定的边界条件和式（14）决定了两个积分常数和 t_1。

我们概括由

$$\max \text{ 或者 } \min \int_{t_0}^{t_1} F(t, x(t), x'(t)) dt$$
$$\text{s. t. } x(t_0) = x_0$$

获得的必要条件。

必要条件

a. 欧拉方程：$F_x = dF_{x'}/dt$，$t_0 \leqslant t \leqslant t_1$。

b. Legendre 条件：

$$(\max)F_{x'x'} \leqslant 0, \quad t_0 \leqslant t \leqslant t_1;$$
$$(\min)F_{x'x'} \geqslant 0, \quad t_0 \leqslant t \leqslant t_1.$$

c. 边界条件：

(i) $x(t_0) = x_0$。

(ii) 如果 $x(t_1)$ 是固定的，$x(t_1) = x_1$ 就是已知的。

(iii) 如果 t_1 是固定的，t_1 就是已知的。

d. 横截性条件：

(i) 如果 $x(t_1)$ 是自由的，那么在 t_1 处 $F_{x'} = 0$。

(ii) 如果 t_1 是自由的，那么在 t_1 处 $F - x'F_{x'} = 0$。

如果 $x(t_1)$ 和 t_1 是自由的，条件 d 就可以等价地写出。

d'. 横截性条件，如果 $x(t_1)$ 和 t_1 是自由的：

(i') 在 t_1 处 $F_{x'} = 0$。

(ii') 在 t_1 处 $F = 0$。

例 1 求

$$\int_0^T \{c_1[x'(t)]^2 + c_2 x(t)\}dt \tag{15}$$

$$\text{s. t. } x(0) = 0, \quad x(T) = B \tag{16}$$

的极值曲线，其中 B 是给定常数，但 T 是自由的。

由第 4 节可知，欧拉方程的解是

$$x(t) = c_2 t^2/4c_1 + K_1 t + K_2, \quad 0 \leqslant t \leqslant T。 \tag{17}$$

由于 T 是自由的，因此横截性条件是式（14）；特别地，

$$c_1[x'(T)]^2 = c_2 x(T)。 \tag{18}$$

三个未知常数 K_1，K_2 和 T 是由式（17）、两个给定边界条件式（16）和横截性条件式（18）决定的。

用三个条件求解三个未知数。因为 $x(0) = 0$，所以 $K_2 = 0$。那么，式（18）给出

$$c_1(c_2 T/2c_1 + K_1)^2 = c_2(c_2 T^2/4c_1 + K_1 T)。$$

展开和合并项，得出 $K_1 = 0$。这样，

$$x(t) = c_2 t^2/4c_1, \quad 0 \leqslant t \leqslant T。 \tag{19}$$

而且 $x(T) = c_2 T^2/4c_1 = B$，于是

$$T = 2(Bc_1/c_2)^{1/2}。 \tag{20}$$

极值曲线由式（19）和式（20）给出。

例 2 在例 4.7 中，我们在确定的时间边界上寻求最优的消费计划，现在我们将要对它进行推广。假定个人寿命是未知的，因此我们寻找最优的偶发性计划。令 $F(t)$ 为 t 时刻死亡的概率，$F'(t)$ 为相应的概率密度函数，而 T 是可能的寿命的上界（比如 140 岁），于是 $F(T) = 1$。于是，$1 - F(t) = \int_t^T F'(s)ds$ 是至少到 t 时刻存活的概率。

个人不仅通过消费 $U(C)$ 而且通过留下遗产给受益人而得到满足感。后者用一个连续可微、非负和递增的遗产效用函数 $W(K)$ 来表示。函数 $W(K)$ 不同于消费效用函数 $U(C)$;它依赖于存量而不是流量,且表示允许留给受益人的消费。令 $a(t)$ 为与遗产效用有关的贴现项。这个函数的性状没有规定。它可能到某个 t 时刻都是增加的,而后开始减少,它反映了与孩子出生前的早些年或者当孩子独立之后的晚些年相比,个人对在生命中期留下巨大遗产的相对重要性的评价。

如果个人在 t 时刻死亡,整体生命效用将等于直到 t 时刻消费效用的贴现(以速率 r)流加上死亡时遗产的贴现效用(因子 $a(t)$)。因此,个人的问题是

$$\max \int_0^T F'(t)\left[\int_0^t e^{-rs}U(C(s))ds + a(t)W(K(t))\right]dt \tag{21}$$

满足预算约束式(4.9),

$$C(t) = iK(t) + w(t) - K'(t) \tag{22}$$

和边界条件

$$K(0) = K_0。 \tag{23}$$

为了把问题写成容易处理的形式,我们把目标中涉及二重积分的部分进行分部积分(取里面的积分为 u,取它的系数 $F'dt$ 为 dv)。那么,式(21)等价于

$$\int_0^T \{e^{-rt}U(C(t))[1-F(t)] + a(t)W(K(t))F'(t)\}dt。 \tag{21'}$$

这个替代形式(21')可以这样解释。如果个人至少到 t 时刻还活着(概率为 $1-F(t)$),那么得到的消费效用是 $U(C(t))$。如果个人在 t 时刻死亡(概率为 $F'(t)$),那么也得到遗产效用。

用 G 代表式(21')的被积函数,并利用式(22)。计算

$$G_K = e^{-rt}U'(C)i(1-F) + aW'(K)F',$$
$$G_{K'} = -e^{-rt}U'(C)(1-F)。$$

简化后,欧拉方程能被写为

$$C'(t) = -(i-r)U'(C)/U''(C) + m(U'(C) - e^{rt}aW'(K))/U''(C) \tag{24}$$

其中,

$$m(t) \equiv F'(t)/[1-F(t)] \tag{25}$$

为在 t 时刻死亡的条件概率密度,假定直到此时还活着。把式(24)与式(4.13)相比较,我们看到,确定和不确定情况下最优消费变化率的差别反映在式(24)的第二项。特别地,如果遗产不被重视,即 $a(t)=0$,式(24)就变为

$$C'(t) = -(i-r-m)U'(C)/U''(C),$$

从中可以看出，关于个人寿命不确定的效应等同于贴现率 r 的增加，即不耐心率的增加。具体地说，个人寿命的不确定性把每个时刻 t 的"有效"贴现率从 r 提高到 $r+F'(t)/[1-F(t)]=r+m$。因此，个人因不耐心和死亡风险而贴现。如果 $a(t)>0$，所有这些也成立。

由于 T 给定且 $K(T)$ 自由，因此，有关的横截性条件是

$$F_{K'}\big|_T = -e^{-rT}U'(C(T))[1-F(T)] = 0。 \tag{26}$$

但是，由假设，$1-F(T)=0$，式（26）没有提供新信息。

习　题

1. 令 B 为某种可耗竭资源的总数量，比如，一个矿藏中的矿产数量被一个以 r 连续贴现且想要最大化矿藏利润现值的垄断者所控制。令 $y(t)$ 为 t 时刻累积售卖的数量且 $y'(t)$ 为当前的销售率。净价格（毛价格减去采矿成本）$p(y')$ 为当前销售率的递减的连续可微函数：

$$p'(y')<0。$$

a. 令 T 代表资源将被耗尽的时刻。那么，选择 $y(t)$ 和 T 来最大化

$$\int_0^T e^{-rt} p(y'(t)) y'(t) dt, \text{ s. t. } y(0)=0, \quad y(T)=B。$$

利用欧拉方程、横截性条件和 Legendre 条件，证明最优计划涉及跨时销售递减和 $y'(T)=0$。

b. 证明在 T 时刻，每单位资源抽取率的平均利润恰好等于边际利润。

c. 如果

$$p(y') = (1-e^{-ky'})/y',$$

其中，$k>0$ 是一个给定常数，求解。（部分答案：$T=(2kB/r)^{1/2}$。）

注意，初始存量增加一个比例仅延长提取期一个较小的比例；也就是说，$T^*(B)$ 是递增的凹函数。

d. 现在假定净价格既依赖于抽取和售卖的累积数量，也依赖于当期的生产—销售率。（随着挖掘变得越深，采矿变得更加昂贵。或者，资源可能是耐用品——例如，铝——以前售卖的数量在二手市场上也可以购买到，会影响对新开采资源的需求。）特别地，假设

$$p(y',y) = a - by - cy',$$

其中，a，b 和 c 是给定的正常数。求在这种情况下最大化利润流现值的销售计划。积分常数和 T 可以隐含地表述为瞬时方程组的解。

2. 求 $x(t_0)$ 自由选择，或者 t_0 自由选择，或者两者都自由选择的情况下最优化式（1）的必要条件。

3. 利用习题 2 的答案和横截性条件 d 和 d′，证明，如果 t_0 和 t_1 可以自由选择

$$\int_{t_0}^{t_1} F_x(t, x^*(t), x^{*\prime}(t)) dt = 0 \text{。}$$

（即如果 t_0 和 t_1 能够自由选择，F_x 在平均的意义上一定等于零。）提示：回顾欧拉方程的形式（3.11）。

■ 进一步阅读

例 2 归功于 Yaari。习题 1 归功于 Hotelling（1931）。

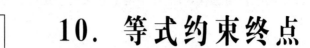

10. 等式约束终点

到目前为止，终点坐标要么是给定的，要么可以自由选择。关于终点坐标的某种程度的约束选择，存在着中间的可能性。

考虑

$$\max \text{ 或者 } \min \int_{t_0}^{t_1} F(t, x(t), x'(t)) dt \tag{1}$$

$$\text{s. t. } x(t_0) = x_0, \tag{2}$$

$$R(t_1) = x_1, \tag{3}$$

其中，R 是某个可微函数。终点时刻既不是固定的，也不是完全自由的；终点时刻 t_1 的任意修正一定会伴随着终点函数值 x_1 的补偿性变化，以使得在终点曲线式（3）上结束（参见图 10.1）。

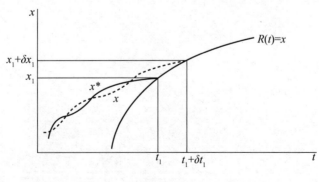

图 10.1

具体来说，终点时刻的微小变化 δt_1 引起了终值的变化 $R'(t_1)\delta t_1$：

动态优化——经济学和管理学中的变分法和最优控制（第二版）

$$R'(t_1) = \delta x_1 / \delta t_1 \text{。} \tag{4}$$

式（1）到式（3）的第一变分是式（9.10）和式（4）。如前所述，欧拉方程对于所有 $t_0 \leqslant t \leqslant t_1$ 都成立。那么，把式（4）代入式（9.12），得出如果要求 $R(t_1) = x_1$，

$$\text{在 } t_1 \text{ 处，} F + (R' - x')F_{x'} = 0 \text{。} \tag{5}$$

注意，x' 是沿着最优路径的变化率，而 R' 是沿着终点曲线式（3）的变化率。由于初始点给定且终点满足式（3），我们必须利用欧拉方程的解、初始条件、终点条件式（3）和横截性条件式（5）求出两个积分常数和 t_1。

第 9 节结尾的概括可以扩展到：

d. (iii) 如果 t_1，x_t 一定满足 $R(t_1) = x_1$，那么还有

$$\text{在 } t_1 \text{ 处，} F + (R' - x')F_{x'} = 0 \text{。}$$

例：对形如

$$\int_{t_0}^{t_1} f(t, x)(1 + x'^2)^{1/2} dt$$

的泛函，满足 $x(t_0) = x_0$，$R(t_1) = x_1$，横截性条件式（5）取形式

$$f(1 + x'^2)^{-1/2}(1 + R'x') = 0,$$

因此，除非 $f = 0$，横截性要求是

$$x'(t_1) = -1/R'(t_1) \text{。}$$

最优路径和终点曲线是垂直的。

如果终点曲线写成隐含形式

$$Q(t_1, x_1) = 0, \tag{6}$$

横截性条件看起来就是不同的。因为终点位置的变化，δt_1，δx_1 一定满足线性逼近

$$Q_t \delta t_1 + Q_x \delta x_1 = 0,$$

所以我们有

$$\delta x_1 / \delta t_1 = -Q_t / Q_x$$

于是，如果式（6）一定成立，条件就变为

$$\text{在 } t_1 \text{ 处，} F - F_{x'}(x' + Q_t / Q_x) = 0 \text{。} \tag{7}$$

注意，式（5）和式（7）是相同的要求；它们的不同在于各自的表现形式。这些等式表明

$$\text{在 } t_1 \text{ 处，} F - F_{x'}(x' - \delta x_1 / \delta t_1) = 0 \text{。}$$

其中，x' 是最优路径的斜率，而 $\delta x_1 / \delta t_1$ 代表终点曲线的斜率，两者都在终点取值。

例：两群人定居在半径为 r 的圆形城市里（因此面积是 πr^2）。较小的一群人居住在大小为 A 的区域上，较大的一群人居住在其余的地方。少数人区域具有什么样的空

间布局会为大多数人口提供最小长度的边界呢？

Loury 证明最优空间布局把较小的人群定居在城市的边缘，而且在一个由两个圆的交集确定的棱镜区域里，而其中一个圆就是城市的边界。

问题可以确切陈述如下：城市的半径为 r，可以取中心为 $(r, 0)$。较小人群的内部边界用 $x(t)$ 表示，可以从原点 $(0, 0)$ 开始，在城市的边缘结束，因此，(t_1, x_1) 满足

$$(t_1-r)^2+x_1^2=r^2。 \tag{8}$$

它的长度是

$$\int_0^{t_1}\{1+[x'(t)]^2\}^{1/2}dt。 \tag{9}$$

因为在 t 的上方，式（8）圆的高度是 $[r^2-(t-r)^2]^{1/2}$，在圆式（8）和曲线 $x(t)$ 之间的总面积是

$$\int_0^{t_1}\{[r^2-(t-r)^2]^{1/2}-x(t)\}dt=A。 \tag{10}$$

这条曲线从原点开始：

$$x(0)=0, \tag{11}$$

在式（8）上结束：

$$x(t_1)=x_1。 \tag{12}$$

总之，我们寻找最小化式（9）且满足式（8）和式（10）到式（12）的曲线 $x(t)$（见图 10.2）。这是一个带有终点约束的等周问题。用乘子 λ 把约束式（10）加到目标式（9）上得到扩展的被积函数，用 F 表示

$$F=[1+(x')^2]^{1/2}+\lambda\{[r^2-(t-r)^2]^{1/2}-x\}。$$

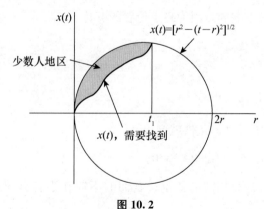

图 10.2

对欧拉方程

$$-\lambda=d(x'/[1+(x')^2]^{1/2})/dt,$$

积分，得到

$$k-\lambda t=x'/[1+(x')^2]^{1/2},$$

其中，k 是积分常数。两边平方并求解 x'。分离变量，得

$$dx=(k-\lambda t)dt/[1-(k-\lambda t)^2]^{1/2}。$$

积分，得

$$x-c=[1-(k-\lambda t)^2]^{1/2}/\lambda,$$

其中，c 是积分常数。两边平方并重新排列项，得

$$(x-c)^2+(t-m)^2=1/\lambda^2, \tag{13}$$

其中，$m=k/\lambda$。最优路径式（13）是圆的一段圆弧。取

$$Q(t_1,x_1)=x_1^2+(t_1-r)^2-r^2,$$

横截性条件式（7）变为

$$[1+(x_1')^2]^{1/2}-[x_1'+(t_1-r)/x_1]x_1'/[1+(x_1')^2]^{1/2}=0。$$

化简，得

$$x'(t_1)=x_1/(t_1-r)。$$

这要求在端点处，路径式（13）与城市的边界垂直。用式（13）计算 x'，我们把横截性条件写为

$$(m-t_1)/(x_1-c)=x_1/(t_1-r)。 \tag{14}$$

因此，式（8）到式（12）给出问题的解是在端点处与城市边界垂直的一段圆弧（见图10.3）。由式（8）、式（10）到式（12）和式（14）中包含的端点条件及横截性条件可以求出精确确定这段圆弧的五个参数 m，c，λ，t_1 和 x_1。

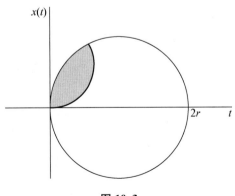

图 10.3

习 题

1. 证明，对于某个 t_1 从一个给定点 (t_0, x_0) 到一条曲线 $R(t)=x$ 的最短距离是从 (t_0, x_0) 到 $(t_1, R(t_1))$ 的一条直线，而且这条直线与 $R(t)=x$ 在点 $(t_1, R(t_1))$ 处的切线垂直。

2. 求式（1）、式（2）和

$$P(x_1)=t_1 \tag{3'}$$

的解的必要条件。

3. 在一个初始坐标自由，或者两个初始坐标自由，或者在某条给定曲线上的情况下，推导求横截性条件的基本方程。然后，在每一种情况下求出相关的横截性条件。[提示：

$$g(a) = \int_{t_0 + a\delta t_0}^{t_1 + a\delta t_1} F(t, x + ah, x' + ah')dt,$$

$$g'(0) = (F - x'F_{x'})\big|_{t_1}\delta t_1 + F_{x'}\big|_{t_1}\delta x_1 - (F - x'F_{x'})\big|_{t_0}\delta t_0 - F_{x'}\big|_{t_0}\delta x_0$$

$$+ \int_{t_0}^{t_1}(F_x - dF_{x'}/dt)hdt \, \text{。}]$$

4. 如果
a. 点 (t_1, x_1) 一定在直线 $x = t-5$ 上，或者
b. 点 (t_1, x_1) 一定在圆 $(t-9)^2 + x^2 = 9$ 上，
求使得

$$\int_0^{t_1} \{[1 + (x')^2]^{1/2}/x\}dt$$

满足 $x(0)=0$ 而且有极值的曲线。

进一步阅读

Loury 讨论了例子。

动态优化——经济学和管理学中的变分法和最优控制（第二版）

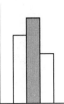

11. 残　值

目标的值可能既依赖于终点位置又依赖于路径。例如，完成一项任务的报酬可能取决于它被完成的速度。可能存在与终点时刻企业资产有关的"残值"。

考虑选择 t_1 和 $x(t)$，$t_0 \leqslant t \leqslant t_1$ 来最优化

$$\int_{t_0}^{t_1} F(t,x,x')dt + G(t_1,x_1), \text{s. t. } x(t_0)=x_0, \tag{1}$$

其中，$x_1=x(t_1)$ 是函数的终值。令 $x^*(t)$，$t_0 \leqslant t \leqslant t_1$ 是最优的，并令 $x(t)$，$t_0 \leqslant t \leqslant t_1 + \delta t_1$ 是附近可行的比较函数。延拓 x^* 或者 x 使得它们具有一个共同的定义域，并定义

$$h(t)=x(t)-x^*(t), \quad t_0 \leqslant t \leqslant \max(t_1, t_1+\delta t_1)。 \tag{2}$$

在区间 $(t_0, t_1+a\delta t_1)$ 上沿着函数 x^*+ah 求式（1）的值，得

$$g(a)=\int_{t_0}^{t_1+a\delta t_1} F(t,x^*+ah,x^{*'}+ah')dt + G(t_1+a\delta t_1, x_1+a\delta x_1)。 \tag{3}$$

因为 x^* 是最优的，利用莱布尼茨法则，我们有

$$g'(0)=\int_{t_0}^{t_1}(F_x h + F_{x'}h')dt + (F\delta t_1 + G_t\delta t_1 + G_x\delta x_1)\Big|_{t_1}=0。 \tag{4}$$

分部积分并回顾 $h(t_0)=0$，得

$$\int_{t_0}^{t_1}(F_x - dF_{x'}/dt)hdt + (F_{x'}h + F\delta t_1 + G_t\delta t_1 + G_x\delta x_1)\Big|_{t_1}=0。 \tag{5}$$

因为比较曲线在 (t_1, x_1) 处终止是可行的，所以在 $\delta t_1 = \delta x_1 = h(t_1)=0$ 的条件下，式（5）一定成立。这表明，沿着 $x^*(t)$，$t_0 \leqslant t \leqslant t_1$，

$$F_x - dF_{x'}/dt = 0 \tag{6}$$

一定成立。而且，根据式（9.9），我们近似地有

$$h(t_1) \approx \delta x_1 - x^{*\prime}(t_1)\delta t_1 . \tag{7}$$

把式（6）和式（7）代入式（5）并合并项，得在 t_1 处，

$$(F - x^{*\prime}F_{x'} + G_t)\delta t_1 + (F_{x'} + G_x)\delta x_1 = 0 . \tag{8}$$

这是求问题（1）的横截性条件的基本结果。

如果终点时刻 t_1 是自由的，那么 δt_1 可以有任何符号，因此它的系数一定为零：

在 t_1 处，如果 t_1 是自由的，$F - x^{*\prime}F_{x'} + G_t = 0$。 \qquad (9)

如果终点位置 x_1 是自由选择的，那么 δx_1 可以有任何符号且它的系数必须为零：

在 t_1 处，如果 x_1 是自由的，$F_{x'} + G_x = 0$。 \qquad (10)

如果终点时刻和终点位置一定满足一个可微的关系，

$$R(t_1) = x_1 , \tag{11}$$

那么，因为 $R'\delta t_1 = \delta x_1$，如果要求式（11）成立，我们有

在 t_1 处，$F + F_{x'}(R' - x') + G_x R' + G_t = 0$。 \qquad (12)

第 9 节和第 10 节必要条件的总结现在可以被

$$\max \text{ 或者 } \min \int_{t_0}^{t_1} F(t,x,x')dt + G(t_1,x_1)$$
$$\text{s. t. } x(t_0) = x_0$$

的必要条件所取代。

必要条件

a. 欧拉方程：$F_x = dF_{x'}/dt$，$t_0 \leqslant t \leqslant t_1$。

b. Legendre 条件：

(max) $\quad F_{x'x'} \leqslant 0$, $\quad t_0 \leqslant t \leqslant t_1$;

(min) $\quad F_{x'x'} \geqslant 0$, $\quad t_0 \leqslant t \leqslant t_1$。

c. 边界条件：

(i) $x(t_0) = x_0$。

(ii) 如果 $x(t_1)$ 是固定的，$x(t_1) = x_1$ 就是已知的。

(iii) 如果 t_1 是固定的，t_1 就是已知的。

(iv) 如果 t_1, x_1 一定满足 $R(t_1) = x_1$，这个方程就提供一个条件。

d. 横截性条件：

(i) 如果 $x(t_1)$ 是自由的，那么在 t_1 处，$F_{x'} + G_x = 0$。

(ii) 如果 t_1 是自由的，那么在 t_1 处，$F - x'F_{x'} + G_t = 0$。

(iii) 如果 t_1, x_1 一定满足 $R(t_1) = x_1$，那么在 t_1 处，$F + F_{x'}(R' - x') + G_x R' + G_t = 0$。

例：想象一个关于花费呈递减回报的研发计划。给定数额被花费得越快，它对总有效努力的贡献就越小。（更快的花费可能用来支付加班费，为低生产率要素进行支付，以及更多地用于平行而非连续努力，等等。）

令 $x(t)$ 为 t 时刻的花费率且令 $z(t)$ 为到 t 时刻为止用于项目的累积努力。花费率 $x(t)$ 和累积努力的增长由

$$z'(t) = x^{1/2}(t) \tag{13}$$

联系起来。完成计划所需要的总累积努力是 A：

$$z(0) = 0, \quad z(T) = A, \tag{14}$$

其中，T 代表完成时间（需要确定）。

当计划完成时，可以得到回报 R。（R 可以是发明专利的价值，或者是由发明带来的利润流的价值，而这个价值要用项目完成和利润流开始的时间进行贴现。）如果贴现率是 r，那么计划在 0 时刻的价值是利润减去研发成本：

$$e^{-rT}R - \int_0^T e^{-rt}x(t)dt。 \tag{15}$$

我们最大化式（15），满足式（13）和式（14）。

为了用 z 和 z' 来表述问题，我们利用式（13）消掉 x；然后，式（15）可以写为

$$\max e^{-rT}R - \int_0^T e^{-rt}[z'(t)]^2 dt。 \tag{16}$$

由 z 不出现在式（16）中，可知欧拉方程是

$$z'(t) = ce^{rt},$$

它要同边界条件式（14）和横截性条件式（9）一起求解，因为 T 可以自由选择。

积分并利用 $z(0) = 0$，得

$$z(t) = ce^{rt}/r - c/r。 \tag{17}$$

在这个问题中，式（9）（简化后）要求

$$z'(T) = (rR)^{1/2}。 \tag{18}$$

在式（18）中利用式（17），得

$$ce^{rT} = (rR)^{1/2}。 \tag{19}$$

最后，在式（17）中令 $z(T) = A$，得

$$(e^{rT} - 1)c/r = A。 \tag{20}$$

求解式（19）和式（20）得两个未知数 c 和 T 为：

$$c = (rR)^{1/2} - rA, \tag{21}$$

和

$$T = -r^{-1}\ln(1 - A(r/R)^{1/2})。 \tag{22}$$

因为 ln 函数仅对正数有定义，所以式（22）有意义仅当

$$rA^2 < R。 \tag{23}$$

把式（21）代入式（17），得

$$z(t) = [(R/r)^{1/2} - A](e^{rt} - 1), \quad 0 \leqslant t \leqslant T \tag{24}$$

作为有效研发努力积累的最优路径，前提是满足式（23）。这个条件可以大致解释为要求与回报 R 有关的有效努力要充分地小。如果式（23）不满足，项目就不应该着手做。由式（22）可知，研发的最优持续直接随着所需的努力 A 而变化，与回报 R 呈反方向变化；较为容易的研发和更大的回报会加速研发。把式（24）和式（13）结合在一起得出最优支出路径：如果式（23）成立，那么

$$x(t) = [(rR)^{1/2} - rA]^2 e^{2rt}, \quad 0 \leqslant t \leqslant T,$$

其中，T 由式（22）给出。否则，

$$x(t) = 0, \quad 0 \leqslant t。$$

■ 习 题

1. 在如下情形下，
a. t_1，x_1 一定满足 $Q(t_1, x_1) = 0$，
b. t_1，x_1 一定满足 $P(x_1) = t_1$
给出式（1）的横截性条件。

2. 在 t_0 给定、x_0 可以自由选择且终点 (t_1, x_1) 一定在曲线 $R(t_1) = x_1$ 上的条件下，求

$$\max \int_{t_0}^{t_1} F(t, x(t), x'(t)) dt + G(t_0, x_0, t_1, x_1)$$

的横截性条件。

3. 许多企业可能做类似项目的研发。假定第一个完成研发的企业得到回报 R，其他企业都得不到回报。（例如，第一家企业得到排他性专利，阻止其他企业售卖类似发明。）假定 ABC 公司认为到 t 时刻竞争者发明的概率是

$$F(t) = 1 - e^{-ht}, \tag{25}$$

其中，$h > 0$ 是常数。假设 ABC 的研发技术由式（13）和式（14）给出。求 ABC 公司的最优支出计划和完成时间。竞争者优先权的可能性如何影响最优研发计划？

（部分解：因为 t 时刻 ABC 公司在研发上继续花费仅当直到 t 时刻还没有竞争者得到回报，并且因为它在 T 时刻得到回报仅当到 T 时刻为止没有竞争者得到回报，所以式（15）被下式所代替

$$e^{-rT} R(1 - F(T)) - \int_0^T e^{-rt} x(t)[1 - F(t)] dt,$$

其中，$F(t)$ 在式（25）中有规定。）

4. 假定改变习题 3 所描述的情况，第一个完成发明的企业得到回报 R，而在第一笔奖励 R 被拿走之后完成研发的企业可以得到较少的回报 R_2，其中，$A^2/r < R_2 < R$。假定到 t_0 时刻为止 ABC 公司积累的有效努力为 z_0，而一个竞争者拿走了回报 R。求 ABC 公司 t_0 时刻之后的最优研发计划。并求最优计划的最优值。

（部分解：由于问题是自治的（在第 15 节有定义），我们可以从竞争者拿到收益 R 的那一刻计算时间；因此，t_0 时刻之后的最优值是

$$r[(R_2/r)^{1/2} - A + z_0]^2 = \max e^{-rT_2} R_2 - \int_0^{T_2} e^{-rt} (z')^2 dt$$

s. t. $z(0) = z_0$，$z(T_2) = A$。）

5. 假定研发回报与习题 4 一样，ABC 的研发技术是式（13）和式（14）。与习题 3 一样，到 t 时刻为止竞争者发明的概率是式（25）。求 ABC 公司的最优研发计划。

［提示：如果到 t 时刻没有公司完成发明，ABC 公司以速率 $(z')^2$ 花费（需要求出来）。如果没有竞争者拿到回报，ABC 公司在 T 时刻拿到 R（需要求出来）。当 ABC 公司累积的有效努力是 z 时，如果竞争者在 t 时刻完成发明并拿到主要回报 R（以概率密度 $F'(t) = he^{-ht}$），那么 ABC 公司能够修改研发计划。该最优计划在 t 时刻之后的值可以在习题 4 中求出，

$$\max Re^{-(r+h)T} + \int_0^T e^{-(r+h)t} \{hr[(R_2/r)^{1/2} - A + z(t)]^2 - [z'(t)]^2\} dt$$
$$\text{s. t. } z(0) = 0, z(T) = A。]$$

进一步阅读

本部分的研发问题和习题 3～习题 5 在 Kamien 和 Schwartz 的一系列文章中有探讨。特别地，参见 Kamien 和 Schwartz（1982）。研发问题的微分博弈方法在第 II 23 节例 2 中给出。

12. 不等式约束终点和敏感性分析

最优化可能受制于终点不等式约束。例如，终点时刻 t_1 是可以自由选择的，只要它不超过一个给定上界 T：

$$t_1 \leqslant T. \tag{1}$$

或者，终值 x_1 可以自由选择，给定

$$x_1 \geqslant a. \tag{2}$$

通常，下界 a 是零。为了处理这种可能性，我们把步骤做两个改变。首先，我们专门处理最大化问题。（最小化问题的类似结果在习题中给出。）其次，由于可行的变化可能受到限制，我们更仔细地审视解函数的变化对解的值的影响。

假定初始坐标固定，而对于终点坐标的要求我们以后再规定。于是，

$$\max \int_{t_0}^{t_1} F(t, x(t), x'(t)) dt, \tag{3}$$
$$\text{s. t. } x(t_0) = x_0. \tag{4}$$

令 $x^*(t)$，$t_0 \leqslant t \leqslant t_1$ 是最优函数，F^* 是 F 沿着这个函数的取值；即，$F^*(t) = F(t, x^*(t), x^{*\prime}(t))$。令 J^* 是式（3）得到的最大值。

令 $x(t)$，$t_0 \leqslant t \leqslant t_1 + \delta t_1$ 为与最优函数 $x^*(t)$ 接近的可行比较函数。延拓 x 或者 x^* 使得它们有共同的定义域。对于这个比较函数，令 J 为式（3）中积分的值。于是，

$$J - J^* = \int_{t_0}^{t_1 + \delta t_1} F(t, x, x') dt - \int_{t_0}^{t_1} F(t, x^*, x^{*\prime}) dt$$
$$= \int_{t_1}^{t_1 + \delta t_1} F(t, x, x') dt + \int_{t_0}^{t_1} [F(t, x, x') - F(t, x^*, x^{*\prime})] dt. \tag{5}$$

因为 J^* 是最大值，所以式（5）一定是非正的。我们求式（5）的线性逼近。因为 δt_1 很小且 x 与 x^* 接近，所以式（5）第二行的第一个积分近似等于

$$\int_{t_1}^{t_1+\delta t_1} F(t_1, x^*(t_1), x^{*'}(t_1))dt = F^*(t_1)\delta t_1 。$$

而且，式（5）第二行的第二个积分可以利用 Taylor 定理式（A2.9）在 $(t, x^*, x^{*'})$ 处展开。因此，

$$J - J^* = F^*(t_1)\delta t_1 + \int_{t_0}^{t_1}((x-x^*)F_x^* + (x'-x^{*'})F_{x'}^*)dt + h.o.t. , \qquad (6)$$

其中，$F_x^*(t) = F_x(t, x^*(t), x^{*'}(t))$，而 $F_{x'}^*$ 是类似定义的，$h.o.t.$ 代表高阶项。取

$$h(t) = x(t) - x^*(t) \qquad (7)$$

得

$$J - J^* = F^*(t_1)\delta t_1 + \int_{t_0}^{t_1}(F_x^* h + F_{x'}^* h')dt + h.o.t. 。 \qquad (8)$$

式（8）的线性项构成 J 的**第一变分**，记为

$$\delta J = F^*(t_1)\delta t_1 + \int_{t_0}^{t_1}(F_x^* h + F_{x'}^* h')dt 。 \qquad (9)$$

由前面的计算可知，表达式（9）是类似的；把它与式（9.5）相比较。再次计算强调了式（9）的合理解释：第一变分是由于路径 h 的微小变化或者终点坐标变化带来的最优值 J^* 的变化率。在用类似的方式变换式（9）之后，我们将会看到它的重要性。

对式（9）中最后一项分部积分，同 $h(t_0)=0$（由于 x_0 是给定的）一起：

$$\delta J = F^*(t_1)\delta t_1 + F_{x'}^* \bigg|_{t_1} h(t_1) + \int_{t_0}^{t_1}(F_x^* - dF_{x'}^*/dt)hdt 。$$

为了方便，去掉星号，对 $h(t_1)$ 利用式（9.9），给出与式（9.10）相一致的 J 的第一变分形式

$$\delta J = (F - x'F_{x'}) \bigg|_{t_1} \delta t_1 + F_{x'} \bigg|_{t_1} \delta x_1 + \int_{t_0}^{t_1}(F_x - dF_{x'}/dt)hdt 。 \qquad (10)$$

因为 x^* 给出最大值，所以任何可行修正带来的解的值都不大于 J^*，即它一定使得 $\delta J \leqslant 0$。

由类似的论证可知，比较路径是任意的，它一定可以在与最优路径相同的点处结束（$\delta t_1 = \delta x_1 = 0$），对于满足 $h(t_0) = h(t_1) = 0$ 的所有可微函数 h，式（10）中的积分一定是非正的。这表明，沿着最优路径 x^*，欧拉方程

$$F_x - dF_{x'}/dt = 0 \qquad (11)$$

一定成立。

因为比较路径可以满足 $x(t_1) = x_1$，所以在本段和下一段我们取 $\delta x_1 = 0$。那么，式（10）简化为

$$\delta J = (F - x'F_{x'})|_{t_1}\delta t_1 \leqslant 0. \tag{12}$$

如果在问题设定时 t_1 是固定的，就要求 $\delta t_1 = 0$ 且式（12）不给出进一步限制。如果 t_1 是自由的，那么 δt_1 可以有任意符号且 δt_1 的系数一定等于零。这给出了与以前相同的横截性条件式（9.14）。

现在设想 t_1 既不是固定的也不是完全自由的；相反地，加上式（1）。于是，要么最优的 $t_1 < T$，要么 $t_1 = T$。在第一种情况下，比较路径可以在 t_1 之前或者之后结束，因此，修正 δt_1 可以为正或者为负；因此

在 t_1 处，如果 $t_1 < T$，当施加式(1)时，$F - x'F_{x'} = 0$。 $\tag{13}$

上界 T 不是一个积极约束，结果与 t_1 没有约束是一样的。在第二种情况下，$t_1 = T$ 且可行修正涉及相同或较早一点的结束时间，因此要求 $\delta t_1 \leqslant 0$。但是，如果对于所有的 $\delta t_1 \leqslant 0$，式（12）成立，我们一定有

在 t_1 处，如果 $t_1 = T$，当施加式(1)时，$F - x'F_{x'} \geqslant 0$。 $\tag{14}$

这是新结果。条件式（13）和式（14）可以合并为

在 t_1 处，$T \geqslant t_1$，$F - x'F_{x'} \geqslant 0$，$(T - t_1)(F - x'F_{x'}) = 0$。 $\tag{15}$

接下来，假如 x 受约束，我们求合适的横截性条件。我们要求

对于可行的 δx_1，$F_{x'}|_{t_1}\delta x_1 \leqslant 0$。 $\tag{16}$

如果 x_1 是固定的，那么可行的 $\delta x_1 = 0$，而根据式（16）得不到信息。如果 x_1 可以自由选择，那么可行的 δx_1 可以为正或者负，仅当 $F_{x'}(t_1) = 0$ 时式（16）成立。这是常见的结果。如果施加条件式（2），那么 $x_1 > a$ 或者 $x_1 = a$。如果 $x_1 > a$，那么可行修正 δx_1 可以为正或者为负，因此，

如果 $x_1 > a$，当施加条件式(2)时，$F_{x'}(t_1) = 0$。 $\tag{17}$

另一方面，如果在最优解处 $x_1 = a$，那么任何比较路径一定有相同或者更大的终值；也就是说，可行的修正要求 $\delta x_1 \geqslant 0$。在这种情况下，对于所有可行的修正，式（16）成立仅当

假如 $x_1 = a$，当施加条件式(2)时，$F_{x'}(t_1) \leqslant 0$。 $\tag{18}$

如果要求式（2）成立，把式（17）和式（18）结合起来得到等价要求

$$x_1 \geqslant a, \quad F_{x'}(t_1) \leqslant 0, \quad (x_1 - a)F_{x'}(t_1) = 0. \tag{19}$$

假如初始条件和终点条件都不必然是固定的，式（3）的第一变分可以用类似的方式推导出来。它是

$$\delta J = (F - x'F_{x'})|_{t_1}\delta t_1 + F_{x'}|_{t_1}\delta x_1 - (F - x'F_{x'})|_{t_0}\delta t_0 - F_{x'}|_{t_0}\delta x_0$$
$$+ \int_{t_0}^{t_1}(F_x - dF_{x'}/dt)h dt. \tag{20}$$

不管加上哪一个边界条件，这是寻找问题式（3）所有一阶必要条件的基本表达式。

第一变分式（20）使得有可能实施敏感性分析。也就是说，如果积分上限 t_1 或者

动态优化——经济学和管理学中的变分法和最优控制（第二版）

终值 x_1 改变，就可以问积分式（3）的最优值如何变化。假设 t_1 和 x_1 的变化是独立的。我们通过观测当 t_0 和 $x(t_0)$ 固定时，式（3）沿着极值曲线的取值可以看成 t_1 和 x_1 的函数来开始。即，令

$$V(t_1, x_1) = \int_{t_0}^{t_1} F(t, x^*, x^{*\prime}) dt \qquad (21)$$

s. t. $x(t_0) = x_0, x_1$ 自由。

类似地，令

$$V(t_2, x_2) = \int_{t_0}^{t_2} F(t, \hat{x}, \hat{x}^{\prime}) dt \qquad (22)$$

s. t. $x(t_0) = x_0, x_2$ 自由，

其中，$t_1 \neq t_2$，$x_1 \neq x_2$，$\hat{x}(t)$ 指的是积分式（22）的极值曲线。于是，

$$V(t_2, x_2) - V(t_1, x_1) = \int_{t_0}^{t_2} F(t, \hat{x}, \hat{x}^{\prime}) dt - \int_{t_0}^{t_1} F(t, x^*, x^{*\prime}) dt, \qquad (23)$$

如果我们取 $t_2 = t_1 + \delta t_1$ 并把 $\hat{x}(t) = x(t)$ 当作 $x^*(t)$ 的比较路径，它刚好是式（5）中的 $J - J^* = \delta J$。但是另一方面，由式（20），我们得到

$$V(t_2, x_2) - V(t_1, x_1) = \delta J = (F - x^{\prime} F_{x^{\prime}})|_{t_1} \delta t_1 + F_{x^{\prime}}|_{t_1} \delta x_1, \qquad (24)$$

其中，我们知道欧拉方程一定是满足的。由于 t_1，t_2，x_1，x_2 充分接近，由两变量函数全微分的定义

$$V(t_2, x_2) - V(t_1, x_1) = V_t \delta t + V_x \delta x, \qquad (25)$$

其中，V_t 和 V_x 分别指代 V 关于 t 和 x 的偏导数。于是，由式（24）和式（25）得到

$$V_t = F - x^{\prime} F_{x^{\prime}} = -H, \qquad (26a)$$

$$V_x = F_{x^{\prime}} = p, \qquad (26b)$$

其中，H 指汉密尔顿函数，p 是式（3.13）中定义的广义角动量。V_t 和 V_x 分别代表当路径 $x^*(t)$ 在最优调整的情况下，积分式（3）的值关于 t_1 和 x_1 微小变化的变化。

现在，如果存在约束 $t_1 \leq T$，$x_1 \geq a$，且对于式（3）的极值曲线，它们是紧的，即 $t_1 = T$，$x_1 = a$，那么，V_t 和 V_x 分别表示放松每个约束，式（3）的最优值将会改变多少。这表明，汉密尔顿函数 H 和广义角动量 p 可看作是与积分上限 t_1 和终值 x_1 相关的约束的影子价格。也就是说，汉密尔顿函数 H 和广义角动量 p 代表当把与 t_1 和 x_1 有关的约束放松时个人愿意支付的最大数量。很明显，如果对于式（3）的极值曲线约束不是紧的——例如，如果最优的 $t_1 < T$——那么，为了放松这个约束，个人愿意支付的最大数量是零。把 H 和 p 解释成影子价格为横截性条件式（15）和式（19）提供了直观含义。根据式（15），

$$(T - t_1)(F - x^{\prime} F_{x^{\prime}}) = -(T - t_1)H = 0。 \qquad (27)$$

它表明，如果 $t_1 < T$，那么，T 的影子价格，汉密尔顿函数 $H = 0$。然而，如果影子价格 $-H > 0$，那么 $T = t_1$，约束一定是紧的。类似地，由式（19），我们有

$$\text{在 } t_1 \text{ 处, } (x_1-a)F_{x'}=(x_1-a)p=0 \text{。} \tag{28}$$

这表明,要么约束不是紧的,$x_1 > a$,它的影子价格 $p=0$,要么它的影子价格 $p<0$,约束是紧的。(注意,在这里,影子价格 H 和 p 都是非正的,这是思考它们的违反直觉的方式。因此,在最优控制理论中,定义汉密尔顿函数使得影子价格是非负的。)

表达式(27)和式(28)被称为补偿性松弛条件。结合式(26a,b),得

$$V_t=F-V_x x' , \tag{29}$$

它是沿着 $x^*(t)$ 一定要满足的偏微分方程。它被称为 Hamilton-Jacobi 方程(参见式(Ⅱ21.7))。

例:狭长城市的土地利用。

一个城市被限制于给定宽度为 W 和最大长度为 L 的矩形带状区域之内。一个固定面积 A 打算成为商业区,而剩下的部分用于修路。每平方码商业区在单位时间里会带来 g 吨交通量,它们均匀分布在剩下的商业区里。假设 W 充分小使得可以忽视横向交通成本。在点 t 处把交通量纵向移动一个小距离的每吨成本是该点交通密度 v/x 的增函数 $f(v/x)$,

$$f(v/x)=b(v/x)^k, \quad k \geqslant 1, \quad b>0, \tag{30}$$

其中,$v(t)$ 是经过长度坐标 t 和 t 处路宽 $x(t)$ 的交通总容积。因此,单位时间城市总的交通成本是

$$\int_0^L v(t)f(v(t)/x(t))dt \text{。} \tag{31}$$

问题是选择城市路宽 $x(t)$ 和长度 $L \leqslant \overline{L}$ 以最小化式(31)。(注意,在此问题中 t 是距离而不是时间。)

根据 v 和 x 将被给出的方式,我们引入一个新变量 y。令 $y'(t)$ 代表在 t 处商业区的宽度(参见图12.1)。

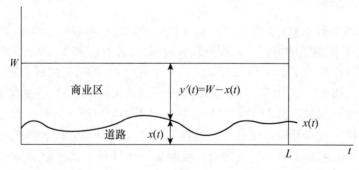

图 12.1

$$y'(t)=W-x(t) \tag{32}$$

且 $y(t)$ 为 t 左侧总商业区的面积

$$y(t)=\int_0^t [W-x(s)]ds, \quad y(0)=0, \quad y(L)=A \text{。} \tag{33}$$

为了计算 $v(t)$,首先,注意,从 t 左侧发生的交通容量是 $gy(t)$,其中一个比例

$[A-y(t)]/A$ 的终点在 t 的右侧。因此，$gy(t)[A-y(t)]/A$ 从左到右穿过 t。其次，类似计算表明 $g[A-y(t)]y(t)/A$ 从右到左穿过 t。因此，经过 t 的总容量 $v(t)$ 是

$$v(t)=2g[A-y(t)]y(t)/A。\tag{34}$$

把式（30）、式（32）和式（34）代入式（31），得

$$\min (2g/A)^{k+1}b\int_0^L y^{k+1}(A-y)^{k+1}(W-y')^{-k}dt$$

$$\text{s. t.}\ L\leqslant\overline{L},\quad y(0)=0,\quad y(L)=A。\tag{35}$$

额外的要求 $0\leqslant y'(t)\leqslant W$ 结果是自动满足的。一旦知道最小化式（35）的函数 $y(t)$，最优的 x 就可以通过式（32）求出。

在式（35）中，积分前面的正常数可以忽略。被积函数 $F(y,y')$ 不包含 t，因此，它是前面第 5 节情形 2 中讨论的形式。欧拉方程是 $F-y'F_{y'}=C$。因此，对于某个常数 C，

$$[y(A-y)/(W-y')]^{k+1}[W-(k+1)y']=C。\tag{36}$$

在最优解中，要么 $L<\overline{L}$，要么 $L=\overline{L}$。我们依次考虑每种情形。像在下面习题 3 中所表明的那样，如果城市的长度约束不是紧的，那么横截性条件 $F-y'F_{y'}=0$ 适用；因此 $C=0$。因为对于所有 t 来说 $y=0$ 和 $y=A$ 都不是可行的，所以 $C=0$ 意味着 $W-(k+1)y'=0$，或者

$$y'=W/(k+1)。\tag{37}$$

把式（37）代入式（32）得出道路在 t 处的宽度：

$$x(t)=W-y'(t)=kW/(k+1)。\tag{38}$$

最优土地使用涉及固定宽度的道路，如果 $L<\overline{L}$，它就是城市宽度的一个比例 $k/(k+1)$。

为了求当 $L<\overline{L}$ 时的最优解，注意式（37）意味着 $y(t)=Wt/(k+1)$，因此 $y(L)=WL/K(k+1)$。利用边界条件式（35），$WL/(k+1)=A$ 且

$$L=A(k+1)/W\leqslant\overline{L}。\tag{39}$$

因此，为了使道路有式（38）给定的宽度，式（39）是必要的。

如果 $A>\overline{L}W(k+1)$，式（39）就不成立。$L=\overline{L}$，且像习题 3 中表明的那样，在 $\overline{L}$ 处 $F-y'F_{y'}\leqslant 0$，因此，根据式（36）可知，$C\leqslant 0$。在这种情况下，微分方程（36）没有闭式解。由问题的对称性，y 关于中点 $L/2$ 将是对称的。这可以被正式确认，通过证明如果 $y(t)$ 满足式（36），就有 $z(t)=A-y(L-t)$。

为了使问题有意义，式（36）中第一个方括号中的表达式一定是正的，因此第二项有 C 的符号，它是负的：

$$W-(k+1)y'<0。\tag{40}$$

于是，式（40）和式（32）意味着

$$x(t)<kW/(k+1)。 \tag{41}$$

由式（41），当城市收缩时，与城市长度不受限制的最优相比，道路在每一点将会更窄。（回顾一下，尽管总面积"太小"，但商业区是固定的。）因此，不仅对于总道路面积小于 L 不受限制的情形，而且在现在的情形下道路宽度在每个 t 点都更窄。为了确定穿过城市道路的相对形状或者宽度，我们求 y''。取式（36）的对数，

$$(k+1)\ln y+(k+1)\ln(A-y)-(k+1)\ln(W-y')+\ln((k+1)y'-W)$$
$$=\ln(-C),$$

全微分

$$(k+1)y'/y-(k+1)y'/(A-y)+(k+1)y''/(W-y')$$
$$+(k+1)y''/[(k+1)y'-W]=0,$$

并求 y'' 的解：

$$y''=(2y-A)(W-y')[y'(k+1)-W]/ky(A-y)。 \tag{42}$$

由式（40）和式（42），y'' 有 $y-A/2$ 的符号。由对称性，当 $t<L/2$ 时 $y''<0$，$y''(L/2)=0$，并且对于 $t>L/2$，$y''>0$。因为 $y''=-x'$，所以从 $t=0$ 到 $t=L/2$ 道路逐渐加宽，对于 $t>L/2$，道路对称变窄。因为 $y'(0)=W$，$x(0)=W-y'(0)=0$，并且由对称性，$x(L)=0$（参见图12.2）。

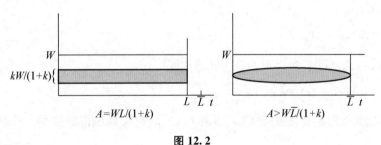

图 12.2

习 题

1. 如果 t_1 固定且要求 $a\leqslant x(t_1)\leqslant b$，求式（3）和式（4）的解所满足的必要条件。

2. 求

$$\min\int_{t_0}^{t_1}F(t,x,x')dt$$
$$\mathrm{s.\,t.}\ x(t_0)=x_0,a\leqslant x(t_1)\leqslant b,t_0\ 固定,t_1\ 自由$$

的解所满足的必要条件。

3. 求

$$\min\int_{t_0}^{t_1}F(t,x,x')dt$$

s. t. $x(t_0)=x_0$, $x(t_1)=x_1$, $t_1 \leqslant T$

的解所满足的必要条件。

4. 证明式（20）是 $\int_{t_0}^{t_1} F(t,x,x')dt$ 的第一变分，其中，初始条件和终点条件都不一定固定。

进一步阅读

狭长城市中土地利用的例子取自 Solow 和 Vickery。

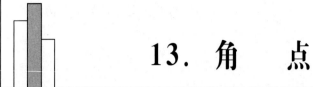

13. 角 点

在到目前为止所讨论的问题中，可行函数必须是连续可微的。容许函数处处连续和除了可能在一个或者几个点以外都连续可微是合意的。这种函数被称为**分段光滑的**。导数不连续的点叫做**角点**。

例1 问题

$$\min \int_0^3 (x-2)^2 (x'-1)^2 dt$$
$$\text{s. t. } x(0)=0, x(3)=2$$

的值的下界是零。在每个时刻 t，$0 \leqslant t \leqslant 3$，如果 $x=2$ 或者 $x'=1$，这个下界就达到。于是，

$$x(t) = \begin{cases} t, & 0 \leqslant t \leqslant 2, \\ 2, & 2 \leqslant t \leqslant 3, \end{cases}$$

一定是最小化的。这个函数（见图 13.1）是分段光滑的，在 $t=2$ 处有一个角点。

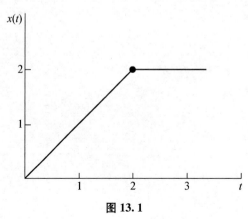

图 13.1

动态优化——经济学和管理学中的变分法和最优控制（第二版）

我们寻找最优化

$$\int_{t_0}^{t_1} F(t,x,x')dt, \text{s. t. } x(t_0)=x_0, x(t_1)=x_1 \tag{1}$$

的函数 $x(t)$ 的必要条件，其中，$x(t)$ 一定是分段光滑的。因此，它一定是连续的，除了在可能的某些点之外，在 $[t_0, t_1]$ 上处处连续可导。

特别地，假定除了在某点 t_2，$t_0 < t_2 < t_1$ 以外，最优函数 $x^*(t)$ 在 $[t_0, t_1]$ 上是连续可微的。记

$$\int_{t_0}^{t_1} F(t,x,x')dt = \int_{t_0}^{t_2} F(t,x,x')dt + \int_{t_2}^{t_1} F(t,x,x')dt。 \tag{2}$$

在每个区间 $[t_0, t_2]$ 和 $[t_2, t_1]$ 上，$x^*(t)$ 满足一个欧拉方程。为了证明这一点，我们取 $x(t_2)=x_2$。那么，$x^*(t)$，$t_0 \leqslant t \leqslant t_2$，必定最优化

$$\int_{t_0}^{t_2} F(t,x,x')dt, \text{s. t. } x(t_0)=x_0, x(t_2)=x_2, \tag{3}$$

而 $x^*(t)$，$t_2 \leqslant t \leqslant t_1$，最优化

$$\int_{t_2}^{t_1} F(t,x,x')dt, \text{s. t. } x(t_2)=x_2, x(t_1)=x_1。 \tag{4}$$

如果这些子问题中任意一个的值可以提高，那么用子问题的改进解代替 x^* 的相应一段解，它们的和将会增大。因此，如果 x^* 是式（1）的解，那么它也是式（3）和式（4）的解。尽管 x^* 在每个区间上满足相同的微分方程 $F_x = dF_{x'}/dt$，但是积分常数可以因每个区间适宜的边界条件的不同而不同。在点 (t_2, x_2) 处满足的条件被称为 Weierstrass-Erdmann 角点条件。下面，我们推导这些条件。

因为 t_2 和 x_2 一定是最优选择的，所以任何修正都不能提高式（2）的值。为了考察其内涵，在最优坐标 t_2，x_2 处，我们选择任意修正 δt_2，δx_2。由于解在 $t_0 \leqslant t \leqslant t_1$ 上是连续的，因此改变式（3）的终点也改变式（4）的起点。为了发现微小改变转换点对式（2）的影响，我们计算式（3）和式（4）值的变化。

由式（12.20）可知，

$$J = \int_a^b F(t,x,x')dt \tag{5}$$

的变分 δJ 为

$$\delta J = (F - x'F_{x'})|_b \delta b + F_{x'}|_b \delta x_0 - (F - x'F_{x'})|_a \delta a - F_{x'}|_a \delta x_a$$
$$+ \int_a^b (F_x - dF_{x'}/dt)hdt。 \tag{6}$$

式（6）在 x^* 处的取值给出差分 $J - J^*$ 的线性部分，其中，J^* 对应于 x^*，J 对应于比较曲线 x。在式（6）中取 $a=t_0$，$b=t_2$，我们可以得到由终点坐标 t_2，x_2 的变化 δt_2，δx_2 带来的式（3）取值的变化。因为初始坐标不变，$\delta a = \delta t_0 = 0$，$\delta x_a = \delta x_0 = 0$。欧拉方程也是成立的，因此积分为零。这样，对式（3）应用式（6）得到

$$(F-x'F_{x'})|_{\bar{t}_2}\delta t_2+F_{x'}|_{\bar{t}_2}\delta x_2 \tag{7}$$

为由终点坐标变化带来的式（3）取值的变化。t_2的上标减号代表从下方趋近t_2时的取值。

移动点t_2，x_2不仅改变式（3）的终点，而且改变问题式（4）的初始条件。为了发现式（4）取值的变化，我们再次利用式（6），这次我们取$a=t_2$，$x_a=x_2$，$b=t_1$，$x_b=x_1$。由于x^*满足欧拉方程，因此式（6）中的积分等于零。因为比较路径也在t_1，x_1处结束，所以δb和δx_b都等于零。利用式（6），式（4）的变化就是

$$-(F-x'F_{x'})|_{t_2^+}\delta t_2-F_{x'}|_{t_2^+}\delta x_2。 \tag{8}$$

上标加号代表从上方趋向于t_2时的取值。

由移动t_2，x_2带来的式（2）的净变化是式（3）和式（4）变化之和，即式（7）加式（8）：

$$\left[(F-x'F_{x'})|_{\bar{t}_2}-(F-x'F_{x'})|_{t_2^+}\right]\delta t_2+(F_{x'}|_{\bar{t}_2}-F_{x'}|_{t_2^+})\delta x_2。 \tag{9}$$

如果t_2，x_2是最优的，这些坐标的变化就不能提高式（2）的取值。由于δt_2和δx_2的可行变化是独立的且可以取任何符号，因此，它们在式（9）中的系数一定都等于零。因此，

$$F_{x'}|_{t_2^-}=F_{x'}|_{t_2^+} \tag{10}$$

且

$$(F-x'F_{x'})|_{t_2^-}=(F-x'F_{x'})|_{t_2^+}。 \tag{11}$$

在x^*的任何不连续点必定成立的条件式（10）和式（11）是 Weierstrass-Erdmann 角点条件，它们表明，沿着最优路径x^*，函数$F_{x'}$和$(F-x'F_{x'})$是连续的。在x^*的不连续点，这些函数一定是连续的。

在三个边界条件$x(t_i)=x_i$，$i=0$，1，2 和两个角点条件式（10）和式（11）的帮助下，我们求解两个（相同的）欧拉方程来确定四个积分常数和t_2。

例 1 的角点条件是

$$F_{x'}=2\,(x-2)^2(x'-1)$$

和

$$F-x'F_{x'}=-(x-2)^2(x'-1)(x'+1)$$

处处连续。给出的解使得两个表达式在$[0,3]$上都等于零。回顾一下，如果t不进入被积函数，那么欧拉方程取形式

$$F-x'F_{x'}=常数。$$

我们已经表明这是满足的（常数=0）。

例 2 对于问题

$$\int_0^T (c_1\,x'^2+c_2 x)dt，\ \text{s.t.}\ x(0)=0, x(T)=B,$$

如果存在带角点的极值曲线，请求出。

表达式 $F_{x'}=2c_1x'$ 和 $F-x'F_{x'}=c_2x-c_1x'^2$ 是处处连续的。由于 $F_{x'}$ 的连续性直接表明 x' 的连续性，因此不存在角点（x' 不存在不连续点）。

习　题

求问题

$$\min\int_0^4 (x'-1)^2(x'+1)^4 dt, \text{s. t.} \ x(0)=0, x(4)=2$$

仅有一个角点的极值曲线。

进一步阅读

采用最优控制处理角点通常更方便；参见第 II 12 节。

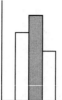

14. 关于 (t, x) 的 不等式约束

考虑最优化

$$\int_{t_0}^{t_1} F(t, x, x') dt \tag{1}$$

s. t. $R(t) \geqslant x(t)$, $\quad t_0 \leqslant t \leqslant t_1$,

$$x(t_0) = x_0, \quad x(t_1) = x_1 \tag{2}$$

其中，$R(t)$ 是给定的连续函数。如果式（1）的有给定的边界点的欧拉方程的解满足 （2），那么，问题就解决了。否则，存在某个区间使得欧拉方程的解是不可行的，从而 约束式（2）满足，且有 $x(t) = R(t)$。可能有人想通过求满足端点条件的极值曲线以及 用边界 $x(t) = R(t)$ 的某些段代替极值曲线中不可行部分来求解式（1）和式（2）。通 常，这不是最优的，我们以后将会证明。

假定欧拉方程的解在 $[t_0, t_2]$ 上满足式（2）且在 $[t_2, t_3]$ 上是紧的，而 $t_0 < t_2 < t_3 < t_1$ （参见图 14.1）。那么决定欧拉方程 $F_x = dF_{x'}/dt$，$t_0 \leqslant t \leqslant t_2$ 积分常数的边界条件是 $x(t_0) = x_0$ 和 $x(t_2) = R(t_3)$。沿着 $x(t) = R(t)$，$t_2 \leqslant t \leqslant t_3$，最优解继续前进且在最后区 间 $[t_3, t_1]$ 上服从一个类似的欧拉方程，积分常数部分地由 $x(t_3) = R(t_3)$ 和 $x(t_1) = x_1$ 来决定。我们仍然必须确定 t_2 和 t_3。因为这些是以类似的方式求出的，所以我们强 调选择 t_2。

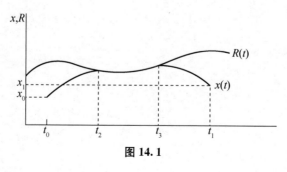

图 14.1

动态优化——经济学和管理学中的变分法和最优控制（第二版）

积分式（1）可以写成和的形式

$$\int_{t_0}^{t_2} F(t,x,x')dt + \int_{t_2}^{t_1} F(t,x,x')dt。 \tag{3}$$

如果对于式（1），$x^*(t)$，$t_0 \leqslant t \leqslant t_1$ 是最优的，那么给定 t_2，x_2（满足 $R(t_2)=x_2$），对于问题

$$\int_{t_0}^{t_2} F(t,x,x')dt \tag{4}$$

$$\text{s.t. } x(t_0)=x_0, \quad x(t_2)=x_2, \quad R(t) \geqslant x(t),$$

$x^*(t)$，$t_0 \leqslant t \leqslant t_2$ 一定是最优的，而对于问题

$$\int_{t_2}^{t_1} F(t,x,x')dt \tag{5}$$

$$\text{s.t. } x(t_2)=x_2, \quad x(t_1)=x_1, \quad R(t) \geqslant x(t),$$

$x^*(t)$，$t_2 \leqslant t \leqslant t_1$ 是最优的。这是显然的，因为如果这些子问题中任何一个的值可以提高，通过把 x^* 相应的部分用子问题的最优解代替，总和的值就显然能够提高。

假定最优路径 x^* 在 t_2 处到达曲线 $R(t)$。如果 t_2 修正为 $t_2+\delta t_2$，将获得下列变化。首先，在图 14.2 中将会沿着欧拉方程到达点 C 而不是点 B。于是，沿着极值曲线到曲线 $R(t)$，解的第一部分稍微改变了端点。其次，路径沿着约束从时刻 $t_2+\delta t_2$（点 C）到达 t_3，而不是从 t_2 到 t_3。

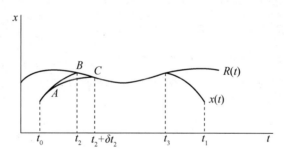

图 14.2

式（1）值的变化是由 t_2 的改变带来的式（4）和式（5）值的变化之和。取 $a=t_0$，$b=t_2$，对式（4）应用方程（13.6）。因为欧拉方程是满足的，所以式（13.6）中的积分项是零。初始坐标不变，因此 $\delta t_0=0$ 且 $\delta x_0=0$。于是，由 δt_2 的调整导致式（4）的变化为

$$\text{在 } t_2 \text{ 处，} F_{x'}\delta x_2 + (F-x'F_{x'})\delta t_2。 \tag{6}$$

但是，因为 B 和 C 都在约束上，所以 δt_2，δx_2 一定满足

$$R'(t_2)\delta t_2 = \delta x_2。 \tag{7}$$

合并式（6）和式（7）得到

$$[F+F_{x'}(R'-x')]\delta t_2 。 \tag{8}$$

因此，式（8）是对应于 δt_2 的式（4）值的变化（的线性部分）。在图 14.2 中，它是从 AB 到 AC 修正到约束曲线路径的值。

式（5）中积分的值，从 C 而不是从 B 继续前进的值，也受到了影响。因为从 B 到 C 路径沿着曲线 $R(t)$ 前进，式（5）的变化为

$$\int_{t_2}^{t_2+\delta t_2} F(t,R(t),R'(t))dt \approx +F(t_2,R(t_2),R'(t_2))\delta t_2 , \tag{9}$$

即，t_2 处 F 的值乘以区间的长度。这是从式（5）中去掉 BC 部分而放弃的值。

从式（8）中减掉式（9）得出式（1）的净变化：

$$[F(t,x,x')+F_{x'}(t,x,x')(R'-x')-F(t,R,R')]|_{t_2}\delta t_2 。 \tag{10}$$

因为可行的 δt_2 可以取任何符号，所以如果不可能有改进，式（10）中的系数就一定等于零：

$$在 t_2 处，F(t,x_2,x')-F(t,x_2,R')+F_{x'}(t,x_2,x')(R'-x')=0 。 \tag{11}$$

在式（11）中，$x'(t_2)$ 是左导数，代表当它趋近于约束时极值曲线的变化率；$R'(t_2)$ 是约束在 t_2 处的斜率；$R(t_2)=x_2$。

最优解 $x^*(t)$ 和数 t_2 必定满足方程式（11）。固定 t_2，$x^*(t_2)$，我们可以把 $F(t_2,x^*(t_2),y)=f(y)$ 看成一个单变量函数。那么式（11）可以写为

$$f(x')-f(R')+f'(x')(R'-x')=0 \tag{12}$$

其中，$x'=x'(t_2)$，$R'=R'(t_2)$。对式（12）应用式（A2.3），我们表明，对于处于 $x'(t_2)$ 和 $R'(t_2)$ 之间的某一个数 r，我们有 $x'=R'$ 或者 $f''(r)=0$。回顾 f 的定义，这意味着要么

$$F_{x'x'}(t_2,x^*(t_2),r)=0 ,对于某个 r，$$

要么

$$R'(t_2)=x^{*'}(t_2)，其中 t_2 和 x^*(t) 是最优的。 \tag{13}$$

类似的论证表明式（13）成立，用 t_3 替代 t_2。因为 R' 是约束的斜率而 x' 是极值曲线的斜率（欧拉方程的解），如果处处都有 $F_{x'x'}\neq 0$，极值曲线与约束曲线就在交点处相切。

总之，式（1）的最优解由下面的条件来刻画：

a. 在满足 $R(t)>x(t)$ 的每一个区间，欧拉方程 $F_x=dF_{x'}/dt$ 一定成立。

b. 在任何其他区间，函数 x 由 $x(t)=R(t)$ 确定。

c. 令 t^0 代表从 a 类型区间到 b 类型区间的转换时刻或者反过来。决定欧拉方程解的积分常数的边界条件包括 $R(t^0)=x(t^0)$ 和 $R'(t^0)=x'(t^0)$（给定 $F_{x'x'}\neq 0$）。

例：企业必须要满足一个外生给定的装载计划 $S'(t)$，$0\leqslant t\leqslant T$。生产成本与生产率的平方成比例，存货成本是线性的。存货一定是非负的。求以最小成本完成必要装载的

生产计划。

令 $x(t)$ 为 t 时刻的累积产出，因此 $x'(t)$ 是 t 时刻的生产率。存货是累积产出 $x(t)$ 减去到期的累积存货 $S(t)$。于是，

$$\min \int_0^T \{c_1[x'(t)]^2 + c_2[x(t) - S(t)]\}dt \tag{14}$$

$$\text{s. t. } x(t) \geqslant S(t), \quad 0 \leqslant t \leqslant T, \quad x(0) = x_0。 \tag{15}$$

解涉及满足 $x(t) = R(t)$ 的时间段和 x 满足欧拉方程的时间段。当约束是紧的时，当前生产 x' 刚好与当前装载 S' 相同。极值曲线形如

$$x(t) = c_2 t^2 / 4c_1 + k_1 t + k_2。 \tag{16}$$

假定在 $t_1 \leqslant t \leqslant t_2$ 上满足极值曲线。四个数 t_1，t_2，k_1 和 k_2 由

$$
\begin{aligned}
x(t_1) &= S(t_1), & x(t_2) &= S(t_2), \\
x'(t_1) &= S'(t_1), & x'(t_2) &= S'(t_2)
\end{aligned} \tag{17}
$$

决定。因为最优路径 x 一定是连续的，所以在 t_1 之前和 t_2 之后约束是紧的，并且 $F_{x'x'} = 2c_1 \neq 0$。因此，由条件式 c，在两类区间的间隔点，$x' = S'$。由于 S 是已知函数，对于约束不紧的每一个区间，t_1，t_2，k_1，k_2 都能够被求出来。

注意，在图 14.3 中，x' 的斜率就是生产的增加率，在约束不紧的自由区间上是 $c_2/2c_1$。在自由区间的初期，例如 (t_1, t_2) 或者 (t_3, t_4)，生产率超过装载率，并且存货积累。当 $x' = S'$ 时，每个自由区间上的最大存货产生。对于自由区间的剩余部分，装载超过生产，差额由存货补给。面积 A = 面积 B 且面积 A^0 = 面积 B^0。在每个自由区间的终点，t_2 或 t_4，存货达到零。对于 $t_2 \leqslant t \leqslant t_3$，生产刚好满足装载要求。

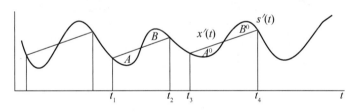

图 14.3

注意，如果 $\max\limits_t S''(t) < c_2/2c_1$，那么生产多余存货绝对不是最优的。产出始终等于销售。

由图 14.3 可知，最优解不是由边界部分连接的单个极值曲线的可行部分所构成，因为这个解包括单条直线 $x' = c_2 t / 2c_1 + k_1$ 的某部分，而图 14.3 涉及多条直线（相同斜率，不同截距）的某部分。我们不是通过删除无约束解的不可行部分而得到有约束最优解的。

■ 习　题

$$\min \int_0^5 \{[x'(t)]^2 + 4x\}dt$$

$$\text{s. t. } x(0)=10, \quad x(5)=0, \quad x(t)\geqslant 6-2t_{\circ}$$

画出最优解并把它与忽略不等式约束的路径进行比较。

■ 进一步阅读

例子援引自 Anderson。

15. 无穷边界的自治问题

形如

$$\max \int_0^\infty e^{-rt} F(x(t), x'(t)) dt \tag{1}$$
$$\text{s. t. } x(0) = x_0$$

的问题具有无穷的计划时间或者边界。问题被称为是**自治的**，如果它不明显地依赖于时间；t 不是分量。但是，经济学家也称式（1）是**自治的**，因为它仅通过为常数贴现项依赖于时间。（式（1）的欧拉方程将是自治的；t 不是一个分量。参见下面的式（2）。）这两个定义不同，但是上下文将会表明应用哪一个。

在无穷边界的问题中，可能不存在必要的横截性条件。即使一个横截性条件成立，它在决定积分常数时几乎没有帮助。必需的条件经常从下述观察得到：如果这些问题仅仅通过贴现项依赖于时间，那么预期解 $x(t)$ 在长期趋向于平稳水平是合理的。**稳态**或者**平稳状态**是满足 $x' = x'' = 0$ 的状态。式（1）的稳态可以通过在欧拉方程

$$F_x = -rF_{x'} + F_{x'x} x' + F_{x'x'} x'' \tag{2}$$

中取 $x' = x'' = 0$ 而找到。因此，数 x_s 隐含地由

$$F_x(x_s, 0) + rF_{x'}(x_s, 0) = 0 \tag{3}$$

规定。因此，问题（1）的第二个边界条件通常取为

$$\lim_{t \to \infty} x(t) = x_s。 \tag{4}$$

例如，

$$\min \int_0^\infty e^{-rt} (x^2 + ax + bx' + cx'^2) dt$$

$$\text{s. t. } x(0) = x_0,$$

其中，$c > 0$，$r > 0$，给出欧拉方程

$$x'' - rx' - x/c = (a + rb)/2c,$$

它有特解

$$x_s = -(a + rb)/2。$$

欧拉方程的通解为

$$x(t) = Ae^{w_1 t} + Be^{w_2 t} + x_s,$$

其中，w_1，$w_2 = r/2 \pm [(r/2)^2 + 1/c]^{1/2}$ 是相应特征方程的根。这些根是实根，且符号相反，因此 $w_1 > 0 > w_2$。选择积分常数 A 和 B 使得初始条件和终点条件式（4）满足，得到

$$x(t) = (x_0 - x_s)e^{w_2 t} + x_s。$$

稳态不会在有限时间里达到，但是当 t 增长时它会被趋近（回顾 $w_2 < 0$）。求导得出

$$x'(t) = w_2 [x(t) - x_s],$$

它具有常见的"调整"方程的形式。$x(t)$ 的值以与当前值 $x(t)$ 和"合意"或者稳态值 x_s 的差额成比例的速率向 x_s 移动。调整率 w_2 取决于贴现率 r 和参数 c。

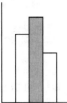

16. 最速降线

考虑关于 x' 线性的无穷边界自治问题：

$$\int_0^\infty e^{-rt}[M(x)+N(x)x']dt \qquad (1)$$

$$\text{s. t. } x(0)=x_0, \quad A(x)\leqslant x'\leqslant B(x)。 \qquad (2)$$

如上所述，x 的变化率可以是有界的。欧拉方程

$$M'(x)+rN(x)=0 \qquad (3)$$

是关于单变量 x 的普通方程，而不是微分方程（回顾第 5 节情形 5）。假定式（3）有**唯一解** x_s；那么 x_s 是一个平稳解。但是，除非 $x_0=x_s$，对于所有 t，这将是不可行的。式（1）和式（2）的最优解是尽可能快地从 x_0 移动到 x_s，然后保持在 x_s。这被称为**最速降线**（MRAP）。

根据下面的论证，这个论断可能更合理。（严格的证明见本部分附录。）定义 $S(x)=\int_{x_0}^x N(y)dy$。然后，$S'(x)=N(x)$，因此式（1）等价于

$$\int_0^\infty e^{-rt}[M(x)+S'(x)x']dt。 \qquad (4)$$

分部积分（$u=e^{-rt}$，$dv=S'(x)x'dt$）给出

$$\int_0^\infty e^{-rt}[M(x)+rS(x)]dt, \qquad (5)$$

它依赖于 x 但不依赖于 x'。（我们假设 $\lim\limits_{t\to\infty}e^{-rt}S(x(t))=0$。）问题被写成回报或者支付仅依赖于状态变量的形式；我们想要尽快到达合意的状态并停留在那里。存在最大化

$M(x)+rS(x)$ 的 x 的唯一解，因此满足 $M'(x)+rS'(x)=M'(x)+rN(x)=0$。这就是 x_s；参见式（3）。

回顾一下，x_s 满足式（3），假定

$$M'(x)+rN(x)>0, \quad x<x_s;$$ (6)
$$M'(x)+rN(x)<0, \quad x>x_s。$$

那么，结果可以陈述如下。如果 $x<x_s$，最优路径就涉及可能最快的增加率，$x'=B(x)$，直到到达 x_s。类似地，如果 $x>x_s$，最优路径就涉及可能最快的减少率，$x'=A(x)$，直到到达 x_s。然后，之后 x_s 都保持不动。如果式（6）的不等式反过来，MRAP 就是最小化的。

如果式（3）的解多于一个，那么最优解将是 $M(x)+rS(x)$ 的某个局部极大化的最速降线。为了确定要趋近于哪个局部最大化点，有必要沿着最速降线从 x_0 到某个局部极大值 x_s。考虑图 16.1。从 x_0 出发，尽管哪个方向最好并不是显而易见的，但很明显离开 x_0 要花费时间。存在两个局部极大值点，x_1 和 x_3。当然向左移动到 x_1 将会好于停留在 x_0 处，因为它总是涉及一个满足 $M(x)+rS(x)>M(x_0)+rS(x_0)$ 的改进路径。因此，我们可能尽快地从 x_0 移动到 x_1，然后停留在那里。

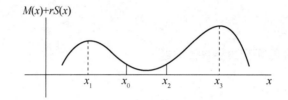

图 16.1

或者，尽可能快地移动到 x_0 然后停留在那里可能是更合意的。这种备选的合意性必须更仔细地评价，因为为了达到更高点 x_3，在享有超过 x_0 处可用的值 $M+rS$ 之前，从 x_0 达到 x_2 必须经历一个支付的短期下降。如果稳态的数目超过一个，像此例一样，要趋近的那个稳态可能依赖于初始状态。

例 1 令 $R(x)$ 为企业由"信誉" x 获得的最大收益。假定 $R'(0)>0$ 且 $R''<0$。信誉随着广告 I 增强且以常数比率 b 衰减：$x'(t)=I(t)-bx(t)$。企业选择广告支出 $I(t)$ 来最大化利润流的现值，$R(x)-I$：

$$\int_0^\infty e^{-rt}[R(x)-x'-bx]dt$$ (7)
$$\text{s.t. } x(0)=x_0>0,$$ (8)
$$-bx\leqslant x'\leqslant \bar{I}-bx。$$ (9)

当广告投入为零时，达到 x' 的下界。上界表示最大容许（可能是无穷）的支出率 $\bar{I}$。

对 x_s 定义的方程（3）变为

$$R'(x_s)=r+b。$$ (10)

因为 $R''<0$，所以式（10）至多有一个解（我们假设有一个）且满足式（6）。因此，式（7）到式（9）的解是 x_s 的最速降线。到特别地，如果 $x_0<x_s$，那么 $x'+bx=\bar{I}$（于是 $x(t)=\bar{I}/b+(x_0-\bar{I}/b)e^{-bt}$），直到 $x(t)=x_s$。一旦达到 x_s，通过保持 $I(t)=bx_s$，x_s 保

动态优化——经济学和管理学中的变分法和最优控制（第二版）

持不变。

例 2 通过取终点时刻为无穷且终值自由，我们修正第 5 节的投资问题：

$$\max \int_0^\infty e^{-rt} \big[pf(K) - c(K' + bK) \big] dt$$
$$\text{s. t. } K(0) = K_0,$$

其中，f 是来自资本存量 K 的产出，$f'(0) > 0$，$f'' < 0$；p 是出售产出的不变价格；c 是单位投资的不变成本；b 是资本折旧率。解是由

$$pf'(K_s) = (r+b)c$$

定义的唯一资本存量的最速降线。如果 K' 没有约束且 $K_s \geqslant K_0$，K_s 能够由 K 的跳跃立即达到。如果企业增长一定是自融资的，以使 $K' \leqslant pf(K)/c - bK$，那么最速降线要求取尽可能大的 K' 直到达到 K_s 并选择 K' 以保持 K_s 不变。另一方面，如果 $K_s < K_0$，解就是不投资，$K' + bK = 0$，直到 K 下降到 K_s。然后，通过以不变比率投资 bK_s 来补偿折旧，保持 K_s 不变。

▋ 第 16 节附录 _____

通过把式（1）写成线积分

$$\int_0^\infty e^{-rt} \big[M(x) + N(x)x' \big] dt = \int_C e^{-rt} M dt + e^{-rt} N dx,$$

最速降线的最优性可以被证明，其中 C 是曲线 $x = x(t)$，$0 \leqslant t$（参见第 A7 节）。

令 $x(t)$ 为最快达到 x_s 的路径且令 $y(t)$ 为某条可行的路径（它到达 x_s 更慢）。令 t_p 为 y 到达 x_s 的时间。那么，对于 $t > t_p$，x 和 y 重合。我们必须要证明，与 y 相比，x 给出了从 0 到 t_p 积分的更大值（参见图 16.2）：

$$\int_0^{t_p} e^{-rt} \big[M(x) + N(x)x' \big] dt - \int_0^{t_p} e^{-rt} \big[M(y) + N(y)y' \big] dt > 0。 \tag{11}$$

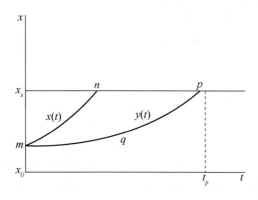

图 16.2

这些积分，每一个都可以写成相应的线积分，因此，式（11）的左侧等于

$$\int_{mnp} e^{-rt} M dt + e^{-rt} N dx - \int_{mqp} e^{-rt} M dt + e^{-rt} N dx,$$

其中，线积分沿着 x 的最优路径和 y 的比较路径 mqp 取值。调换最优路径的方向，我们等价地写

$$-\int_{pnm} e^{-rt} M dt + e^{-rt} N dx - \int_{mqp} e^{-rt} M dt + e^{-rt} N dx$$

$$= -\int_{pnmqp} e^{-rt} M dt + e^{-rt} N dx \text{。} \tag{12}$$

这是围绕一条封闭曲线的线积分，它的指向使得当我们沿着曲线前进时，被包围的区域在左侧。应用 Green 定理把式（12）写成二重积分（参见第 A7 节）

$$\iint e^{-rt}[M'(x) + rN(x)] dx dt, \tag{13}$$

其中，二重积分在由曲线 $mqpnm$ 限制的区域上取值。在区域 $x < x_s$ 中，由假设式（6）可知，式（13）的被积函数在此区域里是正的，因此积分式（13）是正的。因此，式（12）和式（11）的左侧是正的，完成证明。

如果式（6）的不等式反向，那么式（13）的符号是负的，且最速降线 $x(t)$ 是最小化的。

■ 习　题

在 t 时刻一个湖中鱼的数量是 $x(t)$。鱼群的自然增长率是 $g(x)$，其中，$g(x)$ 是一个凹函数，满足 $g(0) = g(x_m) = 0$ 且对于 $0 < x < x_m$，$g(x) > 0$。鱼被捕获和销售的速率是 $h(t)$。因此，鱼群的变化率是

$$x'(t) = g(x(t)) - h(t) \text{。}$$

令 p 为鱼被售卖的价格；当鱼群为 x 时，$c(x)$ 为捕鱼的成本；$c(x)$ 是非增函数。为什么？

a. 证明由捕鱼得到的利润现值能被写为

$$\int_0^\infty e^{-rt}[p - c(x(t))][g(x(t)) - x'(t)] dt \text{。}$$

b. 寻找和描述最大化 a 中发现的由捕鱼得到的利润值的鱼群。（$x'(t)$ 的边界是什么？）

■ 进一步阅读

关于最速降线的讨论，参见 Spence 和 Starrett；关于 Green 定理的补充讨论，参见 Colin Clark（1976）和 Sethi（1977b）。例 1 归功于 Nerlove 和 Arrow。习题来自 Colin Clark，他深入研究了捕鱼和鱼群的动态。也参见 V. L. Smith（1977）。捕鱼问题的微分博弈方法在第 II 23 节的例 3 中有讲述。

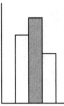

17. 相图分析

考虑问题

$$\min \int_0^T e^{-rt}\big[f(x'(t)) + g(x(t))\big]dt \tag{1}$$

$$\text{s. t. } x(0) = x_0, \quad x(T) = x_T, \tag{2}$$

其中，$f'' > 0$，$g'' > 0$。函数 f 和 g 是二阶连续可微且严格凸的，但是没有进一步设定。欧拉方程表明

$$x'' = [rf'(x') + g'(x)]/f''(x')。 \tag{3}$$

Legendre 条件总是成立的。其实，式（1）的被积函数关于 x，x' 是凸的，因此，式（2）和式（3）的解将是最小化的。

没有 f 和 g 的进一步设定，方程（3）就不能求解。因为 f' 和 g' 的符号没有限定，所以 x'' 的符号不是显而易见的。然而，利用相图分析，解可以被定性地刻画出来。这可以通过推断满足式（3）的路径 $x(t)$ 如何跨时前进来实现。进而，通过构造 x—x' 平面上的相图，这就可以完成。

注意，t 不是式（3）中的分量；它是自治微分方程。为了确定在 x—x' 平面上与式（3）的解相一致的运动方向，注意到当 $x' > 0$ 时，x 就是跨时增加的。因此，从 $x' = 0$ 轴上方的任何一点 x，x' 出发，式（3）的解的 x 坐标都是增加的。类似地，从线 $x' = 0$ 下方的任何一点 x，x' 出发，式（3）的解的 x 坐标一定是减少的。这样，线 $x' = 0$ 把平面分成两个区域，在其中一个区域 x 增加，在另一个区域 x 减少（参见图 17.1）。

接下来，我们考虑满足 $x'' = 0$ 的点 x，x' 的轨迹。由式（3），这些点满足

$$rf'(x') + g'(x) = 0。 \tag{4}$$

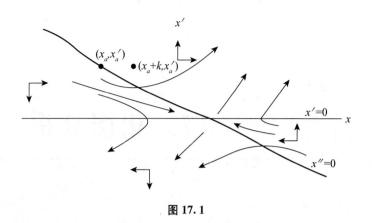

图 17.1

式（4）隐含地刻画的曲线的斜率是

$$dx'/dx=-g''(x)/rf''(x')<0,沿着\ x''=0。 \tag{5}$$

沿着曲线 $x''=0$，为了保证停留在这条曲线上，x 坐标的一个小的增加一定伴随着 x' 坐标的一个小的减少。

曲线 $x''=0$，式（4），把 x—x' 平面分成两个区域。在一个区域，式（3）的右侧是正的，于是 $x''>0$，因此 x' 是增加的。在另一个区域，式（3）的右侧是负的，因此 $x''<0$，x' 是减少的。为了确定曲线 $x''=0$ 右侧的运动方向，令 (x_a, x_a') 满足式（4）（即在曲线上），于是，对于 $k>0$，(x_a+k, x_a') 在它的右侧。因为 $g''>0$，g' 是增函数，因而 $rf'(x_a')+g'(x_a+k)>rf'(x_a')+g'(x_a)=0$。

由于式（3）表明 $x''>0$，因此 x' 在 (x_a+k, x_a') 处是增加的。类似地，从曲线 $x''=0$ 左侧的任一点出发，我们有 $x''<0$ 且 x' 坐标是减少的。曲线 $x'=0$ 和 $x''=0$ 把 x—x' 平面分成两部分，总共给出四个区域。在平面上，与到目前为止的分析相一致的跨时运动方向标示在图 17.1 上。x 和 x' 都依赖于 t，但是自变量都省略了。与方向箭头相一致的特殊路径也标示出来了。这样，路径上的点表明了在时刻 t 处 x，x' 的实现值。随着时间的推移，x，x' 的值沿着方向表明的路径向前推进。由于给定边界条件的微分方程的解是唯一的，因此平面上的每一个点都刚好在一条路径上。注意，当穿过曲线 $x''=0$ 时，每条路径都是水平的（x' 平稳）；当穿过曲线 $x'=0$ 时，它都是垂直的（x 平稳）。

我们已经从图形上看到了欧拉方程（3）的解的种类。由图 17.1，很明显解 $x(t)$ 一定是单调的、单峰的或者单槽的：$x'(t)$ 至多改变一次符号。

从式（3）的所有解中，我们选择满足边界条件式（2）的解；这将是那条从垂线 $x=x_0$ 开始且到垂线 $x=x_T$ 结束、用逝去时间 T 走完全程的路径。图 17.2 上标明的三条路径的任何一条都是对应于某个 T 的解。

如果式（2）中的 x_T 没有设定，以使 $x(T)$ 可以自由选择，那么横截性条件是

$$f'(x'(T))=0。 \tag{6}$$

因为 f' 是严格单调的，所以至多存在一个 x' 的值满足式（6）。欧拉方程（3）一定是满足的，初始条件 $x(0)=x_0$ 也一定满足。在这种情况下，我们从所有满足式（3）的路径中选择那条从垂线 $x=x_0$ 开始在总逝去时间 T 之后到达由式（6）隐含规定的水平线的路径

（参见图 17.3）。

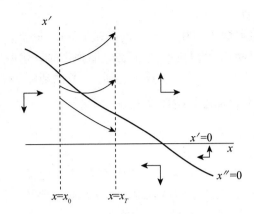

图 17.2

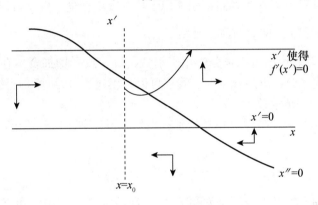

图 17.3

最后，通过假定 $T \to \infty$ 和 $\lim\limits_{t \to \infty} x(t)$ 是自由的，我们修正问题式（1）和式（2）。在这种情况下，横截性条件被 x 趋向于稳态或者平稳解这样的要求所取代。满足 $x'=0$ 和 $x''=0$ 的平稳解 x_s 位于划分平面的两条曲线的交点。由式（3），它隐含地由

$$rf'(0) + g'(x_s) = 0 \tag{7}$$

给出。因此，解路径是一条从垂线 $x=x_0$ 开始且当 t 无边界增加时趋向于 $x=x_s$ 的路径（见图 17.4）。

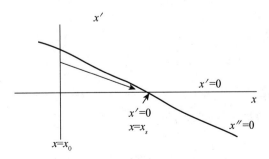

图 17.4

下面的例子是变分法在经济学中的标准应用且进一步表明了相图分析技术。

例: 新古典增长模型。

在 L 个同质工人的常数人口中,人均消费是 $c(t)$。每个工人从消费中得到效用 $U(t)$,其中,$U' > 0$,$U'' < 0$。我们假设当消费收缩到零时,边际效用的增加没有边界: $\lim_{c \to 0} U'(c) = \infty$。(例如,$U(c) = c^{1/2}$ 具有这个性质。)考虑到经济的生产可能性,中央计划者选择消费计划以最大化加总的贴现效用

$$\max \int_0^\infty e^{-rt} LU(c(t)) dt。 \tag{8}$$

产品在一次齐次的生产函数 $F(K, L)$ 下利用资本 K 和劳动 L 被生产出来。(参见式 (A1.11) 到式 (A1.14)。) 我们假定两种生产要素都是必要的 ($F(0, L) = F(K, 0) = 0$) 且它们的边际产出 F_K,F_L 是正的和递减的。

单个产出品可以被消费或者储蓄起来用于增加资本存量。资本可以被消费。这样,

$$F(K, L) = Lc + K', \quad K(0) = K_0。 \tag{9}$$

根据式 (9) 可知,总产出可以被分配用于消费,Lc,或者增加资本存量,K'。问题是选择 c 来最大化式 (8),满足式 (9)。我们可以利用式 (9) 消掉 c,然后求出最优函数 $K(t)$,回顾一下,L 是常数。

当 L 呈指数增长时,变量代换是特别有用的。预计到以后要使用,我们现在就做代换。定义

$$k \equiv K/L, \quad f(k) \equiv F(K/L, 1)。 \tag{10}$$

于是,人均资本和人均产出分别是 k 和 $f(k)$。利用定义式 (10) 和 F 是一次齐次的假设,我们有

$$F(K, L) = Lf(k), \tag{11}$$

其中,$f(0) = 0$,$f'(k) > 0$,$f''(k) < 0$。[①] 为了方便,我们假设当一种要素的使用趋向于零时,它的边际产出无边界增加:$f'(0) = \infty$。用 L 除式 (9),利用式 (10) 和式 (11),并重新排列,得出

$$k' = f(k) - c。 \tag{12}$$

在式 (8) 中利用式 (12) 消掉 c,得到

$$\max_k L \int_0^\infty e^{-rt} U(f(k) - k') dt \tag{13}$$

$$\text{s. t. } k(0) = k_0, \quad k \geq 0, \quad f(k) - k' \geq 0。$$

式 (13) 的欧拉方程是

$$[dU'(c)/dt]/U'(c) = U''(c)c'/U' = -[f'(k) - r]。 \tag{14}$$

---

① 利用定义式 (10) 和链式法则,对式 (11) 求微分:
$0 < F_K = Lf'(k) \partial k/\partial K = Lf'(k)/L = f'(k)$,$0 > F_{KK} = f''(k) \partial k/\partial K = f''(k)/L$。

f' 和 U' 的假设确保满足非负限制。

　　规则式 (14) 应当与式 (4.13) 相比较。边际效用的百分比变化率等于投资资本收益率与贴现率的差。对于当前的情形，资本回报率是内生的；也就是说，资本的边际生产率不是一个给定参数，而是由模型决定的。

　　最优解既满足基本平衡方程 (12) 又满足欧拉方程 (14)。为了找到最优解的定性性质，我们在非负 c—k 平面上构造相图。如果

$$f'(k)=r, \tag{15}$$

由式 (14) 可知 $c'=0$。这样，式 (15) 定义了 c—k 平面上满足 $c'=0$ 的点的轨迹。由于左侧是单调递减的，因此式 (15) 有唯一解，称之为 k_s。如果 $k>k_s$，那么

$$f'(k)-r<f'(k_s)-r=0,$$

因为由假设 $f''<0$。因此，由式 (14)（回顾一下，总有 $-U''/U'>0$），当 $k>k_s$ 时，我们有 $c'<0$。类似地，当 $k<k_s$ 时，我们有 $c'>0$。图 17.5 中带方向的箭头反映了这些结论。从 k—c 空间中的点到 k_s 的右侧（左侧），c 坐标一定下降（升高）。

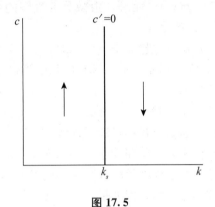

图 17.5

　　接下来，由式 (12) 可知，只要 $c=f(k)$，

$$k'=0。 \tag{16}$$

因此，式 (16) 定义了满足 $k'=0$ 的点的轨迹。由式 (16) 刻画的曲线通过原点且有导数

$$dc/dk=f'(k), \quad d^2c/dk^2=f''(k)。$$

根据我们关于 f 的假设，由式 (16) 刻画的曲线是递增的和凹的（参见图 17.6）。它把 k—c 平面分成两部分。令 (k_a, c_a) 满足式 (16) 并考虑满足 $m>0$ 的那些点 (k_a, c_a+m)。于是 (k_a, c_a+m) 在 (k_a, c_a) 上方。那么，由式 (12) 可知

$$k'=f(k_a)-(c_a+m)=-m<0,$$

因此，k 在 (k_a, c_a+m) 处是下降的。因此，在曲线 $k'=0$ 上的每一点，k 都是下降的。类似地，从曲线 $k'=0$ 下方的任一点开始，$k'>0$，于是，k 是上升的。图 17.6 中带方向的箭头反映了这些结论。现在，图表明了从任何地方出发，(k, c) 的一般运动方向。注意，在每一种情况下，当沿着一条路径与曲线 $c'=0$ 相交时，c 暂时是平稳的，

当与曲线 $k'=0$ 相交时，k 暂时是平稳的。

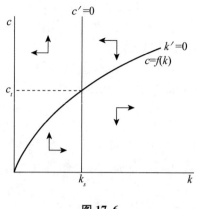

图 17.6

存在可以永远持续的人均消费和人均资本的稳态水平吗？如果是这样，是否存在一条趋向于这个点的路径？这两个问题的答案都是"是"。稳态是满足 $c'=0$ 和 $k'=0$ 的点，即 (k_s, c_s)，其中，$c_s = f(k_s)$。而且，由微分方程解的存在定理可知，至多存在一条从线 $k=k_0$ 到点 (k_s, c_s) 的路径。

假定 $k_0 < k_s$。那么一定是从下方趋向于 (k_s, c_s)，其中 c 和 k 沿着唯一路径①从初始值到它们的稳态值，如图 17.7 所示。如果选择的初始消费太大（比如路径②），那么资本将会积累一段时间，然后减少，最终逐渐耗尽并穿过 $k<0$，这是一条不可行的路径。另一方面，如果选择的初始消费太小，那么消费将会上升一段时间，到达顶点，然后下降，像路径③所表明的。这条路径不可能是最优的，因为过一段时间，他会增加消费，垂直跳跃到从上方趋向于 k_s, c_s 的路径④。如果 $k_0 < k_s$，路径①就是唯一的最优路径。如果 $k_0 > k_s$，那么到稳态的最优路径沿着路径④使得 k 和 c 单调减少。其他路径与方向箭头因而与两个微分方程相一致，但如果边界是无穷的，那么通过与刚才使用的类似的论证，它们作为不可行的或者较差的就被排除了。趋向于 k_s, c_s 的路径①和④是唯一的最优路径。如果 $k_0 < k_s$，就沿着路径①，随着时间的推进，c 和 k 都单调增加。如果 $k_0 > k_s$，就沿着路径④，k 和 c 跨时减少。

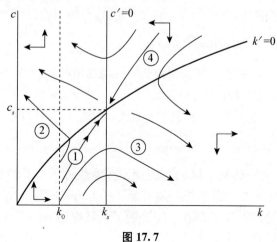

图 17.7

系统式（12）和式（14）的行为可以在稳态（k_s，c_s）附近利用相关的线性微分方程组来逼近。在（k_s，c_s）附近用 Taylor 级数展开式（12）和式（14）的右侧，仅保留线性项。例如，

$$f(k)-c=[f(k_s)-c_s]+f'(k_s)(k-k_s)-(c-c_s)+h.o.t.。$$

根据式（16），右侧方括号中的项是零。因此，近似地有，

$$k'=f'(k_s)(k-k_s)-(c-c_s)，\tag{17}$$

类似地，

$$c'=-f''(k_s)(k-k_s)U''(c_s)/U''(c_s)。\tag{18}$$

对应于式（17）和式（18）的齐次系统有特征方程（参见第 B5 节）

$$m^2-mf'(k_s)-f''(k_s)U'(c_s)/U''(c_s)=0。\tag{19}$$

它有特征根

$$m_1,m_2=\{f'(k_s)\pm[f'(k_s)^2+4f''(k_s)U'(c_s)/U''(c_s)]^{1/2}\}/2。\tag{20}$$

这些根是实根，且符号相反。令 $m_1>0>m_2$。式（17）和式（18）的解的一般形式是

$$k(t)=A_1e^{m_1t}+B_1e^{m_2t}+k_s，\quad c(t)=A_2e^{m_1t}+B_2e^{m_2t}+c_s。\tag{21}$$

因为解收敛于稳态（即，$\lim_{t\to\infty}k_t=k_s$，$\lim_{t\to\infty}c(t)=c_s$），所以 $A_1=A_2=0$。利用 $k(0)=k_0$ 和式（17）求出 $B_1=k_0-k_s$ 和 $B_2=[f'(k_s)-m_2](k_0-k_s)$。注意，

$$k'(t)=m_2[k(t)-k_s]，\quad c'(t)=m_2[c(t)-c_s]。$$

因此，线性系统的收敛率与当前位置和稳态位置的偏离成比例。

与新古典增长模型的稳态分析有关的经常被问到的问题是：人均消费的最高稳态水平 c_s 是什么？通过观察在稳态时 $c_s=f(k_s)$，因此 $dc_s/dk_s=f'>0$，由假设 $f'>0$，我们可以得到答案。即，当稳态最优存量 k_s 增加时，稳态的人均消费也增加。但是，由式（15），$f'(k_s)=r$，因此，由式（15）的全微分和假设 $f''<0$，我们有 $dk_s/dr=1/f''(k_s)<0$。于是，当贴现率 r 下降时，稳态资本存量并且进而稳态消费水平 c_s 增加。如果 $r=0$，稳态人均消费的最高水平就会出现。导致这个最高稳态人均消费水平的资本积累路径被称为资本积累的**黄金律**。在最优增长的框架下，黄金律"己所不欲，勿施于人"，表明当代人不应当贴现未来代际的效用（如果你是未来代际，你不希望他们这么做）。如果当代人贴现未来代际的效用，今天就会消费更多并且为未来留下更低的资本存量，这最终导致更低的稳态人均消费水平。然而，如果贴现率 $r=0$，式（8）中的积分就不收敛，随后的分析不能应用。通过用 $u(c(t))-u(\bar{c})$ 替代式（8）中的被积函数，这种困难可以被避免，其中，$\bar{c}$ 是个人完全满意的人均消费水平，即在这个水平以上，消费的边际效用下降且不断减少这个积分。有时 $\bar{c}$ 被称为极乐状态。Ramsey 在他最优增长问题的原创分析中使用了这种处理方法。

如果问题拥有有限的终点时刻 T，横截性条件就会变为

如果 $K(T)$ 是自由的，$-e^{-rT}U'(c(T))=0$，

这表明 $c(T)=\infty$。这显然是不可行的。$K(T)$ 的非负约束被忽略了。在 T 时刻能做的最好的事情就是消费掉剩下的所有资本。因此，边界条件一定是

$$K(T)=0。$$

已经画好的相图是合适的。最优路径将是那条从线 $k=k_0$ 开始且 T 时刻在线 $k=0$ 结束的路径。

最优有限边界和无穷边界资本积累路径之间关系的分析是大道定理所讨论的内容。

习 题

1. a. 确认式（1）在

$$f(x')=bx'+cx'^2, \quad g(x)=x^2+ax$$

情况下的解与由相图分析决定的一般行为是一致的。

b. 在 $x(T)$ 可以自由选择的情况下，重复 a。

c. 在 $T\to\infty$ 和 $\lim\limits_{t\to\infty}x(t)$ 没有限制但是假设趋于稳态的情况下，重复 a。稳态是什么 $(x=x_s)$？

2. 利用线性微分方程，在平稳点的邻域内逼近方程（3）。在平稳点的邻域内刻画它的性状。（部分解：$x''=rx'+(x-x_s)g''(x_s)/f'(0)$，其中，$x_s$ 满足 $rf'(0)+g'(x_s)=0$。）

3. 在人口（或者劳动力）以常数比率 n 增长的备选假设下画出上述最优增长问题的最优路径；即 $L'(t)/L(t)=n$，因此 $L(t)=L(0)e^{nt}$。同时假设资本存量以常数比率 b 折旧。〔提示：在这种情况下，

$$K'=F(K,L)-Lc-bK,$$

因此

$$k'=d(K/L)/dt=K'/L-KL'/L^2=f(k)-c-bk-kn。〕$$

进一步阅读

关于新古典增长理论有非常广泛的文献，包含各种推广和延伸。例如，参看 Arrow 和 Kurz（1970），Shell，Intriligator 和 Takayama。Phelps（1966）是黄金律文献的来源，而关于大道定理，参见 Samuelson（1965）和 Takayama。

关于微分方程对以及它们在一个点邻域内的线性逼近参见附录 B。

18. 多个函数和二重积分

到目前为止发展起来的步骤能够被扩展到涉及决定多个函数的问题。假定在可微函数中 $x^*(t)$ 和 $y^*(t)$ 最优化

$$\int_{t_0}^{t_1} F(t,x(t),y(t),x'(t),y'(t))dt \tag{1}$$
$$\text{s. t. } x(t_0)=x_0, \quad y(t_0)=y_0,$$

函数的终点时刻和终值不一定是固定的。令 $x(t)$，$y(t)$，$t_0 \leqslant t \leqslant t_1 + \delta t_1$ 为在式 (9.3) 的意义下分别接近 x^*，y^* 的可行的比较函数。延拓函数使得候选函数和比较函数都有相同的定义域。定义

$$h(t)=x(t)-x^*(t), \quad k(t)=y(t)-y^*(t),$$
$$t_0 \leqslant t \leqslant max(t_1, t_1+\delta t_1)。 \tag{2}$$

因为 x_0 和 y_0 是固定的，所以 $h(t_0)=k(t_0)=0$。在 x^*，y^*，h，k 都固定的情况下，在 x^*+ah，y^*+ak 处取值的目标式 (1) 的值仅依赖于参数 a。记

$$g(a)=\int_{t_0}^{t_1+a\delta t_1} F(t,x^*+ah,y^*+ak,x^{*\prime}+ah',y^{*\prime}+ak')dt。 \tag{3}$$

因为 $g(a)$ 在 $a=0$ 时取得最大值，所以

$$g'(0)=\int_{t_0}^{t_1}(F_x h+F_{x'}h'+F_y k+F_{y'}k')dt+F|_{t_1}\delta t_1=0, \tag{4}$$

其中，积分在 $(t, x^*(t), x^{*\prime}(t), y^*(t), y^{*\prime}(t))$ 处取值。对有关 h'，k' 的项分部积分并回顾 $h(t_0)=k(t_0)=0$，我们可以把式 (4) 改写为

$$\int_{t_0}^{t_1}\big[(F_x-dF_{x'}/dt)h+(F_y-dF_{y'}/dt)k\big]dt$$
$$+(F_{x'}h)\mid_{t_1}+(F_{y'}k)\mid_{t_1}+F\mid_{t_1}\delta t_1=0。 \tag{5}$$

根据式（9.9），我们近似地有

$$h(t_1)\approx\delta x_1-x^{*'}(t_1)\delta t_1,$$
$$k(t_1)\approx\delta y_1-y^{*'}(t_1)\delta t_1, \tag{6}$$

其中，

$$\delta x_1\equiv x(t_1+\delta t_1)-x^*(t_1),$$
$$\delta y_1\equiv y(t_1+\delta t_1)-y^*(t_1)。$$

代入式（5）可得到想要的表达式，

$$\int_{t_0}^{t_1}\big[(F_x-dF_{x'}/dt)h+(F_y-dF_{y'}/dt)k\big]dt$$
$$+(F-x^{*'}F_{x'}-y^{*'}F_{y'})\mid_{t_1}\delta t_1+F_{x'}\mid_{t_1}\delta x_1+F_{y'}\mid_{t_1}\delta y_1=0。 \tag{7}$$

现在，对于函数 h 和 k 的任意可行选择，式（7）都成立。特别地，它对于那些满足 $h(t_0)=h(t_1)=\delta x_1=\delta t_1=0$ 且在 $t_0\leqslant t\leqslant t_1$ 上满足 $k\equiv0$ 的任意 h 也是成立的。那么，由式（7）可知，x^*，y^* 满足

$$\int_{t_0}^{t_1}(F_x-dF_{x'}/dt)h\,dt=0,$$

因此，

$$F_x-dF_{x'}/dt=0。 \tag{8}$$

类似地，x^* 和 y^* 一定满足

$$F_y-dF_{y'}/dt=0。 \tag{9}$$

这个由两个相互依赖的欧拉方程（8）和（9）组成的系统一定被 x^* 和 y^* 同时满足。这对二阶微分方程的解包含四个由边界条件和横截性条件决定的任意积分常数。

如果终点时刻是自由选择的，那么由式（7）到式（9）可知

如果 t_1 是自由的，$(F-x'F_{x'}-y'F_{y'})\mid_{t_1}=0。 \tag{10}$

如果 x 和 y 的终值是自由的，那么我们一定有

如果 $x(t_1)$ 是自由的，$F_{x'}\mid_{t_1}=0。$

如果 $y(t_1)$ 是自由的，$F_{y'}\mid_{t_1}=0。 \tag{11}$

相反地，我们假定 $x(t_1)$，$y(t_1)$ 必须在曲线

$$Q(x,y)=0 \tag{12}$$

上。那么，因为对于终值的可行变化，

$$Q_x\delta x_1+Q_y\delta y_1=0,$$

所以我们一定有

在 t_1 处，如果式(12)成立，$F_{x'}/F_{y'}=Q_x/Q_y$。 (13)

最后，终点位置可能要求满足形如

$$Q(t,x,y)=0 \tag{14}$$

的关系。那么，终点的修正一定服从一个线性逼近，

$$Q_t\delta t_1+Q_x\delta x_1+Q_y\delta y_1=0。 \tag{15}$$

假定 $\delta y_1=0$；那么 δt_1，δx_1 一定满足

$$Q_t\delta t_1+Q_x\delta x_1=0，$$

与式（7）一起，它意味着

在 t_1 处，$F-F_{x'}(x'+Q_t/Q_x)-F_{y'}y'=0$。 (16)

类似地，取 $\delta x_1=0$ 并允许 δy_1，δt_1 根据式（15）而变化，得到

在 t_1 处，$F-F_{x'}x'-F_{y'}(y'+Q_t/Q_y)=0$。 (17)

因此，如果终点一定满足式（14），横截性条件就是式（16）和式（17）。

包含 n 个未知函数问题的二阶条件类似于第 6 节只有一个未知函数的问题。特别地，函数 x^*，y^* 最大化式（1）的二阶**必要**条件是沿着 x^*，y^*，F 关于 x'，y' 是凹函数的 Legendre 条件。如果 $F(t, x, x', y')$ 关于它的后四个自变量是联合凹的，那么满足欧拉方程和相关边界条件的函数 x^*，y^* 将会最大化式（1）。直接扩展得到最小化和求 n 个未知函数的情形。

像第 7 节一样，问题可以加上等周约束，每一个约束带有它自身的常数乘子。例如

$$g(t,x(t),y(t))=0 \tag{18}$$

的有限约束随着乘子函数 $\lambda(t)$ 被加入被积函数。如果 $x^*(t)$，$y^*(t)$ 最大化式（1），满足式（18），而且 g_x 和 g_y 处处不全为零，那么存在函数 $\lambda(t)$ 使得 $x^*(t)$，$y^*(t)$ 满足

$$\int_{t_0}^{t_1}(F+\lambda g)dt \tag{19}$$

的欧拉方程。类似地，微分约束

$$g(t,x(t),y(t),x'(t)y'(t))=0 \tag{20}$$

可以随着乘子函数被加入被积函数；如果 x^*，y^* 最优化式（1），满足式（20），而且 g_x 和 g_y 处处不全为零，那么存在函数使得 $x^*(t)$，$y^*(t)$ 满足式（19）的欧拉方程，其中，g 就像式（20）中定义的那样。

例：求 $\int_0^{\pi/2}(x'^2+y'^2+2xy)dt$，

s. t. $x(0)=0$，$x(\pi/2)=1$，

$y(0)=0$，$y(\pi/2)=-1$

的极值曲线。

解：因为 $F_x = 2y$，$F_{x'} = 2x'$，$F_y = 2x$ 且 $F_{y'} = 2y'$，所以系统的欧拉方程是

$$y = x'', \quad x = y''。$$

对第一个方程求两次导数，并把它与第二个方程结合起来，得到

$$x^{(4)}(t) = x(t)，$$

它有特征方程 $r^4 = 1$，其根为 $r = \pm 1$，$\pm i$。因此，

$$x(t) = c_1 e^t + c_2 e^{-t} + c_3 \cos t + c_4 \sin t，$$
$$y(t) = x''(t) = c_1 e^t + c_2 e^{-t} - c_3 \cos t - c_4 \sin t。$$

边界条件给出

$$c_1 = c_2 = c_3 = 0, \quad c_4 = 1，$$

于是，要求的极值曲线是

$$x(t) = \sin t, \quad y(t) = -\sin t。$$

对于二重积分

$$\iint_A F(t,s,x(t,s),x_t(t,s),x_s(t,s))\,dt\,ds， \tag{21}$$

欧拉方程可以推导出来。其中，t 和 s 是独立变量，x 关于 t 和 s 是连续函数，而 x_t，x_s 分别是关于 t 和 s 的连续偏导数。A 是 t—s 平面上由一条简单的连通闭曲线 C 限定的固定区域的面积（即不会自交且内部没有孔的曲线），在其中取积分。与单个积分的边界条件 $x(t_0) = x_0$，$x(t_1) = x_1$ 相应的是对于所有的 t 和 s，$x(t,s)$ 沿着曲线 C 取特定值。

假定最优化式（21）并令

$$x(t,s) = x^*(t,s) + ah(t,s) \tag{22}$$

为满足与 x^* 相同边界条件的比较路径，以便沿着 C，$h(t,s) = 0$ 对于所有的 t，s 都成立，且连续，而且它的偏导数也连续。像以前一样，令

$$g(a) = \iint_A F(t,s,x^* + ah, x_t^* + ah_t, x_s^* + ah_s)\,dt\,ds。 \tag{23}$$

因此，

$$g'(0) = \iint_A (F_x h + F_{x_t} h_t + F_{x_s} h_s)\,dt\,ds = 0。 \tag{24}$$

在单个积分的情况下，在推导欧拉方程的阶段，与 $h'(t)$ 有关的项将被分部积分。这里对应的技巧是借助于 Green 定理（参见第 A7 节）。通过取 $P = -h(t,s)F_{x_s}$，$Q = h(t,s)F_{x_1}$，我们有

$$\int_C P(t,s)\,dt + Q(t,s)\,ds = \iint_A (Q_t - P_s)\,dt\,ds， \tag{25}$$

其中，Q_t 和 P_s 分别指 Q 和 P 关于 t 和 s 的偏导数。因此，

$$\int_C h(t,s)[-F_{x_s}dt + F_{x_t}ds]$$

$$= \iint_A [\partial(hF_{x_t})/\partial t + \partial(hF_{x_s})/\partial s]dtds \tag{26}$$

$$= \iint_A (h_t F_{x_t} + h\partial F_{x_t}/\partial t + h_s F_{x_s} + h\partial F_{x_s}/\partial s)dtds = 0。 \tag{27}$$

式（27）等于零的原因是在式（26）左侧积分中出现的 $h(t,s)$ 沿着曲线 C 对于所有的 t，s 都等于零。于是，由式（27），我们有

$$\iint_A (h_t F_{x_t} + h_s F_{x_s})dtds = -\iint_A (h\partial F_{x_t}/\partial t + h\partial F_{x_s}/ds)dtds。 \tag{28}$$

现在，把式（28）代入式（24），得

$$\iint_A (F_x - \partial F_{x_t}/\partial t - \partial F_{x_s}/\partial s)hdtds = 0, \tag{29}$$

由上式可知欧拉方程为

$$F_x - \partial F_{x_t}/\partial t - \partial F_{x_s}/\partial s = 0。 \tag{30}$$

这种欧拉方程的推导可以推广至多重积分。

  例 对于

$$\min \iint_A (x_t^2 + x_s^2)dtds,$$

$F_x = 0$，$F_{x_t} = 2x_t$，$F_{x_s} = 2x_s$，求其欧拉方程。因此，欧拉方程为

$$x_{tt} + x_{ss} = 0。$$

该偏微分方程被称为 Laplace 方程，它在许多物理问题中经常出现。

习　题

1. 证明最大化

$$\int_{t_0}^{t_1} F(t, x_1(t), \cdots, x_n(t), x_1'(t), \cdots, x_n'(t))dt$$
s. t. $x_i(t_0) = a_i$， $x_i(t_1) = b_i$， $i = 1, \cdots, n$

的连续可微函数 $x_1(t)$，$\cdots$，$x_n(t)$ 所满足的必要条件是这些函数满足端点条件和欧拉方程瞬时系统

$$F_{x_i} = dF_{x_i'}/dt，\quad i = 1, \cdots, n。$$

2. 证明如果函数 $F(t, x, y, x', y')$ 是 (x, y, x', y') 的凹函数，而且函数 $x^*(t)$，$y^*(t)$ 满足式（1）中的边界条件和欧拉方程式（8）和式（9），那么函数 x^*，y^* 最大化式（1）。

3. 陈述习题 1 中所提问题的 Legendre 必要条件。

4. 求下述固定端点问题的极值曲线：

a. $\int_{t_0}^{t_1} [2xy - 2x^2 - (x')^2 + (y')^2] dt$，

b. $\int_{t_0}^{t_1} [2xy - 2x^2 + (x')^2 - (y')^2] dt$，

c. $\int_{t_0}^{t_1} (x^2 + x'y' + y^2) dt$。

5. 证明问题

$$\max \int_{t_0}^{t_1} F(t, x(t), x'(t), x''(t)) dt$$
$$\text{s. t. } x(t_0) = x_0, \quad x(t_1) = x_1, \quad t_1 \text{ 固定}$$

的最优解所满足的欧拉方程是

$$F_x - dF_{x'}/dt + d^2 F_{x''}/dt^2 = 0 \text{。}$$

［提示：对于任意可行函数 h，发现

$$g'(0) = \int_{t_0}^{t_1} (F_x h + F_{x'} h' + F_{x''} h'') dt = 0 \text{。}$$

像通常那样对中间项进行分部积分。对最后一项进行两次分部积分。］

■ 进一步阅读

第 B4 节涉及 n 阶线性微分方程的解。

如果目标函数是二次函数，那么来自最优化的微分方程有已知的解。有关它在管理科学中的应用，参见 Connors 和 Teichroew。其他函数形式通常导出很难求解的微分方程组。如果函数形式没有完全设定，分析就利用相图（回顾第 17 节），经济学经常这么做。但是对于要分析两个函数的问题，就要分析一个不能实施的四维相图。于是，分析者通常满足于必要条件的正式陈述和解释。关于寻找必要条件所含信息的特例参见 Treadway。最后，参见例 II 6.2；尽管在最优控制框架下它更容易求解，变分法也是可以应用的。关于二重积分问题的进一步研究，H. T. Davis 是好的资料来源。

第Ⅱ部分

最优控制

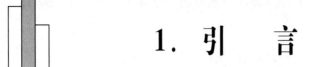

1. 引　言

古典变分法已经被推广了。L. S. Pontryagin 和他的合作者在 20 世纪 50 年代晚期开创的最优控制的最大值原理可应用于所有变分法问题。在这些问题中，最优控制给出了等价结论。然而，这两种方法是不同的，对于通过变分法求解结论不是很明显的问题，最优控制方法通常能提供一些灵感。

最优控制也应用于那些不太方便采用变分法的问题，诸如那些涉及所求函数导数约束的问题。例如，我们可以求解那些要求净投资率或生产率非负的问题。尽管最一般情形下最大值原理的证明超出了我们的范围，但是现在所熟知的方法被用来生成一些有趣的结论，并为其他问题引入一些合理性。

在最优控制问题中，变量分为两类：状态变量和控制变量。状态变量的运动由一阶微分方程所控制。最简单的控制问题是选择分段连续的控制函数 $u(t)$，$t_0 \leqslant t \leqslant t_1$，

$$\max \int_{t_0}^{t_1} f(t, x(t), u(t)) dt \tag{1}$$

$$\text{s. t. } x'(t) = g(t, x(t), u(t)), \tag{2}$$

$$t_0, t_1, x(t_0) = x_0 \text{固定}; x(t_1) \text{自由。} \tag{3}$$

其中，假设 f 和 g 为三个独立分量的连续可微函数，这些分量都不是导数。控制变量 $u(t)$ 一定是时间 t 的分段连续函数。状态变量 $x(t)$ 根据控制其运动的微分方程（2）而跨时变化。控制变量 u 既直接（通过它的取值）影响目标式（1），又通过对状态变量 x 演化的影响而间接影响目标函数。问题设定中出现的最高阶导数是一阶的，它仅出现在状态方程（2）的左侧。（方程（2）有时也称为转移方程。）涉及更高阶导数的问题可以变换成最高阶导数为一阶的问题，我们以后将会说明。

原来选择连续可微函数 $x(t)$，$t_0 \leqslant t \leqslant t_1$ 的变分法问题

$$\max \int_{t_0}^{t_1} f(t, x(t), x'(t)) dt$$

$$\text{s. t. } x(t_0) = x_0 \tag{4}$$

很容易转化成一个等价的最优控制问题。令 $u(t) = x'(t)$。那么，等价的最优控制问题为

$$\max \int_{t_0}^{t_1} f(t, x(t), u(t)) dt$$

$$\text{s. t. } x'(t) = u(t), \quad x(t_0) = x_0 \text{。} \tag{5}$$

状态变量是 $x(t)$，而 $u(t)$ 是控制变量。例如，我们的生产计划问题例 I 1.1 变为

$$\min \int_{t_0}^{T} [c_1 u^2(t) + c_2 x(t)] dt$$

$$\text{s. t. } x'(t) = u(t), \quad x(0) = 0, \quad x(T) = B, \quad u(t) \geqslant 0, \tag{6}$$

其中，生产率 $u(t)$ 是控制变量，当前的手中存货 $x(t)$ 是状态变量。在这个例子中，目标是最小化而不是最大化，终点是固定的而不是自由的。这些是式（1）或式（5）最初形式的特定变形。

变分法问题式（4）总是能够转化成最优控制形式（5），尽管这并不一定是最自然或最有用的形式。例如，例 I 1.2 能够很容易表示成一个最优控制问题：

$$\max \int_0^T e^{-rt} U(C(t)) dt \tag{7}$$

$$\text{s. t. } K'(t) = F(K(t)) - C(t) - bK(t), K(0) = K_0, K(T) \geqslant 0, C(t) \geqslant 0 \text{。}$$

其中，$K(t)$ 是唯一的状态变量，它的变化率在微分方程中给出。有一个控制变量，消费率为 $C(t)$。$C(t)$ 的选择决定着资本积累率，也决定着目标函数值。

同样地，例 I 1.3 很容易表示成一个最优控制问题：

$$\max \int_0^T e^{-rt} [P(K(t)) - C(I(t))] dt$$

$$\text{s. t. } K'(t) = I(t) - bK(t),$$

$$K(0) = K_0, \quad K(T) \geqslant 0, \quad I(t) \geqslant 0 \text{。} \tag{8}$$

目标是折现利润流的最大化，即资本存量 K 获得的利润减去资本投资的成本。资本由毛投资而扩大，但是以指数比率 b 衰减。状态变量是资本存量 K；控制变量是净投资 I。

最优控制问题可以有几个状态变量和几个控制变量。每个状态变量都根据一个微分方程而演化。控制变量的数目可以大于或者小于状态变量的数目。

对于那些用变分法已经求解的问题，在下面的章节中会给出最优控制的结果。我们将会用新的记号和工具推导出相似性。我们将求解新的问题，并表明其应用。

■ 进一步阅读

最优控制理论技术的文献包括 Pontryagin et al. （1962），Berkovitz （1974，1976），

Bryson 和 Ho，Fleming 和 Rishel，Hestenes，Lee 和 Markus 等。另外，有一些书介绍了理论，并讨论了理论在经济学和管理科学中的运用；这些包括 Hadley 和 Kemp，Intriligator（1971）；Takayama，Sethi 和 Thompson；Feichtinger 和 Hartl 以及 Seierstad 和 Sydsaeter 等人的书。对于在管理科学中的进一步综述，参见 Bensoussan，Hurst 和 Naslund；Bensoussan，Kleindorfer 和 Tapiero；以及 Sethi（1978）。本书后面的参考文献提供了一个它们在经济学和管理科学中应用的回顾；列表仅仅给出了发表的一系列研究工作。

第 Ⅱ 部分　最优控制

2. 最简单的问题——
必要条件

变分法中最简单的问题会固定状态变量在两个端点处的值。但是，最优控制的最简单问题涉及状态变量在终点处的自由值。为了找到问题式（1.1）到式（1.3）的最大化解 $u^*(t)$，$x^*(t)$，$t_0 \leqslant t \leqslant t_1$ 所满足的必要条件，我们沿用拉格朗日乘子求解非线性规划问题的类似步骤（参见第 A5 节）。由于约束关系式（1.2）在整个区间 $t_0 \leqslant t \leqslant t_1$ 上的每个 t 时刻都是成立的，因此我们引入一个乘子函数 $\lambda(t)$，而不是与单个约束相关的单个拉格朗日乘子值。现在，令 $\lambda(t)$ 为区间 $t_0 \leqslant t \leqslant t_1$ 上的任意连续可微函数；我们将很快对它的性状给出方便的设定。

对于所有定义在区间 $t_0 \leqslant t \leqslant t_1$ 上的满足式（1.2）和式（1.3）的任意函数 x，u，以及任意连续可微函数 λ，我们有

$$\int_{t_0}^{t_1} f(t,x(t),u(t))dt$$
$$= \int_{t_0}^{t_1} [f(t,x(t),u(t)) + \lambda(t)g(t,x(t),u(t)) - \lambda(t)x'(t)]dt, \tag{1}$$

因为像假设的那样，如果式（1.2）满足，$\lambda(t)$ 的系数之和必须等于零。对式（1）右侧最后一项分部积分

$$-\int_{t_0}^{t_1} \lambda(t)x'(t)dt = -\lambda(t_1)x(t_1) + \lambda(t_0)x(t_0) + \int_{t_0}^{t_1} x(t)\lambda'(t)dt. \tag{2}$$

把式（2）代入式（1）给出

$$\int_{t_0}^{t_1} f(t,x(t),u(t))dt$$
$$= \int_{t_0}^{t_1} [f(t,x(t),u(t)) + \lambda(t)g(t,x(t),u(t)) + x(t)\lambda'(t)]dt$$
$$\quad - \lambda(t_1)x(t_1) + \lambda(t_0)x(t_0). \tag{3}$$

动态优化——经济学和管理学中的变分法和最优控制（第二版）

控制函数 $u(t)$，$t_0 \leqslant t \leqslant t_1$ 与初始条件式（1.3）和微分方程（1.2）共同决定相应的状态变量 $x^*(t)$，$t_0 \leqslant t \leqslant t_1$ 的路径。因此，我们可以说寻找控制函数，因为相应的状态函数被确定了。因为控制函数 $u(t)$ 的选择决定了状态变量 $x(t)$，所以它也决定了式（3）的值。

为了推导变分问题式（1.4）解的必要条件，我们构造了比较曲线 $x^*(t) + ah(t)$，$x^{*'}(t) + ah'(t)$ 的单参数族，其中，$h(t)$ 是任意给定的。在当前记号式（1.5）下，通过积分，$x' = u$ 且修正的控制函数生成修正的状态函数。然而，由于隐含的状态方程（1.2），我们不能给出修正控制的显式表达式。因此，修正状态函数的表达式将被隐含给出。因为以前的记号在这里不再有用，所以我们不再使用以前的 h，现在令 $h(t)$ 表示控制变量 $u(t)$ 的一个给定修正。

我们考虑比较控制的一个单参数族，其中，$u^*(t)$ 是最优控制，$h(t)$ 是某个给定函数，a 是参数。令 $y(t, a)$，$t_0 \leqslant t \leqslant t_1$ 代表由式（1.2）、式（1.3）和控制 $u^*(t) + ah(t)$，$t_0 \leqslant t \leqslant t_1$ 生成的状态变量。我们假设 $y(t, a)$ 是它的两个分量的光滑函数。第二个分量以参数的形式进入。很明显 $a = 0$ 给出了最优路径 x^*。而且，所有比较路径都满足初始条件。因此

$$y(t, 0) = x^*(t), \quad y(t_0, a) = x_0。 \tag{4}$$

在函数 u^*，x^* 和 h 都给定的情况下，式（1.1）沿着控制函数 $u^*(t) + ah(t)$ 的取值和相应的状态变量 $y(t, a)$ 的取值依赖于单个参数 a。因此，我们记

$$J(a) = \int_{t_0}^{t_1} f(t, y(t, a), u^*(t) + ah(t)) dt。$$

利用式（3），

$$J(a) = \int_{t_0}^{t_1} \big[f(t, y(t, a), u^*(t) + ah(t)) + \lambda(t) g(t, y(t, a), u^*(t) + ah(t)) + y(t, a)\lambda'(t) \big] dt - \lambda(t_1) y(t_1, a) + \lambda(t_0) y(t_0, a)。 \tag{5}$$

因为 u^* 是最大化的控制，函数 $J(a)$ 在 $a = 0$ 处取得最大值。因此，$J'(0) = 0$。关于 a 取微分，在 $a = 0$ 处取值并合并项，

$$J'(0) = \int_{t_0}^{t_1} \big[(f_x + \lambda g_x + \lambda') y_a + (f_u + \lambda g_u) h \big] dt - \lambda(t_1) y_a(t_1, 0)， \tag{6}$$

其中，f_x，g_x 和 f_u，g_u 分别代表 f，g 关于第二和第三个分量的偏导数；y_a 是 y 关于它第二个分量的偏导数。因为 $a = 0$，所以函数在 $(t, x^*(t), u^*(t))$ 处取值。式（5）的最后一项独立于 a——也就是说，$y_a(t_0, a) = 0$——因为对于所有的 a，$y(t_0, a) = x_0$。

到现在为止，函数 $\lambda(t)$ 仅要求是可微的。由于修正控制变量对状态变量路径的精确影响（即 y_a）很难决定，$\lambda(t)$ 的选择要求消除这样做的必要性。令 $\lambda(t)$ 服从线性微分方程，

$$\lambda'(t) = -\big[f_x(t, x^*, u^*) + \lambda(t) g_x(t, x^*, u^*) \big], \quad \lambda(t_1) = 0。 \tag{7}$$

（回顾一下，x^* 和 u^* 是 t 的给定函数。）$\lambda(t)$ 由式（7）给定，那么，假定对于任何函数

$h(t)$，都有

$$\int_{t_0}^{t_1} \big[f_u(t,x^*,u^*) + \lambda g_u(t,x^*,u^*) \big] h \, dt = 0, \tag{8}$$

那么式（6）成立。特别地，对于 $h(t) = f_u(t, x^*, u^*) + \lambda(t)g_u(t, x^*, u^*)$，它也一定成立，因此，

$$\int_{t_0}^{t_1} \big[f_u(t,x^*(t),u^*(t)) + \lambda(t)g_u(t,x^*(t),u^*(t)) \big]^2 dt = 0。 \tag{9}$$

进而，这证明了必要条件

$$f_u(t,x^*(t),u^*(t)) + \lambda(t)g_u(t,x^*(t),u^*(t)) = 0, \quad t_0 \leqslant t \leqslant t_1。 \tag{10}$$

总之，我们已经表明，如果函数 $u^*(t)$ 和 $x^*(t)$ 最大化式（1.1），满足式（1.2）和式（1.3），那么存在连续可微函数 $\lambda(t)$，使得 u^*，x^*，λ 同时满足**状态方程**

$$x'(t) = g(t,x(t),u(t)), \quad x(t_0) = x_0, \tag{11}$$

乘子方程

$$\lambda'(t) = -\big[f_x(t,x(t),u(t)) + \lambda(t)g_x(t,x(t),u(t)) \big], \quad \lambda(t_1) = 0, \tag{12}$$

和**最优性条件**

$$f_u(t,x(t),u(t)) + \lambda(t)g_u(t,x(t),u(t)) = 0, \tag{13}$$

$t_0 \leqslant t \leqslant t_1$。乘子方程（12）也叫做**协状态**、**辅助**、**伴随**或者**影响**方程。

记住或者生成这些条件（类似于通过构造拉格朗日函数和求微分等求解非线性规划问题）的装置是**汉密尔顿函数**

$$H(t,x(t),u(t),\lambda(t)) \equiv f(t,x,u) + \lambda g(t,x,u)。 \tag{14}$$

那么，

$$\partial H/\partial u = 0 \ \text{生成式(13)}: \partial H/\partial u = f_u + \lambda g_u = 0; \tag{13'}$$

$$-\partial H/\partial x = \lambda' \ \text{生成式(12)}: \lambda'(t) = -\partial H/\partial x = -(f_x + \lambda g_x); \tag{12'}$$

$$\partial H/\partial \lambda = x' \ \text{重新获得式(11)}: x' = \partial H/\partial \lambda = g。 \tag{11'}$$

另外，我们有 $x(t_0) = x_0$ 和 $\lambda(t_1) = 0$。在每个时刻 t，对于 x 和 λ 的给定值，u 是汉密尔顿函数的平稳点。由式（13），我们可以发现 u 是 x 和 λ 的一个函数，代入式（12）和式（11），得到关于 x 和 λ 的两个微分方程的系统。条件式（11）到式（13）对于一个最小化问题也是必要的。我们将在第 7 节中表明式（14）中定义的汉密尔顿函数刚好是第 I 3 节式（14）的汉密尔顿函数的相反数。

对于最大化问题，$u^*(t)$ 使得 $H(t, x^*(t), u, \lambda(t))$ 关于 u 最大化。因此，$H_{uu}(t, x^*, u^*, \lambda) \leqslant 0$ 对于最大化是必要的。在最小化问题中，$u^*(t)$ 必定使得 $H(t, x^*(t), u, \lambda(t))$ 关于 u 最小化，因此 $H_{uu}(t, x^*, u^*, \lambda) \geqslant 0$ 是必要的。这两个结果还没有证明，但我们以后将会讨论。

注意，式（14）中定义的汉密尔顿函数与式（I 3.14）定义的汉密尔顿函数类似。

动态优化——经济学和管理学中的变分法和最优控制（第二版）

其实，如果我们令 $\lambda = -p$，那么它们仅仅相差一个负号。而且，必要条件 $-\partial H/\partial x = \lambda'$，$\partial H/\partial \lambda = x'$ 类似于欧拉方程的标准型式（I 3.15），而 $\partial H/\partial u = 0$ 对应于式（I 3.13）中 p 的定义。事实上，如果 $g(t, x, u) = u$ 使得 $x' = u$，那么必要条件式（11'）和式（12'）恰好是欧拉方程的标准型而式（13'）是 p 的定义。

例 1 证明式（1.5）最优化的必要条件等价于欧拉方程

$$f_x = df_{x'}/dt \tag{15}$$

和横截性条件

$$\text{在 } t_1 \text{ 处，} f_{x'} = 0。 \tag{16}$$

对于等价的变分问题式（1.4）来说，这些条件必须满足。二阶必要条件是什么？

构造汉密尔顿函数，沿用式（14），

$$H = f(t, x, u) + \lambda u，$$

那么，

$$\partial H/\partial u = f_u + \lambda = 0， \tag{17}$$
$$\lambda' = -\partial H/\partial x = -f_x，\quad \lambda(t_1) = 0。 \tag{18}$$

因此，如果 x^*，u^* 是最优的，那么存在连续可微的函数 λ 使得 x^*，u^*，λ 在整个区间 $t_0 \leqslant t \leqslant t_1$ 上同时满足 $x' = u$，$x(t_0) = x_0$ 和式（17）到式（18）。

为了表明这些条件等价于式（15）到式（16），把式（17）关于时间求微分：

$$df_u/dt + \lambda' = 0，$$

利用这个结果从式（18）中消掉 λ'：

$$f_x = df_u/dt，$$

这就是式（15）。边界条件 $\lambda(t_1) = 0$ 也与式（16）一样。最后，必要条件 $H_{uu} = f_{uu}(t, x^*, u^*) \leqslant 0$ 对应于必要的 Legendre 条件 $f_{x'x'}(t, x^*, x^{*\prime}) \leqslant 0$。

因此，我们并没有新结果。最优控制得到一个包含两个一阶微分方程的系统作为必要条件，而不是一个二阶微分方程即欧拉方程作为必要条件。在每种方式下，横截性条件和二阶必要条件都是等价的。在每种情形下，微分方程解的边界条件是分离的，一个在初始时刻成立，另一个在终点时刻成立。

为了证明式（15）和式（16）意味着式（17）和式（18），我们仅需要反转这个过程。也就是说，定义

$$\lambda(t) = -f_{x'}(t, x(t), x'(t))。 \tag{19}$$

把式（19）关于 t 求微分并代入式（15）：

$$-f_x = \lambda'(t)。 \tag{20}$$

把式（19）代入式（16），得

$$\lambda(t_1) = 0。 \tag{21}$$

但是，式（19）到式（21）刚好对应于条件式（17）和式（18）。因此，如前所述，两种方法得到等价的最优性必要条件。

既然对于变分法可以应用的所有问题最优控制等价于变分法，有人就可能想知道为什么学习最优控制是有用的。一个回答是它可以应用于更广泛的问题，以后将会研究。另一个回答是对于某些问题，最优控制更方便且可以给出用变分法求解时不太明显的经济解释。以后将说明这些论点；看下面的例2和例3。

例2

$$\max \int_0^1 (x+u)dt \tag{22}$$

$$\text{s. t. } x'=1-u^2, \quad x(0)=1。 \tag{23}$$

构造汉密尔顿函数

$$H(t,x,u,\lambda)=x+u+\lambda(1-u^2)。$$

必要条件是式（23）和

$$H_u=1-2\lambda u=0, \quad H_{uu}=-2\lambda \leqslant 0, \tag{24}$$

$$\lambda'=-H_x=-1, \quad \lambda(1)=0。 \tag{25}$$

对式（25）求积分并利用边界条件，我们发现

$$\lambda=1-t。 \tag{26}$$

那么，对于 $0\leqslant t\leqslant 1$，$H_{uu}=-2(1-t)\leqslant 0$。而且，由式（24）可知，

$$u=1/2\lambda=1/2(1-t)。 \tag{27}$$

把式（27）代入式（23），得

$$x'=1-1/4(1-t)^2, \quad x(0)=1。$$

积分、利用边界条件并把结果放在一起可以得到解：

$$x(t)=t-1/4(1-t)+5/4,$$
$$\lambda(t)=1-t,$$
$$u(t)=1/2(1-t)。$$

例3 在任何时刻 t 新产品的销售率是 $f(p(t))g(Q(t))$，其中，p 是价格且 Q 是**累积销量**。我们假设 $f'(p)<0$；销量随价格反方向变化。对于 $Q\leqslant Q_1$，$g'(Q)\geqslant 0$。对于一个给定价格，当前销量会随着早期销量而增长，因为人们从过去的购买者那里了解商品。但是，随着累积销量增加，没有购买过该商品的人数在下降。对于任何给定价格，销量最终会下降，因为市场逐渐饱和了。单位生产成本可以是常数，或者随着累积销量而下降，如果随着经验的积累，企业学会如何更便宜地进行生产：$c=c(Q)$，$c'(Q)\leqslant 0$。刻画在某一个固定边界 T 最大化由这个新"风尚"所带来的利润的价格政策 $p(t)$，$0\leqslant t\leqslant T$。

问题是

$$\max \int_0^T [p-c(Q)]f(p)g(Q)dt \tag{28}$$

动态优化——经济学和管理学中的变分法和最优控制（第二版）

$$\text{s. t. } Q' = f(p)g(Q), \quad Q(0) = Q_0 > 0. \tag{29}$$

价格 p 是控制变量，累积销量 Q 是状态变量。

构造汉密尔顿函数

$$H = f(p)g(Q)[p - c(Q) + \lambda]. \tag{30}$$

最优解一定满足式（29）和

$$H_p = g(Q)\{f'(p)[p - c(Q) + \lambda] + f(p)\} = 0, \tag{31}$$

$$H_{pp} = g(Q)\{f''(p)[p - c(Q) + \lambda] + 2f'(p)\} \leqslant 0, \tag{32}$$

$$\lambda' = -H_Q = f(p)\{g(Q)c'(Q) - g'(Q)[p - c(Q) + \lambda]\}, \tag{33}$$

$$\lambda(T) = 0. \tag{34}$$

我们利用这些条件来定性地刻画最优解。因为 $g > 0$，由式（31），我们可以知道

$$\lambda = -f/f' - p + c. \tag{35}$$

式（35）关于 t 求全微分，得

$$\lambda' = -p'[2 - ff''/(f')^2] + c'Q' \tag{36}$$

把式（35）代入式（32）和式（33），得

$$gf'[2 - f''f/(f')^2] \leqslant 0, \tag{32'}$$

$$\lambda' = f[gc' + g'f/f']. \tag{33'}$$

令式（36）和式（33′）相等，利用式（29）：

$$[2 - ff''/(f')^2]p' = -g'f^2/f', \tag{37}$$

由此，因为 $f' < 0$ 和式（32′）成立，我们有

$$\text{sign}p' = \text{sign}g'. \tag{38}$$

结果式（38）告诉我们，在推销一个商品时，当市场扩张（$Q < Q_1$）时，它的最优价格上升，当市场成熟（$Q > Q_1$）时，它的最优价格下跌。

习　题

1. 利用最优控制求点 $x(a) = A$ 和线 $t = b$ 之间的最短距离。

2. 利用最优控制求解

$$\min \int_0^T [x^2(t) + ax(t) + bu(t) + cu^2(t)]dt$$

s. t. $x'(t) = u(t)$, $\quad x(0) = x_0$ 固定，$\quad T$ 给定，$\quad x(T)$ 自由，$\quad c > 0$。

3. $\max \displaystyle\int_1^5 (ux - u^2 - x^2)dt$

s. t. $x' = x + u$, $\quad x(1) = 2$。

4. 求下述问题解的必要条件

$$\max \int_{t_0}^{t_1} f(t,x,u)dt$$

s. t. $x'=g(t,x,u)$, t_0,t_1 给定, $x(t_0),x(t_1)$ 自由。

5. $\min \int_0^1 u^2(t)dt$

s. t. $x'(t)=x(t)+u(t)$, $x(0)=1$。

6. 证明

$$\max \int_{t_0}^{t_1} f(t,x,u)dt + \phi(x_1)$$

s. t. $x'(t)=g(t,x,u)$, $x(t_0)=x_0$, t_0,t_1 给定, $x(t_1)=x_1$ 自由。

解的必要条件是式 (11) 到式 (13), 除了 $\lambda(t_1)=\phi'(x_1)$ 以外。将之与 $g=u$ 情形下变分问题相应的横截性条件联系起来。

7. 利用习题 6 的结论

$$\min \int_0^1 u^2(t)dt + x^2(1)$$

s. t. $x'(t)=x(t)+u(t)$, $x(0)=1$。

8. 问题

$$\max \int_{t_0}^{t_1} f(x,u)dt$$

s. t. $x'=g(x,u)$, $x(t_0)=x_0$ 给定, $x(t_1)=x_1$ 自由

是自治的, 因为它不显式地依赖于 t。证明沿着最优路径, 汉密尔顿函数是个常值函数。〔提示: 利用链式法则,

$$dH/dt=H_x x'+H_u u'+H_\lambda \lambda'$$

计算并利用必要条件把 H 的偏导数替换掉。〕我们将在第 8 节进一步讨论自治问题和它的优点。

9. 变分问题

$$\max \int_{t_0}^{t_1} F(x,x')dt$$

s. t. $x(t_0)=x_0$ 给定, $x(t_1)=x_1$ 自由

的欧拉方程能够被写为

$$F-x'F_{x'}=\text{常数}, \quad t_0 \leqslant t \leqslant t_1。$$

证明这等价于汉密尔顿函数关于有关控制变量是常数的条件。

10. 利用习题 8 的结论来证明, 对于例 3,

a. 如果 $f(p)=e^{-ap}$, 那么最优销售率 fg 是常数。

b. 如果 $f(p)=p^{-a}$, 那么收益 (pfg) 在最优规划处是常数。

11. 讨论如何利用变分法分析例 2 和例 3。

进一步阅读

关于一个二阶微分方程和一个一阶微分方程对的等价性，参见式（B4.7）到式（B4.9）。

例 3 由 Robinson 和 Lakhani 给出，他们还为一个带贴现的特例提供了数值解。

把这里提到的结果同上面特别是第 I 8 节和第 I 11 节的结果相比较。注意，变分法的最简单问题有固定端点，而最优控制的最简单问题有自由终值。

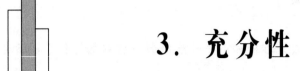

3. 充分性

最优性的必要条件何时是必要且充分的呢？在非线性规划中，假如在一个闭的凸区域里最大化（最小化）一个凹（凸）的目标函数，Kuhn-Tucker 必要条件就是充分的。在变分法里，如果被积函数 $F(t, x, x')$ 关于 x, x' 是凹（凸）函数，必要条件也是充分的。最优控制问题有类似的结果。

在问题

$$\max \int_{t_0}^{t_1} f(t,x,u)dt \tag{1}$$

$$\text{s. t. } x'=g(t,x,u), \quad x(t_0)=x_0 \tag{2}$$

中，假设 $f(t, x, u)$ 和 $g(t, x, u)$ 都是 x, u 的可微凹函数。$x(t)$ 和 $u(t)$ 的自变量 t 经常被忽略。假设对于所有的 $t_0 \leqslant t \leqslant t_1$，函数 x^*, u^*, λ 满足必要条件

$$f_u(t,x,u)+\lambda g_u(t,x,u)=0, \tag{3}$$

$$\lambda'=-f_x(t,x,u)-\lambda g_x(t,x,u), \tag{4}$$

$$\lambda(t_1)=0, \tag{5}$$

和约束式（2）。进一步，假设 x 和 λ 是连续的，而且对于所有的 t,

$$\lambda(t)\geqslant 0, \tag{6}$$

如果 $g(t, x, u)$ 关于 x 或 u，或者两者是非线性的。那么，函数 x^*, u^* 是式（1）和式（2）所给出的问题的解。因此，如果函数 f 和 g 都是 x, u 的联合凹函数（并且如果式（6）中的符号限制成立），那么式（2）到式（5）的必要条件对于最优化也是充分的。

动态优化——经济学和管理学中的变分法和最优控制（第二版）

下面，我们验证这个论断。假设 x^*，u^*，λ 满足式（2）到式（6）。令 x，u 为满足式（2）的函数。令 f^*，g^* 等的记号代表沿着 $(t，x^*，u^*)$ 取值的函数，而取 f，g 等的记号代表沿着可行路径 $(t，x，u)$ 取值的函数。那么，我们必须证明

$$D \equiv \int_{t_0}^{t_1} (f^* - f) dt \geqslant 0。 \tag{7}$$

由于 f 是 $(x，u)$ 的凹函数，因此我们有

$$f^* - f \geqslant (x^* - x) f_x^* + (u^* - u) f_u^*， \tag{8}$$

并且因而（下面会讲原因）

$$
\begin{aligned}
D &\geqslant \int_{t_0}^{t_1} \left[(x^* - x) f_x^* + (u^* - u) f_u^* \right] dt \\
&= \int_{t_0}^{t_1} \left[(x^* - x)(-\lambda g_x^* - \lambda') + (u^* - u)(-\lambda g_u^*) \right] dt \\
&= \int_{t_0}^{t_1} \lambda \left[g^* - g - (x^* - x) g_x^* - (u^* - u) g_u^* \right] dt \\
&\geqslant 0。
\end{aligned}
\tag{9}
$$

式（9）中第二行是通过把式（4）中的 f_x^* 和式（3）中的 f_u^* 代入而得到的。式（9）中第三行是通过对涉及 λ' 的项分部积分而得到的，回顾式（2）和式（5）。最后一行来自式（6）以及关于 x 和 u，g 假设的凹性。

如果函数 g 关于 x，u 是线性的，那么 λ 可以取任何符号。证明就完成了，因为式（9）中最后的方括号等于零。而且，如果 f 是凹的，g 是凸的且 $\lambda \leqslant 0$，那么必要条件对于最优解也是充分的。证明与上面表明的一样，除了在倒数第二行 λ 和它的系数都是非正的，因而使得它们的乘积非负。

习　题

1. 证明：如果 f 和 g 都是 x 和 u 的凹函数，式（6）成立，并且 x^*，u^*，λ 满足式（2）到式（5），那么 $u^*(t)$ 会在每个 t，$t_0 \leqslant t \leqslant t_1$，关于 u 最大化汉密尔顿函数 $H(t，x^*(t)，u，\lambda(t))$。

2. 证明：如果在问题式（1）和式（2）中要求最小化，并且函数 f 和 g 关于 x 和 u 都是凸函数，那么满足式（2）到式（6）的函数 x^*，u^*，λ 是问题的解。同时证明 $u^*(t)$ 在每个 t 最小化汉密尔顿函数 $H(t，x^*(t)，u，\lambda(t))$。

3. 探讨一下第 2 节习题中得到的解是最小化还是最大化。

4. 假设 $\phi(x_1)$ 是凹函数，$f(t，x，u)$ 和 $g(t，x，u)$ 是 $(x，u)$ 的可微凹函数。对于问题

$$\max \int_{t_0}^{t_1} f(t,x,u) dt + \phi(x_1)$$

s. t. $x' = g(t,x,u)$，　$x(t_0) = x_0$，　t_0, t_1 给定，　$x(t_1) = x_1$ 自由，

陈述和证明一个充分性定理。

进一步阅读

Mangasarian 为最优控制提供了基本的充分性定理。对于更复杂的控制问题的扩展，也可以参见第 15 节以及 Seierstad 和 Sydsaeter（1977，1987）。

把当前结果与第 I 6 节的结果进行比较。

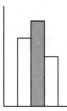

4． 解　释

最优控制问题中的乘子 λ 具有有趣的且经济含义丰富的解释。在非线性规划中，拉格朗日乘子被解释为相关约束的边际价值。（参见第 A5 节）这里 $\lambda(t)$ 代表相关状态变量在 t 时刻的边际价值。

考虑

$$\max \int_{t_0}^{t_1} f(t,x,u)dt \tag{1}$$
$$\text{s. t. } x'(t)=g(t,x,u), \quad x(t_0)=x_0 。$$

令 $V(x_0, t_0)$ 代表式（1）的最大值，对于初始时刻 t_0 处给定的初始状态 x_0。令 x^*，u^* 为给出这个最大值的状态函数和控制函数，令 λ 为相应的乘子。假设 u^* 是 t 的连续函数。

我们也考虑问题式（1）的修正，在这里初始状态是 x_0+a，其中 a 是一个接近于零的数。这个修正问题的最大值是 $V(x_0+a, t_0)$。令 x 和 u 是提供这个最大值的状态函数和控制函数。

在式（1）中的微分方程上加上一个连续可微的乘子函数 $\lambda(t)$，得

$$V(x_0,t_0) = \int_{t_0}^{t_1} f(t,x^*,u^*)dt$$
$$= \int_{t_0}^{t_1} [f(t,x^*,u^*)+\lambda g(t,x^*,u^*)-\lambda x']dt 。 \tag{2}$$

对最后一项分部积分（回顾式（2.2））：

$$V(x_0,t_0) = \int_{t_0}^{t_1} (f^*+\lambda g^*+\lambda' x^*)dt - \lambda(t_1)x^*(t_1)+\lambda(t_0)x(t_0), \tag{3}$$

其中，星号代表函数沿着 (t, x^*, u^*) 取值。类似地，我们发现（使用相同的 λ）

$$
\begin{aligned}
V(x_0 + a, t_0) &= \int_{t_0}^{t_1} f dt \\
&= \int_{t_0}^{t_1} (f + \lambda g + \lambda' x) dt - \lambda(t_1) x(t_1) + \lambda(t_0)[x(t_0) + a],
\end{aligned}
$$

其中 x, u 对于这个问题是最优的。相减，

$$
\begin{aligned}
V(x_0 + a, t_0) - V(x_0, t_0) &= \int_{t_0}^{t_1} [f(t, x, u) - f(t, x^*, u^*)] dt \\
&= \int_{t_0}^{t_1} (f + \lambda g + \lambda' x - f^* - \lambda g^* - \lambda' x^*) dt \\
&\quad + \lambda(t_0) a - \lambda(t_1)[x(t_1) - x^*(t_1)]. \quad (4)
\end{aligned}
$$

用被积函数在 (t, x^*, u^*) 处的 Taylor 级数来替代：

$$
\begin{aligned}
V(x_0 + a, t_0) - V(x_0, t_0) &= \int_{t_0}^{t_1} [(f_x^* + \lambda g_x^* + \lambda')(x - x^*) \\
&\quad + (f_u^* + \lambda g_u^*)(u - u^*)] dt \\
&\quad + \lambda(t_0) a - \lambda(t_1)[x(t_1) - x^*(t_1)] + h.o.t. \quad (5)
\end{aligned}
$$

令 λ 为满足式（1）必要条件的乘子。由于 x^*, u^*, λ 满足最优化的必要条件式（2.11）到式（2.13），

$$
\lambda' = -(f_x^* + \lambda g_x^*), \quad f_u^* + \lambda g_u^* = 0, \quad \lambda(t_1) = 0,
$$

式（5）简化为

$$
V(x_0 + a, t_0) - V(x_0, t_0) = \lambda(t_0) a + h.o.t. \quad (6)
$$

式（6）除以参数 a，然后令 a 趋于零：

$$
\lim_{a \to 0} [V(x_0 + a, t_0) - V(x_0, t_0)] / a = V_x(x_0, t_0) = \lambda(t_0), \quad (7)
$$

假定极限存在。式（7）的第一个等式构成 V 关于 x 导数的定义。我们假设这个导数存在。因此，乘子 $\lambda(t_0)$ 代表在最优规划处状态变量在 t_0 时刻的边际价值。

到目前为止，讨论仅考虑初始时刻。然而，$\lambda(t)$ 代表相应状态变量在时刻 t 的边际价值。如果时刻 t 的状态变量存在一个外生的微小增加，以及此后的问题都最优地修正了，那么目标的总价值将以速率 $\lambda(t)$ 增加。

为了确认这个论断，回顾式（1）中的目标是可加的。一个最优计划的任何部分本身都是最优的。

例如，假设在某个时期 $t_0 \leqslant t \leqslant t^\#$ 我们沿着式（1）的解 x^*, u^*，然后停止并重新考虑该时刻之后的最优路径：

$$
\max \int_{t^\#}^{t_1} f(t, x, u) dt \quad (8)
$$

$$
\text{s.t. } x'(t) = g(t, x, u), \quad x(t^\#) = x^*(t^\#).
$$

式（8）的最优解一定是 $x^*(t), u^*(t), t^\# \leqslant t \leqslant t_1$，即，与式（1）在 $t^\#$ 之后区间原来

的最优解相同。为了看到这一点，假设它不是真的。那么，存在式（8）的一个解，会得到比 x^*，u^* 在 $t^\# \leqslant t \leqslant t_1$ 上更大的值。那么，通过沿着 x^*，u^* 到达 $t^\#$ 然后转向式（8）的解，式（1）的值就可以增加。但是，这与 x^*，u^* 是式（1）的最优解相矛盾。因此，x^*，u^*，$t^\# \leqslant t \leqslant t_1$ 一定是式（8）的解。

我们转向解释 λ 的问题。对问题（8）应用得到式（7）的方法导致结果

$$V_x(x(t^\#),t^\#)=\lambda(t^\#), \tag{9}$$

给定这个导数存在，其中 λ 是与问题式（1）相关的函数（因为式（1）和式（8）的解在 $t^\# \leqslant t \leqslant t_1$ 上重合）。那么，$\lambda(t^\#)$ 是状态变量在 $t^\#$ 处的边际价值。但是，时间 $t^\#$ 是任意的，因此，只要此导数存在，对于任意 t，$t_0 \leqslant t \leqslant t_1$，

$$V_x(x(t),t)=\lambda(t), \quad t_0 \leqslant t \leqslant t_1 \tag{10}$$

是状态变量在时刻 t 的边际价值。

很容易确认在 t_1 处的解释。如果不存在残值项，状态在终点时刻的边际价值就是零：$\lambda(t_1)=0$。如果存在残值项，状态的边际价值是状态对于残值的边际贡献：$\lambda(t_1)=\phi'(x_1)$（回顾习题 2.6）。

为了讨论的方便，令 x 为资产存量，$f(t,x,u)$ 为当期利润。这是一个恒等式：

$$\begin{aligned}\lambda(t_1)x(t_1) &= \lambda(t_0)x(t_0)+\int_{t_0}^{t_1}(x'\lambda+x\lambda')dt \\ &= \lambda(t_0)x(t_0)+\int_{t_0}^{t_1}[d(x\lambda)/dt]dt。\end{aligned} \tag{11}$$

回顾 $\lambda(t)$ 是状态变量在时刻 t 的边际价值。因此，终点资产存量的价值等于原有存量的价值加上在整个控制期 $[t_0,t_1]$ 内资产价值的变化。资产价值总的变化率

$$d(x\lambda)/dt=x'\lambda+x\lambda'$$

由资产存量增加（或者减少）的价值（右侧第一项）和现有资产价值的变化（右侧第二项）构成。也就是，持有资产数量的变化和资产单位价值的变化导致了所有资产价值的变化。由式（3）可知，总价值积累率是

$$f+\lambda g+x\lambda'=H+x\lambda', \quad 其中，H=f+\lambda g。 \tag{12}$$

第一项是 $f(t,x,u)$ 在时刻 t 的直接收益，称为当前的现金流。第二项是通过状态变量变化的间接收益。我们可以认为 $\lambda g=\lambda x'$ 是由资产存量增加引起的未来获利能力的增加。第三项（剩余项）$x\lambda'$ 代表当前资产的价值变化，即资本所得。因此，式（12）代表时刻 t 对总价值直接和间接的贡献率。

在每一时点，我们选择控制变量 u 来最大化对总价值的净贡献。对于给定的状态变量 $x(t)$ 和状态的边际价值 $\lambda(t)$，这意味着选择 $u(t)$ 来最大化 H，以满足

$$\partial H/\partial u=f_u+\lambda g_u=0, \quad t_0 \leqslant t \leqslant t_1 \tag{13}$$

和

$$\partial^2 H/\partial u^2=f_{uu}+\lambda g_{uu} \leqslant 0。 \tag{14}$$

也要注意，如果我们自由选择 x 以最大化式（12），那么我们将令

$$f_x + \lambda g_x + \lambda' = 0。 \tag{15}$$

当然，u 的选择完全决定了 x。x^*，u^*，λ 最优的充分条件是，它们是可行的，满足 $\lambda(t_1) = 0$，而且对于所有的 $t_0 \leqslant t \leqslant t_1$，问题

$$\max_{x,u}[H(t,x,u,\lambda(t)) + \lambda'(t)x] \tag{16}$$

有解 $x = x^*(t)$，$u = u^*(t)$。

例：令 $P(x)$ 是生产资本存量为 x 的情况下能够获得的利润率，其中，$P'(0) > 0$ 且 $P'' < 0$。资本存量以常数比率 $b \geqslant 0$ 折旧。投资成本是总投资率 u 的递增的凸函数，满足 $C'(0) = 0$ 和 $C'' > 0$。我们求最大化在固定计划期 $0 \leqslant t \leqslant T$ 内利润流现值的投资率 $u(t)$：

$$\max \int_0^T e^{-rt}[P(x) - C(u)]dt \tag{17}$$

$$\text{s. t. } x' = u - bx, \quad x(0) = x_0 > 0, \quad u \geqslant 0。 \tag{18}$$

我们假定 u 的非负条件会自动满足。因此，因为资本存量开始是正的，它就不会变成负数；回顾式（18）。（这是问题 1.8。）

汉密尔顿函数是

$$H = e^{-rt}[P(x) - C(u)] + \lambda(u - bx)。$$

最优函数 x，u 和 λ 满足式（18）和

$$H_u = -e^{-rt}C'(u) + \lambda = 0, \tag{19}$$

$$H_{uu} = -e^{-rt}C''(u) < 0, \tag{20}$$

$$\lambda' = -H_x = -e^{-rt}P'(x) + b\lambda, \quad \lambda(T) = 0。 \tag{21}$$

由关于 C 的假设可知，条件式（20）是满足的。式（19）说明，在每个 t，投资的边际成本一定等于单位资本的边际价值 λ。两项都折现到计划的初始时刻 $t = 0$。等价地，

$$C'(u(t)) = e^{rt}\lambda(t) \tag{22}$$

要求，沿着最优投资路径，在每个时刻 t，边际成本等于当期边际收益。

经过调整，微分方程（21）可以表明单位资本边际价值的构成。从两侧减去 $b\lambda$，乘以积分因子 e^{-bt}，利用式（21）的边界条件取积分：

$$e^{-bt}\lambda(t) = \int_t^T e^{-(r+b)s}P'(x(s))ds。$$

因此，资本的一边际单位在时间 t 的价值是它从现在开始到计划边界结束时生成的边际利润流的折现：

$$e^{rt}\lambda(t) = \int_t^T e^{-(r+b)(s-t)}P'(x(s))ds。 \tag{23}$$

这里的计算反映了资本折旧的事实，因此在每个时刻 $s > t$，一单位资本的贡献仅占时刻

动态优化——经济学和管理学中的变分法和最优控制（第二版）

t 原来贡献的一个比例 e^{-bs}。把式（22）和式（23）合起来得到最优投资的边际成本等于边际收益

$$C'(u(t)) = \int_t^T e^{-(r+b)(s-t)} P'(x(s))ds。 \tag{24}$$

■ 习　题

利用变分法推导条件式（24）。

■ 进一步阅读

Dorfman 对这些解释阐述得更加详细。与式（16）有关的充分条件归功于 Seierstad 和 Sydsaeter（1977）；也可以参考第 15 节。Benveniste 和 Scheinkman（1979）给出了值函数可微的充分条件。

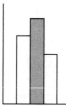

5. 多个变量

我们的步骤很容易推广至多个控制变量和状态变量的情形。我们用一个具有两个状态变量和两个控制变量的问题来说明（注意，状态变量和控制变量的个数通常不必相等）：

$$\max \int_{t_0}^{t_1} f(t, x_1(t), x_2(t), u_1(t), u_2(t)) dt \tag{1}$$

$$\text{s. t. } x_i'(t) = g_i(t, x_1(t), x_2(t), u_1(t), u_2(t)), \quad i=1,2,$$

$$x_1(t_0), x_2(t_0) \text{ 给定}, \quad x_1(t_1), x_2(t_1) \text{ 自由}, \tag{2}$$

其中，函数 f，g_1 和 g_2 是连续可微的。

假设式（1）和式（2）的最优解是 x_1^*，x_2^*，u_1^*，u_2^*。令 $h_1(t)$ 和 $h_2(t)$ 是控制变量的任意可行修正，考虑比较控制的单参数变换族 $u_i(t) = u_i^*(t) + a h_i(t)$，$i=1, 2$，其中 a 是一个参数。由 u_1，u_2 的规定，微分方程（2）的解由 $x_1 = y_1(t, a)$，$x_2 = y_2(t, a)$ 来代表。我们假设 y_1 和 y_2 是 t 和 a 的光滑函数。因为 $a=0$ 一定得到最优函数 x_1^*，x_2^*，所以我们有 $y_i(t, 0) = x_i^*(t)$，$i=1, 2$。而且，由于任意可行路径都满足式（2）的初始条件，

$$y_i(t_0, a) = x_i(t_0), \quad i=1,2。 \tag{3}$$

与式（2.1）相同，用连续可微的乘子函数 $\lambda_1(t)$，$\lambda_2(t)$ 把微分方程（2）加到目标式（1）上，我们得到

$$\int_{t_0}^{t_1} f dt = \int_{t_0}^{t_1} (f + \lambda_1 g_1 - \lambda_1 x_1' + \lambda_2 g_2 - \lambda_2 x_2') dt, \tag{4}$$

其中，f，g_1 和 g_2 有自变量 (t, x_1, x_2, u_1, u_2)，x_i，u_i，λ_i，$i=1, 2$，是 t 的函数。分部积分得

$$-\int_{t_0}^{t_1}\lambda_i x'_i dt = -\lambda_i(t_1)x_i(t_1)+\lambda_i(t_0)x_i(t_0)+\int_{t_0}^{t_1}x_i\lambda'_i dt, \quad i=1,2。 \tag{5}$$

把式（5）代入式（4）得到

$$\int_{t_0}^{t_1}f dt = \int_{t_0}^{t_1}(f+\lambda_1 g_1+\lambda_2 g_2+x_1\lambda'_1+x_2\lambda'_2)dt$$
$$-(\lambda_1 x_1+\lambda_2 x_2)|_{t_1}+(\lambda_1 x_1+\lambda_2 x_2)|_{t_0}。 \tag{6}$$

对于任意可行函数 x_1，x_2，u_1，u_2 和任意可微函数 λ_1，λ_2，式（6）都是成立的。现在利用控制变量 $u_1=u_1^*+ah_1$，$u_2=u_2^*+ah_2$ 和导出的状态变量 y_1，y_2 求式（6）的数值。由于 u_1^*，u_2^*，h_1，h_2 是给定的，因此积分值是参数 a 的函数：

$$J(a)=\int_{t_0}^{t_1}f(t,y_1(t,a),y_2(t,a),u_1^*+ah_1,u_2^*+ah_2)dt$$
$$=\int_{t_0}^{t_1}(f+\lambda_1 g_1+\lambda_2 g_2+y_1\lambda'_1+y_2\lambda'_2)dt$$
$$-(\lambda_1 y_1+\lambda_2 y_2)|_{t_1}+(\lambda_1 y_1+\lambda_2 y_2)|_{t_0}, \tag{7}$$

其中，f，g_1 和 g_2 有自变量 $(t,y_1(t,a),y_2(t,a),u_1^*(t)+ah_1(t),u_2^*(t)+ah_2(t))$，并且 λ_i，λ'_i，$i=1$，2 有自变量 t。因为由假设可知 u_1^*，u_2^* 最大化式（1），所以式（7）在 $a=0$ 处达到极大值。这表明 $J'(0)=0$。利用式（7）进行计算，回顾式（3），得

$$J'(0)=\int_{t_0}^{t_1}\big[(\partial f/\partial x_1+\lambda_1\partial g_1/\partial x_1+\lambda_2\partial g_2/\partial x_1+\lambda'_1)\partial y_1/\partial a$$
$$+(\partial f/\partial x_2+\lambda_1\partial g_1/\partial x_2+\lambda_2\partial g_2/\partial x_2+\lambda'_2)\partial y_2/\partial a$$
$$+(\partial f/\partial u_1+\lambda_1\partial g_1/\partial u_1+\lambda_2\partial g_2/\partial u_1)h_1$$
$$+(\partial f/\partial u_2+\lambda_1\partial g_1/\partial u_2+\lambda_2\partial g_2/\partial u_2)h_2\big]dt$$
$$-\lambda_1(t_1)\partial y_1(t_1,a)/\partial a-\lambda_2(t_1)\partial y_2(t_1,a)/\partial a=0。 \tag{8}$$

因为式（8）是在 $a=0$ 处取值的，所以式（8）中 f，g_1 和 g_2 的偏导数沿着 $(t,x_1^*(t),x_2^*(t),u_1^*(t),u_2^*(t))$ 取值。

式（8）对于任何连续可微的乘子函数 $\lambda_1(t)$，$\lambda_2(t)$ 都是成立的。我们规定这些乘子使 $\partial y_1/\partial a$ 和 $\partial y_2/\partial a$ 的系数等于零：

$$\lambda'_1=-(\partial f/\partial x_1+\lambda_1\partial g_1/\partial x_1+\lambda_2\partial g_2/\partial x_1),$$
$$\lambda'_2=-(\partial f/\partial x_2+\lambda_1\partial g_1/\partial x_2+\lambda_2\partial g_2/\partial x_2), \tag{9}$$

还有边界条件

$$\lambda_1(t_1)=0, \quad \lambda_2(t_1)=0, \tag{10}$$

其中，式（9）中的偏导数在 $(t,x_1^*(t),x_2^*(t),u^*(t),u_2^*(t))$ 处取值。规定好式（9）和式（10），式（8）简化为

$$\int_{t_0}^{t_1}\big[(\partial f/\partial u_1+\lambda_1\partial g_1/\partial u_1+\lambda_2\partial g_2/\partial u_1)h_1$$
$$+(\partial f/\partial u_2+\lambda_1\partial g_1/\partial u_2+\lambda_2\partial g_2/\partial u_2)h_2\big]dt=0, \tag{11}$$

在 $(t, x_1^*, x_2^*, u_1^*, u_2^*)$ 处取值。对于任意修正函数 h_1 和 h_2，式（11）一定成立。特别地，令

$$h_i = \partial f/\partial u_i + \lambda_1 \partial g_1/\partial u_i + \lambda_2 \partial g_2/\partial u_i, \quad i = 1, 2$$

导致下面的结论，即最优解满足

$$\partial f/\partial u_1 + \lambda_1 \partial g_1/\partial u_1 + \lambda_2 \partial g_2/\partial u_1 = 0,$$
$$\partial f/\partial u_2 + \lambda_1 \partial g_1/\partial u_2 + \lambda_2 \partial g_2/\partial u_2 = 0。 \tag{12}$$

我们已经表明，如果 $(x_1^*, x_2^*, u_1^*, u_2^*)$ 最大化式（1），满足式（2），那么一定存在连续可微的函数 λ_1，λ_2，使得 $(x_1^*, x_2^*, u_1^*, u_2^*, \lambda_1, \lambda_2)$ 不仅满足式（2），而且满足式（9），式（10）和式（12）。这些必要条件（除去边界要求）可以利用汉密尔顿函数来表达，

$$H(t, x_1, x_2, u_1, u_2, \lambda_1, \lambda_2) = f + \lambda_1 g_1 + \lambda_2 g_2。$$

我们有状态方程，

$$x_i' = \partial H/\partial \lambda_i = g_i, \quad i = 1, 2; \tag{13a}$$

乘子方程，

$$\lambda_i' = -\partial H/\partial x_i = -(\partial f/\partial x_1 + \lambda_1 \partial g_1/\partial x_i + \lambda_2 \partial g_2/\partial x_i), \quad i = 1, 2; \tag{13b}$$

和最优性条件，

$$\partial H/\partial u_j = \partial f/\partial u_j + \lambda_1 \partial g_1/\partial u_j + \lambda_2 \partial g_2/\partial u_j = 0, \quad j = 1, 2, \tag{13c}$$

作为 x_1^*, x_2^*, u_1^*, u_2^*, λ_1, λ_2 要满足的必要条件，除了边界条件

$$x_1(t_0), x_2(t_0)\text{给定}, \lambda_1(t_1) = \lambda_2(t_2) = 0。 \tag{14}$$

而且，在每个时刻 t，$H(t, x_1^*(t), x_2^*(t), u_1, u_2, \lambda_1(t), \lambda_2(t))$ 作为 u_1，u_2 的函数，$u_1^*(t)$，$u_2^*(t)$ 一定是最大化的。

扩展至 n 个状态变量和 m 个控制变量是直接的。为了节约文字，我们使用紧凑的向量记号。如果 $\boldsymbol{y} = [y_1, \cdots, y_p]$ 和 $\boldsymbol{z} = [z_1, \cdots, z_p]$，那么

$$\boldsymbol{y} \cdot \boldsymbol{z} = \sum_{i=1}^{p} y_i z_i。$$

假设存在 n 个状态变量，m 个控制变量和一个残差项：

$$\max \int_{t_0}^{t_1} f(t, x_1(t), \cdots, x_n(t), u_1(t), \cdots, u_m(t))dt \tag{15}$$
$$+ \phi(x_1(t_1), \cdots, x_n(t_1))$$
$$\text{s. t. } x_i'(t) = g_i(t, x_1(t), \cdots, x_n(t), u_1(t), \cdots, u_m(t)), \tag{16}$$
$$x_i(t_0)\text{给定}, x_i(t_1)\text{自由}, i = 1, \cdots, n, \tag{17}$$

其中，函数 f，g_i 关于所有分量都是连续可微的。注意，n 不必等于 m；其实 $n \leqslant m$。令 $\boldsymbol{x} = [x_1, \cdots, x_n]$，$\boldsymbol{u} = [u_1, \cdots, u_m]$，$\boldsymbol{g} = [g_1, \cdots, g_n]$ 代表向量。令 $\boldsymbol{u}^*$ 代表最优控

制函数向量。由 $u = u^*$，同时求解系统（16）和（17），得到相应的最优状态变量 x^*。与上面一样，我们可以推导出必要条件。

如果向量控制函数 u^* 和相应的向量状态函数 x^* 是式（15）到式（17）的解，那么存在连续可微函数 $\lambda(t) = [\lambda_1(t), \cdots, \lambda_n(t)]$，使得定义的

$$H(t, \boldsymbol{x}, \boldsymbol{u}, \boldsymbol{\lambda}) = f(t, \boldsymbol{x}, \boldsymbol{u}) + \sum_{i=1}^{n} \lambda_i g_i(t, \boldsymbol{x}, \boldsymbol{u}) \tag{18}$$

连同 u^*，x^*，λ，同时满足

$$x_i' = \partial H / \partial \lambda_i = g_i(t, \boldsymbol{x}, \boldsymbol{u}), \quad x_i(t_0) \text{固定}, i = 1, \cdots, n; \tag{19}$$

$$\lambda_k' = -\partial H / \partial x_k = -\left(\partial f / \partial x_k + \sum_{i=1}^{n} \lambda_i \partial g_i / \partial x_k\right), \quad k = 1, \cdots, n; \tag{20}$$

$$\lambda_k(t_1) = \partial \phi(x(t_1)) / \partial x_k, \quad k = 1, \cdots, n; \tag{21}$$

$$0 = \partial H / \partial u_j = \partial f / \partial u_j + \sum_{i=1}^{n} \lambda_i \sigma g_i / \partial u_j, \quad j = 1, \cdots, m; \tag{22}$$

而且，对于任意 t，$u^*(t)$ 是函数 $H(t, x^*(t), u, \lambda(t))$ 关于 u 最大化的解。

▌ 习　题

1. 证明：式（19）到式（22）是式（15）到式（17）的最优解所满足的必要条件。
2. 比较和验证变分问题

$$\max \int_{t_0}^{t_1} F(t, x_1, \cdots, x_n, x_1', \cdots, x_n') dt + \phi(x_1, \cdots, x_n)$$
$$\text{s. t. } x_i(t_0) \text{固定}, x_i(t_1) \text{自由}, i = 1, \cdots, n$$

解的必要条件与等价的最优控制问题的解的必要条件是等价的。

3. 证明在问题式（15）到式（17）中，$\lambda_i(t)$ 可被解释为第 i 个状态变量的边际价值。

▌ 进一步阅读

Seater 构建了一个个人在休闲、工作和寻找更高工资之间分配时间的模型。状态变量是当前工资和财富（资产）。Davis 和 Elzinga 分析了企业选择保留盈余的比率和募集新证券资本的比率以最大化所有人持有的现值。状态变量就是单位股票份额的市场价格。Harris 研究了最大化效用的家庭购买率和消费率；状态变量是商品存量和货币存量。Sampson 选择消费，并寻找资源和提高的技术；状态变量是资源存量和技术水平。

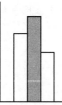

6. 固定端点问题

假设状态变量的初值和终值固定：

$$\max \int_{t_0}^{t_1} f(t,x,u)dt \tag{1}$$

$$\text{s. t. } x'(t) = g(t,x,u), \tag{2}$$

$$x(t_0) = x_0, \quad x(t_1) = x_1, \quad t_0, t_1 \text{ 固定。} \tag{3}$$

由于要求比较控制指引状态在时刻 t_1 到达给定位置 x_1，我们修正方法以寻找最优解所满足的必要条件。我们假设可行解存在。

令 u^* 代表最优控制函数，令 x^* 代表把 $u = u^*$ 代入式（2）进而求解式（2）和式（3）而得到的相应状态函数。式（1）的最大值由 J^* 表示。令 u 代表另一个可行控制函数，x 代表用这个控制求解式（2）和式（3）而得到的相应状态函数。沿着 x 和 u 得到式（1）的积分值，用 J 表示。那么，利用式（2.3）和式（3），我们有

$$J - J^* = \Delta J = \int_{t_0}^{t_1} \big[f(t,x,u) + \lambda g(t,x,u) + x\lambda' $$
$$- f(t,x^*,u^*) - \lambda g(t,x^*,u^*) - x^*\lambda' \big]dt。 \tag{4}$$

用它在 (t, x^*, u^*) 处的 Taylor 级数代替式（4）中的被积函数：

$$\Delta J = \int_{t_0}^{t_1} \big[(f_x + \lambda g_x + \lambda')(x - x^*) + (f_u + \lambda g_u)(u - u^*) \big]dt + \int_{t_0}^{t_1} h.o.t. \tag{5}$$

f 和 g 的偏导数在 (t, x^*, u^*) 处取值。定义

$$\delta x = x - x^*, \quad \delta u = u - u^*。 \tag{6}$$

ΔJ 中关于 δx，δu 线性的部分被称为 J 的**第一变分**，记为

动态优化——经济学和管理学中的变分法和最优控制（第二版）

$$\delta J = \int_{t_0}^{t_1} \left[(f_x + \lambda g_x + \lambda')\delta x + (f_u + \lambda g_u)\delta u \right] dt。 \tag{7}$$

变分 δJ 看起来很熟悉：以前我们是用稍微不同的方法推导出来的。现在的方法更灵活。它甚至在可行函数的单参数变换族很难构造的情况下给出了第一变分（或函数值差分的线性部分）。

如果 x^*，u^* 关于式（1）到式（3）是最优的，那么政策的任何修正（对于 x，u）都不能提高 J 的值。像以前一样，我们选择 λ 满足

$$\lambda'(t) = -[f_x(t,x^*,u^*) + \lambda(t)g_x(t,x^*,u^*)], \tag{8}$$

因此，式（7）中 δx 的系数将为零。那么，对于控制的任意可行修正 δu，我们要求

$$\delta J = \int_{t_0}^{t_1} [f_u(t,x^*,u^*) + \lambda g_u(t,x^*,u^*)]\delta u \, dt \leqslant 0。 \tag{9}$$

（回忆一下，δJ 是 $J - J^*$ 的线性部分，J^* 是最大值。）注意，可行性现在包括相应修正的状态变量在 x_1 处结束的要求。

在本节附录中，我们将表明，如果存在一个可行的控制 u 把状态从 $x(t_0) = x_0$ 带到 $x(t_1) = x_1$，那么式（9）中的系数一定为零。当 λ 满足式（8）时，

$$f_u(t,x^*,u^*) + \lambda g_u(t,x^*,u^*) = 0。 \tag{10}$$

总之，对于式（1）到式（3），如果 x^*，u^* 是最优的，那么存在函数 λ，使得 x^*，u^*，λ 同时满足式（2），式（3），式（8）和式（10）。汉密尔顿函数关于 u 在每个时刻 t 求最大化。注意，不存在横截性条件；固定值 x_1 给出了必需的条件。

因为 δu 不能完全任意选择，所以式（10）的必要性不再是显然的。修正的控制必须是可行的；它必定在时刻 t_1 把状态变量带到 x_1。像本节附录所表明的那样，通过有点冗长的构造，在当前情形下式（10）的必要性可以得到确认。首先我们假设 x^*，u^* 是最优的，但不满足式（10）。然后，我们构造一个可行的且可以提高 J 的控制的修正 δu。这与假设的最优相矛盾，从而完成式（10）必要性的证明。

我们隐含地假设某个正则条件成立；否则前述内容一定要修改。必要条件的完全陈述包含一个可以等于 0 或者 1 的、与 f 有关的乘子 λ_0。我们隐含地假设总是选择 λ_0 等于 1；然而，如果没有正则条件，选择 $\lambda_0 = 0$ 可能是必要的。作为例子，考虑

$$\max \int_0^T u \, dt$$
$$\text{s. t. } x' = u^2, \quad x(0) = x(T) = 0。$$

在这个问题中，$u = 0$，$0 \leqslant t \leqslant T$ 是唯一可行的控制。记

$$H = u + \lambda u^2,$$

我们有

$$H_u = 1 + 2\lambda u = 0,$$

在 $u = 0$ 时它是不满足的。正确的形式为

$$H = \lambda_0 u + \lambda u^2,$$

因此，

$$H_u = \lambda_0 + 2\lambda u = 0.$$

选择 $\lambda_0 = 0$ 和 $u = 0$ 就满足这个条件。我们在下面隐含地假设总是最优地选择 $\lambda_0 = 1$。更完整的处理也可参见第 14 节。

例 1 我们用最优控制求解生产计划问题。令 $u(t)$ 为生产率，$x(t)$ 为存货水平。

$$\min \int_0^T (c_1 u^2 + c_2 x) dt \qquad (11)$$

$$\text{s.t.} \quad x'(t) = u(t), \quad x(0) = 0, \quad x(T) = B, \quad u(t) \geq 0. \qquad (12)$$

初始状态（存货水平）是零，假设到时间 T 为止达到 B。存货持有成本以单位成本 c_2 发生，生产成本以生产率的平方不断增加。我们构造汉密尔顿函数：

$$H = c_1 u^2 + c_2 x + \lambda u.$$

那么，

$$\partial H / \partial u = 2c_1 u + \lambda = 0, \qquad (13)$$

$$\lambda' = -\partial H / \partial x = -c_2. \qquad (14)$$

为了求出满足式（12）到式（14）的 x，u，λ，对式（14）求积分得到 λ，并代入式（13）。然后把 u 代入式（12），取积分。利用边界条件可以求出两个积分常数，我们得到，只要对于 $0 \leq t \leq T$，$u \geq 0$，

$$x(t) = c_2 t(t - T) / 4c_1 + Bt/T,$$

$$u(t) = c_2 (2t - T) / 4c_1 + B/T,$$

$$\lambda(t) = c_2 T / 2 - 2c_1 B/T - c_2 t.$$

这就是以前我们用变分法得到的解。

例 2 按照生产函数 $Q = AK^{1-a}R^a$（Cobb-Douglas），利用两种要素——资本 $K(t)$ 和一种可抽取资源 $R(t)$，来生产一种产品 Q，其中 $0 < a < 1$。产品可以被消费，得到效用 $U(C) = \ln C$，其中 $C(t)$ 是消费，或者被投资。可用的可抽取资源的总数量是 X_0。我们希望在整个固定期限 T 上最大化效用：

$$\max \int_0^T \ln C(t) dt$$

s.t.

$$X' = -R, \quad X(0) = X_0, \quad X(T) = 0,$$

$$K' = AK^{1-a}R^a - C, \quad K(0) = K_0, \quad K(T) = 0,$$

$$C \geq 0, \quad R \geq 0.$$

可抽取资源的剩余存量是 $X(t)$。可抽取资源和资本的最终存量等于零，因为它们在 T 时刻就没有价值了。（更好的处理涉及最终存量的非负条件；参见第 7 节。）这个问题有两个状态变量，K 和 X，以及两个控制变量，C 和 R。

可以方便地定义资源资本比率 $y(t)=R/K$。用 Ky 来代替 R，问题变为

$$\max \int_0^T \ln C dt \tag{15}$$

s. t. $X'=-Ky$, $X(0)=X_0$, $X(T)=0$,

$$K'=AKy^a-C, \quad K(0)=K_0, \quad K(T)=0, \tag{16}$$

$C\geqslant 0$, $y\geqslant 0$。

因为当 $C\to 0$ 时 C 的边际效用会变为无穷大，所以最优解有 $C>0$。而且，因为当它的使用收缩为零时资源的边际生产率会趋向于无穷大，因此最优解一定有 $y>0$。因此，我们保证了控制的非负条件一定是满足的。

令 λ_1 和 λ_2 分别为与 X 和 K 相对应的乘子。它们代表可抽取资源储备和资本的边际价值。汉密尔顿函数是

$$H=\ln C-\lambda_1 Ky+\lambda_2(AKy^a-C)。 \tag{17}$$

最优解 C, y, X, K, λ_1, λ_2 满足式（16），式（17）和

$$H_C=1/C-\lambda_2=0, \tag{18}$$

$$H_y=-\lambda_1 K+a\lambda_2 AKy^{a-1}=0, \tag{19}$$

$$\lambda_1'=-H_x=0, \tag{20}$$

$$\lambda_2'=-H_K=\lambda_1 y-\lambda_2 Ay^a。 \tag{21}$$

我们将要证明，根据 $a<1/2$ 或者 $a>1/2$，最优资本/产出比率是线性增长的，以及最优消费可能快于或者慢于线性增长。以后，我们将会解释找到所有变量的方法。由式（19），只要 $K>0$，我们就有

$$\lambda_1=\lambda_2 aAy^{a-1}。 \tag{22}$$

因为 λ_1 是常数，由式（20），这表明

$$\lambda_2'/\lambda_2=(1-a)y'/y。 \tag{23}$$

但是，把式（22）的 λ_1 代入式（21），得

$$\lambda_2'/\lambda_2=-(1-a)Ay^a。 \tag{24}$$

结合式（23）和式（24），得 $y^{-(a+1)}y'=-A$。积分得到

$$Ay^a=1/(k_1+at)。 \tag{25}$$

根据式（25），最优资源/资本比率下降。因为 $K/Q=K/AKy^a=k_1+at$，最优资本/产出比率以比率 a 线性增长。

把式（25）代入式（24），得

$$\lambda_2'/\lambda_2=-(1-a)/(k_1+at)。$$

积分得到

$$\lambda_2(t)=(k_1+at)^{-(1-a)/a}/k_2,$$

结合式（18），得到

$$C(t) = k_2(k_1 + at)^{(1-a)/a}。 \tag{26}$$

根据式（16），最优消费跨时是增长的。如果 $a < 1/2$，它以递增比率增长；如果 $a = 1/2$，它以常数比率增长；如果 $a > 1/2$，它以递减比率增长。

我们可以把式（26）和式（25）中的 C 和 y 代入式（16），得到 K 所满足的微分方程。它是积分因子为 $(k_1 + at)^{-1/a}$ 的一阶线性微分方程。最后，把结果代入式（16）并积分得出 X。在式（16）中四个边界条件的帮助下，这里产生的两个积分常数和上面产生的两个常数（k_1 和 k_2）可以求出来。

第6节　附录

在本附录中，我们证明式（10）的必要性。首先，δu 一定是可行的，因此，它一定使得 $\delta x_1 = 0$。其次，它必定是可改进的，因此会导致 $\delta J > 0$。对于任意的 δu 我们来计算每一个变分。对于任意乘子函数 γ，

$$J = \int_{t_0}^{t_1} f(t, x, u)dt = \int_{t_0}^{t_1}(f + \gamma g - \gamma x')dt$$
$$= \int_{t_0}^{t_1}(f + \gamma g + x\gamma')dt - \gamma(t_1)x(t_1) + \gamma(t_0)x(t_0)。 \tag{27}$$

计算

$$\delta J = \int_{t_0}^{t_1}\left[(f_x + \gamma g_x + \gamma')\delta x + (f_u + \gamma g_u)\delta u\right]dt - \gamma(t_1)\delta x(t_1)$$
$$+ \gamma(t_0)\delta x(t_0)。 \tag{28}$$

如果我们令

$$\gamma'(t) = -(f_x + \gamma g_x), \quad \gamma(t_1) = 0, \tag{29}$$

那么，

$$\delta J = \int_{t_0}^{t_1}(f_u + \gamma g_u)\delta u dt。 \tag{30}$$

由式（2），对于任意乘子函数 $m(t)$，我们也有

$$\int_{t_0}^{t_1}\left[m(t)g(t, x, u) - m(t)x'(t)\right]dt = 0。 \tag{31}$$

对最后一项分部积分，

$$\int_{t_0}^{t_1}(mg + xm')dt - m(t_1)x(t_1) + m(t_0)x(t_0) = 0。 \tag{32}$$

现在计算式（32）中的变分（像我们在式（4）和式（5）中做的那样，取 Taylor 展开的线性部分）。

动态优化——经济学和管理学中的变分法和最优控制（第二版）

$$\int_{t_0}^{t_1}\big[(mg_x+m')\delta x+mg_u\delta u\big]dt-m(t_1)\delta x_1=0。 \tag{33}$$

选择 m 以满足

$$m'(t)=-mg_x,\quad m(t_1)=1。 \tag{34}$$

那么，式（33）变为

$$\delta x_1=\int_{t_0}^{t_1}mg_u\delta udt, \tag{35}$$

因此，对于任意常数 k，从式（30）到式（35），

$$\delta J+k\delta x_1=\int_{t_0}^{t_1}(f_u+\gamma g_u+kmg_u)\delta udt, \tag{36}$$

其中，假设 γ 和 m 分别满足式（29）和式（34）。我们现在可以随意控制常数 k 和函数 $\delta u(t)$。如果我们取

$$\delta u=\big[f_u+(\gamma+km)g_u\big], \tag{37}$$

并选择 k 使得 $\delta x_1=0$（下面表明可以选择 k 来达到这一点），那么，

$$\delta J+k\delta x_1=\delta J=\int_{t_0}^{t_1}\big[f_u+(\gamma+km)g_u\big]^2dt\geqslant 0。 \tag{38}$$

式（38）的最后一个关系以严格不等式成立，除非

$$f_u+(\gamma+km)g_u=0,\quad t_0\leqslant t\leqslant t_1。 \tag{39}$$

因此，式（37）的选择提高了目标值，除非式（39）成立；因此，如果不存在改进的可能性，式（39）就是必要的。

下面只剩下要验证可以选择 k 以保证可行性。把式（37）代入式（35）可得

$$\delta x_1=\int_{t_0}^{t_1}mg_u\big[f_u+(\gamma+km)g_u\big]dt=0, \tag{40}$$

或者

$$\int_{t_0}^{t_1}mg_u(f_u+\gamma g_u)dt+k\int_{t_0}^{t_1}m^2g_u^2dt=0。 \tag{41}$$

给定 $m^2g_u^2\neq 0$，我们解式（41）得到

$$k=-\int_{t_0}^{t_1}mg_u(f_u+\gamma g_u)dt\Big/\int_{t_0}^{t_1}m^2g_u^2dt。 \tag{42}$$

注意，把式（42）得出的 k 代入式（40），得到 $\delta x_1=0$。总之，除非式（39）满足，由式（37）给出的修正 δu 可以提高 J（参见式（38）），其中，k，$\gamma(t)$ 和 $m(t)$ 分别由式（42），式（29）和式（34）给出。因此，像以前指出的那样，对 x^*，u^* 的最优性来说，式（39）是必要的。但是，记

$$\lambda=\gamma+km。 \tag{43}$$

那么，由式（29），式（34）和式（43）可知，

$$\lambda' = \gamma' + km' = -[f_x + (\gamma + km)g_x] = -(f_x + \lambda g_x), \tag{44}$$

和

$$\lambda(t_1) = \gamma(t_1) + km(t_1) = k。 \tag{45}$$

式（45）把参数联系了起来，并说明了 $\lambda(t_1)$ 可以在问题中被确定。现在式（44）和式（45）准确地规定了式（7）到式（10）中的函数 λ。因此，式（39）与式（10）等价。这完成了证明。将来再考察状态变量固定端点值的情形，我们不再提供证明。在存在可行控制以确保问题的给定约束满足的假设条件下，结果就出来了。

习　题

1. $\min \int_0^1 u^2(t)dt$

   s. t. $x'(t) = x(t) + u(t)$，　$x(0) = 1$，　$x(1) = 0$。

2. 利用最优控制求解问题 I 4.5。

3. 在例 1 中，解释乘子为什么以比率 c_2 跨时下降。

4. 假设在例 2 中以速率 r 贴现未来效用。证明：

a. 最优资本/产出比率以速率 a 线性增长：

   $$K/Q = k_1 + at。$$

b. 最优消费路径是时间的单峰函数，如果 T 足够大，它最终会下降：

   $$C(t) = k_2 e^{-rt}(k_1 + at)^{(1-a)/a}。$$

5. 证明

   $$\max \int_0^1 u \, dt$$

   s. t. $x' = x + u^2$，　$x(0) = 1$，　$x(1) = 0$

无解。

进一步阅读

附录基于 Bryson 和 Ho 的讨论。例 2 基于 Dasgupta 和 Heal。他们采用更一般的函数形式，包含技术进步的随机外生发生的可能性，这可以减轻经济对可枯竭资源的依赖（比如，太阳能取代石油）。关于内生技术进步和污染的扩展，分别参见 Kamien 和 Schwartz (1978a, 1979)。

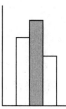

7. 各种终点条件

对于状态变量在终点的固定值、状态变量在终点的自由值、积分上限的自由值、多个函数和残差项的结果会在一个包含所有这些特征的问题中出现。某些状态变量终点非负约束的可能性，也将被单独和共同考虑到。

我们试图最大化

$$\int_{t_0}^{t_1} f(t, \boldsymbol{x}, \boldsymbol{u}) dt + \varphi(t_1, \boldsymbol{x}(t_1)) \tag{1}$$

$$\text{s. t. } x_i'(t) = g_i(t, \boldsymbol{x}, \boldsymbol{u}), \quad i = 1, \cdots, n; \tag{2}$$

$$x_i(t_0) = x_{i0} \text{固定}, \quad i = 1, \cdots, n; \tag{3}$$

$$x_i(t_1) = x_{i1} \text{固定}, \quad i = 1, \cdots, q; \tag{4}$$

$$x_i(t_1) \text{自由}, \quad i = q+1, \cdots, r; \tag{5}$$

$$x_i(t_1) \geqslant 0, \quad i = r+1, \cdots, s; \tag{6}$$

$$K(x_{s+1}, \cdots, x_n, t_1) \geqslant 0, \text{在} t_1 \text{处}; \tag{7}$$

其中，

$$1 \leqslant q \leqslant r \leqslant s \leqslant n,$$
$$\boldsymbol{x}(t) = [x_1(t), \cdots, x_n(t)], \quad \boldsymbol{u}(t) = [u_1(t), \cdots, u_m(t)],$$

假设 K 是连续可微函数。规定状态向量的某些分量在终点时刻固定，一些分量自由，其他一些分量非负，最后一些分量满足某个不等式条件。

为了生成最优解满足的必要条件，把连续可微的乘子函数 $\lambda_i(t)$ 与式（2）中的第 i 个方程联系起来，取 $\boldsymbol{\lambda} = (\lambda_1, \cdots, \lambda_n)$ 并记

$$J = \int_{t_0}^{t_1} [f + \boldsymbol{\lambda} \cdot (\boldsymbol{g} - \boldsymbol{x}')] dt + \varphi(t_1, \boldsymbol{x}(t_1)). \tag{8}$$

逐项进行类似的分部积分，得到

$$J = \int_{t_0}^{t_1} (f + \boldsymbol{\lambda} \cdot \boldsymbol{g} + \boldsymbol{\lambda}' \cdot \boldsymbol{x}) dt + \varphi(t_1, \boldsymbol{x}(t_1))$$
$$+ \boldsymbol{\lambda}(t_0) \cdot \boldsymbol{x}(t_0) - \boldsymbol{\lambda}(t_1) \cdot \boldsymbol{x}(t_1) \,。 \tag{9}$$

令 $\boldsymbol{x}^*$，$\boldsymbol{u}^*$ 是最优的，令 J^*，f^*，$\boldsymbol{g}^*$，φ^* 代表沿着（t，$\boldsymbol{x}^*$，$\boldsymbol{u}^*$）取值得到的值。令 $\boldsymbol{x}$，$\boldsymbol{u}$ 为在 $t_0 \leqslant t \leqslant t_1 + \delta t_1$ 上满足式（2）到式（7）的附近的可行路径，令 J，f，$\boldsymbol{g}$，φ 代表沿着可行路径（t，$\boldsymbol{x}$，$\boldsymbol{u}$）取值而得到的值。在每种情况下，利用式（9）和相同的 $\boldsymbol{\lambda}$ 函数，计算利用这两个计划得到的值的差：

$$J - J^* = \int_{t_0}^{t_1} (f + \boldsymbol{\lambda} \cdot \boldsymbol{g} + \boldsymbol{\lambda}' \cdot \boldsymbol{x} - f^* - \boldsymbol{\lambda} \cdot \boldsymbol{g}^* - \boldsymbol{\lambda}' \cdot \boldsymbol{x}^*) dt + \varphi - \varphi^*$$
$$- \boldsymbol{\lambda}(t_1) \cdot [\boldsymbol{x}(t_1) - \boldsymbol{x}^*(t_1)] + \int_{t_1}^{t_1 + \delta t_1} f(t, \boldsymbol{x}, \boldsymbol{u}) dt \,。 \tag{10}$$

用它们在（$\boldsymbol{x}^*$，$\boldsymbol{u}^*$）处的 Taylor 级数来替换式（10）的被积函数和 $\varphi - \varphi^*$。J 的第一变分由那些级数中的线性项构成。它是控制的可行修正所带来的 J 的变化的一阶逼近。我们有

$$\delta J = \int_{t_0}^{t_1} [(f_{\boldsymbol{x}} + \boldsymbol{\lambda} \boldsymbol{g}_{\boldsymbol{x}} + \boldsymbol{\lambda}') \cdot \boldsymbol{h} + (f_{\boldsymbol{u}} + \boldsymbol{\lambda} \boldsymbol{g}_{\boldsymbol{u}}) \cdot \delta \boldsymbol{u}] dt$$
$$+ \varphi_{\boldsymbol{x}} \cdot \delta \boldsymbol{x}_1 + \varphi_t \delta t_1 - \boldsymbol{\lambda}(t_1) \cdot \boldsymbol{h}(t_1) + f(t_1) \delta t_1 \,, \tag{11}$$

其中，

$$\boldsymbol{h} = [h_1, \cdots, h_n], \quad h_i(t) = x_i(t) - x_i^*(t),$$
$$\delta \boldsymbol{u} = (\delta u_1, \cdots, \delta u_n), \quad \delta u_j(t) = u_j(t) - u_j^*(t),$$
$$\delta \boldsymbol{x}_1 = \boldsymbol{x}(t_1 + \delta t_1) - \boldsymbol{x}^*(t_1) \,。 \tag{12}$$

式（11）中的所有函数沿着（$\boldsymbol{x}^*(t)$，$\boldsymbol{u}^*(t)$）取值。利用式（Ⅰ 9.9）的构造，我们近似地有

$$\boldsymbol{h}(t_1) = \boldsymbol{x}(t_1) - \boldsymbol{x}^*(t_1) \approx \delta \boldsymbol{x}_1 - \boldsymbol{x}^{*\prime}(t_1) \delta t_1 = \delta \boldsymbol{x}_1 - \boldsymbol{g}^*(t_1) \delta t_1 \,。 \tag{13}$$

把式（13）代入式（11）并合并项，

$$\delta J = \int_{t_0}^{t_1} [(f_{\boldsymbol{x}} + \boldsymbol{\lambda} \boldsymbol{g}_{\boldsymbol{x}} + \boldsymbol{\lambda}') \cdot \boldsymbol{h} + (f_{\boldsymbol{u}} + \boldsymbol{\lambda} \boldsymbol{g}_{\boldsymbol{u}}) \cdot \delta \boldsymbol{u}] dt$$
$$+ [\varphi_{\boldsymbol{x}} - \boldsymbol{\lambda}(t_1)] \cdot \delta \boldsymbol{x}_1 + (f + \boldsymbol{\lambda} \cdot \boldsymbol{g} + \varphi_t) |_{t_1} \delta t_1 \leqslant 0 \,。 \tag{14}$$

根据定义式（12），式（14）现在是变分的合意形式。对于路径的可行修正，它一定是非正的。选择乘子 $\boldsymbol{\lambda}$ 使其满足沿着（$\boldsymbol{x}^*$，$\boldsymbol{u}^*$）

$$\boldsymbol{\lambda}' = -(f_{\boldsymbol{x}} + \boldsymbol{\lambda} \boldsymbol{g}_{\boldsymbol{x}}); \tag{15}$$

也就是说，

$$\lambda_i' = -\left(\partial f / \partial x_i + \sum_{j=1}^{n} \lambda_j \partial g_j / \partial x_i \right), \quad i = 1, \cdots, n,$$

动态优化——经济学和管理学中的变分法和最优控制（第二版）

其中，所有偏导数都沿着最优路径（$\boldsymbol{x}^*$，$\boldsymbol{u}^*$）取值。现在，因为比较路径可以在与最优路径相同的时间点和状态变量的某些取值处结束，所以我们要求，对于所有可行的 δu，

$$\int_{t_0}^{t_1} (f_u^* + \boldsymbol{\lambda} g_u^*) \cdot \delta u \, dt \leqslant 0。 \tag{16}$$

像第 II 6 节一样，可以证明，如果存在一个可行解，式（16）将会成立仅当沿着（$\boldsymbol{x}^*$，$\boldsymbol{u}^*$）

$$f_u + \boldsymbol{\lambda} g_u = 0; \tag{17}$$

也就是说

$$\partial f / \partial u_j + \sum_{k=1}^n \lambda_k \partial g_k / \partial u_j = 0, \quad j = 1, \cdots, m。$$

而且，也得到了汉密尔顿函数关于控制最大化的类似条件。由于式（15）和式（17），式（14）简化为

$$(\varphi_x - \boldsymbol{\lambda}) \cdot \delta x_1 + (f + \boldsymbol{\lambda} \cdot g + \varphi_t) \delta t_1 \leqslant 0，\text{在 } t_1 \text{ 处}, \tag{18}$$

或者

$$\sum_{i=1}^n (\partial \varphi / \partial x_i - \lambda_i) \delta x_{i1} + (f + \sum_{j=1}^n \lambda_j g_j + \partial \varphi / \partial t) \delta t_1 \leqslant 0,$$

对于所有可行的 $\delta x_{i1} = \delta x_i(t_1)$，$\delta t_1$。由于式（4），$\delta x_i(t_1) = 0$，$i = 1, \cdots, q$。由于式（5），$\delta x_i(t_1)$ 可以取任何符号，$i = q+1, \cdots, r$；因此，我们选择

$$\lambda_i(t_1) = \partial \varphi / \partial x_i, \quad i = q+1, \cdots, r。 \tag{19}$$

如果状态变量的值在终点时刻是自由选择的，乘子在终点时刻的值就是它对残差项的边际贡献。

对于式（6）中 x 的分量，我们有 $x_i(t_1) > 0$ 或者 $x_i(t_1) = 0$。对于前面一种情况，$\delta x_i(t_1)$ 可以有任何符号，因此取

$$\lambda_i(t_1) = \partial \varphi / \partial x_i, \quad \text{如果 } x_i(t_1) > 0, \quad i = r+1, \cdots, s。 \tag{20}$$

如果非负条件不是捆绑的，这种情形就类似于终值自由的情形。对于后面一种情况，可行修正一定不能减少 $x_i(t_1)$，因此仅有 $\delta x_i \geqslant 0$。但是，对于所有可行的 $\delta x_i(t_1)$，$[\partial \varphi / \partial x_i - \lambda_i(t_1)] \delta x_i(t_1) \leqslant 0$，仅当

$$\lambda_i(t_1) \geqslant \partial \varphi / \partial x_i, \quad \text{当 } x_i(t_1) = 0, \quad i = r+1, \cdots, s \text{ 时}。 \tag{21}$$

如果非负条件是积极的，那么状态变量的终点边际价值不小于它对残值的贡献。式（2）和式（21）的陈述可以结合在一起

$$x_i(t_1) \geqslant 0, \quad \lambda_i(t_1) \geqslant \partial \varphi / \partial x_i,$$
$$x_i(t_1)[\lambda_i(t_1) - \partial \varphi / \partial x_i] = 0, \quad i = r+1, \cdots, s。 \tag{22}$$

特别地，如果 x_i 没有进入残值项，那么式（22）告诉我们，状态及其乘子的终值都是

非负的，而且至少有一个等于零。如果 $x_i > 0$，它的估值 λ_i 就等于零。如果 $x_i = 0$，它在 t_1 处的估值可能是正的。

现在

$$\sum_{i=s+1}^{n} [\partial\varphi/\partial x_i - \lambda_i(t_1)]\delta x_i(t_1) + (f + \sum_{i=1}^{n} \lambda_i g_i + \varphi_t)\delta t_1 \leqslant 0 \tag{23}$$

对于状态向量的最后 $n-s$ 个分量和终点时刻的所有可行修正总是成立的。如果在最优解处式（7）以严格不等式成立，那么修正可以取任何符号，如果 $K > 0$，

$$\lambda_i(t_1) = \partial\varphi/\partial x_i, \quad i = s+1, \cdots, n,$$

$$f + \sum_{i=1}^{n} \lambda_i g_i + \varphi_t = 0。 \tag{24}$$

但是，如果在最优解处 $K = 0$，那么在 t_1 处，$\delta x_{s+1}, \cdots, \delta x_n, \delta t_1$ 可以取的值一定使 K 的值不变或者增加。因此，我们要求

$$dK = \sum_{t=s+1}^{n} (\partial K/\partial x_i)\delta x_i + (\partial K/\partial t_1)\delta t_1 \geqslant 0。 \tag{25}$$

由于对于所有满足式（25）的 $\delta x_{s+1}, \cdots, \delta x_n, \delta t_1$，式（23）一定是成立的，因此我们利用 Farkas 引理（第 A6 节）。由 Farkas 引理，因为（$\partial K/\partial x_{s+1}, \cdots, \partial K/\partial t_1$）是一个 $1 \times (n-s+1)$ 矩阵，那么一定存在一个数 $p \geqslant 0$ 使得在 t_1 处，只要 $K = 0$，

$$\lambda_i(t_1) = \partial\varphi/\partial x_i + p\partial K/\partial x_i, \quad i = s+1, \cdots, n,$$

$$f + \sum_{i=1}^{n} \lambda_i g_i + \varphi_t + p\partial K/\partial t_1 = 0。 \tag{26}$$

条件式（24）和式（26）可以被整合为

$$\lambda_i(t_1) = \partial\varphi/\partial x_i + p\partial K/\partial x_i, \quad i = s+1, \cdots, n,$$

$$f + \sum_{i=1}^{n} \lambda_i g_i + \varphi_t + p\partial K/\partial t_1 = 0,$$

$$p \geqslant 0, \quad K \geqslant 0, \quad pK = 0 \text{ 在 } t_1 \text{ 处}。 \tag{27}$$

如果 $K > 0$，那么式（27）确保 $p = 0$，因此式（27）导出式（24）。如果 $K = 0$，那么 $p \geqslant 0$，而且，式（27）给出式（26）。

横截性条件的各种特殊情形可以从式（27）得到。例如，如果 K 不依赖于 t_1 且 t_1 可以自由选择，那么，我们有条件

$$\text{如果 } t_1 \text{ 是自由的,在 } t_1 \text{ 处,} f + \sum_{i=1}^{n} \lambda_i g_i + \varphi_t = 0。 \tag{28}$$

如果式（7）是终点时刻有上界的条件，

$$K \equiv T - t_1 \geqslant 0, \tag{29}$$

那么式（27）的第二行意味着，如果 $t_1 < T$，条件

$$f + \sum_{i=1}^{n} \lambda_i g_i + \varphi_t \geqslant 0 \qquad (30)$$

以严格不等式成立。

如果存在几个要满足的终点条件 $K_k \geqslant 0$，那么，像上面一样，利用 Farkas 引理可以找到必要条件。对应于每一个这样的约束和约束 $p_k K_k = 0$，将存在一个数 $p_k \geqslant 0$。对应于终点等式关系 $K = 0$ 的必要条件等价于 $K \geqslant 0$ 和 $-K \geqslant 0$。除了相关乘子 p 的符号没有限制，可以得到条件式（27）。

最优解 x^*，u^* 满足的必要条件包括像下面设定的连续函数 $\boldsymbol{\lambda} = [\lambda_1(t), \cdots, \lambda_n(t)]$ 和数 p 的存在性，使得下面的必要条件得以满足。

必要条件

a. 状态方程：

$$x_i' = g_i(t, \boldsymbol{x}, \boldsymbol{u}), \quad i = 1, \cdots, n。$$

b. 乘子（协状态、辅助、伴随）方程：

$$\lambda_i' = -\left(\partial f / \partial x_i + \sum_{j=1}^{n} \lambda_j \partial g_j / \partial x_i\right), \quad i = 1, \cdots, n。$$

c. 最优性条件：

(i) $\partial f / \partial u_j + \sum_{k=1}^{n} \lambda_k \partial g_k / \partial u_j = 0, j = 1, \cdots, M;$

(ii) $\boldsymbol{u} = \boldsymbol{u}^*$ 最大化 $H(t, \boldsymbol{x}^*, \boldsymbol{u}, \boldsymbol{\lambda})$。

d. 横截性条件：

(i) 如果 $x_i(t_1)$ 是自由的，$\lambda_i(t_1) = \partial \varphi / \partial x_i;$

(ii) $x_i(t_1) \geqslant 0$，$\lambda_i(t_1) \geqslant \partial \varphi / \partial x_i$，$x_i(t_1)[\lambda_i(t_1) - \partial \varphi / \partial x_i] = 0;$

(iii) 如果要求 $K(x_q(t_1), \cdots, x_n(t_1)) \geqslant 0$，$\lambda_i(t_1) = \partial \varphi / \partial x_i + p \partial K / \partial x_i$，$i = q, \cdots, n$，$p \geqslant 0$，$pK = 0;$

(iv) 如果要求 $K(x_q(t_1), \cdots, x_n(t_1)) = 0$，$\lambda_i(t_1) = \partial \varphi / \partial x_i + p \partial K / \partial x_i$，$i = q, \cdots, n;$

(v) 如果 t_1 是自由的，在 t_1 处，$f + \sum_{i=1}^{n} \lambda_i g_i + \varphi_t = 0;$

(vi) 如果要求 $T - t_1 \geqslant 0$，在 t_1 处，$f + \sum_{i=1}^{n} \lambda_i g_i + \varphi_t \geqslant 0$，在 $t_1 < T$ 的情况下严格等式成立；

(vii) 如果要求 $K(x_q(t_1), \cdots, x_n(t_1), t_1) \geqslant 0$，$\lambda_i(t_1) = \partial \varphi / \partial x_i + p \partial K / \partial x_i$，$i = q, \cdots, n$，$f + \sum_{i=1}^{n} \lambda_i g_i + \varphi_t + p \partial K / \partial t_1 = 0$，$p \geqslant 0$，$K \geqslant 0$，$pK = 0$ 在 t_1 处。

注意，在式（18）中 δt_1 的系数是汉密尔顿函数加上残值项关于时间的偏导数。如果积分上限可以自由选择，那么这个系数一定等于零（回顾式（28））。特别地，在没有残值项的情况下，如果 t_1 可以自由选择，汉密尔顿函数一定等于零。而且，如果 t_1 有上界约束，根据式（29）和式（30），汉密尔顿函数（没有残值项）一定是非负的。现在，利用与第 I 3 节和第 I 12 节类似的论证，我们知道汉密尔顿函数刚好是延长一点积分上限的影子价格。

而且，通过回顾第 I 3 节欧拉方程标准形式的推导，式（13）和式（15），我们知道在最优控制中必要条件 $\partial H / \partial u = 0$ 刚好与式（I 3.13）中 p 的定义相对应。也就是说，$\partial H / \partial u = f_u + \lambda g_u = 0$ 表明 $\lambda = -f_u / g_u$，$g_u \neq 0$。但是，如果 $x' = u$，那么在式（I 3.13）中 $g_u = 1$ 且 $\lambda = -p$。换句话讲，$\lambda = -p / g_u$。（注意，这里的 p 与式（26）中的不同。）由此可知，最优控制理论中定义的汉密尔顿函数刚好是变分法中定义的汉密尔顿函数的相反数。

例 1 在第 I 10 节，我们表明了，在形如

$$最优化 \int_{t_0}^{t_1} f(t,x)(1+u^2)^{1/2} dt$$
$$\text{s. t. } x' = u, \quad x(t_0) = x_0, \quad R(t_1) = x_1$$

的问题中，最优路径将在 t_1 处与终点曲线 $R(t_1) = x_1$ 相互垂直。在最优控制中，取

$$H = f(t,x)(1+u^2)^{1/2} + \lambda u,$$
$$K = x_1 - R(t_1)。$$

那么，x，u 和 λ 也满足

$$H_u = f(t,x)u/(1+u^2)^{1/2} + \lambda = 0, \tag{31}$$
$$\lambda' = -H_x = -f_x(t,x)(1+u^2)^{1/2}, \tag{32}$$
$$\lambda(t_1) = p, \tag{33}$$
$$f(t,x)(1+u^2)^{1/2} + \lambda u - pR'(t_1) = 0，在 t_1 处， \tag{34}$$

其中，横截性条件式（33）和式（34）改编自（d.iv），因为终点条件是一个等式，所以 p 的符号没有限制。

把式（31）和式（33）代入式（34），合并项，得出

$$uR' = -1，在 t_1 处；$$

即

$$u(t_1) = x'(t_1) = -1/R'(t_1)，$$

因此，最优路径垂直于终点曲线。

例 2 重新考虑在给定有限边界 T 上选择消费来最大化折现效用流取值的问题：

$$\max \int_0^T e^{-rt} U(C(t)) dt$$
$$\text{s. t. } K' = iK - C, \quad C \geqslant 0, \quad K(0) = K_0 > 0, \quad K(T) \geqslant 0,$$

其中，K 是资本存量，i 是它的收益率，$\lim_{C \to 0} U'(C) = \infty$，$U'' < 0$。效用函数关于小的消费率的条件确保 $C > 0$。终点资本存量一定是非负的，但是不必然为零。

问题的汉密尔顿函数是

$$H = e^{-rt} U(C) + \lambda(iK - C)。$$

函数 K，C 和 λ 一定满足约束，而且，

$$H_C = e^{-it}U'(C) - \lambda = 0, \quad \text{因此 } U'(C(t)) = e^{it}\lambda(t),$$

$$\lambda' = -i\lambda, \quad \text{因此 } \lambda(t) = \lambda_0 e^{-it},$$

$$\lambda(T) \geqslant 0 \text{ 且 } \lambda(T)K(T) = 0。$$

把前两行结合起来得出

$$U'(C(t)) = e^{(r-i)t}\lambda_0。$$

现在存在两种可能性：要么 $K(T) = 0$，要么 $\lambda(T) = 0$。如果后者成立，那么 $\lambda_0 = 0$，因此，对于所有 $0 \leqslant t \leqslant T$，$U'(C(t)) = 0$。仅当效用函数有"最大福利点" C^*，在这里效用达到最大（$U'(C^*) = 0$；回顾假设 $U'' < 0$），而且，如果 iK_0 大到足以保证在整个时期以速率 C^* 消费（即，如果 $iK_0 \geqslant C^*(1 - e^{-iT})$），上面的结论就是可行的。在这种情况下，资本的边际价值是零。自始至终达到最大福利点，额外资本不能增加效用。如果刚才刻画的条件不成立，那么 $\lambda_0 > 0$，$\lambda(T) > 0$ 且 $K(T) = 0$。资本有正的边际价值，反映可以获得的效用增量。资本在期末耗尽。

习　题

1. $\max \int_0^1 (-u^2/2)dt$

   s. t. $x' = y, \quad y' = u, \quad x(0) = 0, \quad y(0) = 0, \quad x(1) + y(1) \geqslant 2。$

2. 对于问题

   $$\max \int_{t_0}^{t_1} f(t, x, x')dt + \varphi(t_1, x(t_1))$$

   s. t. $x(t_0) = x_0$ 给定

如果还（交替地）要求

a. $x(t_1) \geqslant 0,$

b. $x(t_1) = R(t_1),$

c. $x(t_1) \geqslant R(t_1),$

d. $t_1 \leqslant T,$

比较变分法的必要条件和最优控制的必要条件。

3. 利用变分法求解例 2。

4. 写出与式（1）到式（7）类似的最小化问题并求解的必要条件。

5. 求带附加约束

   $$K_1(x_1(t_1), \cdots, x_n(t_1)) \geqslant 0$$
   $$K_2(x_1(t_1), \cdots, x_n(t_1)) = 0$$

的问题式（1）到式（3）的必要条件。

6. 在 t_1 固定的情况下，重新考虑问题式（1）到式（7）。假设函数 f，g_1，$\cdots$，g_n 关于 $(x_1, \cdots, x_n, u_1, \cdots, u_m)$ 都是凹的，假设 φ 和 K 关于 $(x_1, \cdots, x_n)$ 都是凹的。陈述并证明一个充分性定理。（回顾第 3 节。）

7. 求从圆 $x^2 + t^2 = 1$ 到直线 $t = 2$ 的最短路径。

8. 求从圆 $x^2 + t^2 = 1$ 到直线 $x = t - 2$ 的最短路径。

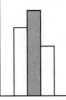

8. 贴现、当期值和比较动态

对于很多经济问题，回报和支出的未来值用速率 r 来贴现：

$$\max \int_0^T e^{-rt} f(t,x,u)\,dt \tag{1}$$

$$\text{s. t. } x' = g(t,x,u), \; x(0) = x_0 \text{。} \tag{2}$$

根据汉密尔顿函数

$$H = e^{-rt} f(t,x,u) + \lambda g(t,x,u), \tag{3}$$

我们要求 (x, u, λ) 满足

$$H_u = e^{-rt} f_u + \lambda g_u = 0, \tag{4}$$

$$\lambda' = -H_x = -e^{-rt} f_x - \lambda g_x, \quad \lambda(T) = 0 \text{。} \tag{5}$$

所有值都贴现到 0 时刻；特别地，乘子 $\lambda(t)$ 是 t 时刻状态变量贴现到零时刻的边际价值。

根据当期值开展讨论通常是很方便的，就是在 t 时刻的取值而不是它们在零时刻的等价价值。而且，如果 t 不是 f 或者 g 的显式自变量，那么，当乘子取当前值形式时，刻画最优解的微分方程将是自治的。我们现在就说明这些。

把式（3）写成

$$H = e^{-rt} \big[f(t,x,u) + e^{rt} \lambda g(t,x,u) \big] \tag{6}$$

的形式，定义

$$m(t) = e^{rt} \lambda(t) \tag{7}$$

为与式（2）相关的当期值乘子。这里 $\lambda(t)$ 给出状态变量贴现到零时期的边际价值（当

整个问题被解完），新的当期值乘子 $m(t)$ 给出状态变量在 t 时刻的用 t 时刻的值表示的边际价值。令

$$\mathscr{H}\equiv e^{rt}H=f(t,x,u)+mg(t,x,u)。 \tag{8}$$

我们称 $\mathscr{H}$ 为当期汉密尔顿函数。式（7）关于时间 t 取微分，把式（7）和式（5）代入，得

$$m'=re^{rt}\lambda+\lambda'e^{rt}=rm-e^{rt}H_x。 \tag{9}$$

观察式（8），$H=e^{-rt}\mathscr{H}$，所以式（9）变为

$$m'=rm-e^{rt}\partial(e^{-rt}\mathscr{H})/\partial x=rm-e^{rt}e^{-rt}\mathscr{H}_x=rm-f_x-mg_x。 \tag{10}$$

另外，式（4）可以写为

$$H_u=\partial(e^{-rt}\mathscr{H})/\partial u=e^{-rt}\partial\mathscr{H}/\partial u=0,$$

这意味着

$$\partial\mathscr{H}/\partial u=0。 \tag{11}$$

最后，根据当期值汉密尔顿函数，式（2）可以重新找到：

$$x'=\partial\mathscr{H}/\partial m=g。 \tag{12}$$

总之，式（3）到式（5）可以等价地表述为

$$\mathscr{H}=f(t,x,u)+mg(t,x,u), \tag{13}$$
$$\partial\mathscr{H}/\partial u=f_u+mg_u=0, \tag{14}$$
$$m'=rm-\partial\mathscr{H}/\partial x=rm-f_x-mg_x。 \tag{15}$$

利用已经被推导出来的条件和定义式（7），终点条件可以用当期值乘子表示。例如，如果 $x(T)$ 是自由的，那么要求 $\lambda(T)=e^{-rT}m(T)=0$。如果 $x(T)\geqslant 0$ 是必需的，那么 $e^{-rt}m(T)\geqslant 0$ 且 $e^{-rT}m(T)x(T)=0$。

首先，注意式（14）和式（15）不包含任何贴现项。第二，注意，如果 t 不是 f 或 g 的显式自变量，那么式（2），式（14）和式（15）退化为

$$x'=g(x,u),$$
$$f_u(x,u)+mg_u(x,u)=0,$$
$$m'=rm-f_x(x,u)-mg_x(x,u),$$

这是方程的自治集合；也就是说，它们不显式地依赖于时间。通过第二个方程把 $u=u(m,x)$ 解为 m 和 x 的函数，然后代入方程 x' 和 m'，得到一对自治微分方程。通常来讲，自治微分方程比非自治微分方程好解。而且，即使不可能找到显式解，当存在自治方程时，解定性性质的相图分析也是可能的。

下面的例子在无穷边界问题中使用当期值乘子。它表明了相图分析以及如何在稳态的邻域内使用近似的线性微分方程系统。最后，它解释了比较动态分析。

例： 再次考察第 4 节中的例子，但是取 $T\rightarrow\infty$：

动态优化——经济学和管理学中的变分法和最优控制（第二版）

$$\max \int_0^\infty e^{-rt}\left[P(x)-C(u)\right]dt \tag{16}$$

$$\text{s. t. } x'=u-bx, \ x(0)=x_0 \geqslant 0, \tag{17}$$

$$u \geqslant 0 \text{。} \tag{18}$$

当期值汉密尔顿函数是

$$H=P(x)-C(u)+m(u-bx) \text{。}$$

如果最优投资率是正的，它就满足

$$C'(u)=m, \tag{19}$$

其中，当期值乘子服从

$$m'=(r+b)m-P'(x) \text{。} \tag{20}$$

解 x，u，m 必须满足前述条件（如果它要求 $u>0$）。（与第 4 节得到的条件进行比较。）不规定 P 和 C，我们不能得到显式解。而且，通过在 x—m 平面和 x—u 平面上描绘路径，我们可以定性地刻绘解。

我们剔除 u 而考虑 x—m 平面。因为 $C''>0$，所以 C' 是一个单调函数，存在反函数，因此，由式（19）可知，

$$u=C'^{-1}(m)=g(m), \tag{19'}$$

其中，$g \equiv C'^{-1}$。g 的性质可以很容易由 C' 的性质得到。因为 $C'(0)=0$，所以 $g(0)=0$。而且，对式（19）求微分，得

$$C''(u)du=dm,$$

因此，

$$du/dm=1/C''=g'>0 \text{。}$$

把式（19'）代入式（17），得

$$x'=g(m)-bx \text{。} \tag{21}$$

现在，式（20）和式（21）构成一对关于 x 和 m 的微分方程。为了描绘与这两个方程相容的运动方向，我们首先考虑曲线 $x'=0$，即，那些点满足

$$g(m)=bx \text{。} \tag{22}$$

因为 $g(0)=0$ 且 $g'>0$，所以这条曲线通过原点而且是递增的。在曲线上的点 $(x_a,\ m_a)$ 处，式（22）是满足的。在这条线上方，在点 $(x_a,\ m_a+k)$ 处，$k>0$，我们有

$$g(m_a+k)-bx_a>0 \text{。}$$

因为 g 是函数，所以在该点处 $x'>0$。类似地，我们可以表明在曲线 $x'=0$ 下方的那些点处 x 是递减的。

接下来，考虑满足 $m'=0$ 的那些点，即，

$$(r+b)m=P'(x) \text{。} \tag{23}$$

由于 $P'' < 0$，因此这是一条向下方倾斜的曲线。在曲线上方，m 是递增的，在曲线 $m' = 0$ 下方，m 是递减的。图 8.1 反映了这些分析，并表明了和微分方程相一致的特定定径。

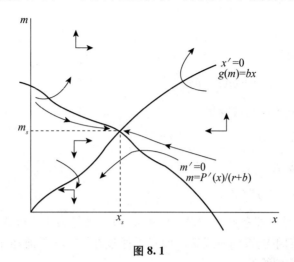

图 8.1

由于问题是无穷边界和自治的，因此我们需要寻找稳态。稳态由 $x' = m' = 0$ 定义，或者由式（22）和式（23）中的解 x_s，m_s 来定义。从 x_0 到 x_s 存在唯一的路径。为了确认稳态是个鞍点，我们证明线性化的微分方程系统的特征根是具有相反符号的实根。为了得到近似线性微分方程系统（参见式（B5.21）到式（B5.24）），我们取式（20）和式（21）右侧泰勒级数展开的线性项：

$$x' = -b(x - x_s) + g'(m_s)(m - m_s),$$
$$m' = -P''(x_s)(x - x_s) + (r + b)(m - m_s),$$

其中，$x = x(t)$，$m = m(t)$。特征根是

$$k_1, k_2 = r/2 \pm [(r + 2b)^2 - 4g'(m_s)P''(x_s)]^{1/2}/2.$$

因为 $g' > 0$ 和 $P'' < 0$，所以根是实根。因为平方根函数的自变量大于 r^2，所以特征根的较小者是负根。由于特征根的和是正数（r），较大的根一定是正根。因此，特征根是实根且符号相反；均衡点是鞍点。（参见第 B5 节特别是在式（B5.18）的讨论。）

若 $x_0 < x_s$，则随着 x 不断增加和 m 不断减少，稳态将会被单调地逼近。因为 u 是 m 的增函数（回顾式（19）），所以在这种情况下投资率也会单调下降。由有限边界或者不同终点条件引发的行为模式在图上也很明显。

稳态可以做比较静态分析。贴现率 r 的增加拉低了曲线 $m' = 0$，不影响曲线 $x' = 0$。新交点涉及较低的 x_s 和 m_s 值（参见图 8.2）。因此，贴现率的增加减少了资本存量、它的边际价值和均衡投资率（由式（19））：

$$\partial x_s/\partial r < 0, \quad \partial m_s/\partial r < 0, \quad \partial u_s/\partial r < 0.$$

折旧率 b 的增加把曲线 $m' = 0$ 和 $x' = 0$ 向下平移，因此新交点有较小的 x_s 值。尽管均衡资本存量下降了，但它对存量边际价值和均衡投资率的影响是不清楚的。通过对式（22）和式（23）的方程系统取微分，我们也可以得到这些比较静态分析的结果。对于边际利润函数 $P'(x)$ 和边际成本函数 $C'(u)$（即 $g(m)$），我们可以做类似的分析。

动态优化——经济学和管理学中的变分法和最优控制（第二版）

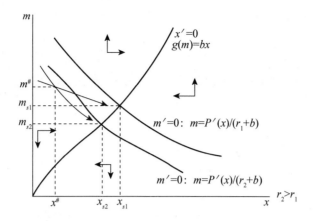

图 8.2

比较动态涉及整条最优路径而不只是稳态随着参数变化而变化的分析，它更为困难，但有时是可能的。为了确定贴现率的增加对最优路径的影响，取 $r_2 > r_1$。对稳态的影响刚刚讨论过。假定 $x_0 < x_{s2}$。通过表明路径不会相交，我们证明对应于 r_2 的最优路径一定在对应于 r_1 的最优路径的下方。最优路径不能像图 8.2 中那么描绘。很明显，在 x_{s2} 和 x_{s1} 之间是没有交点的。假设 $x^{\#}$ 是距离 x_{s2} 最近的交点的 x 坐标。由图 8.2，在点 $(x^{\#}, m^{\#})$，与 r_2 对应的最优路径的斜率一定小于与 r_1 对应的最优路径的斜率。最优路径的斜率为

$$dm/dx = m'/x' = [(r+b)m - P'(x)]/[g(m) - bx].$$

在交点，对于两个路径来说，b，$x^{\#}$ 和 $m^{\#}$ 都是一样的。因此，如果 $r_2 < r_1$，要求的不等式就成立，这导致矛盾，因此，与 r_1 和 r_2 相对应的最优路径不会相交。如果贴现率上升，m 和投资的最优路径向下平移，x 的稳态水平降低。类似的分析将会表明，边际利润函数的向下平移或者边际成本函数的向上平移，将会导致对应于每个存量水平的广告最优路径的向下平移。

比较动态的另一个方法就是确定目标的最大化值如何随着参数值的变化而变化。例如，我们可能会问贴现率 r 的变化如何改变最大化的目标值式（16）。通常可以按照下面的步骤来完成。

考虑最简单的最优控制问题（参见式（1.1），式（1.2），式（1.3））：

$$\max \int_{t_0}^{t_1} f(t, x(t), u(t); r) dt$$

s. t. $x'(t) = g(t, x(t), u(t))$,

$t_0, t_1, x(t_0) = x_0$ 固定； $x(t_1)$ 自由，

其中，参数 r 显式地出现在被积函数中。此问题可以被改写为

$$\max \int_{t_0}^{t_1} \left[f(t, x(t), u(t); r) + \lambda(t) g(t, x(t), u(t)) + x(t) \lambda'(t) \right] dt$$
$$- \lambda(t_1) x(t_1) + \lambda(t_0) x(t_0)$$

（回顾式（2.3））。现在，一旦求完最大化问题，最优控制 $u^* = u^*(r)$、状态 $x^* =$

$x^*(r)$ 和协状态 $\lambda^* = \lambda^*(r)$ 都是参数 r 的函数。因此，目标的最优化值为

$$V^*(r) = \int_{t_0}^{t_1} \big[f(t, x^*(r), u^*(r); r) + \lambda^*(r) g^*(t, x^*(r), u^*(r))$$
$$+ x^*(r) \lambda^{*\prime}(r) \big] dt - \lambda^*(t_1; r) x^*(t_1; r) + \lambda^*(t_0; r) x^*(t_0; r)。 \quad (24)$$

那么，

$$\partial V^*(r)/\partial r = \int_{t_0}^{t_1} \big[f_r^* + f_x^* \partial x^*/\partial r + f_u^* \partial u^*/\partial r + \lambda^*(g_x^* \partial x^*/\partial r + g_u^* \partial u^*/\partial r)$$
$$+ g^* \partial \lambda^*/\partial r + x^* \partial \lambda^{*\prime}/\partial r + \lambda^{*\prime} \partial x^*/\partial r \big] dt$$
$$- \lambda^*(t_1; r) \partial x^*(t_1; r)/\partial r - x^*(t_1; r) \partial \lambda^*(t_1; r)/\partial r$$
$$+ \lambda^*(t_0; r) \partial x^*(t_0; r)/\partial r + x^*(t_0; r) \partial \lambda^*(t_0; r)/\partial r, \quad (25)$$

其中，f_r^*，f_x^*，f_u^*，g_x^*，g_u^* 分别表示 f 和 g 关于 r，x 和 u 在 u^*，x^* 处取值的偏导数，注意，f 直接受到 r 变化的影响，间接受到 x^* 和 u^* 变化的影响。然而，通过对被积函数中的项重新组合，我们得到

$$\int_{t_0}^{t_1} \big[f_r^* + (f_x^* + \lambda^* g_x^* + \lambda^{*\prime}) \partial x^*/\partial r + (f_u^* + \lambda^* g_u^*) \partial u^*/\partial r$$
$$+ g^* \partial \lambda^*/\partial r + x^* \partial \lambda^{*\prime}/\partial r \big] dt$$
$$= \int_{t_0}^{t_1} \big[f_r^* + x^{*\prime} \partial \lambda^*/\partial r + x^* \partial \lambda^{*\prime}/\partial r \big] dt, \quad (26)$$

因为 $\partial x^*/\partial r$ 和 $\partial u^*/\partial r$ 的系数刚好是必要条件，它们沿着最优解一定等于零，并且 $g^* = x^{*\prime}$。因此，

$$\partial V^*/\partial r = \int_{t_0}^{t_1} \big[f_r^* + x^{*\prime} \partial \lambda^*/\partial r + x^* \partial \lambda^{*\prime}/\partial r \big] dt$$
$$- \lambda^*(t_1; r) \partial x^*(t_1; r)/\partial r - x^*(t_1; r) \partial \lambda^*(t_1; r)/\partial r$$
$$+ \lambda^*(t_0; r) \partial x^*(t_0; r)/\partial r + x^*(t_0; r) \partial \lambda^*(t_0; r)/\partial r。 \quad (27)$$

现在注意

$$x^{*\prime} \partial \lambda^*/\partial r + x^* \partial \lambda^{*\prime}/\partial r = d(x^* \partial \lambda^*/\partial r)/dt。$$

因此，

$$\int_{t_0}^{t_1} \big[d(x^* \partial \lambda^*/\partial r)/dt \big] dt = x^*(t_1; r) \partial \lambda^*(t_1; r)/\partial r - x^*(t_0; r) \partial \lambda^*(t_0; r)/\partial r。 \quad (28)$$

把式（28）代回式（27）并消掉一些项，得

$$\partial V^*(r)/\partial r = \int_{t_0}^{t_1} f_r^* dt - \lambda^*(t_1; r) \partial x^*(t_1; r)/\partial r + \lambda^*(t_0; r) \partial x^*(t_0; r)/\partial r。 \quad (29)$$

但是，由于 $x(t_1)$ 是自由的，由横截性条件 $\lambda^*(t_1; r) = 0$ 且因为 $x(t_0)$ 是给定的，$\partial x^*(t_0; r)/\partial r \equiv 0$。因此，

$$\partial V^*(r)/\partial r = \int_{t_0}^{t_1} f_r^* dt。 \quad (30)$$

就上面的例子而言，

$$\partial V^*(r)/\partial r = -\int_{t_0}^{\infty} te^{-rt}[p(x^*) - C(u^*)]dt < 0。 \tag{31}$$

表达式（30）是在静态优化问题中出现的"包络定理"的最优控制等价形式。在包络定理的静态形式中，最优化目标函数关于 r 的偏导数将是 f_r^*。这里它是 f_r^* 的积分。如果想决定 $\partial u^*(t)/\partial r$，像静态优化问题那样，我们将不得不借助于二阶条件。

■ 习　题

1. 在式（16）到式（18）中，令 $P(x) = ax - x^2/2$ 和 $C(u) = cu^2$。显式求解并把你的发现与式（16）到式（18）一般情形的分析结合起来。

2. 在 x—u 平面中，为式（16）到式（18）中的解提供相图分析。（对式（19）全微分并利用式（19）和式（20）从系统中消掉 m 和 m'。）

3. 在式（16）到式（18）中，假设利润函数是线性的，$P(x) = px$，求解这个问题。证明 x 和 m 立即达到各自的稳态水平，但是，x 仅是渐近趋向于稳态的。

4. 如果贴现率 $r(t)$ 是时依的，转换成当期值仍然是可能的，尽管它不能导出一个自治问题。考虑

$$\int_0^T e^{-\rho(t)} f(t, x(t), u(t))dt$$
$$\text{s. t. } x' = g(t, x, u), \quad x(0) = x_0,$$

其中，

$$\rho(t) = \int_0^t r(s)ds。$$

如果 $r(t) = r$ 不变，那么 $\rho(t) = rt$，这个推广就退化为我们熟知的常数贴现率的情形。沿着上面的思路，利用当期值乘子求最优解的必要条件。

5. 效用 $U(C, P)$ 随着消费率 C 增加且随着污染存量 P 减少。对于 $C > 0$，$P > 0$，

$$U_C > 0, \quad U_{CC} < 0, \quad \lim_{C \to 0} U_C = \infty;$$
$$U_P < 0, \quad U_{PP} < 0, \quad \lim_{P \to 0} U_P = 0, \quad U_{CP} = 0。$$

不变产出率 $\bar{C}$ 在消费和污染控制之间进行分割。消费导致污染，而污染控制减少污染；$Z(C)$ 是对污染流的净贡献，满足 $Z' > 0$，$Z'' > 0$。对于很小的 C，几乎没有污染产生而且减少很多；因此，净污染下降：$Z(C) < 0$。但是，对于很大的 C，会产生相当多的污染，几乎没有资源剩下来用于污染控制，因此，从净值来看，污染增加：$Z(C) > 0$。令 C^* 为满足 $Z(C^*) = 0$ 的消费率。另外，环境以常数比率 b 吸收污染。刻画最大化贴现效用流的消费路径 $C(t)$：

$$\int_0^{\infty} e^{-rt} U(C, P)dt$$

满足

$$P' = Z(C) - bP, \quad P(0) = P_0, \quad 0 \leq C \leq \bar{C}, \quad 0 \leq P。$$

刻画相应的最优污染路径和稳态。

■ 进一步阅读

例子和习题 3 的讨论援引自 Gould。几个资本存量—投资问题导致类似的处理。例如，x 可以是企业拥有的信誉存量；那么 u 就是为了增加信誉而进行的广告率（参见 Gould）。或者 x 是人力资本，那么 u 就与教育和培训有关（参见 Ben-Porath，Blinder 和 Weiss，Haley，Heckman）。如果 x 是其服务被用来出租以获取利润的耐用品存量（例如，汽车、重型机械、计算机和复印机），那么 u 就是新机器的获得和制造率（参见 Kamien 和 Schwartz (1974c)）。应用于健康资本，参见 Cropper (1977) 和 Grossman。最近关于最优广告投入的研究，参见 Kotowitz 和 Mathewson。

关于比较动态的深入讨论，参见 Gould, Oniki 和 Epstein。Caputo 在三篇文章中给出了动态包络定理的推导及其应用的例子。

Forster 分析了习题 5。关于其扩展，参见 Cropper (1976)。

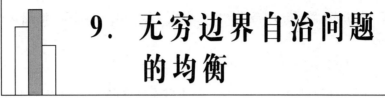

9. 无穷边界自治问题的均衡

上一节的例子是一个无穷边界的"自治"问题。它是自治的，因为时间仅通过贴现项进入。在无穷边界问题中，作为边界条件之一的横截性条件通常被最优解趋向于稳态的假设代替。这个假设是合意的，因为在长期假设环境是平稳的，所以我们预期最优解将趋向于"稳定下来"。然而，某些自治问题没有稳定均衡。

在第 8 节的例子中，状态变量 x 的最优路径是跨时单调的。在仅有一个状态变量的无穷边界自治问题中，如果仅有一条最优路径到达稳态，那么状态变量是单调的。而且，在这些情况下，该稳态一定是"鞍点"。可能不存在到达稳态的最优路径；它可能是不稳定的，路径都会远离于它。通常情况下，可能不存在稳态、存在唯一稳态或者多个稳态。这一节就是要表明这些结果，以及对可能存在的均衡进行分类。这些结果严重地依赖于如下假设：问题有一个状态变量、一个控制变量、无穷边界且是自治的。

考虑

$$\max \int_0^\infty e^{-rt} f(x,u) dt \tag{1}$$

$$\text{s. t. } x' = g(x,u), \quad x(0) = x_0 。 \tag{2}$$

式（1）的当期汉密尔顿函数是

$$H(x,u,m) = f(x,u) + mg(x,u) 。 \tag{3}$$

因为 u 最大化式（2），所以我们有

$$H_u = f_u(x,u) + mg_u(x,u) = 0, \tag{4}$$

$$H_{uu} < 0 。 \tag{5}$$

我们仅需要式（5）的弱不等式，但是假设强不等式成立。（这在式（9）中用到了。）

而且，

$$m'=rm-H_x=rm-f_x-mg_x。 \tag{6}$$

因为 H_u 沿着最优路径是严格单调的，由式（5），式（4）隐含地把 u 表示为 x 和 m 的函数。记

$$u=U(x,m)。 \tag{7}$$

我们假设 U 是连续可微函数。U 的性质可以通过对式（4）和式（7）全微分而得到：

$$dH_u=H_{uu}du+H_{ux}dx+g_u dm=0。 \tag{8}$$

由式（8），我们有

$$du=-(H_{ux}/H_{uu})dx-(g_u/H_{uu})dm, \tag{9}$$

同时，由式（7）可知，$du=U_x dx+U_m dm$。因此，由式（9），

$$U_x=-H_{ux}/H_{uu}, \quad U_m=-g_u/H_{uu}。 \tag{10}$$

把式（7）代入式（2）和式（6）得出 x 和 m 的一对微分方程：

$$x'=g(x,U(x,m)), \quad x(0)=x_0, \tag{11}$$
$$m'=rm-H_x(x,U(x,m),m)。 \tag{12}$$

假设存在稳态 (x_s, m_s)，它满足

$$g(x,U(x,m))=0, \tag{13}$$
$$rm-H_x(x,U(x,m),m)=0。 \tag{14}$$

令 $u_s=U(x_s, m_s)$。

为了确定任何稳态的性质，我们研究在 x_s, m_s 处逼近式（11）和式（12）的线性微分方程系统。取式（11）和式（12）在 x_s, m_s 附近 Taylor 级数展开的线性项：

$$x'=(g_x+g_u U_x)(x-x_s)+g_u U_m(m-m_s), \tag{15}$$
$$m'=-(H_{xx}+H_{xu}U_x)(x-x_s)+(r-g_x-H_{xu}U_m)(m-m_s), \tag{16}$$

其中，偏导数在 (x_s, m_s) 处取值，$x=x(t)$，$m=m(t)$。利用式（10）消去 U_x 和 U_m，得

$$x'=a(x-x_s)+b(m-m_s), \tag{17}$$
$$m'=c(x-x_s)+(r-a)(m-m_s), \tag{18}$$

其中，系数为

$$a=g_x-g_u H_{ux}/H_{uu}, \quad b=-(g_u^2/H_{uu}),$$
$$c=(H_{xu}^2-H_{uu}H_{xx})/H_{uu}, \tag{19}$$

所有偏导数在 (x_s, m_s) 处取值。在研究式（17）和式（18）时，如果我们把变量理解为 $x-x_s$ 和 $m-m_s$，书写就会简单。转换后变量的稳态是原点（0，0）。我们将继续使用记号 x 和 m，而不为转换变量引入新的记号。语境通常会表明是 $x-x_s$ 还是 x。

动态优化——经济学和管理学中的变分法和最优控制（第二版）

作为练习，利用原有变量做重复分析是有用的。

与式（17）和式（18）有关的特征方程为

$$k^2 - rk + a(r-a) - bc = 0,\qquad(20)$$

其根为

$$k_1, k_2 = r/2 \pm [(r-2a)^2 + 4bc]^{1/2}/2。\qquad(21)$$

如果 k_1，k_2 是不等实根，解的形式为

$$x(t) = Ae^{k_1 t} + Be^{k_2 t},\qquad(22)$$

如果 $k_1 = k_2 = r/2$，解为

$$x(t) = (A + Bt)e^{rt/2},\qquad(23)$$

如果 p 是实数，解为

$$x(t) = e^{rt/2}(A\cos pt + B\sin pt),\quad p = [-(r-2a)^2 - 4bc]^{1/2}。\qquad(24)$$

（也参见第 B3 节。）如果根是实的，那么较大的根必然是正根（回顾式（21））。较小的根可能是正根或者负根。如果 $r < [(r-2a)^2 + 4bc]^{1/2}$，根将是负根；也就是说，如果

$$bc > a(r-a),\qquad(25)$$

根就是实根且有相反的符号。一方面，如果式（25）成立，令 $k_1 > 0 > k_2$。如果我们取 $A = 0$，式（22）就会趋于 0。收敛于稳态的假设提供了一个确定积分常数的条件。因此，如果不等式（25）成立，那么根必定是实根，稳态将会满足鞍点条件。

另一方面，如果 $(r-2a)^2 + 4bc \geq 0$ 且式（25）不成立，根将是实的且非负。这两个条件可以写为

$$a(r-a) \geq bc \geq a(r-a) - (r/2)^2，表明根是实的且非负。\qquad(26)$$

只要根都是非负的，路径（式（22）或者式（23））就不会收敛于稳态。它将会远离稳态，除非初始状态刚好在稳态。

最后，如果 $(r-2a)^2 + 4bc < 0$，根就是复根；也就是说，

$$a(r-a) - (r/2)^2 > bc，表明根是复根，\qquad(27)$$

那么，路径满足式（24）。但是，注意，因为复根的实部是正的（$= r/2$），所以路径将会远离稳态。稳态是个不稳定均衡。

总之，式（17）和式（18）的解能收敛于原点仅当式（25）成立。在其他所有情形中，所有路径都背离原点。任意一对常系数线性微分方程的解可能表现出其他模式。根可以都是实的负根或者带负实部的复根。在每种情况下，均衡将是稳定的，所有路径都会收敛于它。（参见第 B3 节。）但是源于由式（1）和式（2）所给定问题的解的一对线性微分方程（17）和式（18）不能拥有带负实部的根；解的模式不可能是完全稳定的且所有路径都收敛于稳态。

图 9.1 在稳态附近给出了式（17）和式（18）的相图。由于式（17）和式（18）刚好就是式（15）和式（16），在邻域里逼近式（11）和式（12），图 9.1 也反映了式

（11）到式（12）在稳态附近的行为。给出的相图依赖于不同参数的符号和大小。

由式（17）和式（18）可知，曲线 $x'=0$ 由

$$m=-ax/b \tag{28}$$

给出，而曲线 $m'=0$ 由

$$m=-cx/(r-a) \tag{29}$$

给出。基于式（5）和定义式（19），$b>0$。然而，a 和 c 可以有任何符号。用通常的方式，我们发现，如果 $a>0$，在曲线 $x'=0$ 上方 x 坐标将会增加，如果 $a<0$，x 坐标将会减少，等等。也要注意，曲线 $x'=0$ 将会比曲线 $m'=0$ 更陡，当且仅当 $-a/b>-c/(r-a)$。记住这些考虑，基于参数的符号和相对大小，我们在图 9.1 中画出九个可能的相图。我们区分鞍点均衡和非鞍点均衡；但是，我们没有说明不稳定均衡的特征根是实根还是复根。

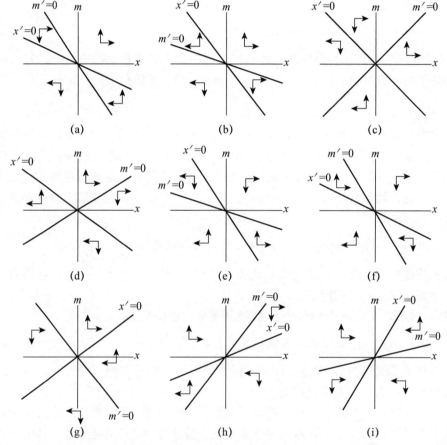

图 9.1 **(a)** $r>a>a$，$c>0$，$bc>a(r-a)$：鞍点。**(b)** $r>a>0$，$c>0$，$bc<a(r-a)$：发散。

(c) $a>r$，$c>0$：鞍点。**(d)** $r>a>0$，$c<0$：发散。**(e)** $a>r$，$c<0$，$bc>a(r-a)$：鞍点。

(f) $a>r$，$c<0$，$bc<a(r-a)$：发散。**(g)** $a<0$，$c>0$：鞍点。

(h) $a<0$，$c<0$，$bc<a(r-a)$：发散。**(i)** $a<0$，$c<0$，$bc>a(r-a)$：鞍点。

图 9.1 不仅根据式（19）中表达式的符号和相对大小把各种可能性进行了分类，而且表明了需要验证式（25）是否成立。我们可以表明

$$bc-a(r-a)=(g_u^2 H_{xx}-2g_u g_x H_{ux}+g_x^2 H_{uu})/H_{uu}-r(g_x-g_u H_{xu}/H_{uu})\text{。}\qquad(25')$$

在某些情况下，式（25）必然满足（图 9.1(c)，(f)）或者必然不满足（图 9.1(d)）。在其他情况下，必须要验证条件。为了表明这一点，比较图 9.1(h) 和 9.1(i)。它们看起来是类似的，在每种情况下都将存在一条路径到原点；而在情形（i）中，式（25）是满足的，但在情形（h）中，它是违背的；前者的均衡是鞍点，但后者不是。

如果汉密尔顿函数关于 x,y 是凹的，那么 $c>0$（回顾式（19））。观察图 9.1(e) 和 9.1(b) 可知，对于鞍点均衡（因此一条收敛路径）来讲，H 的凹性既不是必要的也不是充分的。然而，如果 H 是凹的且贴现率很小，均衡就是鞍点。

上面的分析是在单个均衡的邻域内实施的。当然，式（13）和式（14）可以有多个解；式（11）和式（12）可以有多重均衡。这些分析可以分别应用于每一个均衡。如果存在多重均衡，那么合意的稳态和最优解的定性性质主要依赖于初始条件。

现在，我们可以证明，对于问题式（1）和式（2），到稳态的最优路径（如果存在）关于状态变量将总是单调的。假设我们沿着式（1）和式（2）的最优路径在 t_1 时刻达到 $x_1=x(t_1)$，那么在这一时刻停下来重新考虑问题：

$$\max \int_{t_1}^{\infty} e^{-r(t-t_1)} f(x,u)dt \qquad(30)$$
$$\text{s. t. } x'=g(x,u), \quad x(t_1)=x_1\text{。}$$

问题式（30）的写法把值贴现回 t_1。（当然，如果需要，乘以 e^{-rt_1} 将把未来的值贴现回 0 时刻。）

问题式（1）和式（30）在结构上是相同的，区别仅在于状态变量的初值。为了更清楚地看到这一点，把式（30）中的积分变量从 t 变到 $s=t-t_1$。如果我们把 $V(x_0)$ 定义为式（1）从状态 x_0 开始得到的最大值，式（30）中的最大值就是 $V(x_1)$。$V(x)$ 是单变量函数（时间不进入）的事实依赖于问题有无穷边界且自治的假设。

沿用第 4 节开始给出的类似论证，我们可以证明，在式（1）的最优解中，与式（1）有关的当期值乘子 m 与当期值函数 $V(x)$ 有关，只要导数存在，

$$m(t)=V'(x(t))\text{。} \qquad(31)$$

把式（31）代入式（3），得

$$H=f(x,u)+V'(x)g(x,u)\text{。} \qquad(32)$$

选择控制变量 u 来最大化式（32）。因为式（32）依赖于 x 和 u，所以 $u=u(x)$ 的最大化值仅依赖于 x。如果 $g(x,u(x))=0$，那么 $x'=0$。如果 x 是不变的，那么 $m=V'(x)$ 和 $u=u(x)$ 也是不变的，x 的值也不会进一步变化。由于 x' 不能改变符号，因此状态 x 是时间的单调函数。然而，注意，最优控制函数 u 不必是单调的。回顾一下，稳态不一定是唯一的，也不一定存在一条收敛于一个特定稳态的路径。我们仅仅说明了，从任何给定的初始点出发，如果式（1）的最优路径走向某个稳态（且沿着那条路径，$V'(x)$ 存在），那么路径关于 x 是单调的。

在第 8 节的例子中，最优路径关于 u 和 x 都是单调的。尽管这并不总是成立，但在某些条件下它一定是成立的。特别地，假定当期值汉密尔顿函数是凹的，满足

$$H_{uu}<0, \quad H_{uu}H_{xx}-H_{ux}^2 \geq 0, \tag{33}$$

而且，进一步有

$$g_u>0, \quad g_x<0, \quad H_{xu}<0, \quad m(t)\geq 0, 对于所有 t\geq 0。 \tag{34}$$

那么，最优的必要条件是充分的。另外，我们将要说明，(x, u, m) 将会单调地趋向于唯一稳态值 (x_s, u_s, m_s)。

在假设式（33）和式（34）下，式（13）在 $m-x$ 平面上给出一条向上倾斜的曲线，而式（1）刻画一条向下倾斜的曲线。于是，至多存在一个交点，因此至多存在一个稳态。而且，在假设式（33）和式（34）下，由定义式（19），我们有 $a<0$，$c\geq 0$。因此，现在的情形对应于图 9.1（g）。由图可知（扩展到允许曲线 $x'=0$ 和 $m'=0$ 是非线性的，同时分别保留它们的正斜率和负斜率，如假设要求的那样），x 和 m 一定单调趋向于均衡。一方面，如果 $x_0<x_s$，那么 x 增加且 m 减少。而且，因为 $du/dt=U_x dx/dt+U_m dm/dt$，在这种情况下，$u$ 减少，由式（10），$U_x<0$ 且 $U_m>0$。另一方面，如果 $x_0>x_s$，那么 x 减少，而 m 和 u 都是增加的。

综上所述，本部分着重对形如式（1）和式（2）的问题所产生的均衡的性质和趋向于均衡的方法进行分类。下面的例子表明了在某个特例中所实施的分析。

例 产品市场有 n 个人，其中 $x(t)$ 个人了解这个产品。购买它们产生利润 $P(x)$，其中，$P(0)=0$，$P'>0$，$P''<0$。人们通过与那些知情人进行讨论来了解这个产品。企业以成本 $C(u)$（其中 $C(0)=0$，$C'>0$，$C''>0$）影响联系率 $u(t)$，即人们讨论产品的速率。$x(t)$ 个知情人告知 $x(t)u(t)$ 个人，在这些人中仅有 $1-x/n$ 个人是被新告知的。知情人以一个固定的比例 b 遗忘。刻画最大化企业利润流现值的计划：

$$\max \int_0^\infty e^{-rt}[P(x)-C(u)]dt \tag{35}$$
$$\text{s. t. } x'=-bx+xu(1-x/n), \quad 0<x_0<n。 \tag{36}$$

由式（36）可知，总是有 $x<n$，因为当 x 趋向于 n 时，正项趋于零。当期值汉密尔顿函数是

$$H=P(x)-C(u)+m(-bx+xu-x^2u/n)。$$

最优解满足式（36）和

$$C'(u)=mx(1-x/n), \tag{37}$$
$$m'=(r+b-u)m+2mxu/n-P'(x)。 \tag{38}$$

为了进行相图分析，对式（37）全微分并利用式（35）消掉 m，利用式（37）和式（38）从结果中消掉 m'。导致的系统是式（36）和

$$u'=[r+bx/(n-x)]C'(u)/C''(u)-P'(x)x(1-x/n)/C''(u)。 \tag{39}$$

沿着 $x=0$ 且对于

$$u=bn/(n-x), \tag{40}$$

我们有 $x'=0$。这是一个递增的凸函数，当 x 趋向于 n 时，它无边界增长。在这条曲线

上方，x 递增；在曲线下方，x 递减。

使得 $u'=0$ 的点 (x, u) 满足

$$C'(u)=P'(x)x(1-x/n)/[r+bx/(n-x)]\equiv h(x)。 \tag{41}$$

左侧是 u 的递增函数。右侧仅依赖于 x。在 $x=0$ 和 $x=n$ 处，它是零；对于较小的 x，它是递增的，对于较大的 x，它是递减的。图 9.2 表明了如何识别满足式（41）的数对 (x, u)。如图所示，对于满足 $0 \leqslant u < u_3$ 的每个值 u，都对应于 x 的两个值。当 u 变大，它们会越来越接近。曲线相交的相图现在也可以画出来（见图 9.3）。

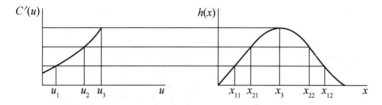

图 9.2

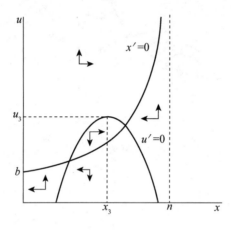

图 9.3

图 9.3 存在两个均衡。为了刻画它们，我们把系统式（36）和式（39）在均衡 (x_s, u_s) 的附近线性化，得到

$$x'=a_1(x-x_s)+b_1(u-u_s),$$
$$u'=a_2(x-x_s)+b_2(u-u_s), \tag{42}$$

其中，

$$a_1=-x_s u_s/n<0,$$
$$b_1=x_s(1-x_s/n)>0,$$
$$b_2=r+bx_s/(n-x_s)>0。 \tag{43}$$

a_2 的符号是模糊不清的。与式（42）相关的特征方程的根将是实根且符号相反，当且仅当

$$a_1 b_2 - a_2 b_1 < 0 \tag{44}$$

（回顾式（B5.12）和式（B5.13））。因此，使得式（44）成立的均衡将是鞍点；解从

式（44）不成立的均衡处发散。

线性化的曲线 $x'=0$ 有斜率 $du/dx=-a_1/b_1>0$。线性化的曲线 $u'=0$ 有斜率 $du/dx=-a_2/b_2$。根据式（43）中给定的符号，式（44）成立，当且仅当 $-a_1/b_1>-a_2/b_2$；也就是说，线性化的曲线 $x'=0$ 比线性化的曲线 $u'=0$ 更陡。观察图 9.4，我们看到，第二个均衡，即有更大坐标的那个，由陡于曲线 $u'=0$ 的曲线 $x'=0$ 来刻画；它是鞍点。有更小坐标的均衡是完全不稳定的，因为在那里曲线 $x'=0$ 的坡度小于曲线 $u'=0$ 的。如果 x_0 充分大，企业将会走上唯一到达鞍点均衡的路径（用粗线表示）。注意，在这个路径上，尽管 x 是单调的，但 u 可能不是单调的。

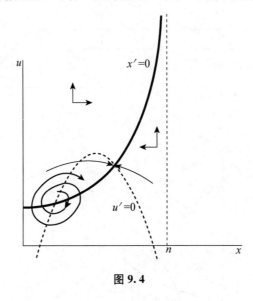

图 9.4

习　题

1. 讨论习题 I 17.4 中新古典增长模型的最优解。

2. 证明：在习题 1 的新古典增长模型中，如果效用 $U(c, k)$ 依赖于资本存量（财富）和消费，

$$U_c>0, \quad U_{cc}<0, \quad U_{ck}=0, \quad U_k>0, \quad U_{kk}<0,$$

那么可能存在多重均衡。并表明这些均衡点在鞍点和完全不稳定均衡点之间进行交替。

3. 如果未被人类打扰，某个湖中鱼的数目 N 以速率

$$N'(t)=aN(t)-bN^2(t)$$

增长。消费者可以以速率 $c(t)$ 从湖中捕鱼和进行消费，得到效用 $u(c(t))$，进而相应地降低鱼的增长率：

$$N'(t)=aN(t)-bN^2(t)-c(t)。$$

假设消费者的未来效用以不变速率 r 进行贴现。刻画最大化效用贴现流现值的捕鱼

计划。假设 $N(0)=a/b$（为什么？），以及 $u'>0$，$u''<0$。

4. 验证式（31）。

5. H 是凹的且不存在有限鞍点均衡的一个例子是

$$J = \max \int_0^\infty e^{-rt}(-u^2/2 + xu - x^2/2)dt$$

s. t. $x'=u$，$x(0)=x_0>0$，

其中，$r>1$。证明下面的结论。

a. 最优解 $x(t)$ 和 $m(t)$ 满足

$$x'=x+m, \quad m'=(r-1)m。$$

b. a 中系统唯一的稳态均衡是（0，0）且它是完全不稳定的。

c. 最优解是

$$x(t)=x_0 e^t, \quad u(t)=x_0 e^t, \quad m(t)=0, \quad J=0。$$

进一步阅读

广告的例子来自 Gould。Kurz（1986b）仔细讨论了习题 2。习题 3 来自 Colin Clark，而 Kurz（1968a）和 Samuelson（1972）讨论了习题 5。

如果存在的状态变量多于一个，稳态附近最优解局部行为的分析就会更加复杂。这类问题

$$\max \int_0^\infty e^{-rt} F(\boldsymbol{x},\boldsymbol{u})dt$$

s. t. $\boldsymbol{x}'=\boldsymbol{u}$，$\boldsymbol{x}(0)=\boldsymbol{x}_0$

通过在稳态邻域内进行线性逼近而被研究，其中，$\boldsymbol{x}=[x_1, \cdots, x_n]$，$\boldsymbol{u}=[u_1, \cdots, u_n]$ 且 F 是它 $2n$ 个分量的二阶可微的凹函数。Levhari 和 Liviatan 已经表明，如果 F 是它 $2n$ 个分量的严格凹函数，那么如果 m_i 是特征方程的一个根，$r-m_i$ 也是特征方程的一个根。这表明完全稳定是不可能的；如果 m_i 的实部是负的，$r-m_i$ 的实部就不可能是负的。而且，他们已经表明，如果 F 是严格凹的且 $r=0$，那么不存在纯虚根。也参见 Kurz（1968a）和 Samuelson（1972）。

一个相关的问题是均衡的全局稳定性。不管初始条件是什么，在什么条件下最优解会收敛于某个特定的均衡？例如，对于包含两个状态变量的某特定问题的完备分析，参见 Ryder 和 Heal。关于全局渐近稳定结果的回顾，参见 Brock（1977）。对于稳定性的代表性论文，也参见 Rockafellar，Magill（1977a，b），Cass 和 shell，Brock 和 Scheinkman（1976，1977），以及 Scheinkman（1978）。

Halkin（1974），Haurie（1976），Brock 和 Haurie（1976）回答了无穷边界问题中合适的解概念以及解的存在性和解的性质的问题。Halkin 表明，对于无穷边界问题，不存在必要的横截性条件。也参见 Seierstad 和 Sydsaeter（1977，1987）以及 Michel。

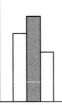

10. 有界控制

控制可以是有界的，如下面问题中的一样：

$$\max \int_{t_0}^{t_1} f(t,x,u)dt \tag{1}$$

$$\text{s. t. } x' = g(t,x,u), \quad x(t_0) = x_0, \tag{2}$$

$$a \leqslant u \leqslant b. \tag{3}$$

无界是满足 $a \to -\infty$ 或者 $b \to \infty$ 的特例，视情况而定。例如，总投资可能被要求是非负的。

令 J 是式（1）中积分的值。在式（2）加上一个乘子然后分部积分，我们可以计算变分 δJ，即 $J - J^*$ 的线性部分，

$$\delta J = \int_{t_0}^{t_1} \left[(f_x + \lambda g_x + \lambda')\delta x + (f_u + \lambda g_u)\delta u \right]dt - \lambda(t_1)\delta x(t_1). \tag{4}$$

选择 λ 使其满足

$$\lambda' = -(f_x + \lambda g_x), \quad \lambda(t_1) = 0, \tag{5}$$

于是，式（4）简化为

$$\delta J = \int_{t_0}^{t_1} (f_u + \lambda g_u)\delta u dt. \tag{4'}$$

为了使 x，u，λ 给出最优解，任何比较路径都不能获得更大的目标值。因此，对于所有的可行修正 δu，我们要求

$$\delta J = \int_{t_0}^{t_1} (f_u + \lambda g_u)\delta u dt \leqslant 0. \tag{6}$$

动态优化——经济学和管理学中的变分法和最优控制（第二版）

可行修正是满足式（3）的那些修正。如果最优控制在某个 t 时刻达到它的下界 a，那么为了保证可行，修正的控制 $a+\delta u$ 不能小于 a，因此要求 $\delta u \geqslant 0$。类似地，如果最优控制达到它的上界 b，那么任意可行的修正满足 $\delta u \leqslant 0$。总之，

$$\delta u \geqslant 0, 只要\ u=a,$$
$$\delta u \leqslant 0, 只要\ u=b,$$
$$\delta u = 无限制, 只要\ a < u < b。 \tag{7}$$

对于与式（7）相一致的所有 δu，我们要求满足式（6）。因此，选择 u 使得

$$u(t)=a, 仅当在\ t\ 时刻, f_u + \lambda g_u \leqslant 0,$$
$$a < u(t) < b, 仅当在\ t\ 时刻, f_u + \lambda g_u = 0,$$
$$u(t)=b, 仅当在\ t\ 时刻, f_u + \lambda g_u \geqslant 0。 \tag{8}$$

例如，如果 $u^*(t)=a$，那么（由式（7））要求 $\delta u \geqslant 0$，于是，$(f_u + \lambda g_u)\delta u \leqslant 0$，仅当 $f_u + \lambda g_u \leqslant 0$。类似地，如果 $u^*(t)=b$，那么可行的修正必须满足 $\delta u \leqslant 0$，于是，$(f_u + \lambda g_u)\delta u \leqslant 0$，仅当 $f_u + \lambda g_u \geqslant 0$。与通常一样，如果 $a < u^*(t) < b$，那么 δu 可以取任何符号，因此，$(f_u + \lambda g_u)\delta u \leqslant 0$ 成立，仅当在 t 时刻，$f_u + \lambda g_u = 0$。式（8）的等价表述为

$$f_u + \lambda g_u < 0\ 意味着\ u(t)=a,$$
$$f_u + \lambda g_u = 0\ 意味着\ a \leqslant u(t) \leqslant b,$$
$$f_u + \lambda g_u > 0\ 意味着\ u(t)=b。 \tag{8'}$$

因此，如果 x^*，u^* 是式（1）到式（3）的解，那么，存在函数 λ 使得 x^*，u^*，λ 满足式（2），式（3），式（5）和式（8）。这些必要条件可以通过汉密尔顿函数

$$H = f(t,x,u) + \lambda g(t,x,u)$$

来生成。那么，式（2）和式（5）来自

$$x' = \partial H / \partial \lambda, \quad \lambda' = -\partial H / \partial x。$$

条件式（8）可以通过最大化 H，s.t. 式（3）来生成；这是关于 u 的普通非线性规划问题。

通过利用乘子 w_1，w_2 把约束加至目标，我们求解

$$\max H = f + \lambda g$$
$$\text{s.t.}\ a \leqslant u \leqslant b。 \tag{9}$$

式（9）的拉格朗日函数为（参见第 A6 节）

$$L = f(t,x,u) + \lambda g(t,x,u) + w_1(b-u) + w_2(u-a), \tag{10}$$

我们得到有约束最大化问题关于 u 的必要条件：

$$\partial L / \partial u = f_u + \lambda g_u - w_1 + w_2 = 0, \tag{11}$$
$$w_1 \geqslant 0, \quad w_1(b-u)=0, \tag{12}$$
$$w_2 \geqslant 0, \quad w_2(u-a)=0。 \tag{13}$$

我们将在习题 6 中表明，条件式（11）到式（13）等价于条件式（8），并构成要求

的备选陈述。(如果 $u^*(t)=a$,那么 $b-u^*>0$,从而,式(12)要求 $w_1=0$;因此,由式(11),$f_u+\lambda g_u+w_2=0$。因为 $w_2\geqslant0$,所以如果 $u^*(t)=a$,我们有 $f_u+\lambda g_u\leqslant0$。这是式(8)中的第一种情形。对于其他两种可能性,我们可以类似地得到。)

例 1 我们求解第 6 节的生产计划问题

$$\min\int_0^T(c_1u^2+c_2x)dt$$
$$\text{s. t. } x'=u, \quad x(0)=0, \quad x(T)=B, \quad u(t)\geqslant0。$$

在 $B\geqslant c_2T^2/4c_1$ 的情况下,最优解在别处。如果 $B<c_2T^2/4c_1$,该计划就是不可行的,且必须显式地考虑非负约束 $u\geqslant0$。现在,我们讨论这种情形。

在每个时刻 t 选择控制变量 $u(t)$ 来最小化汉密尔顿函数

$$H=c_1u^2+c_2x+\lambda u, \text{ s. t. } u\geqslant0。$$

带乘子函数 w 的拉格朗日函数是

$$L=c_1u^2+c_2x+\lambda u-wu。$$

最小化 u 的必要条件(参见习题 1)是

$$\partial L/\partial u=2c_1u+\lambda-w=0, \tag{14}$$
$$w\geqslant0, \quad u\geqslant0, \quad wu=0。 \tag{15}$$

而且,

$$\lambda'=-\partial H/\partial x=-c_2,$$

使得对于某个常数 k_0,

$$\lambda(t)=k_0-c_2t。 \tag{16}$$

把式(16)代入式(14),重新排列得

$$u(t)=(w-\lambda)/2c_1=(c_2t-k_0+w)/2c_1。 \tag{17}$$

为了求解,我们猜测解的结构,然后寻找满足这个结构的路径。因为相对于要生产的数量 B 来说,时间跨度 T 较长,我们猜测存在一个没有生产或者存货的初始时期,即 $0\leqslant t\leqslant t^*$(对于某个待定的 t^*)。生产从 t^* 时刻开始。于是,我们假设,对于某个待定的 t^*,

$$u(t)=0, \quad 0\leqslant t\leqslant t^*,$$
$$u(t)>0, \quad t^*\leqslant t\leqslant T。 \tag{18}$$

当 $u(t)=0$ 时,由式(17),我们可得到

$$w(t)=k_0-c_2t\geqslant0, \quad 0\leqslant t<t^*。 \tag{19}$$

式(19)的非负性被式(15)所要求。由式(19)可知,$w(t)$ 在 $0\leqslant t\leqslant t^*$ 上递减,因此,在给定

$$k_0-c_2t^*\geqslant0 \tag{20}$$

的情况下，可以保证非负性。当 $u(t)>0$ 时，式（15）表明 $w(t)=0$。那么，由式（17）可知，

$$u(t)=(c_2 t-k_0)/2c_1 \geqslant 0, \quad t^* \leqslant t \leqslant T。 \tag{21}$$

因为在 t^* 之后 $u(t)$ 是递增的，所以给定 $u(t^*)=(c_2 t^*-k_0)/2c_1 \geqslant 0$，对于 $t^* \leqslant t \leqslant T$，$u(t) \geqslant 0$。这个要求连同式（20）表明

$$k_0=c_2 t^*。 \tag{22}$$

现在假设式（18）取为更加具体的形式

$$u(t)=0, \quad 0 \leqslant t < t^*,$$
$$u(t)=c_2(t-t^*)/2c_1, \quad t^* \leqslant t \leqslant T。 \tag{23}$$

回顾一下，$u=x'$ 并积分得到

$$x(t)=0, \quad 0 \leqslant t < t^*,$$
$$x(t)=c_2(t-t^*)^2/4c_1, \quad t^* \leqslant t \leqslant T。 \tag{24}$$

利用最后一个条件 $x(0)=0$ 和 x 的连续性（因此 $x(t^*)=0$），我们得到积分常数。最后，把式（24）和终点条件 $x(T)=B$ 结合起来，我们有

$$t^*=T-2(c_1 B/c_2)^{1/2}。 \tag{25}$$

伴随着遥远的交割期 T，生产的持续时间 $T-t^*$ 直接随着 $c_1 B/c_2$ 而变化；它随着要生产的数量和生产成本系数 c_1 而增加，随着单位持有成本 c_2 而减少。它刚好是在生产必须立即开始但交割期 T 可以最优选择的假设下得到的时期；参见例 I 9.1。

总之，补充表格给出了解，其中，t^* 由式（25）给出。把充分性定理推广至包含有约束控制区域的情形表明表中的解是最优的（参见第 15 节）。

	$0 \leqslant t \leqslant t^*$	$t^* \leqslant t \leqslant T$
$u(t)$	0	$c_2(t-t^*)/2c_1$
$x(t)$	0	$c_2(t-t^*)^2/4c_1$
$\lambda(t)$	$c_2(t^*-t)$	$c_2(t^*-t)$
$w(t)$	$c_2(t^*-t)$	0

我们观察到，解不能通过取无约束问题的解

$$u(t)=c_2(2t-T)/4c_1+B/T \tag{26}$$

并截掉不可行的部分而得到！仅在 $B \geqslant c_2 T^2/4c_1$ 的情况下取这个解和在它使得 $u<0$ 的情况下令 $u=0$ 不能得到最优解。用代数表示是清楚的，图 10.1 用图形也表明了这一点，其中，$t_1=T/2-2c_1 B/c_2 T$，$t_2=2t_1=T-4c_1 B/c_2 T$，且 t^* 由式（25）给出。

在图 10.1 中，"解"式（26）从 $u<0$ 开始，在 t_1 处到达 $u=0$。因为对于 $0 \leqslant t < t_1$，产出是负的，存货也是负的。从 t_1 直到 t_2 的生产用于把存货变回零！从 t_2 直到 T 的生产执行所有的交割要求 B。如果生产要在 t_2 处开始且沿着截断的路径，总数 B 能被生

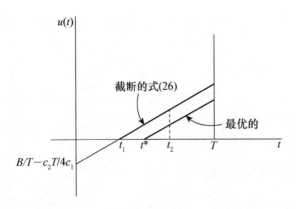

图 10.1

产出来，但是成本不必很高。成本最小计划反映在最优路径上。

例2　机器维护和销售日期。

除去机器维修以外的所有成本，一台运转的机器得到不变收益 $R>0$。当机器停止运转或者被卖掉的时候，这个收益流就停止。它的失效寿命是随机的。预防性防护降低任何寿命下的失效概率。失效的机器毫无价值。如果机器在 t 时刻依然能工作，它的残值或者再销售价值是 $S(t)$。我们假设 $S'(t)\leqslant 0$ 且 $S(t)<R/r$，其中，r 是折现率。因此，残值小于假设无穷寿命的机器能生成的折现收益流的现值。

令 $F(t)$ 代表寿命为 t 时机器失效的概率。给定此时未失效，机器在任意时刻失效的概率既依赖于当前维护 $u(t)$，也依赖于在无维护时控制失效的"自然"失效速率 $h(t)$，这个失效速率随机器寿命而增加。特别地，$F(t)$ 满足微分方程

$$F'(t)=[1-u(t)]h(t)[1-F(t)], \quad h(0)=0, \tag{27}$$

其中，$h(t)$ 是满足

$$h(t)\geqslant 0, \quad h'(t)\geqslant 0$$

的已知函数。这表明，给定在 t 时刻未失效，在 t 时刻失效的瞬时概率密度不依赖于维护历史而仅依赖于当前的维护努力。（当然，存活到 t 时刻的概率依赖于维护历史。）

$$F(t)=1-\exp\Big(-\int_0^t[1-u(s)]h(s)ds\Big).$$

维护速率 $u(t)$ 是有界的：

$$0\leqslant u(t)\leqslant 1. \tag{28}$$

如果选择 $u=0$，失效速率 $F'/(1-F)$ 就是它的自然值 $h(t)$。如果 $u=1$，失效速率就是零。维护成本是 $M(u)h$，其中，$M(u)$ 是一个给定函数，满足

$$M(0)=0, \quad M'(u)>0, \quad M''(u)>0, \text{ 对于 } 0\leqslant u\leqslant 1. \tag{29}$$

从机器得到的折现期望利润是

$$\int_0^T e^{-rt}[R-M(u(t))h(t)][1-F(t)]dt+e^{-rT}S(T)[1-F(T)]. \tag{30}$$

在满足式（27）和式（28）的前提下我们寻找最大化式（30）的维护政策 u 和售卖时期 T。控制变量是 u；状态变量是 F。

当期值汉密尔顿函数是

$$H=[R-M(u)h](1-F)+\lambda(1-u)h(1-F)+w_1u+w_2(1-u),$$

其中，λ 是与式（27）相关的当期值乘子。最优维护政策 u^* 在每个时刻 t，$0\leqslant t\leqslant T$，一定最大化 H，其中，λ 满足

$$\lambda'=r\lambda-H_F=r\lambda+R-M(u)h+\lambda(1-u)h。 \tag{31}$$

因为 $F(T)$ 和 T 要最优选择，所以要分别应用横截性条件式（7.d.i）和式（7.d.v）。对应于 ϕ 的残值项是

$$\phi(F(T),T)=e^{-rT}S(T)[1-F(T)],$$

其中，状态变量是 F，终点时刻是 T。因为

$$\phi_F(F,T)=-e^{-rT}S(T),$$
$$\phi_T(F,T)=e^{-rT}[1-F(T)][S'(T)-rS(T)],$$

对这个问题应用式（7.d.i），得

$$\lambda(T)=-S(T), \tag{32}$$

应用式（7.d.v）得到

$$H(T)=[rS(T)-S'(T)][1-F(T)]。 \tag{33}$$

我们有

$$H_u=-h(1-F)[M'(u)+\lambda]+w_1-w_2=0,$$
$$w_1\geqslant0,\quad w_2\geqslant0,\quad w_1u=0,\quad w_2(1-u)=0, \tag{34}$$

由式（34）和式（29）可知，

如果 $M'(0)+\lambda(t)>0$，
就选择 $u^*(t)=0$，$w_2=0$；

如果 $M'(1)+\lambda(t)<0$， $\qquad\qquad$ (35)
就选择 $u^*(t)=1$，$w_1=0$；

否则选择 $u^*(t)$
来满足 $M'(u)+\lambda(t)=0$，$w_1=w_2=0$。

因为 M 和 h 的函数形式还没有设定，所以我们仅仅可以定性地刻画最优解。定义

$$Q(t)\equiv M'(u(t))+\lambda(t)。$$

在满足 $0<u^*<1$ 的时间区间上，我们有 $Q(t)=0$。因为 Q 是常数，所以 $Q'(t)=0$。因此，

$$Q'(t)=M'(u)u'+\lambda'$$
$$=M'(u)u'+[r+(1-u)h]\lambda+R-M(u)h$$

$$=M'(u)u'-M'(u)[r+(1-u)h]+R-M(u)h=0,$$

其中，我们利用式（31）消掉 λ' 并利用 $Q(t)=0$ 消掉 λ。重新排列最后一个方程可以发现，只要式（28）的界限不是紧的，最优维护政策就满足

$$M'(u)u'=M'(u)[r+(1-u)h]-R+M(u)h。 \tag{36}$$

因为由假设 $M'>0$，所以 u' 的符号与式（36）右侧的符号一样。

首先考虑满足 $u'=0$ 的点 $(h，u)$ 的轨迹将会有利于我们研究 u'。这些点满足

$$M'(u)[r+(1-u)h]-R+M(u)h=0。 \tag{37}$$

通过隐式地对式（37）微分得到

$$du/dh=-[M+(1-u)M']/[r+(1-u)h]M'<0,$$

我们可以识别轨迹的形状。利用假设的 M 的性质，我们可知上面导数的符号为负。满足 $u'=0$ 的轨迹 $(h，u)$ 的截距也可以由式（37）得到。这在图 10.2 中有说明。

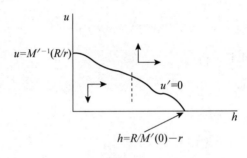

图 10.2

接下来，我们寻找轨迹 $(h，u)$ 的跨时运动方向，其中，h 是给定函数，u 满足微分方程（36）。我们知道 h 是非减的；因此，图 10.2 中箭头指向右边。而且，因为式（36）的右侧是 u 的递增函数，所以路径在曲线 $u'=0$ 上方的点将会上升，在曲线下方的点将会下降。图 10.2 中的箭头表明了这些事实。

图 10.2 与以前所画的图有所不同。因为状态变量不出现在式（36）中，所以我们可以在图中包括进非自治的外生函数 $h(t)$。

利用 H 的定义把式（32）代入式（33）得到

$$R-M(u)h-[r+(1-u)h]S=-S'\geqslant0,在\ T\ 处。 \tag{38}$$

在售卖时刻，通过持有机器更长一点时间所得到的超过售卖价值的价值应当不少于由稍微推迟售卖导致的再售卖损失。

我们现在表明在每一种情形下最优维护政策满足 $u'(t)\leqslant0$，$0\leqslant t\leqslant T$。（但是，实际支出 $M(u)h$ 跨时可能增加或者减少，因为 $h'\geqslant0$。）如果 $0<u(T)<1$，那么 $Q(T)=0$，于是，$\lambda(T)=-M'(u(T))=-S(T)$。把这代入式（38）并回顾式（36），我们得到 $u'(T)\leqslant0$。由图 10.2 可知，如果 $u'(T)\leqslant0$，那么在整个 $(0，T)$，u 一定是非增的。同样的，由图可知，为了使得 $u(T)=0$，u 自始至终都是非增的。

最后，假设 $u(T)=1$。取 t_1 为满足 $u=1$ 的第一个时刻。由式（31）和式（32），

我们得到

$$\lambda(t) = -\int_t^T e^{-r(s-t)}\big[R - M(1)h(s)\big]ds - e^{-r(T-t)}S(T), \quad t_1 \leqslant t \leqslant T.$$

在 $0 \leqslant t \leqslant T$ 上，用上界 $h(T)$ 代替 $h(t)$，因此

$$\lambda(t) \leqslant -(1 - e^{-r(T-t)})\big[R - M(1)h(T)\big]/r - e^{-r(T-t)}S(T)。$$

于是，因为 $Q = M' + \lambda$，所以

$$Q(t) \leqslant M'(1) - (1 - e^{-r(T-t)})\big[R - M(1)h(T)\big]/r - e^{-r(T-t)}S(T)。$$

由式（35）和式（32）可知，

$$M'(1) + \lambda(T) = M'(1) - S(T) < 0;$$

因此，

$$M'(1) < S(T)。$$

最后用上界代替 $M'(1)$，得

$$Q(t) \leqslant (1 - e^{-r(T-t)})\big[rS(T) - R + M(1)h(T)\big]/r < 0, \quad t_1 \leqslant t \leqslant T,$$

其中，第二个不等式来自式（38）。特别地，$Q(t_1) < 0$。因此，不可能有在 t_1 处结束的满足 $u < 1$ 的时期（因为在那种情况下 $Q(t_1) = 0$）。这表明对于 $0 \leqslant t \leqslant T$，$u = 1$，使得 $u(T) = 1$。因此，在任何情况下，u 都是机器寿命的非增函数。

■ 习　题

1. 求问题

$$\min\int_{t_0}^{t_1} f(t, x, u)dt$$
$$\text{s. t. } x' = g(t, x, u), \quad x(t_0) = x_0, \quad a(t) \leqslant u(t) \leqslant b(t)$$

的解所满足的必要条件。

2. 求问题

$$\max\int_0^2 (2x - 3u - u^2)dt$$
$$\text{s. t. } x' = x + u, \quad 0 \leqslant u \leqslant 2, \quad x(0) = 5, \quad x(2)\text{自由}。$$

的解的控制函数 $u(t)$。

3. 在例 1 的解中为结果 $\lambda(t^*) = 0$ 提供一个解释。

4. 个人收入与他的"人力资本" $K(t)$ 和用于工作的时间比例 $1 - s(t)$ 的乘积成正比。人力资本以常数速率 b 衰减，随着投资而增长，而投资是资本和用于教育的时间比例 $s(t)$ 的递增的凹函数。

在已知剩余寿命 T 下求最大化折现收益的最优研究—工作计划：

$$\max \int_0^T e^{-rt}(1-s)K dt$$

s. t. $K' = A(sK)^a - bK$, $K(0) = K_0 > 0$, $0 \leqslant s \leqslant 1$,

其中，$A > 0$，$0 < a < 1$，$b \geqslant 0$。

    5. 在失效机器有正的常值废弃价值的情况下重新讨论例 2。

    6. 证明条件式（11）到式（13）等价于条件式（8）。

■ 进一步阅读

Kamien 和 Schwartz（1971b）讨论了例 2。关于习题 4 的分析，参见 Ben-Porath 和 Haley，也可以参见 Blinder 和 Weiss；Heckman；Ryder，Stafford 和 Stephan；Southwick 和 Zionts。Aarrestad 给出了关于有界控制的另一篇文章。

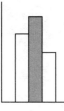

11． 推广控制约束

现在，我们将在存在多个状态和控制变量的问题中考察依赖于 t 和 x 的约束对控制的影响。可行的控制可能是相互关联的。例如，如果想在三种用途中分配一种资源，我们可以取 u_i，$i=1$，2 为第 i 种用途中的份额，那么 $1-u_1-u_2$ 将是第三种用途中的份额。为了使每个份额是非负的，我们规定

$$u_1 \geqslant 0, \quad u_2 \geqslant 0, \quad 1-u_1-u_2 \geqslant 0。$$

通常，不依赖于当前状态变量的控制约束可以写为

$$h_j(t, u_1(t), \cdots, u_m(t)) \geqslant 0, \quad j=1, \cdots, p, \tag{1}$$

其中，假设函数 h_j 是连续可微的。注意，式 (1) 包含等式约束，因为 $h_j \geqslant 0$ 和 $-h_j \geqslant 0$ 表明 $h_j=0$。

考虑带一个形如式 (1) 中约束的最优控制问题：

$$\max \int_{t_0}^{t_1} f(t, \boldsymbol{x}, \boldsymbol{u}) dt \tag{2}$$

$$\text{s. t. } x_i' = g_i(t, \boldsymbol{x}, \boldsymbol{u}), \quad i=1, \cdots, n, \tag{3}$$

$$h(t, \boldsymbol{u}) \geqslant 0, \tag{4}$$

$$x(t_0) = x_0, \tag{5}$$

其中，$\boldsymbol{x}=[x_1, \cdots, x_n]$，$\boldsymbol{u}=[u_1, \cdots, u_m]$。在该点不加约束式 (4)，利用连续函数向量 $\boldsymbol{\lambda}=[\lambda_1, \cdots, \lambda_n]$ 把式 (3) 加到目标 J 上：

$$J = \int_{t_0}^{t_1} \left\{ f(t, \boldsymbol{x}, \boldsymbol{u}) + \sum_{i=1}^{n} \lambda_i [g_i(t, \boldsymbol{x}, \boldsymbol{u}) - x_i'] \right\} dt。$$

考虑到式 (5)，分部积分并计算变分：

$$\delta J = \int_{t_0}^{t_1} [(f_x + \lambda g_x + \lambda') \cdot \delta x + (f_u + \lambda g_u) \cdot \delta u] dt - \lambda \cdot \delta x_1 \leqslant 0 。 \qquad (6)$$

令 x 和 u 是式（2）到式（5）的解；那么，在 x，u 处，$\delta J \leqslant 0$。选择 $\lambda_k(t)$ 满足

$$\lambda'_k = -(\partial f / \partial x_k + \sum_{i=1}^{n} \lambda_i \partial g_i / \partial x_k), \quad k = 1, \cdots, n, \qquad (7)$$

$$\lambda_k(t_1) = 0, \quad k = 1, \cdots, n, \qquad (8)$$

其中，x 和 u 是最优的。鉴于式（7）和式（8），式（6）简化为

$$\delta J = \int_{t_0}^{t_1} \sum_{j=1}^{m} (\partial f / \partial u_j + \sum_{i=1}^{n} \lambda_i \partial g_i / \partial u_j) \delta u_j dt \leqslant 0, \qquad (9)$$

因此，在每个 t 时刻，对于所有可行的修正 $[\delta u_1, \cdots, \delta u_m]$，最优的 x，u 一定满足

$$\sum_{j=1}^{m} (\partial f / \partial u_j + \sum_{i=1}^{n} \lambda_i \partial g_i / \partial u_j) \delta u_j \leqslant 0 。 \qquad (10)$$

当在最优解处有 $h(t, u_1, \cdots, u_m) > 0$ 时，那么可行的修正 δu_j，$j = 1, \cdots, m$ 可以取任何符号，因此

$$如果 h(t, u_1, \cdots, u_m) > 0, 那么在 t 处, \partial f / \partial u_j + \sum_{i=1}^{n} \lambda_i \partial g_i / \partial u_j = 0 \qquad (11)$$

是必要的。然而，如果 $h(t, u_1, \cdots, u_m) = 0$，那么对控制变量的可行修正是那些不会减少 h 值的修正。这表明

$$dh = \sum_{j=1}^{m} (\partial h / \partial u_j) \delta u_j \geqslant 0 \qquad (12)$$

是必要的。因此，对于服从式（12）的所有 $[\delta u_1, \cdots, \delta u_m]$，在最优解 x，u 处式（10）一定是满足的。我们假设 h 满足一个正则条件以使得只有可行的修正满足式（12）。对表述"对于满足式（12）的所有 $[\delta u_1, \cdots, \delta u_m]$，式（10）都是成立的"应用 Farkas 引理（参见第 A6 节）表明一个等价表述是"只要 $h(t, u_1, \cdots, u_m) = 0$，就存在一个函数 $w(t) \geqslant 0$，使得

$$\partial f / \partial u_j + \sum_{i=1}^{n} \lambda_i \partial g_i / \partial u_j + w \partial h / \partial u_j = 0, \quad j = 1, \cdots, m \qquad (13)$$

成立。"情形式（11）和式（13）可以整合为

$$\partial f / \partial u_j + \sum_{i=1}^{n} \lambda_i \partial g_i / \partial u_j + w \partial h / \partial u_j = 0, \quad j = 1, \cdots, m, \qquad (14)$$

$$w \geqslant 0, \quad wh = 0, \qquad (15)$$

对于 $t_0 \leqslant t \leqslant t_1$。当 $h > 0$ 时，式（15）确保了 $w = 0$，然后式（14）导出式（11）的要求。否则，式（14）到式（15）意味着式（13）是成立的。

总之，x，u 是式（2）到式（5）的解的必要条件是 x，u 满足式（3）到式（5），以及存在连续函数 $\boldsymbol{\lambda}(t) = [\lambda_1, \cdots, \lambda_n]$ 和函数 $w(t)$ 使得 x，u，$\boldsymbol{\lambda}$ 满足式（7），

式（8），式（14）和式（15）。条件式（14）和式（15）通过最大化 $H = f + \sum_{i=1}^{n} \lambda_i g_i$ 满足式（4）得到；拉格朗日乘子是 w。构造拉格朗日函数

$$L = f + \sum_{i=1}^{n} \lambda_i g_i + wh$$

并计算

$$\lambda'_k = -\partial L/\partial x_k = -\left(\partial f/\partial x_k + \sum_{i=1}^{n} \lambda_i \partial g_i/\partial x_k\right), \quad \lambda_k(t_1) = 0, \quad k = 1, \cdots, n,$$

$$\partial L/\partial u_j = \partial f/\partial u_j + \sum_{i=1}^{n} \lambda_i \partial g_i/\partial u_j + w\partial h/\partial u_j = 0, \quad j = 1, \cdots, m_o$$

我们在本节结尾讨论一个必须成立的正则条件或者约束规范。

如果约束式（4）被式（1）替代，那么对应于每一个约束将存在乘子 $w_j \geqslant 0$ 和每个 t 时刻的约束 $w_j h_j = 0$，$t_0 \leqslant t \leqslant t_1$。像以前一样，通过考虑满足式（1）的可行修正 $[\delta u_1, \cdots, \delta u_m]$（利用 Farkas 引理），我们可以找到必要条件。或者，利用乘子 $w_j \geqslant 0$ 把式（1）的每个约束加到 J 上，然后计算 $\delta J \leqslant 0$，依此类推。限制条件 $w_j h_j = 0$ 也是需要的。

可行控制可能依赖于状态。例如，在几种用途（控制）中分配的资源数量可能受到可用（状态）数量的限制。通常，t 时刻可行的控制区域可由

$$h_j(t, x_1, \cdots, x_n, u_1, \cdots, u_m) \geqslant 0, \quad j = 1, \cdots, p \tag{16}$$

来刻画，其中，函数 h_j 假设是连续可微的。在这种情况下，式（16）**一定要合并入** J，因为状态变量的修正对可行控制区域的影响反映在乘子 $\lambda_1, \cdots, \lambda_n$ 上。

现在我们推导问题

$$\max \int_{t_0}^{t_1} f(t, \boldsymbol{x}(t), \boldsymbol{u}(t))dt \tag{17}$$

s. t.

$$x'_i = g_i(t, \boldsymbol{x}(t), \boldsymbol{u}(t)), \quad i = 1, \cdots, n, \tag{18}$$

$$h_j(t, \boldsymbol{x}(t), \boldsymbol{u}(t)) \geqslant 0, \quad j = 1, \cdots, p, \tag{16}$$

$$x_i(t_0) = x_{i0}, \quad i = 1, \cdots, n \tag{19}$$

的解所满足的必要条件，其中，$\boldsymbol{x} = [x_1, \cdots, x_n]$，$\boldsymbol{u} = [u_1, \cdots, u_m]$。假设对于每个可行的 $(t, \boldsymbol{x})$，存在满足式（16）的控制函数 $\boldsymbol{u}$。另外，假设沿着最优路径，约束式（16）满足一个正则条件或者约束规范，以后将讨论。

令 J 代表式（17）；把可微乘子 $\lambda_i(t)$，$i = 1, \cdots, n$ 附加在式（18）上，把满足

$$w_j \geqslant 0, \quad w_j h_j = 0, \quad t_0 \leqslant t \leqslant t_1 \tag{20}$$

的乘子 $w_j(t)$，$j = 1, \cdots, p$ 附加在式（16）上。那么，

$$J = \int_{t_0}^{t_1} \left(f + \sum_{i=1}^{n} \lambda_i g_i - \sum_{i=1}^{n} \lambda_i x'_i + \sum_{j=1}^{p} w_j h_j\right)dt_o$$

分部积分，得

$$J = \int_{t_0}^{t_1} (f + \boldsymbol{\lambda} \cdot \boldsymbol{g} + \boldsymbol{\lambda}' \cdot \boldsymbol{x} + \boldsymbol{w} \cdot \boldsymbol{h}) dt - \boldsymbol{\lambda} \cdot \boldsymbol{x} \mid_{t_1} + \boldsymbol{\lambda} \cdot \boldsymbol{x} \mid_{t_0}$$

其中，

$$\boldsymbol{\lambda} = [\lambda_1, \cdots, \lambda_n], \quad \boldsymbol{g} = [g_1, \cdots, g_n],$$
$$\boldsymbol{w} = [w_1, \cdots, w_p], \quad \boldsymbol{h} = [h_1, \cdots, h_p]。$$

计算变分，注意式（19）：

$$\delta J = \int_{t_0}^{t_1} [(f_x + \boldsymbol{\lambda} \boldsymbol{g}_x + \boldsymbol{\lambda}' + \boldsymbol{w} \boldsymbol{h}_x) \cdot \delta \boldsymbol{x} + (f_u + \boldsymbol{\lambda} \boldsymbol{g}_u + \boldsymbol{w} \boldsymbol{h}_u) \cdot \delta \boldsymbol{u}] dt$$
$$- \boldsymbol{\lambda} \cdot \delta \boldsymbol{x}_1 \leqslant 0。 \tag{21}$$

在最优的 $\boldsymbol{x}, \boldsymbol{u}$ 处，变分式（21）一定是非负的。选择乘子 $\boldsymbol{\lambda}$ 使得每个 δx_k 的系数为零：

$$\lambda_k' = -\left(\partial f / \partial x_k + \sum_{i=1}^n \lambda_i \partial g_i / \partial x_k + \sum_{j=1}^p w_j \partial h_j / \partial x_k\right), \tag{22}$$

$$\lambda_k(t_1) = 0。 \tag{23}$$

现在式（21）简化为

$$\delta J = \int_{t_0}^{t_1} \sum_{k=1}^m \left(\partial f / \partial u_k + \sum_{i=1}^n \lambda_i \partial g_i / \partial u_k + \sum_{j=1}^p w_j \partial h_j / \partial u_k\right) \delta u_k dt, \tag{24}$$

对于所有的可行修正 $\delta u_1, \cdots, \delta u_m$，它一定是非负的。因为所有的约束都被合并入 J，所以这表明

$$\partial f / \partial u_k + \sum_{i=1}^n \lambda_i \partial g_i / \partial u_k + \sum_{j=1}^p w_j \partial h_j / \partial u_k = 0, \quad k = 1, \cdots, m。 \tag{25}$$

$x_1, \cdots, x_n$ 和 $u_1, \cdots, u_n$ 是式（16）到式（19）的解的必要条件是，存在连续函数 $\lambda_1, \cdots, \lambda_n$ 和函数 $w_1, \cdots, w_p$，使得式（16），式（18）到式（20），式（22），式（23）和式（25）都满足。在每个时刻 t，满足式（16）的汉密尔顿函数关于 $\boldsymbol{u}$ 是最大化的。这些条件中的两个可以由拉格朗日函数

$$L = f + \sum_{i=1}^n \lambda_i g_i + \sum_{j=1}^p w_j h_j$$

生成。那么，

$$\partial L / \partial u_j = 0, \ j = 1, \cdots, m, \text{得到式}(25);$$
$$\lambda_k' = -\partial L / \partial x_k, \ k = 1, \cdots, n, \text{得到式}(22)。$$

注意，只要 $h_j > 0$，我们就有 $w_j = 0$ 且涉及 h_j 偏导数的项都没有影响。然而，只要式（16）的第 j 个约束是紧的，控制变量的选择都要满足可行性。乘子 $\lambda_i(t)$ 给出对应的状态变量 x_i 在 t 时刻的边际价值。注意，式（22）不仅反映 x_i 的变化对当前回报 f 的直接影响和通过 $g_1, \cdots, g_n$ 对状态变化的影响，而且反映通过 $h_1, \cdots, h_p$，x_i 的变化对控制区域的影响。

因为在最大化汉密尔顿函数时已经使用了 Kuhn-Tucker 定理，所以 Kuhn-Tucker 理论的约束规范也是必需的（回顾第 A6 节）。任意一个 Kuhn-Tucker 约束规范都是可以的。例如，如果所有函数 h 关于 u 是凹的且满足式（16）的集合有非空内部，它就是满足的。如果式（16）**中积极**约束关于控制变量 u_i 的偏导数矩阵的秩等于积极约束的数目（不会超过 m），它就是满足的。

单纯状态空间的约束（没有 u 的任何分量）**不能**用刚刚给出的方式来研究。在每个时刻 t，一定存在保证可行的方式，它表明 u 的选择。状态空间约束将在第 17 节讨论。

习　题

1. 沿用本节开头提示的步骤和利用 Farkas 引理，求式（1）到式（3）和式（5）的最优解满足的必要条件。

2. 求式（2）满足式（3），式（5）和

$$h_j(t,u) \geqslant 0, \quad j=1,\cdots,p_1-1,$$
$$h_j(t,u) = 0, \quad j=p_1,p_1+1,\cdots,p_2$$

的最优解所满足的必要条件。证明 w_j，$j=p_1$，$\cdots$，p_2 可以取任何符号。［提示：回顾一下，一个等式可以写成两个不等式。］

3. 求问题

$$\min \int_{t_0}^{t_1} f(t,x,u)dt$$
$$\text{s.t. } x'=g(t,x,u), \quad h(t,u) \leqslant 0, \quad x(t_0)=0$$

的最优解所满足的必要条件。

4. 企业投资一定是自我融资的，也就是说，用当前收益进行支付。令 $R(K)$ 为从资本存量 K 得到的净收益。令 $C(I)$ 为以速率 I 进行投资的成本。假设 $R'>0$，$R''<0$，$C'>0$，$C''>0$。讨论

$$\max \int_0^\infty e^{-rt}[R(K)-C(I)]dt$$
$$\text{s.t. } K'=I-bK, \quad K(0)=K_0, \quad 0 \leqslant I \leqslant R(K)$$

的最优解。

5. 证明

$$\max_{x,u,t_1} \int_{t_0}^{t_1} f(t,\boldsymbol{x},\boldsymbol{u})dt + \phi(\boldsymbol{x}(t_1),t_1)$$
$$\text{s.t. } x_i'=g_i(t,\boldsymbol{x},\boldsymbol{u}), \quad i=1,\cdots,n,$$
$$\qquad h_j(t,\boldsymbol{x},\boldsymbol{u}) \geqslant 0, \quad j=1,\cdots,r,$$
$$\qquad \boldsymbol{x}(t_0)=\boldsymbol{x}_0,$$
$$\qquad x_i(t_1)=x_{i1}, \quad i=1,\cdots,q \leqslant n,$$
$$\qquad K_k(\boldsymbol{x}(t_1),t_1) \geqslant 0, \quad k=1,\cdots,s$$

的第一变分，其中 $\boldsymbol{x} = [x_1, \cdots, x_n]$，$\boldsymbol{u} = [u_1, \cdots, u_m]$，是

$$\delta J = \left(f + \sum_{i=1}^{n} \lambda_i g_i\right)\bigg|_{t_1} \delta t_1 + \left(\partial\phi/\partial t_1 + \sum_{k=1}^{s} p_k \partial K_k/\partial t_1\right)\delta t_1$$

$$+ \sum_{i=q+1}^{n} \left(\partial\phi/\partial x_i + \sum_{k=1}^{s} p_k \partial K_k/\partial x_i - \lambda_i\right)\delta x_i$$

$$+ \int_{t_0}^{t_1} \Big[\sum_{k=1}^{n} \left(\partial f/\partial x_k + \sum_{i=1}^{n} \lambda_i \partial g_i/\partial x_k + \lambda_k' + \sum_{j=1}^{r} w_j \partial h_j/\partial x_k\right)\delta x_k$$

$$+ \sum_{k=1}^{m} \left(\partial f/\partial u_k + \sum_{i=1}^{n} \lambda_i \partial g_i/\partial u_k + \sum_{j=1}^{r} w_j \partial h_j/\partial u_k\right)\delta u_k \Big]dt\,。$$

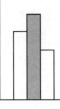

12. 不连续和碰碰控制

对控制变量的连续性要求可以被放松。现在，可行的控制是时间的**分段连续**函数。这表明，除了在可能的有限个时点外，控制变量是连续的。任何不连续都涉及一个有限的跳跃。尽管 u 可以不连续，但是状态变量 x、乘子函数 λ 和汉密尔顿函数 H 一定（仍然）是连续的。

u 的不连续对应于变分法中 x 的角点。回忆第 Ⅰ 13 节，如果

$$\text{最优化} \int_{t_0}^{t_1} F(t,x,x')dt$$

的解 $x(t)$ 有角点，那么，函数

$$F_{x'} \text{和} F-x'F_{x'}$$

一定是连续的。为了表明这在最优控制处理中的含义，我们改写问题

$$\text{最优化} \int_{t_0}^{t_1} F(t,x,u)dt$$
$$\text{s. t. } x'=u。$$

汉密尔顿函数是

$$H=F+\lambda u。$$

于是，

$$H_u=F_u+\lambda=0，\text{因此 } \lambda=-F_{x'}。$$

因此，λ 的全局连续性对应于 $F_{x'}$ 的连续性。而且，由于 $x'=u$，把 λ 的表达式代入 H，得

$$H = F - x' F_{x'} \, .$$

因此，H 的连续性对应于第二个角点条件。

关于 u 是线性的问题的解通常涉及控制变量的不连续性。考虑

$$\max \int_{t_0}^{t_1} [F(t,x) + uf(t,x)] dt \tag{1}$$

$$\text{s. t. } x' = G(t,x) + ug(t,x), \tag{2}$$

$$x(0) = x_0, \tag{3}$$

$$a \leqslant u \leqslant b \, . \tag{4}$$

汉密尔顿函数是

$$H = F(t,x) + uf(t,x) + \lambda G(t,x) + \lambda ug(t,x) = F + \lambda G + (f + \lambda g)u \, . \tag{15}$$

必要条件包括

$$\lambda' = -\partial H / \partial x, \tag{6}$$

$$u = \begin{Bmatrix} a \\ ? \\ b \end{Bmatrix}, \text{ 只要 } f + \lambda g \begin{Bmatrix} < \\ = \\ > \end{Bmatrix} \, . \tag{7}$$

如果 $f + \lambda g = 0$ 不能在一个时间段内保持成立，控制就是"碰碰的"；当在 H 中它的系数为负时，控制在最低水平，当在 H 中它的系数为正时，控制在最高水平。也就是说，我们可以写拉格朗日函数

$$L = H + w_1(u - a) + w_2(b - u),$$

同时有必要条件式（6）和

$$L_u = f + \lambda g + w_1 - w_2 = 0, \quad w_1 \geqslant 0, \quad w_1(u - a) = 0,$$
$$w_2 \geqslant 0, \quad w_2(b - u) = 0 \, . \tag{7'}$$

当然，式（7）和式（7'）是等价条件。

例 1 一个粒子从给定点 x_0 出发，以控制在一定范围内的加速度沿直线向前移动。令 $x(t)$ 为它在 t 时刻的位置。那么，$x''(t) = u$，$x(0) = x_0$，其中，u 要求服从 $-1 \leqslant u \leqslant 1$。问题是选择 u 使得粒子尽快在原点 $(x = 0)$ 保持静止 $(x' = 0)$。令 $x_1 = x$，$x_2 = x'$。那么，问题可以陈述为

$$\min_{u, T} \int_0^T dt$$

s. t.

$$x_1' = x_2, \quad x_1(0) = x_0, \quad x_1(T) = 0,$$
$$x_2' = u, \quad x_2(0) = 0, \quad x_2(T) = 0,$$
$$-1 \leqslant u \leqslant 1 \quad (\text{即 } u - 1 \leqslant 0 \text{ 和 } -u - 1 \leqslant 0) \, .$$

把 λ_i 与 x_i 联系起来。拉格朗日函数为

$$L = 1 + \lambda_1 x_2 + \lambda_2 u + w_1(u - 1) - w_2(u + 1) \, .$$

最优解满足

$$\partial L/\partial u = \lambda_2 + w_1 - w_2 = 0,\tag{8}$$

其中，

$$w_1 \geqslant 0, \quad w_1(u-1)=0,$$
$$w_2 \geqslant 0, \quad w_2(u+1)=0,$$
$$\lambda_1' = -\partial L/\partial x_1 = 0,\tag{9}$$
$$\lambda_2' = -\partial L/\partial x_2 = -\lambda_1.\tag{10}$$

而且，因为终点时刻是自由的，所以

$$L(T)=0.\tag{11}$$

其实，由于问题是自治的，因此在整个区间 $[0, T]$ 上都有 $L=0$。

条件式（8）表明，要么 $\lambda_2>0$，在这种情况下，$w_2>0$ 且 $u=-1$；要么 $\lambda_2<0$，在这种情况下，$w_1>0$ 且 $u=1$。因此，当 $\lambda_2>0$ 时，$u=-1$；当 $\lambda_2<0$ 时，$u=1$。由式（9）可知，λ_1 是常数。然后，对式（10）取积分，得

$$\lambda_2(t)=-\lambda_1 t + c.\tag{12}$$

由于 λ_2 是 t 的线性函数，因此它至多改变一次符号。但是，因为 u 的值依赖于 λ_2 的符号，所以这表明 u 至多改变（转换）一次取值。

如果 $\lambda_2=0$，控制变量 u 的值就不是由式（8）决定的，但是，至多在一个时点使得 $\lambda_2=0$。为了表明这一点，假设在某个区间里，都有 $\lambda_2=0$。那么，由式（12），$\lambda_1=0$，因此 $H=1+0+0\neq 0$，这与式（11）相矛盾。因此，除了在可能的一个转换时刻，式（8）在所有 t 时刻决定了 u。

在满足 $u=1$ 的时间区间里，$x_2'=u=1$，于是，$x_2=t+c_0$。因此，$x_1'=x_2=t+c_0$，于是 $x_1=t^2/2+c_0 t+c_1$。代入 $t=x_2-c_0$，我们有

$$x_1=(x_2-c_0)^2/2+c_0(x_2-c_0)+c_1=x_2^2/2+c_2,$$

其中，$c_2=-c_0^2/2+c_1$。当 $u=1$ 时，最优路径是 x_1-x_2 平面上的一条抛物线。当 $u=-1$ 时，$x_2'=-1$，这表明 $x_2=-t+c_3$，且 $x_1'=x_2=-t+c_3$，这给出 $x_1=-(t-c_3)^2/2+c_4=-x_2^2/2+c_4$。

穿过 $x_1=x_2=0$ 的两条抛物线是 $x_1=x_2^2/2$ 和 $x_1=-x_2^2/2$。路径的最后一部分一定沿着两条曲线的某一条走。因为 u 最多改变一次值，所以解最多由两部分构成。在图 12.1 中，从初始点沿着一条抛物线到达穿过原点的两条抛物线中的一条；然后，沿着这条抛物线到达原点。

x_2 递增的那条抛物线对应于 $x_2'=u=1>0$ 的解，而带指向下方箭头的抛物线对应于 $x_2'=u=-1<0$（回顾问题设定）。粗线标明的路径表示从初始状态 $(x_0, 0)$ 出发的最优路径。最优路径要求，在到原点的一半距离以最大加速度而在剩余的距离以最大减速度，把微粒带至原点停驻。

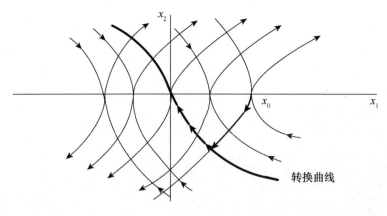

转换曲线

图 12.1

例 2 以速率 $x(t)$ 生产的商品既可以再投资以增加生产能力，又可以卖掉。生产能力以再投资率增长。为了最大化给定时期 $[0, T]$ 内的总销量，t 时刻产出的多大比例 $u(t)$ 应当被再投资？初始能力是 c。

给定上述定义，我们求

$$\max \int_0^T [1-u(t)]x(t)dt \tag{13}$$

$$\text{s. t. } x'(t)=u(t)x(t), \quad x(0)=c>0, \tag{14}$$

$$0 \leqslant u(t) \leqslant 1。$$

拉格朗日函数是

$$L=(1-u)x+\lambda ux+w_1(1-u)+w_2 u。$$

最优解满足

$$L_u=x(\lambda-1)+w_2-w_1=0, \tag{15}$$

$$w_1 \geqslant 0, \quad w_2 \geqslant 0, \quad w_1(1-u)=0, \quad w_2 u=0, \tag{16}$$

$$\lambda'=-L_x=u-1-u\lambda, \tag{17}$$

$$\lambda(T)=0。 \tag{18}$$

因为 $x(0)>0$ 且 $x' \geqslant 0$，所以 $x>0$ 总是成立的；因此，由式（15）到式（17）可知，

$$\text{或者 } \lambda>1 \text{ 且 } u=1, \text{因此 } \lambda'=-\lambda,$$
$$\text{或者 } \lambda<1 \text{ 且 } u=0, \text{因此 } \lambda'=-1。 \tag{19}$$

这表明在 $0 \leqslant t \leqslant T$ 上 λ 是递减的。而且，由式（18），它在 T 处为零。于是，存在一个最终区间 $t^* \leqslant t \leqslant T$ 使得 $\lambda<1$，$u=0$，$\lambda'=-1$，于是 $x'=0$。因此，

$$\left. \begin{array}{l} u(t)=0, \\ \lambda(t)=T-t, \\ x(t)=x(t^*), \end{array} \right\} \quad t^* \leqslant t \leqslant T。 \tag{20}$$

时刻 t^* 使得 $\lambda(t^*)=1$；即，给定 $T \geqslant 1$，

动态优化——经济学和管理学中的变分法和最优控制（第二版）

$$t^* = T - 1 \text{。} \tag{21}$$

如果 $T \leqslant 1$，解就由式（20）给出，而且 $t^* = 0$。

如果 $T > 1$，那么存在一个初始区间 $0 \leqslant t \leqslant T-1$ 使得 $\lambda > 1$，$u = 1$，$\lambda' = -\lambda$，$x' = x$。利用 $x(0) = c$，以及 x 和 λ 在 $t^* = T-1$ 处必要的连续性，得

$$\left. \begin{array}{l} u(t) = 1, \\ \lambda(t) = \exp(T - t - 1), \\ x(t) = ce^t \end{array} \right\} \quad 0 \leqslant t < T - 1 \text{。} \tag{22}$$

利用式（20）到式（22），w_1 和 w_2 的值可以由式（15）和式（16）求出。如果 $T \leqslant 1$，那么

$$w_1(t) = 0, \quad w_2(t) = c(1 - T + t), \quad 0 \leqslant t \leqslant T - 1 \text{。} \tag{23}$$

如果 $T > 1$，那么

$$w_1(t) = \begin{cases} ce^t[\exp(T - t - 1) - 1], & 0 \leqslant t \leqslant T - 1, \\ 0, & T - 1 \leqslant t \leqslant T; \end{cases}$$

$$w_2(t) = \begin{cases} 0, & 0 \leqslant t \leqslant T - 1, \\ c(1 - T + t)\exp(T - 1), & T - 1 \leqslant t \leqslant T \text{。} \end{cases} \tag{24}$$

这些函数满足非负条件。在这个问题中，它们碰巧都是连续的，但是不要求 w_1 一定连续。

如果计划期是短暂的，那么卖掉所有产出是最优的。否则，直到 $t = T-1$ 时刻为止，以最大速率提高生产能力并把所有产出再投资，然后，卖掉所有产出，这才是最优的（参见图 12.2）。

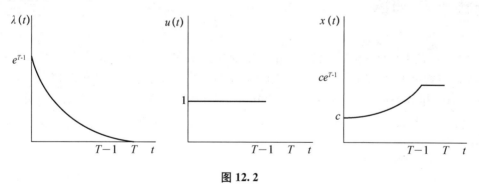

图 12.2

习　题

1. $\max \displaystyle\int_0^T e^{-rt}(1 - u)x\,dt$

s. t. $x' = ux$，$x(0) = x_0 > 0$，$0 \leqslant u \leqslant 1$。

2. $\max \int_0^2 (2x - 3u)dt$

   s. t. $x' = x + u$，$0 \leqslant u \leqslant 2$，$x(0) = 5$，$x(2)$ 自由。

3. 通过用 "min" 代替 "max"，重复习题 2。

4. $\max \int_0^T (x - u)dt$

   s. t. $x' = u$，$0 \leqslant u \leqslant x$，

   $x(0) = x_0$ 给定，$x(T)$ 自由，T 给定。

5. $\min \int_0^1 (2 - 5t)udt$

   s. t. $x' = 2x + 4te^{2t}u$，$x(0) = 0$，$x(t) = e^2$，$-1 \leqslant u \leqslant 1$。

6. 一台机器在任何时刻 t 赚取的利润 $px(t)$ 与它的质量 $x(t)$ 成比例。质量以不变比率 b 衰减，但通过在维修方面支出 $u(t)$ 可以增强。机器将在预设好的时间 T 被卖掉；销售价格与它的质量成比例。求维修政策，以

$$\max \int_0^T e^{-rt}\left[px(t) - u(t)\right]dt + e^{-rT}sx(T)$$

   s. t. $x' = u - bx$，$0 \leqslant u \leqslant \bar{u}$，$x(0) = x_0$，

其中，$s < 1 < p/(r+b)$。并解释所述的不等式。

7. 在 $a = 1$ 和 $b = 0$ 的情况下重新研究习题 10.4。

■ 进一步阅读

例 1 来自 Pontryagin，他还给出了几个相关的例子。Bryson 和 Ho 以及 Lee 和 Markus 也给出了这些例子。例 2 来自 Berkovitz。对于与习题 6 有关的维修问题，参见 Thompson 和 Bensoussan，Hurst，Naslund。对于碰碰控制的另一个应用，参见 Ijiri 和 Thompson。习题 5 来自 Hestenes。Arvan 和 Moses 给出碰碰控制的一个最新和新颖的应用。

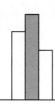

13. 奇异解和最速降线

奇异解

在第 12 节的例子中，汉密尔顿函数关于控制变量 u 是线性的。汉密尔顿函数中 u 的系数可能仅在有限个点等于零。在其他问题中，H 中 u 的系数可能在某个时间区间内等于零。在这些区间，控制不影响汉密尔顿函数，因此，u 的选择不是由通常的方式决定的。在这种情况下，u 的值被认为是**奇异的**。通常，我们需要处理各种其他条件来决定控制变量的值。

在式（12.1）到式（12.7）的记号中，如果 $f+\lambda g=0$，u 的值就不是明显的。很明显，它不能被选择以最大化 H，因为在这种情况下 H 的值独立于 u 的值。然而，如果在一段时间里 $f+\lambda g=0$，那么我们经常可以从这个事实获益。

例 1 土地的海拔由可微函数 $y(t)$，$0 \leqslant t \leqslant T$ 给定。求在 $0 \leqslant t \leqslant T$ 上修建道路的海拔 $x(t)$，使得坡度不要超过 $|a| \geqslant 0$ 且总成本

$$\int_0^T [x(t)-y(t)]^2 dt \tag{1}$$

最小。在每个 t 处的成本随着需要填充或者挖掘的数量的平方而逐渐增加。

约束可写为

$$x'=u, \quad -a \leqslant u \leqslant a。 \tag{2}$$

拉格朗日函数是

$$L=-(x-y)^2+\lambda u+w_1(a-u)+w_2(u+a)，$$

因此，最优解满足

$$L_u=\lambda-w_1+w_2=0, \quad w_1 \geqslant 0, \quad w_1(a-u)=0, \quad w_2 \geqslant 0, \quad w_2(u+a)=0; \tag{3}$$

$$\lambda' = -H_x = 2(x-y); \tag{4}$$

$$\lambda(0) = \lambda(T) = 0. \tag{5}$$

因为道路在终点处的高度没有设定，所以横截性条件式（5）成立。把式（4）和式（5）结合起来，得

$$\lambda(t) = 2\int_0^t [x(s) - y(s)]ds, \tag{6}$$

$$\int_0^T [x(s) - y(s)]ds = 0. \tag{7}$$

把式（3）和式（6）结合起来表明存在三种类型的区间：

a. $u(t) = -a, \int_0^t [x(s) - y(s)]ds < 0$;

b. $x(t) = y(t), u(t) = y'(t), \int_0^t [x(s) - y(s)]ds = 0$;

c. $u(t) = a, \int_0^t [x(s) - y(s)]ds > 0$。

最优道路由完全沿着地形修建的部分和最大可容许坡度的部分构成。

这些设定足以唯一决定最优道路建设。例如，在图 13.1 中，t_1 和 $x(t_1)$ 由

$$\int_0^{t_0} [x(s) - y(s)]ds = 0, \quad \int_{t_1}^T [x(s) - y(s)]ds = 0$$

决定，而在图 13.2 中，t_1 和 t_2 由

$$\int_0^{t_1} [x(s) - y(s)]ds = 0, \quad \int_{t_2}^T [x(s) - y(s)]ds = 0$$

决定。

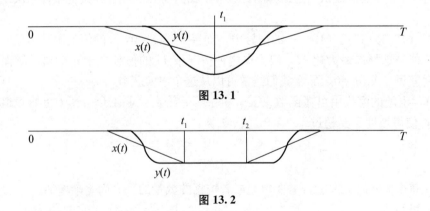

图 13.1

图 13.2

例 2 企业选择投资 I 的问题

$$\max \int_0^\infty e^{-rt} [p(t)f(K(t)) - c(t)I(t)]dt$$

s. t. $K' = I - bK, \quad K(0) = K_0, \quad I \geqslant 0$,

其中，$p(t)$ 和 $c(t)$ 是时间的给定函数，表明产出 $f(K)$ 和投资 I 的单位价格，有当期值汉密尔顿函数

$$H = pf(K) - cI + m(I - bK)。$$

解满足的必要条件包括

$$m(t) \leqslant c(t), \quad I(t)[c(t) - m(t)] = 0, \tag{8}$$

$$m' = (r+b)m - pf'(K)。 \tag{9}$$

单位资本的边际价值 m 不会超过它的边际成本 c。如果边际价值小于边际成本，就没有投资。在任何 $I > 0$ 的区间，我们有 $m = c$，因此 $m' = c'$；把这些代入式（9）给出最优资本存量的常见规则：

$$pf'(K) = (r+b)c - c'，\text{当 } I > 0 \text{ 时。} \tag{10}$$

（回顾式（Ⅰ5.2）。）只要是可行的，就选择 I 使得式（10）成立。（把式（10）关于 t 取全微分得到有关 I 的显式方程。）这是奇异解。

为了查明当 $I = 0$ 时什么条件成立，合并式（9）中有关 m 的项和积分：

$$e^{-(r+b)t}m(t) = \int_t^\infty e^{-(r+b)s}p(s)f'(K(s))ds, \tag{11}$$

这里我们利用假设 $\lim_{t \to \infty} e^{-(r+b)t}m(t) = 0$ 来求积分常数。而且，由积分基本定理可知，

$$e^{-(r+b)t}c(t) = -\int_t^\infty [d(e^{-(r+b)s}c(s))/ds]ds$$

$$= \int_t^\infty e^{-(r+b)s}[c(s)(r+b) - c'(s)]ds。 \tag{12}$$

把式（8），式（11）和式（12）结合起来，得

$$\int_t^\infty e^{-(r+b)s}[p(s)f'(K(s)) - (r+b)c(s) + c'(s)]ds \leqslant 0。 \tag{13}$$

当 $I > 0$ 时，等式成立。因此，在一边际单位资本生产的贴现收益流不足以覆盖相应"使用成本"贴现流的任何时刻，都不能获得资本。现在，假设在 $t_1 \leqslant t \leqslant t_2$ 上，$I(t) = 0$，而恰在 t_1 之前和 t_2 之后，我们有 $I(t) > 0$。因此，对于 $t = t_1$ 和 $t = t_2$，

$$\int_t^\infty e^{-(r+b)s}[pf' - (r+b)c + c']ds = 0, \tag{14}$$

进而，

$$\int_t^{t_2} e^{-(r+b)s}[pf' - (r+b)c + c']ds \leqslant 0, \quad t_1 \leqslant t \leqslant t_2 \tag{15}$$

在 $t = t_1$ 处以等式成立。

因此，在满足 $I > 0$ 的区间中的任何时点，短视规则式（10）即边际成本等于边际收益成立。而且，在满足 $I = 0$ 的整个区间 $t_1 \leqslant t \leqslant t_2$，平均起来（在式（15）中取 $t = t_1$），它也是成立的。在不同投资时期之间的时间区间，资本利用的贴现成本的积分等于它的产品的贴现边际价值。

例 3 Vidale-Wolfe 广告模型。

Sethi 对 Vidale 和 Wolfe 提出的广告模型的处理方法如下。排除广告成本，单位时

刻行业销售的总利润是 P。企业提供行业销售的比例是 x，因而搜集的总利润为 Px。广告支出 $u(t)$ 影响市场份额：

$$x'(t)=au(t)[1-x(t)]-bx(t), \quad x(0)=x_0, \tag{16}$$

其中，

$$0 \leqslant u(t) \leqslant \bar{u}。 \tag{17}$$

参数 a 反映了广告在吸收销售方面的功效。销量以常数比率 b 不断损失。企业可以影响新销售的获得率，但是不能影响重复销售的损失率。在满足式（16）和式（17）条件下，被 $u(t)$ 的选择最大化的利润为

$$\int_0^{\infty} e^{-rt}[Px(t)-u(t)]dt。 \tag{18}$$

令 m 为与式（16）相关的当期值乘子，写出当期值拉格朗日函数

$$L = Px-u+m[au(1-x)-bx]+w_1u+w_2(\bar{u}-u)$$
$$= Px-mbx+u[ma(1-x)-1]+w_1u+w_2(\bar{u}-u)。$$

解的必要条件包括

$$m'=(r+b+au)m-P; \tag{19}$$
$$\partial L/\partial u=ma(1-x)-1+w_1-w_2=0,$$
$$w_1 \geqslant 0, \quad w_1u=0, \quad w_2 \geqslant 0, \quad w_2(\bar{u}-u)=0; \tag{20}$$

$$u=\begin{Bmatrix}\bar{u}\\?\\0\end{Bmatrix}, \text{当 } ma(1-x)\begin{Bmatrix}>\\=\\<\end{Bmatrix}1 \text{ 时。} \tag{21}$$

Sethi 给出如下解：

I. 如果 $Pa \leqslant r+b$，那么对于所有 t，$u=0$。

II. 如果 $Pa>r+b$ 且 $Pab<(r+b+a\bar{u})(b+a\bar{u})$，那么可以得到稳态

$$x_s=1-[r+(r^2+4abP)^{1/2}]/2aP,$$
$$u_s=bx_s/a(1-x_s),$$
$$m_s=1/a(1-x_s),$$

而且通过选择

$$u=\begin{Bmatrix}\bar{u}\\u_s\\0\end{Bmatrix}, \text{只要 } x(t)\begin{Bmatrix}<\\=\\>\end{Bmatrix}x_s,$$

它会尽可能快地被趋近。

III. 如果 $Pa>r+b$ 且 $Pab \geqslant (r+b+a\bar{u})(b+a\bar{u})$，那么

$$u(t)=\begin{cases}\bar{u}, & \text{如果 } x(t)<1-\dfrac{(r+b+a\bar{u})}{aP},\\0, & \text{其他。}\end{cases}$$

在情形Ⅰ下，相对于广告的功效、贴现率和重复销售的损失率，可用的利润率太低，因此任何广告都不是值得的。在情形Ⅱ下，广告是值得的，最优状态 x 会尽可能快地达到并维持下去。在情形Ⅲ下，广告是值得的，但是广告率的上界阻止了最优份额 x_s 的保持。

我们留给读者去验证解，需要验证在每一种情况下条件式（16），式（17）和式（19）到式（21）是满足的。更有趣的是这个解最初是怎么推导出来的。我们找到情形Ⅱ的奇异解。

根据式（21），除了当 $ma(1-x)=1$ 时以外，广告将要么在它的下界要么在它的上界。假定在某个时间段内方程是成立的。因为 $m(1-x)$ 将是常数，所以

$$0=dm(1-x)/dt=m'(1-x)-x'm。$$

把式（16）中的 x'，式（19）中的 m' 和 $m=1/a(1-x)$ 代入：

$$aP(1-x)^2-r(1-x)-b=0。$$

这个关于 $1-x$ 的二次方程有两个解，但是，为了使其有意义，我们仅选择正根：

$$1-x_s=[r+(r^2+4abP)^{1/2}]/2aP。 \tag{22}$$

为了有意义也要求 $x_s \geqslant 0$，我们一定有

$$Pa \geqslant r+b。 \tag{23}$$

因为在被讨论的区间中 x 是常数，所以

$$m_s=1/a(1-x_s)。 \tag{24}$$

由式（16），u 满足

$$u_s=bx_s/a(1-x_s)， \tag{25}$$

给定

$$u_s \leqslant \bar{u}。 \tag{26}$$

可以证明，式（26）等价于

$$(a\bar{u}+b+r)(a\bar{u}+b) \geqslant abP。 \tag{27}$$

因此，如果式（23）和式（27）成立，一个奇异解会出现。把此与情形Ⅱ比较。奇异解由式（22）、式（24）和式（25）给出。情形Ⅱ的严格不等式保证了有正值的计划和在有限时间可达到的稳态的存在。

如果 $x_0 \neq x_s$，奇异解将不会立即达到。由式（21），唯一的其他可能性是 $u=\bar{u}$ 或者 $u=0$。如果 $x_0<x_s$，那么对于 $0 \leqslant t \leqslant T$，$u=\bar{u}$，其中 T 待定。在 $u=\bar{u}$ 的条件下，求解微分方程式（16）和式（19），利用边界条件

$$x(0)=x_0, \quad m(t)=m_s, \quad x(T)=x_s$$

决定两个积分常数和未知时间 T。第一个条件是给定的，由乘子 m 和状态 x 的连续性可知，第二个和第三个条件必须满足。或者，如果 $x_0>x_s$，那么把 $u=0$，$0 \leqslant t \leqslant T$ 代入式（16）和式（19），并利用相同的三个边界条件去求解。

其他两种情形的推演是类似的。在某些环境下，$u=0$ 对于所有 $t \geqslant 0$ 可能是解。把 $u=0$ 代入式（16）和式（19）得到

$$x(t) = x_0 e^{-bt}, \quad m(t) = P/(r+b) + c e^{(r+bt)}。$$

如果满足式（20），$c=0$。现在，为了使得 $u=0$ 是最优的，我们要求

对于所有 $t \geqslant 0$，$ma(1-x) = Pa(1-x_0 e^{-bt})/(r+b) < 1$，

这成立仅当 $Pa/(r+b) < 1$。这是情形 I 。

■ 最速降线

存在一类具有一个状态变量和一个控制变量的自治问题，其中，最优解要尽可能快地趋向于状态变量的某个稳态水平。这被称为最速降线（MRAP）（回顾第 I 16 节）。这一类由可以写为

$$\max \int_0^\infty e^{-rt} \big[P(x) + Q(x) f(x,u) \big] dt \tag{28}$$

$$\text{s. t. } x' = F(x) + G(x) f(x,u), \quad x(0) = x_0, \tag{29}$$

$$a(x) \leqslant u \leqslant b(x) \tag{30}$$

的问题所构成。这个问题关于 u 的可以是线性的，但不一定是线性的。约束式（29）可以用于从式（28）中消掉 $f(x, u)$（从而消掉 u）：

$$\max \int_0^\infty e^{-rt} \big[M(x) + N(x) x' \big] dt \tag{31}$$

$$\text{s. t. } A(x) \leqslant x' \leqslant B(x), \tag{32}$$

其中，与式（30）对 u 的约束相对应，式（32）是对 x' 的约束。在第 I 16 节，我们已经讨论过问题式（31）和式（32）。

例 1 和例 2 不是自治的，因此 MRAP 不能应用于它们。然而，例 3 利用 MRAP 容易得到解。利用式（16）从式（19）中消掉 u：

$$\int_0^\infty e^{-rt} \big[Px - (x' + bx)/a(1-x) \big] dt。$$

根据式（31）的记号，$M(x) = Px - bx/a(1-x)$ 和 $N(x) = -1/a(1-x)$，于是，

$$M'(x) + rN(x) = P - b/a(1-x)^2 - r/a(1-x) \equiv I(x)。$$

因为 $I'(x) = -2b/a(1-x)^3 - r/(1-x)^2 a < 0$ 和 $I(0) = P - (b+r)/a$，方程 $I(x) = 0$ 有唯一解 x_s，在区间 $0 < x \leqslant 1$ 上，

$$1 - x_s = [r + (r^2 + 4abP)^{1/2}]/2aP，$$

当且仅当式（23）成立。因此，如果式（23）成立，令 $u = \bar{u}$ 直到达到 x_s，然后令 $u = u_s = bx_s/(1-x_s)$ 以保持 x_s 不变。可以证明，$x_s < \bar{x}$ 意味着 $u_s < \bar{u}$，因此，给定 $x_s < \bar{x}$，

动态优化——经济学和管理学中的变分法和最优控制（第二版）

刚才给出的政策是可行的。

类似地，如果 $x_0 > x_s > 0$ 且 $\bar{x} > x_s$，那么取 $u=0$ 直到达到 $x=x_s$（MRAP），此后令 $u=u_s$。而且，$\bar{x} > x_s$ 表明 $\bar{u} > u_s$，因此政策是可行的。

如果式（23）不成立，那么对于所有 $0 \leqslant x \leqslant 1$，$I(x) < 0$，利润太低了，任何广告都是不值得的。$x=0$ 可以最大化利润 $M(x) + rN(x)$，因此，对于所有 t，我们取 $u=0$。

习　题

1. 用资本 k 生产的产出 $f(k)$ 可以消费和再投资。资本以比率 b 折旧。生产函数满足

$$f(0) = 0, \quad f'(k) > 0, \quad f''(k) < 0, \quad \lim_{k \to 0} f'(k) = \infty。$$

储蓄和再投资的产出比例是 s，因此消费的比例是 $1-s$。最大化在整个给定时期消费的贴现流

$$\max \int_0^T e^{-rt}(1-s)f(k)dt \tag{i}$$

$$\text{s. t. } k' = sf(k) - bk, \quad k(0) = k_0, \quad k(T) \geqslant 0, \tag{ii}$$

$$0 \leqslant s \leqslant 1。 \tag{iii}$$

a. 在特殊情形 $f(k) = k^a$ 下求最优储蓄计划，其中，$0 < a < 1$。
b. 讨论一般情形下的最优储蓄计划，其中，$f(k)$ 与上面问题中所设定的一样。
c. 在 $T = \infty$ 的情况下，重新考虑上述问题。

2. 企业产出 $Q = f(K, L)$ 是资本 K 和劳动 L 的二阶连续可微且凹的线性齐次函数。收益是产出的递增的凹函数 $R(Q)$。劳动的工资率是 w。投资在一单位资本上的成本是 c。投资 I 一定是非负的，且不能超过上界 $\bar{I}$。资本以常数比率 b 折旧。描述最大化贴现利润流的计划 $K(t)$，$I(t)$ 和 $L(t)$：

$$\max \int_0^\infty e^{-rt} [R(f(K,L)) - cI - wL] dt$$

$$\text{s. t. } K' = I - bK, \quad K(0) = K_0, \quad 0 \leqslant I \leqslant \bar{I},$$

其中，b，c 和 w 是给定的正常数。

3. 在习题 2 中假设 $\bar{I} = aR(f(K, L))$，使得投资不能超过销售收入的给定比例。

进一步阅读

Pontryagin 讨论了例 1，Arrow（1968）和 Nickell（1974）讨论了例 2，Sethi（1973）讨论了例 3。也可以参考第 I 16 节和其中引用的文献。Varaiya 完成了习题 1。关于类似例 2 的有关有界控制和"平均化条件"的进一步的例子，参见 Kamien 和 Schwartz（1977b）以及 Clark，Clarke 和 Munro。

14. Pontryagin 最大值原理、存在性

Pontryagin 最大值原理的表述与我们使用的有所不同。我们的版本仅在表述更为严格的条件下才是正确的。我们将要阐明 Pontryagin 最大值原理,然后指出它与我们在前面的解中给出的版本的差异。

■ 问 题

求定义在固定时间区间 $[t_0, t_1]$ 上的分段连续控制向量 $\boldsymbol{u}(t) = [u_1(t), \cdots, u_m(t)]$ 以及相应的连续和分段可微的状态向量 $\boldsymbol{x}(t) = [x_1(t), \cdots, x_n(t)]$,它们将

$$\max \int_{t_0}^{t_1} f(t, \boldsymbol{x}(t), \boldsymbol{u}(t)) dt \tag{1}$$

满足微分方程

$$x_i'(t) = g_i(t, \boldsymbol{x}(t), \boldsymbol{u}(t)), \quad i = 1, \cdots, n, \tag{2}$$

初始条件

$$x_i(t_0) = x_{i0}, \quad i = 1, \cdots, n, (x_{i0} \text{ 固定}), \tag{3}$$

终点条件

$$\begin{aligned}
&x_i(t_1) = x_{i1}, &&i = 1, \cdots, p \\
&x_i(t_1) \geqslant x_{it}, &&i = p+1, \cdots, q \quad (x_{i1}, \quad i = 1, \cdots, q, \quad \text{固定}), \\
&x_i(t_1) \text{ 自由}, &&i = q+1, \cdots, n,
\end{aligned} \tag{4}$$

动态优化——经济学和管理学中的变分法和最优控制(第二版)

以及控制变量约束

$$\boldsymbol{u}(t)\in U,\ U\ \text{是}\ R^m\ \text{中的一个给定集合。} \tag{5}$$

我们假定，对于所有的 $i=1,\cdots,n$ 和 $j=1,\cdots,n$，f，g_i，$\partial f/\partial x_j$ 和 $\partial g_i/\partial x_j$ 是它们所有自变量的连续函数。

定理 为了使 $\boldsymbol{x}^*(t)$，$\boldsymbol{u}^*(t)$ 对于上述问题是最优的，下列条件是必要的：存在一个常数 λ_0 和连续函数 $\lambda(t)=(\lambda_1(t),\cdots,\lambda_n(t))$，对于所有 $t_0 \leqslant t \leqslant t_1$，我们有 $(\lambda_0,\lambda(t))\neq(0,0)$，使得对于每一个 $t_0 \leqslant t \leqslant t_1$

$$H(t,\boldsymbol{x}^*(t),\boldsymbol{u},\lambda(t))\leqslant H(t,\boldsymbol{x}^*(t),\boldsymbol{u}^*(t),\lambda(t)), \tag{6}$$

其中，汉密尔顿函数 H 被定义为

$$H(t,\boldsymbol{x},\boldsymbol{u},\lambda)=\lambda_0 f(t,\boldsymbol{x},\boldsymbol{u})+\sum_{i=1}^{n}\lambda_i g_i(t,\boldsymbol{x},\boldsymbol{u})。 \tag{7}$$

除了在 $\boldsymbol{u}^*(t)$ 的不连续点外，

$$\lambda_i'(t)=-\partial H(t,\boldsymbol{x}^*(t),\boldsymbol{u}^*(t),\lambda(t))/\partial x_i,\quad i=1,\cdots,n。 \tag{8}$$

而且，

$$\lambda_0=1\ \text{或者}\ \lambda_0=0, \tag{9}$$

最后，要满足下列横截性条件：

$$\begin{aligned}
&\lambda_i(t_1)\ \text{无条件},\ i=1,\cdots,p,\\
&\lambda_i(t_1)\geqslant 0(=0,\ \text{如果}\ x_i^*(t_1)>x_{i1})i=p+1,\cdots,q,\\
&\lambda_i(t_1)=0,\quad i=q+1,\cdots,n。
\end{aligned} \tag{10}$$

上述处理和以前章节的近似处理存在两个不同。一个涉及技术的精确性，另一个有关文体。

首先，我们考虑技术精确性的问题。式（7）中汉密尔顿函数中的 λ_0 是 0 或 1（参见式（9））。在问题存在与目标有关的解的隐含假定下，我们总是取 $\lambda_0=1$。然而，这个假定并不总是满足的。也存在最优解要求 $\lambda_0=0$ 的问题。我们忽略了这种可能性，并将继续这样做（尽管有技术不精确的风险）。（有关讨论和例子，参见第 6 节。）

其次，我们注意文体的差异。这里，式（5）隐含地规定了控制区域，它要求控制向量 $\boldsymbol{u}(t)=[u_1(t),\cdots,u_m(t)]$ 在某个集合 U 里。这个集合可以是整个 m 维欧式空间或者是它的一个真子集。作为控制区域隐含规定的结果，最大化汉密尔顿函数的控制在每个时刻 t 的选择仅仅可以被隐含地规定；参见式（6）。

如果设定控制区域 U，且关于 f，g_i，$i=1,\cdots,n$ 的结构拥有进一步的信息，例如，我们就可以用 Kuhn-Tucker 定理来进一步刻画 u 的值，也就是式（6）中提供最大值的 $\boldsymbol{u}^*$。在前面的章节，我们就是这样做的。然而，基本的要求是式（6）。

我们在很大程度上避免了最优控制问题的解的存在性问题。我们都知道解确定存在的条件。例如，如果函数 f，g 连续有界而且导数有界、f 关于控制变量是严格凹的且 g 关于控制变量是线性的，那么解存在。

进一步阅读

关于对乘子 λ_0 可以设定为 1 的条件的仔细处理，参见 Pontryagin，Lee 和 Markus，Hestenes，Fleming 和 Rishel，或者 Seierstad 和 Sydsaeter（1987）。

关于存在性，参见 Cesari，Steinberg 和 Stalford，以及 Fleming 和 Rishel。Baum 给出了时间范围无界的问题解的存在性。有关定理的综述参见 Long 和 Vousden 以及 Seierstad 和 Sydsaeter（1977，1987）。也可以参见 Gaines（1976，1977）。

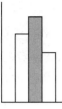

15. 推广充分性定理

对于问题

$$\max \int_{t_0}^{t_1} f(t,x,u)dt \tag{1}$$

s. t. $x' = g(t,x,u),$ $\tag{2}$

$\qquad x(t_0) = x_0,\quad t_0, t_1\ 固定,$ $\tag{3}$

我们已经证明，如果函数 f 和 g 关于 x 和 u 都是凹函数，那么最优化的必要条件也是充分的（如果 g 关于 x，u 是非线性的，也假定 $\lambda \geqslant 0$）。该充分定理（如果必要，可以扩展维数）容易应用。然而，一些有趣的问题关于 x，u 不是凹的。Arrow 发现，Mangasarian 定理的一个推广形式可以应用于更广泛的问题。然而，更难验证它能否应用。

为了表述 Arrow 的充分性结果，我们需要一些定义。令 $u = U(t, x, \lambda)$ 表示对于 (t, x, λ) 的给定值，最大化

$$H(t,x,u,\lambda) = f(t,x,u) + \lambda g(t,x,u) \tag{4}$$

的控制变量的值。记号 $U(t, x, \lambda)$ 表示 u 的最大化值对最大化问题式（4）参数的依赖。令

$$H^0(t,x,\lambda) = \max_u H(t,x,u,\lambda) = f(t,x,U(t,x,\lambda)) + \lambda g(t,x,U(t,x,\lambda)). \tag{5}$$

于是，H^0 是沿着最大化的 u 取值的汉密尔顿函数值；H^0 称为**最大化的汉密尔顿函数**。

应用于式（1）—式（3）的 Arrow 定理如下。

定理（Arrow） 如果对于给定的 λ，$t_0 \leqslant t \leqslant t_1$，$H^0(t, x, \lambda)$ 是 x 的凹函数且存在 $x^*(t)$，$u^*(t)$，$\lambda(t)$ 满足式（2），式（3）和

$$u(t) = U(t,x(t),\lambda(t)), \tag{6}$$

$$\lambda' = -(f_x + \lambda g_x), \tag{7}$$

$$f_u + \lambda g_u = 0, \tag{8}$$

$$\lambda(t_1) = 0, \tag{9}$$

那么 x^*，u^* 将会在满足式（2）和式（3）的情况下最大化式（1），其中，x^*，λ 连续。

f 和 g 关于 x，u 的凹性被较弱的条件即最大化的汉密尔顿函数 H^0 关于 x 是凹的所替代。检验被推导出来的函数的性质（比如 H^0）比检验 f 和 g 的性质更难。然而，如果 f 和 g 关于 x 和 u 都是凹的，那么 H^0 关于 x 将是凹的。这是下述引理的结果。

引理 如果函数 $G(x, u)$ 关于 (x, u) 是凹的，那么 $\max_u G(x, u)$ 是 x 的凹函数。

证明：令 x_1，x_2 为 x 的两个值，令 u_i 关于 u 最大化 $G(x_i, u)$，$i = 1, 2$。那么，对于任何 $0 \leqslant a \leqslant 1$，

$$a \max_u G(x_1, u) + (1-a) \max_u G(x_2, u)$$
$$= aG(x_1, u_1) + (1-a)G(x_2, u_2)$$
$$\leqslant G(ax_1 + (1-a)x_2, au_1 + (1-a)u_2)$$
$$\leqslant \max_u G(ax_1 + (1-a)x_2, u),$$

其中，由 u_i 的定义可知第一个等式成立，根据 G 的凹性可知第二个关系式成立，由最大化的性质可知最后一个关系式成立。不等式确保 $\max_u G(x, u)$ 关于 x 的凹性。

由这个引理立即可以知道，如果对于所有的 t，f 和 g 关于 x，u 是凹的，如果 $\lambda \geqslant 0$，那么 H^0 是凹的，现在的定理可以应用。因为该特例构成 Mangasarian 定理，所以 Arrow 定理代表一个直接推广。即使 f 和 g 关于 x 和 u 不是凹的，最大化的汉密尔顿函数关于 x 也可以是凹的，因此，在 Mangasarian 定理不能应用的情形，Arrow 定理也是有用的。

最后，注意当前值汉密尔顿函数与经常使用的汉密尔顿函数仅相差一个贴现因子。因此，我们很容易基于最大化当前值汉密尔顿函数的凹性写出一个相应的定理。

例 1 修正习题 13.1 的问题使得目标是最大化消费效用 $U((1-s)f(k))$ 的贴现流，其中，$U' > 0$，$U'' < 0$ 且 $\lim_{c \to 0} U'(c) = \infty$。我们想要证明最大化的当前值汉密尔顿函数关于状态变量 k 是凹的，从而解的必要条件是充分的。当前值汉密尔顿函数是

$$H = U((1-s)f(k)) + m[sf(k) - bk]. \tag{10}$$

最大化式（10）的 s 值满足

$$H_s = f(k)(m - U') = 0, \tag{11}$$

$$H_{ss} = f^2 U'' < 0. \tag{12}$$

由我们关于 U 的假设可知，条件式（12）是满足的，而条件式（11）表明

$$U'((1-s)f(k)) = m. \tag{13}$$

令 g 为反函数 U'^{-1}，使得

$$1 - s = g(m)/f(k). \tag{14}$$

把最大化控制由式（14）代入式（10），得到最大化的当期值汉密尔顿函数

$$H^0 = U(g(m)) + m[f(k) - g(m) - bk]。$$

给定 $m>0$，最大化的汉密尔顿函数 H^0 关于状态变量 k 显然是凹的，但是 $m>0$ 可以由式（11）和假设 $U'>0$ 来保证。因此，最优解的必要条件也是充分的。

例2 极限定价。

为了最大化贴现的利润流，企业想要为它的产品定价。如果它最大化**当前**利润，那么高价格和高利润可能吸引竞争者进入，从而减少未来的获利可能性。令当前利润 $R_1(p)$ 是价格 p 的严格凹函数，满足 $R_1''(p)<0$。企业认为竞争者进入后可获得的最大化利润是 $R_2 < \max_p R_1(p)$（独立于当前价格且低于当前的垄断利润）。竞争者是否进入以及何时进入是未知的，但是，取 $F(t)$ 代表到 t 时刻为止进入发生的概率，满足 $F(0)=0$。给定在 t 之前进入没有发生，在 t 时刻进入发生的条件概率密度是 $F'(t)/[1-F(t)]$。我们假设这个条件进入概率密度是产品价格的递增凸函数。这种设定反映了一种假设，即当价格升高时，一个给定大小的潜在进入者的获利能力增加进而它们进入的可能性也增加。于是，我们假设

$$F'(t)/[1-F(t)] = h(p(t)),$$

其中，

$$h(0) = 0, \quad h'(p) \geqslant 0, \quad h''(p) \geqslant 0。$$

以速率 r 贴现未来的利润，企业寻找价格政策 $p(t)$ 以

$$\max \int_0^\infty e^{-rt} \{R_1(p(t))[1-F(t)] + R_2 F(t)\} dt \tag{15}$$

$$\text{s. t. } F'(t) = h(p(t))[1-F(t)], \tag{16}$$

$$F(0) = 0。 \tag{17}$$

被积函数是 t 时刻的期望利润，如果到 t 时刻没有竞争者进入，则由 R_1 构成，否则由 R_2 构成。状态变量是概率 F 而控制变量是价格 p。

当期值汉密尔顿函数是

$$H = R_1(p)(1-F) + R_2 F + mh(p)(1-F)。 \tag{18}$$

如果 F^*，p^* 是最优的，那么 F^*，p^*，m 满足约束式（16），式（17）和

$$\partial H/\partial p = R_1'(p)(1-F) + mh'(1-F) = 0, \tag{19}$$

$$\partial^2 H/\partial p^2 = [R_1''(p) + mh''(p)](1-F) \leqslant 0, \tag{20}$$

$$m' = rm - \partial H/\partial F = R_1 - R_2 + m[h(p)+r]。$$

被积函数和约束关于 F 和 p 不是凹的。然而，最大化 H 的控制变量 p 的值满足式（19），进而也满足

$$R_1'(p) + mh'(p) = 0, \tag{21}$$

因此独立于 F。因为如果 $m<0$，式（21）的左侧关于 p 是单调递减的，所以它把 p 的

唯一值和 m 的每一个负值联系起来。令 $p=P(m)$ 表示由式（21）隐含地定义的函数。那么，最大化的当期值汉密尔顿函数是

$$H^0=[R_1(P(m))+mh(P(m))](1-F)+R_2F, \tag{22}$$

它是线性的，因此关于状态变量 F 是凹的。因此，前述必要条件式（16）到式（20）的解也是最优化问题式（15）和式（16）的解。

我们将表明 p 和 m 的常数值满足必要条件。满足式（20）的常数 m 是

$$m=-(R_1-R_2)/[r+h(p)]。 \tag{23}$$

m 为负反映了状态变量 F 的增加提高了竞争者进入概率进而降低了最优期望值的事实（以一个与无竞争者和有竞争者的收益差成比例的比率）。把式（23）代入式（21），得

$$R'_1(p)/[R_1(p)-R_2]=h'(p)/[r+h(p)], \tag{24}$$

它是一个关于 p 的隐式方程。

现在假设 $R_1(p)$ 是 p 的严格凹函数，而且 $\max_p R_1(p)=R_1(p^m)>R_2$，其中，$p^m$ 代表垄断价格，$R_1(p)=R_2$ 有两个不等根。取

$$g(p)=R'_1(p)[r+h(p)]-h'(p)[R_1(p)-R_2]。 \tag{25}$$

式（24）的解 p 也是 $g(p)=0$ 的解，反之亦然。把 $R_1(p)=R_2$ 较小的根称为 $\underline{p}$，较大的根称为 $\bar{p}$。因为 $R_1(p)$ 是严格凹的，$R'_1(\underline{p})>0$ 且 $R'_1(\bar{p})<0$，以使得 $g(\underline{p})>0$ 且 $g(\bar{p})<0$。而且，对于 $\underline{p}<p<\bar{p}$，$R_1(p)>R_2$。计算

$$
\begin{aligned}
g'(p)&=R''_1(p)[r+h(p)]+R'_1(p)h'(p)-h''(p)[R_1(p)-R_2]-h'(p)R'_1(p)\\
&=R''_1(p)[r+h(p)]-h''(p)[R_1(p)-R_2]<0，对于 \underline{p}\leqslant p\leqslant\bar{p}, \tag{26}
\end{aligned}
$$

其中，式（26）为负来自假设 $R''_1<0$，$h''>0$ 和 $R_1(p)\geqslant R_2$。因此，因为 $g(p)$ 在 $\underline{p}$ 处是正的，在 $\bar{p}$ 处是负的，而且连续，由中值定理，存在 p，记为 p^*，使得对于 $\underline{p}\leqslant p^*\leqslant\bar{p}$，$g(p^*)=0$。而且，因为对于 $\underline{p}\leqslant p^*\leqslant\bar{p}$，$g'(p)<0$，所以 p^* 是唯一的。最后，由式（25）可知，在 $g(p^*)=0$ 处，若 $h'(p^*)>0$，则 $R'_1(p^*)>0$，而且，在这种情况下，$R_1(p^m)>R_1(p^*)>R_2$。也就是说，如果在 p^* 处进入的条件概率是正的，那么 $R'_1(p^*)>0$。但是，然后 p^* 在 $R_1(p)$ 的向上倾斜部分发生，这表明 $p^*<p^m$。由 p^m 的定义，回顾 $R'(p^m)=0$。而且，由于 $g(\underline{p})>0$，故 $p^*>\underline{p}$，同时，$g(p^*)=0$ 且 $g'(p)<0$。在取 $p(t)=p^*$ 后，对式（16）和式（17）取积分，我们得到

$$F(t)=1-e^{-h(p^*)t}。 \tag{27}$$

因此，由式（24）定义的 p^*，则 m，F 根据式（23）和式（27）中的 p^* 给出。这些函数满足式（16）到式（20），因而是最优的。尽管 Mangasarian 定理不能直接应用，但是我们利用 Arrow 定理证明了必要条件的充分性。

习　题

1. 给出 Arrow 定理关于最小化问题的对应表述。

2. 证明在例 2 中式（15）的被积函数和式（16）的右侧关于 F 和 p 既不是凹的也不是凸的。

3. 证明，对于给定的 T，第 II 10 节中维修问题的解是最优的，也就是说，对于一个给定的 T，必要条件对于最优化来说也是充分的。

4. 证明习题 13.1 中必要条件对于最优化也是充分的（检查 $s=0$，$0<s<1$ 和 $s=1$ 三种情形）。

进一步阅读

参考 Mangasarian 的完整定理和证明。Arrow 和 Kurz（1970）为 Arrow 定理给出了一个粗略的证明，而 Kamien 和 Schwartz（1971d）在限制条件下提供了另一个证明。有关充分性定理的完整和详细的处理，参见 Seierstad 和 Sydsaeter（1977，1987）。也参见 Robson（1981）和 Hartl。

Kamien 和 Schwartz（1971b）详细讨论了例 2。与此模型有关的横截性条件的讨论，也参见 Leung（1991）。

第 II 部分　最优控制

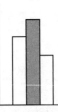

16. 其他处理方法

看起来不同的问题可能是等价的。

其他目标值处理方法

有可能把问题

$$\max \int_{t_0}^{t_1} f(t,x,u)dt \tag{1}$$
$$\text{s. t. } x' = g(t,x,u), \tag{2}$$
$$x(t_0) = x_0 \tag{3}$$

规定为一个目标是最大化终点状态函数的终值问题。为了明白这一点,利用

$$y'(t) = f(t,x,u), \tag{4}$$
$$y(t_0) = 0。 \tag{5}$$

定义函数 $y(t)$, $t_0 \leqslant t \leqslant t_1$。那么,

$$y(t_1) = \int_{t_0}^{t_1} f(t,x,u)dt。 \tag{6}$$

因此,问题式(1)到式(3)可以表述为

$$\max y(t_1)$$
$$\text{s. t. } x' = g(t,x,u), \quad y' = f(t,x,u), \tag{7}$$
$$x(t_0) = x_0, \quad y(t_0) = 0。$$

动态优化——经济学和管理学中的变分法和最优控制(第二版)

在变分法中，式（1）被称为 Lagrange 问题，而终值问题式（7）是 Mayer 形式。

在变分法中，带积分项和终值项的组合形式

$$\max \int_{t_0}^{t_1} f(t,x,u)dt + \phi(x,(t_1)) \tag{8}$$

s. t. 式（2）和式（3）

被称为问题的 Bolza 形式。这三种形式是等价的。例如，利用构造式（4）和式（5），我们可以立刻把式（8）写成终值问题。为了把式（8）写成 Lagrange 的等价形式，令

$$Z'=0, \ Z(t_0) \text{ 自由}, \ Z(t_1)=\phi(x(t_1))。 \tag{9}$$

然后，式（8）等价于

$$\max \int_{t_0}^{t_1} \big[f(t,x,u) + Z(t)/(t_1-t_0) \big] dt \tag{10}$$

s. t. 式（2），式（3）和式（9）。

因此，目标的三种形式具有相同的一般性，而且是等价的。然而，某些作者偏爱一种形式甚于其他。以任何一种形式表述的定理可以被转化以应用于其他形式。

自治处理方法

通过令 $z'(t)=1$，$z(t_0)=t_0$，一个非自治问题式（1）到式（3）可以从形式上用自治问题提出来：

$$\max \int_{t_0}^{t_1} f(z,x,u)dt$$
$$\text{s. t. } x'=g(z,x,u), \quad x(t_0)=x_0, \quad z'=1, \quad z(t_0)=t_0。 \tag{11}$$

这个问题从形式上不依赖于时间。与自治问题的性质有关的定理可以被转化于非自治问题。

等周约束

等周约束

$$\int_{t_0}^{t_1} G(t,x,u)dt = B \tag{12}$$

能够写为微分形式，方法是用

$$y'(t)=G(t,x,u), \tag{13}$$
$$y(t_0)=0, \tag{14}$$
$$y(t_1)=B \tag{15}$$

定义新变量 $y(t)$。用等价的设定式（13）到式（15）代替式（12）。

高阶导数

如果加入高阶导数，比如 $f(t, x, x', x'', x''')$，我们可以取 $x' = y$，$y' = z$，$z' = u$。然后，不断替代得到 $f(t, x, y, z, u)$。该（部分）问题有三个状态变量 x，y，z 和一个控制变量 u。

习　题

1. 写出问题式（1）到式（3）的必要条件。写出问题式（7）的必要条件。证明这两个条件集合是等价的。

2. 证明下述两个问题的必要条件是等价的：

a. 式（8）和式（10）；

b. 式（1）到式（3）和式（11）。

3. 求最大化式（1），满足式（2）到式（3）和式（13）到式（15）的必要条件。证明与状态变量 y 有关的乘子是常数。解释为什么会这样。

进一步阅读

Ijiri 和 Thompson 分析了目标是最大化终点时刻资产价值的一个商品交易模型。

17. 状态变量不等式约束

为了使某个表达式有意义，可能要求变量是非负的。有时可以很容易确认状态变量的非负性。例如，假设状态变量依据形如

$$x' = g_1(x,u) - g_2(u), \quad x(t_0) = x_0 > 0$$

的微分方程运动，其中要求 $x \geq 0$。对于 $x \geq 0$ 和所有可行的 u，

$$g_1(x,u) \geq 0, \quad g_2(u) \geq 0,$$

以及对于 $x \leq 0$ 和所有可行的 u，

$$g_1(x,u) \leq 0。$$

这些条件表明 $g_1(0,u) = 0$。那么，如果仅要求 $x(t_1) \geq 0$，我们就能保证 $x(t) \geq 0$，$t_0 \leq t \leq t_1$。为了理解这一点，注意，如果 x 下降到 0，它以后就不能增加。如果 x 变为负数，它以后就不能再增加进而满足终点非负约束。因此，终点非负约束确保整体非负性（另一类保证非负的例子参见习题1）。

如果这种论证不能应用，就有必要直接加上这种非负约束。我们推导这些必要条件。有时求解问题来观察它是否被满足而不显式考虑这种非负约束的做法是可取的。如果满足，问题很容易就解决了。如果不满足，就会出现一些关于有约束问题解的结构的线索。

对于问题

$$\max \int_{t_0}^{t_1} f(t,x,u)dt + \phi(x(t_1)) \tag{1}$$

$$\text{s. t. } x' = g(t,x,u), \quad x(t_0) = x_0, \tag{2}$$

$$k(t,x) \geq 0, \tag{3}$$

我们把乘子函数 $\lambda(t)$ 与式（2）相联系，把乘子函数 $\eta(t)$ 与式（3）相联系。汉密尔顿函数为

$$H = f(t, x, u) + \lambda g(t, x, u) + \eta k(t, x)_\circ \qquad (4)$$

最优化的必要条件包括满足式（2），式（3）和

$$H_u = f_u + \lambda g_u = 0, \qquad (5)$$
$$\lambda' = -H_x = -(f_x + \lambda g_x + \eta k_x), \qquad (6)$$
$$\lambda(t_1) = \phi_x(x(t_1)), \qquad (7)$$
$$\eta \geqslant 0, \quad \eta k = 0_\circ \qquad (8)$$

例 1

$$\min_u \frac{1}{2} \int_0^T (x^2 + c^2 u^2) dt$$

s. t.

$$x' = u, \quad x(0) = x_0 > 0, \quad x(T) = 0,$$
$$h_1(t, x) = a_1 - b_1 t - x \leqslant 0,$$
$$h_2(t, x) = x - a_2 + b_2 t \leqslant 0,$$

其中，a_i，$b_i > 0$，$a_0 > x_0 > a_1$ 且 $a_2/b_2 > a_1/b_1$。我们在图 17.1 中用图示阐明了问题。路径从 x 轴上的 x_0 出发，必须停留在阴影区域里，而且在 t 轴上结束。习题 2 推导了最小化问题的必要条件。

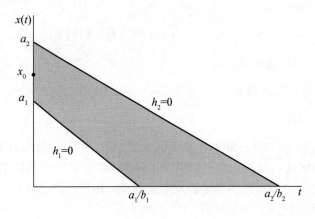

图 17.1

汉密尔顿函数为

$$H = (1/2)(x^2 + c^2 u^2) + \lambda u + \eta_1(a_1 - b_1 t - x) + \eta_2(x - a_2 + b_2 t)_\circ$$

除了给定约束外，x，u，λ，η_1，η_2 所满足的必要条件为

$$H_u = c^2 u + \lambda = 0, \text{ 因此}, u = -\lambda/c^2; \qquad (9)$$
$$\lambda' = -H_x = -x + \eta_1 - \eta_2; \qquad (10)$$
$$\eta_i \geqslant 0, \quad \eta_i h_i = 0, \quad i = 1, 2_\circ \qquad (11)$$

因为 x 的初值和终值都给定，所以不会出现 λ 的边界条件。由于要求 $x(T)=0$，因此对 T 的限制要求

$$a_1/b_1 \leqslant T \leqslant a_2/b_2 \text{。}$$

由式（7.30）可知，

要么 $H(T)=0$ 且 $a_1/b_1 < T < a_2/b_2$，
要么 $H(T) \geqslant 0$ 且 $T=a_1/b_1$，
要么 $H(T) \leqslant 0$ 且 $T=a_2/b_2$。　　　　　　　　　　　　　　　(12)

在开始的时候，$h_1 h_2 \neq 0$，因此，$\eta_1 = \eta_2 = 0$。在这个（或者任意）自由区间上，由式（10）可知 $\lambda' = -x$ 和 $x' = u = -\lambda/c^2$。因此，

$$x'' = x/c^2 > 0 \text{。}\tag{13}$$

因此，在任意自由区间上，对于某些参数 k_1，k_2，x 的路径一定是凸的且具有形式

$$x(t) = k_1 e^{t/c} + k_2 e^{-t/c} \text{。}\tag{14}$$

假设两个约束在 T 时刻都不是紧的。那么，由于 $x(T)=0$，

$$H(T) = (1/2)c^2 u^2 + \lambda u = -(1/2)c^2 u^2 = 0 \text{，仅当 } u(T)=0 \text{。}$$

但是，

$$u(T) = x'(T) = (k_1 e^{T/c} - k_2 e^{-T/c})/c \text{，}$$

而

$$x(T) = k_1 e^{T/c} + k_2 e^{-T/c} = 0 \text{。}$$

那么，$u(T) = x(T) = 0$ 意味着 $k_1 = k_2 = 0$，因此，在自由区间上，$x(t) = 0$。这与 T 是使得 $x=0$ 的第一时刻相矛盾。因此，约束在 T 时刻一定是紧的。那么，$H(T) = -(1/2)c^2 u^2(T) < 0$，因此，由式（12）可知，$T = a_2/b_2$。

由式（9），λ 连续表明 u 连续。因此，在把自由区间和约束区间分开的点，路径必定与约束相切（因为 $u=x'$）。但是，因为 $x(t)$ 在每个自由区间上都是凸函数，所以它不会与 $h_2 = 0$ 相切，如图 17.1 和图 17.2 所示。从而，路径仅在 T 时刻接触 $h_2 = 0$

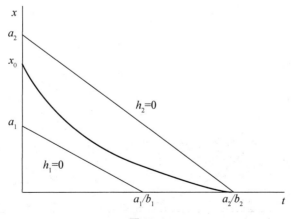

图 17.2

（因为它一定在T时刻接触，像上一段所表明的那样，而且，因为沿着$h_2=0$不可能存在有约束的区间；否则，相切条件不会满足）。

因此，解是式（14），其中，选择k_1，k_2使得

$$x(0)=k_1+k_2=x_0,$$
$$x(a_2/b_2)=k_1\exp(a_2/b_2c)+k_2\exp(-a_2/b_2c)=0,$$

给定它满足$h_1\leqslant0$（参见图 17.2）。如果这是不可行的，解就沿着一条从$(0,x_0)$到与$h_1=0$切点的形如式（14）的路径，接着在某个区间上沿着$h_1=0$，最后从一个切点离开$h_1=0$并沿着另一条形如式（14）的路径到达$(a_2/b_2,0)$。因此，

$$x(t)=\begin{cases}k_1e^{t/c}+k_2e^{-t/c}, & 0\leqslant t\leqslant t_1,\\ a_1-b_1t, & t_1\leqslant t\leqslant t_2,\\ k_3e^{t/c}+k_4e^{-t/c}, & t_2\leqslant t\leqslant a_2/b_2,\end{cases}$$

其中，k_1，k_2和t_1由（1）初始条件，（2）在t_1处连续，（3）在t_1点相切来决定，而k_3，k_4和t_2的值由（4）在t_2处连续，（5）在t_2点相切，（6）终点条件$x(a_2/b_2)=0$来决定（参见图 17.4）。

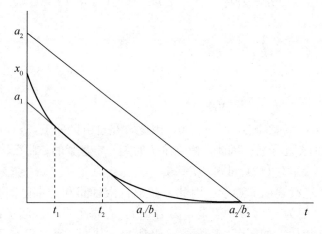

图 17.3

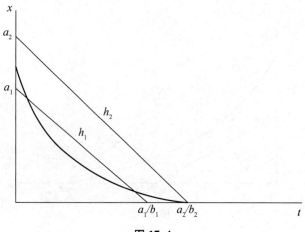

图 17.4

动态优化——经济学和管理学中的变分法和最优控制（第二版）

Seierstad 和 Sydsaeter（1977）为状态变量带约束的问题提供了一个充分性定理。存在一个新特点。与状态变量有关的乘子在状态约束有约束力的区间和无约束力的区间的连接点 τ 处可能是不连续的。在这样的点，我们有一个**跳跃条件**：

$$\lambda(\tau^+)=\lambda(\tau^-)-bk_x(\tau,x(\tau)),\tag{15}$$

其中，

$$b\geqslant 0。\tag{16}$$

另外，

$$H(\tau^+)=H(\tau^-)+bk_t(\tau,x(\tau))。\tag{17}$$

因此，如果 $k_t(\tau,x(\tau))\not\equiv 0$，汉密尔顿函数的跳跃就可能发生。

例 2 在改变的假设条件 $\lim\limits_{p\to 0}U_p=-a$，$a>0$ 和

$$a/(r+b)>U_c(C^*)/Z'(C^*)\tag{18}$$

之下重新研究习题 8.5。

$$\max \int_0^\infty e^{-rt}U(C,P)dt\tag{19}$$
$$\text{s. t. } P'=Z(C)-bP，\quad P(0)=P_0，\quad P\geqslant 0\tag{20}$$

的汉密尔顿函数为

$$H=U(C,P)+m[Z(C)-bP]+\eta P，$$

由此，我们有

$$U_c+mZ'=0\tag{21}$$
$$m'=(r+b)m-U_p-\eta，\quad \eta\geqslant 0，\eta P=0。\tag{22}$$

必要条件对于最优也是充分的。我们在 C—P 平面上描绘相图。对式（21）取全微分，利用式（21）和式（22）从结果中消去 m 和 m'，得到一对微分方程，式（20）和

$$(U_{cc}-U_cZ''/Z')C'=Z'[(r+b)U_c/Z'+U_p+\eta]。\tag{23}$$

曲线 $P'=0$（见图 17.5），$P=Z(C)/b$，是截距为 $(C^*,0)$ 的递增的凹函数，其中，C^* 满足 $Z(C^*)=0$。P 在曲线上方是递增的，在曲线下方是递减的。

曲线 $C'=0$ 是满足 $(r+b)U_c/Z'(C)+U_p=0$ 的一条递减曲线，其中 $P>0$。它的截距 $(C^0,0)$ 满足

$$U(C^0,0)/Z'(C^0)=a/(r+b)>U_c(C^*)/Z'(C^*)，$$

其中，不等式来自假设式（18）。由于 $U_c/Z'(C)$ 是 C 的递减函数，因此 $C^0<C^*$。在曲线 $C'=0$ 上方，$C'>0$；在曲线 $C'=0$ 下方，$C'<0$。

因为曲线 $C'=0$ 和 $P'=0$ 没有交点，所以不存在 $p>0$ 的稳态。稳态是 $(C^*,0)$。C^* 在 $P'=0$ 上，当 $P=0$ 时，$\eta>0$，从而 $C'=0$ 也是可能的。事实上，由式（23）可知，当 $P=0$ 时，

$$\eta = a - (r+b)U_c(C^*)/Z'(C^*) > 0,\tag{24}$$

其中，不等式来自假设式（18）。注意，式（22）中要求的不等式是满足的。这样，最优路径是标明的粗线路径，污染单调递减到零，而且一旦达到就一直保持在零点。消费增长到C^*，而且一旦达到就停留在C^*。由于在稳态之前$C < C^*$，环境的净污染不断减少，直到污染消失。这种情况下的假设说明，即使在较低水平，污染的边际负效用也很高；这解释了我们所刻画的模式。

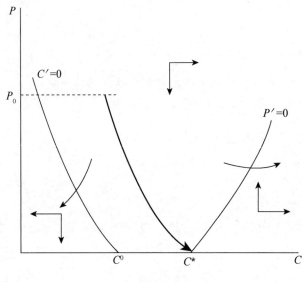

图 17.5

有其他处理形如$k(t, x) \geqslant 0$的状态变量约束的方法。因为

$$dk(t,x)/dt = k_t(t,x) + k_x(t,x)x' = k_t + k_x g(t,x,u),$$

通过要求只要$k=0$，k都不会减少，我们可以假设$k(t, x) \geqslant 0$：

$$\phi(t,x,u) \equiv k_t(t,x) + k_x(t,x)g(t,x,u) \geqslant 0,\ \text{只要}\ k(t,x)=0.\tag{25}$$

现在，第 11 节的结果可以应用于问题：

$$\max \int_{t_0}^{t_1} f(t,x,u)dt \tag{26}$$

$$\text{s.t.}\ x' = g(t,x,u),\quad x(t_0) = x_0,\tag{27}$$

$$\phi(t,x,u) \geqslant 0,\ \text{只要}\ k(t,x) = 0,\tag{28}$$

其中，ϕ由式（25）来定义。这等价于问题式（1）到式（3）。

为了区分记号，令$M(t)$和$N(t)$分别为与式（27）和式（28）相关的乘子。构造汉密尔顿函数

$$\widetilde{H}(t,x,u,M) = f(t,x,u) + M(t)g(t,x,u)\tag{29}$$

和拉格朗日函数

$$\widetilde{L}(t,x,u,M,N) = \widetilde{H}(t,x,u,M) + N(t)\phi(t,x,u).\tag{30}$$

(x, u) 为最优的必要条件是，存在函数 M 和 N 使得 (x, u, M, N) 不仅满足式 (27) 和式 (28)，而且在连续点

$$\partial \widetilde{L}/\partial u = 0, \tag{31}$$

$$M' = -\partial \widetilde{L}/\partial x, \tag{32}$$

$$N(t) \geqslant 0, \quad N'(t) \leqslant 0, \quad Nk = 0 。 \tag{33}$$

$N'(t) \leqslant 0$ 的要求将在下面解释。

为了把由两种方法导出的必要条件联系起来，展开式 (31)：

$$\widetilde{L}_u = f_u + Mg_u + Nk_x g_u = 0 。 \tag{34}$$

记

$$M = \lambda - Nk_x 。 \tag{35}$$

把式 (35) 代入式 (34)，得

$$f_u + \lambda g_u = 0 。 \tag{36}$$

利用式 (25)，展开式 (32)，

$$M' = -f_x - Mg_x - N(k_{tx} + gk_{xx} + g_x k_x) 。 \tag{37}$$

对式 (35) 全微分，得

$$M' = \lambda' - N'k_x - Nk_{xx}g - Nk_{xt} 。 \tag{38}$$

把式 (37) 和式 (38) 取等，利用式 (35) 消掉 M，并简化：

$$\lambda' = -(f_x + \lambda g_x + \eta k_x), \tag{39}$$

其中，

$$\eta = -N' 。 \tag{40}$$

因此，两种方法给出相同的必要条件，其中，λ，η 通过式 (35) 和式 (40) 与 M，N 联系起来。注意，因为由式 (8) $\eta \geqslant 0$，所以式 (40) 表明在 N 连续的区间上 $N' \leqslant 0$ 是必要的，就像式 (33) 所表明的那样。也要注意，λ 连续表明 $M + Nk_x$ 连续。然而，由式 (15)，λ 通常是不连续的。而且，M 的跳跃条件也可通过把式 (35) 和式 (15) 结合起来的方式来表述。其中，M，N 和 $\widetilde{H}$ 都不一定是连续的。

第二种形式的修正导致连续乘子，但代价是汉密尔顿函数的非正常设定。把乘子 $p(t)$ 与式 (27) 联系起来并把 $n(t)$ 和式 (28) 联系起来。构造汉密尔顿函数

$$\overline{H}(t) = f + pg + n\phi 。 \tag{41}$$

乘子 p 是连续的，n 是分段连续的，p，n，x，u 满足式 (27)，式 (28) 且在 u 连续的每个区间上，

$$p' = -\overline{H}_x = -f_x - pg_x - n\phi_x,$$

$$\overline{H}_u = 0 。 \tag{42}$$

汉密尔顿函数关于 u 求最大化，且最大化的汉密尔顿函数是连续的。乘子 n 是非增的，在满足 $k(t, x) > 0$ 的每个区间上是不变的（不一定为零）。它连续当且仅当 λ 连续。注意，p，n 和 $\overline{H}$ 是连续的，但是仅当约束式（3）是紧的时乘积 $n\phi$ 是零。而且，像式（40）一样，$\eta = -N'$。

习　题

1. 考虑存在一个状态变量 x 和一个控制变量 u 且状态方程为

$$x' = g(u) - bx$$

的一个问题，其中，对于所有 u 的可行值，$g(u) \geqslant 0$，且其中 $x(0) \geqslant 0$。证明，如果上述条件满足，那么，

对于 $0 \leqslant t \leqslant T$，$x(t) \geqslant 0$。

2. 利用问题式（1）到式（3）陈述的结果，证明

$$\min \int_{t_0}^{t_1} f(t, x, u) dt$$
s. t. 式（2）和式（3）

的必要条件是 x^*，u^*，λ，η 满足式（2），式（3），式（5）到式（7），且

$$\eta(t) \leqslant 0, \quad \eta(t)k(t, x) = 0, \quad t_0 \leqslant t \leqslant t_1。$$

［提示：把目标函数乘以 -1 得到一个最大化问题，然后看需要什么条件。］

3. 企业想要最大化其红利流

$$\int_0^\infty e^{-rt} u(t) dt$$

的现值，满足

$$K' = R(K) - bK - u + y - rB, \quad K(0) = K_0 > 0,$$
$$B' = y, \quad B(0) = 0, \quad aK - B \geqslant 0, \quad u \geqslant 0,$$

其中，$K(t)$ 是其资本存量，$R(K)$ 是利用 K 获得的利润，b 是资本衰减率，$u(t)$ 是红利率，$y(t)$ 是借贷率（如果是负号，就是偿还），$B(t)$ 是债务。总债务不能超过资本存量的一个比例 a。红利一定是非负的。

a. 验证问题的提出。

b. 证明如果 $a < 1$，那么最优解涉及借入最大可能的数量直到达到 K_s。K_s 是什么？

c. 证明如果 $a \geqslant 1$，那么 b 部分暗示的模式是不可能的。证明唯一可能的解是在初始时刻立即跳到 K_s。（参见第 I 8 节。）

4. 利用最优控制求解第 I 14 节的例子。

5. 利用其他方法求解本节的例 1。

6.

$$\min \int_0^5 (4x + u^2) dt$$

s. t. $x' = u$, $\quad x(0) = 10$, $\quad x(5) = 0$, $\quad x(t) \geqslant 6 - 2t$。

进一步阅读

关于存在状态约束的情况下必要条件的完整讨论和关于跳跃条件的处理，可以参考 Jabobson，Lele 和 Speyer，也可以参考 Hestenes，Bryson 和 Ho，Taylor（1972，1974），Seierstad 和 Sydsaeter（1977，1987），以及 Hartl（1984）。

Anderson（1970）和 Pekelman（1974，1979）对生产及相关问题进行了一些应用。污染问题是由 Forster（1977）提出和讨论的。

18. 状态变量的跳跃、状态方程的转换

到目前为止，我们要求状态变量是连续的。现在设想允许状态的有限跳跃。例如，如果状态是一种资源或者资本存量，那么存量的离散跳跃可以通过短时间的无穷投资来实现。我们考虑在什么情况下这样的跳跃是最优的以及伴随这个跳跃的必要条件。这里的讨论遵循 Arrow 和 Kurz，他们还讨论了处理这些问题的 Vind 方法。

通过在某个时刻 t_1 允许有限的向上跳跃，我们修正标准形式

$$\max \int_0^T f(t,x,u)dt$$
$$\text{s. t. } x'=g(t,x,u)。$$

令 $x^+(t_1)$ 为紧接着跳跃之后的状态值，而 $x^-(t_1)$ 为跳跃之前的状态值。时刻 t_1 和跳跃的数量 $x^+(t_1)-x^-(t_1)$ 需要最优决定。这种处理允许但不要求跳跃。令 $c(t_1)$ 为状态变量单位增加的成本。目标可以写为

$$\max \int_0^T f(t,x,u)dt - c(t_1)\left[x^+(t_1)-x^-(t_1)\right]。 \tag{1}$$

在 t_1 之前，状态变量的演化遵循典型模式。把它写成积分形式：

$$x(t) = x(0) + \int_0^t g(s,x,u)ds, \quad 0 \leqslant t \leqslant t_1。 \tag{2a}$$

在 t_1 之后，x 的离散跳跃要被记录下来，因此

$$x(t) = x(0) + \int_0^t g(s,x,u)ds + x^+(t_1) - x^-(t_1), \quad t_1 < t \leqslant T。 \tag{2b}$$

想法是把问题式（1）和式（2）转换成可以应用通常方法的等价问题。然后，等价命题的必要条件可以被决定。最后，这些条件再转化成基于原问题式（1）和式（2）的等价

动态优化——经济学和管理学中的变分法和最优控制（第二版）

陈述。

通过把时间看成一个既能正常运转又能任意停止的钟表，我们可以获得一个新问题。令 w 表示人工时间。除了跳跃以外，人工时间和自然时间同步运转。当跳跃发生时，自然时间停止，但是人工时间继续运转。对于人工时间，跳跃是光滑出现的。在跳跃之后，钟表恢复，人工时间与自然时间同步运转。

现在自然时间 t 被看作状态变量，它沿着人工时间的运动被一个新控制变量控制。于是，

$$dt/dw = u_0(w) = \begin{cases} 0, & \text{在 } x \text{ 跳跃时,} \\ 1, & \text{其他。} \end{cases}$$

除了在跳跃的时刻，x 关于人工时间的变化服从熟知的形式 $dx/dw = g(w, x, u)$。在跳跃时，x 的变化率由另一个新控制 u_1 所控制。在人工时间，如果跳跃在 (w_1, w_2) 期间发生，那么

$$x^+(t_1) - x^-(t_1) = x(w_2) - x(w_1) = \int_{w_1}^{w_2} u_1(w)dw = u_1(w_2 - w_1)。$$

我们可以取 u_1 为正值区间上的常值函数。因此，在跳跃区间

$$dx/dw = u_1。$$

利用在跳跃时刻为 0 和其他时刻为 1 的控制 u_0，我们可以把 dx/dw 的这两个形式（后者适用于跳跃时刻，前者适用于其他任何时刻）写在一个方程里。因此，

$$dx/dw = u_0(w)g(t, x(t), u(w)) + [1 - u_0(w)]u_1(w)。 \tag{3}$$

读者可以验证这个方程具有所要求的性质。而且，

$$dt/dw = u_0(w), \quad 0 \leq u_0 \leq 1。 \tag{4}$$

当自然时间运转的时候，目标以速率 f 增加。在其他时刻，跳跃成本以与跳跃速度成比例的速率积累。利用刚才使用的方法，两种性质可以合并在一个表达式中：

$$\max \int_0^W \{u_0(w)f(t, x(w), u(w)) - [1 - u_0(w)]c(t)u_1(w)\}dw。 \tag{5}$$

在满足式（3）和式（4）的情况下最大化式（5）的问题是状态变量为 x 和 t 而控制变量为 u，u_0，u_1 的普通控制问题。

令 λ_1 和 λ_0 分别为与式（3）和式（4）相关的乘子。汉密尔顿函数为

$$H = u_0 f - (1 - u_0)cu_1 + \lambda_1[u_0 g + (1 - u_0)u_1] + \lambda_0 u_0 = u_0 H_a + (1 - u_0)H_b，$$

其中，

$$H_a \equiv f + \lambda_1 g + \lambda_0, \quad H_b \equiv (\lambda_1 - c)u_1。$$

我们关于 u，u_0，u_1 逐个最大化 H。注意，u 仅出现在 H_a 中，u_1 仅出现在 H_b 中，而 u_0 在两个中都不出现。因此，我们分别最大化 H_a 和 H_b，记为

$$H_a^0 = \max_u H_a, \quad H_b^0 = \max_{u_1} H_b。$$

于是，

$$\max_{u,u_0,u_1} H = \max_{u_0}(u_0 H_a^0 + (1-u_0)H_b^0) = \max(H_a^0, H_b^0)。 \tag{6}$$

最后一步来自 u_0 将是 0 或者 1 的事实。

乘子服从

$$\lambda_1'(w) = -H_x = -u_0(f_x + \lambda_1 g_x) = \begin{cases} -(f_x + \lambda_1 g_x), & \text{当}\, u_0 = 1 \text{时}, \\ 0, & \text{当}\, u_0 = 0 \text{时}; \end{cases} \tag{7}$$

$$\lambda_0'(w) = -H_t = -u_0(f_t + \lambda_1 g_t) + (1-u_0)u_1 c'(t)$$
$$= \begin{cases} -(f_t + \lambda_1 g_t), & \text{当}\, u_0 = 1 \text{时}, \\ u_1 c'(t), & \text{当}\, u_0 = 0 \text{时}。 \end{cases} \tag{8}$$

接下来的工作是分析式（3）到式（8），把结果及其含义转换到自然时间。为了这个目的，我们取 λ_1 为与式（2）相关的乘子，取

$$H_n(t, x, u, \lambda) = f(t, x, u) + \lambda_1 g(t, x, u) \tag{9}$$

为式（1）和式（2）关于自然时间的汉密尔顿函数。首先，因为 H_a 要关于 u 求解最大化，

$$\text{在每个}\, t \,\text{时刻}, u \,\text{最大化}\, H_a。 \tag{10}$$

其次，由式（7），因为 λ_1 在跳跃时不变，所以我们有

$$\lambda_1' = -(f_x + \lambda_1 g_x) = -\partial H_n / \partial x。 \tag{11}$$

第三，因为 H_b 关于 u_1 是线性的且 u_1 无上界，所以

$$\lambda_1 - c \leqslant 0。 \tag{12}$$

否则，式（5）的值可以达到无穷。而且，跳跃仅当 $u_1 > 0$ 时会发生，而当式（12）以严格不等式成立时就不可能发生（因为 u_1 被选择以最大化 H_b）。因此，

$$\text{在跳跃处（即在}\, t_1 \,\text{处）}\lambda_1 = c。 \tag{13}$$

第四，刚才给出的论证确保 $H_b \leqslant 0$。但是，事实上，通过取 $u_1 = 0$ 以致 $H_b^0 = 0$，总是能达到 $H_b = 0$。这表明

$$\max H = \max(H_a^0, 0) = \begin{cases} H_a^0, & \text{当}\, u_0 = 1 \text{时}, \\ 0, & \text{当}\, u_0 = 0 \text{时}。 \end{cases} \tag{14}$$

因为 $\max H$ 一定是 w 的连续函数，所以在跳跃的终点它一定为零。而且，如果跳跃在第一时刻后发生，那么 $\max H$ 在跳跃的开始也是零。因此，如果 $t_1 > 0$，那么

$$\max_u H = \max_u [f(t_1, x^-(t_1), u) + \lambda_1(t_1)g(t_1, x^-(t_1), u) + \lambda_0^-(t_1)]$$
$$= 0$$
$$= \max_u [f(t_1, x^+(t_1), u) + \lambda_1(t_1)g(t_1, x^+(t_1), u) + \lambda_0^+(t_1)]。 \tag{15}$$

为了确定式（15）的含义，我们需要知道 λ_0 在跳跃时的行为。回顾式（8），我们知道

在跳跃时 λ_0' 是常数，因为 u_1 是常数且自然时间停止了。而且，因为 λ_0 在区间上以常数速率 $u_1 c'$ 变化且跳跃的持续一定为 $[x^+(t_1)-x^-(t_1)]/u_1$，所以在跳跃区间 $[w_1, w_2]$ 上 λ_0 的总变化为

$$\lambda_0^+(t_1)-\lambda_0^-(t_1)=\lambda_0(w_2)-\lambda_0(w_1)=c'(t_1)u_1(w_2-w_1)$$
$$=c'(t_1)[x^+(t_1)-x^-(t_1)], \tag{16}$$

由于 $x(w_2)-x(w_1)=u_1(w_2-w_1)$。把式（15）和式（16）结合起来，得

$$\max_u H_n(t_1,x^+(t_1),u,\lambda(t_1))-\max_u H_n(t_1,x^-(t_1),u,\lambda(t_1))$$
$$=c'(t_1)[x^-(t_1)-x^+(t_1)], \text{ 如果 } t_1>0。 \tag{17}$$

总之，如果式（1）和式（2）的解涉及在 t_1 处的跳跃，那么，由式（9）给出的汉密尔顿函数可知，必要条件是式（10）到式（13）和式（17）。

关于跳跃何时发生和何时不发生，Arrow 和 Kurz 给出了一些指示。如果对于给定的 λ_1 和 t，$\max_u H_n$ 关于 x 是严格凹的，那么除了可能在初始时刻以外跳跃不可能是最优的。他们的论证如下：假定 $\max_u H_n$ 关于 x 是严格凹的且在 $t_1>0$ 时刻存在跳跃；那么 H_a^0 关于 x 是严格凹的，因为 H_a^0 和 $\max_u H_n$ 仅相差一个常数。因为 λ_0 是 w 的线性函数（$\lambda_0(w)=u_1 c'(t)w+k$，其中 k 是常数）且在跳跃时 x 是变化的，所以 H_a^0 是 w 的严格凹函数。这来自于如下观察：如果 H_a^0 仅看作是 x 的函数，$H_a^0=H_a^0(x(w))$，那么 $dH_a^0/dw=H_{ax}^0 dx/dw$。但是，$dx/dw=u_1$ 在跳跃时是常数。由于 $H_{axx}^0<0$，因此 $d^2 H_a^0/dw^2=H_{axx}^0 u_1^2<0$。因为 H_a^0 在跳跃的开始和结束时刻都等于零，所以在中间它一定是正的。这里，H_a^0 的凹性起关键作用。如果 H_a^0 关于 w 不是严格凹的，那么这个函数在跳跃的开始等于零，直到跳跃的终点为止都和水平轴重合。但是根据式（14），在跳跃时 $H_a^0 \leqslant 0$。我们得到矛盾，表明在某个 $t_1>0$ 不存在跳跃。然而，根据这个论证，在 0 处的跳跃没有被排除，因为我们不要求 H_a^0 在跳跃开始的时候为零。

例：一个垄断者为市场上具有不同偏好的消费者生产一种不同质量的产品。令 q 为一单位产品的质量指标，令 t 为消费者偏好的指标，指质量对他的边际效用。每个人至多购买一单位产品。面对一系列质量和相应的单价 $P(q)$，偏好为 t 的消费者将使边际成本等于边际效用，并选择质量 q 满足

$$P'(q)=t \tag{18}$$

的一单位产品，如果存在这样一个可用的质量。垄断者知道生产一单位质量为 q 的产品的成本是 $C(q)$（$C'>0$，$C''>0$），知道偏好指标不超过 t 的人口比例是 $F(t)$。假设 F 是连续可微的，满足 $F'>0$，$F(0)=0$，$F(T)=1$。垄断者选择产品质量 $q(t)$ 来引导偏好为 t 的个人购买，并选择相应的价格 $p(t)$ 以最大化利润：

$$\int_0^T F'(t)[p(t)-C(q(t))]dt, \tag{19}$$

它是价格减去每个偏好为 t 的个人成本，用偏好为 t 的消费者密度加权，然后关于所有偏好求和。（$q(t)$ 和 $p(t)$ 的选择表明价格和质量的选择一定满足个人的效用最大化行为式（18）。）因为 $dp/dq=p'/q'=t$，记 $u=p'$。那么，最大化式（19），满足

$$p' = u, \quad p(0) = C(0), \tag{20}$$

$$q' = u/t, \quad q(0) = 0, \tag{21}$$

$$u \geqslant 0 。 \tag{22}$$

控制变量 u 一定是非负的，从而价格和质量不会随着偏好而降低。质量指标从零开始，价格从生产一单位最低质量的固定成本开始（因此利润将是非负的）。

把乘子 λ_1，λ_2 和 w 分别与约束式（20）到式（22）联系到一起。拉格朗日函数是

$$L = F'[p - C(q)] + \lambda_1 u + \lambda_2 u/t + wu 。$$

最优解满足式（20）到式（22）和

$$L_u = \lambda_1 + \lambda_2/t + w = 0, \quad w \geqslant 0, \quad wu = 0, \tag{23}$$

$$\lambda'_1 = -L_p = -F', \quad \lambda_1(T) = 0, \tag{24}$$

$$\lambda'_2 = -L_q = F'C'(q), \quad \lambda_2(T) = 0 。 \tag{25}$$

最大化的汉密尔顿函数关于 q 是严格凹的（因为 $-C'' < 0$），因此不存在 q 的跳跃。因此，u 是有界的。要么 $\lambda_1 + \lambda_2/t < 0$ 且 $u = 0$，要么 $\lambda_1 + \lambda_2/t = 0$ 且 $u > 0$。

对式（24）和式（25）积分，得

$$\lambda_1(t) = 1 - F(t), \lambda_2(t) = -\int_t^T F'(s)C'(q(s))ds 。 \tag{26}$$

对偏好为 t 的个人来讲，价格的一单位增加有价值 $1 - F$，因为偏好指数至少为 t 的所有人将会支付差不多更高的价格。对于偏好为 t 的个人来讲，质量的一单位增加提高了所有那些具有更高偏好指标的质量，因此相应地提高了产量和成本。

由式（23）可知，$t\lambda_1 + \lambda_2 \leqslant 0$。代入式（26），得

$$t[1 - F(t)] \leqslant \int_t^T F'(s)C'(q(s))ds 。 \tag{27}$$

由微积分基本定理，

$$t[1 - F(t)] = -\int_t^T (d\{s[1 - F(s)]\}/ds)ds = \int_t^T \{sF'(s) - [1 - F(s)]\}ds 。$$

代入式（27），得

$$0 \leqslant \int_t^T F(s)\{C'(q(s)) - s + [1 - F(s)]/F'(s)\}ds 。 \tag{28}$$

在满足 $u > 0$ 的区间上，式（28）以等式成立，因此，

$$C'(q(t)) = t - [1 - F(t)]/F'(t), \quad \text{当 } u > 0 \text{ 时} \tag{29}$$

隐含地规定了 $q(t)$（只要 $q(t)$ 满足 $q' > 0$），对于 $t \geqslant t_0$，其中，t_0 由

$$C'(0) = t_0 - [1 - F(t_0)]/F'(t_0) \tag{30}$$

隐含地定义了。偏好在区间 $0 \leqslant t \leqslant t_0$ 内的个人被分配 $q = 0$，因此他们不购买商品。一旦 q 已知，u 以及进而 p 的确定源于式（21）和式（20）。

可能存在一个内部区间 $t_1 \leqslant t \leqslant t_2$，其中 $0 < t_1 < t_2 < T$，使得 $u = 0$，进而 p 和 q 都是

动态优化——经济学和管理学中的变分法和最优控制（第二版）

常数。偏好在此区间里的所有个人被分配相同质量（和相同价格）的产品。这将会发生，仅当式（29）的右侧在某个区间里关于 t 是递减的。那么，当在 $t=t_1$ 和 $t=t_2$ 处取值的时候，式（28）以等式成立，以使

$$\int_{t_1}^{t_2} F'(t)\{C'(q(t))-t+[1-F(t)]/F'(t)\}dt = 0。 \tag{31}$$

只要 $u>0$ 时成立的条件式（29）在满足 $u=0$ 的区间里通常也是成立的。（与例 I 3.2 资本模型中无投资时期的平均条件相比较。）

特别地，假定 $F(t)=t/T$（均匀分布）和 $C(q)=aq+bq^2/2$，其中，$0\leqslant a<T$，$0<b$。由式（30），$t_0=(a+T)/2$，且由式（29），$q(t)=(2t-T-a)/b$，对于 $t_0\leqslant t\leqslant T$。因为 $t=(bq+T+a)/2$ 和 $P'(q)=t$，我们得到 $P'(q)=(bq+T+a)/2$，因此，消费者将面对这样的价格表 $P(q)=bq^2/4+(a+T)q/2$。根据式（18）和这个价格表，消费者进行最优化并选择由垄断者设计好的质量

$$q(t)=\begin{cases}0, & 0\leqslant t\leqslant(a+T)/2; \\ (2t-T-a)/b, & (a+T)/2\leqslant t\leqslant T。\end{cases}$$

一个有点类似于状态变量跳跃的问题涉及优化期内状态方程的最优变换。在从一个油井抽取石油转换到另一个油井的模式中，很自然地会出现这种情况。正式地，现在的问题变为

$$\max \int_{t_0}^{t_1} f^1(t,x(t),u(t))dt + \int_{t_1}^{t_2} f^2(t,x(t),u(t))dt - \phi(t,x(t_1),u(t_1)) \tag{32}$$

$$\text{s. t. } x'(t)=\begin{cases}g^1(t,x(t),u(t)), & t_0\leqslant t\leqslant t_1, \\ g^2(t,x(t),u(t)), & t_1\leqslant t\leqslant t_2,\end{cases} \tag{33}$$

$$x(t_0)=x_0, \quad t_1, \quad x(t_1), \quad t_2, \quad x(t_2) \text{自由。}$$

在式（32）中，f^1 和 f^2 是可能不同的两个目标函数，ϕ 是状态方程在 t_1 时刻从 g^1 变到 g^2 的成本。式（32）到式（33）的解涉及构造汉密尔顿函数 $H^1=f^1+\lambda_1 g^1$，对于 $t_0\leqslant t\leqslant t_1$，以及 $H^2=f^2+\lambda_2 g^2$，对于 $t_1\leqslant t\leqslant t_2$。每个时间区间内的必要条件都是通常的情形，即，

$$H_u^1=0, \quad \lambda_1'=-H_x^1, \text{对于} t_0\leqslant t\leqslant t_1;$$
$$H_u^2=0, \quad \lambda_2'=-H_x^2, \text{对于} t_1\leqslant t\leqslant t_2。 \tag{34}$$

新的条件为

$$H^1(t_1)-\phi_t(t_1)=H^2(t_1)，\text{如果} t_0<t_1<t_2， \tag{35}$$
$$H^1(t_1)-\phi_t(t_1)\leqslant H^2(t_1)，\text{如果} t_0=t_1<t_2， \tag{36}$$
$$H^1(t_1)-\phi_t(t_1)\geqslant H^2(t_1)，\text{如果} t_0<t_1=t_2， \tag{37}$$
$$\lambda_1^-(t_1)+\phi_x(t_1)=\lambda_2^+(t_1) \tag{38}$$
$$H^2(t_2)=0, \lambda_1(t_2)=0 \text{ 或者 } \lambda_2(t_2)=0。 \tag{39}$$

条件式（39）刚好是带自由终点时刻和自由终值问题的通常条件。条件式（35）到式（38）是新的。根据式（35），如果存在时刻 t_1 使得 H^1 减去从 g^1 转换到 g^2 的边际

成本等于 H^2，那么在 t_1 时刻转换就是最优的。由式（38），根据 f^1 和 g^1 取值的状态变量的边际价值加上关于状态变量的边际成本，一定等于根据 f^2 和 g^2 取值的状态变量的边际价值。最后，如果不存在满足式（35）的时刻 t_1，那么，如果式（36）成立，我们直接转向涉及 f^2 和 g^2 的第二个优化问题，或者，如果式（37）成立，我们完全继续考虑涉及 f^1 和 g^1 的第一个优化问题。

■ 进一步阅读

关于理论进展，参考 Vind，以及 Arrow 和 Kurz。Mussa 和 Rosen 为产品质量的例子提供了扩展讨论。

优化者把另一个参与人的最大化行为看成约束的另一类例子，是满足个体行为的税收计划的选择。Mirrlees 写了原创性的论文；参见 Brito 和 Oakland，也可参见 Cooter。

从一个状态方程转换到另一个状态方程的分析基于 Amit，他推导了必要条件。也可以参考 Tomiyama，以及 Tomiyama 和 Rossana。

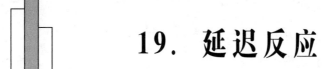

19. 延迟反应

到现在为止，我们考虑了状态变量取值对控制变量瞬时反应的情形。这可能没有精确地刻画很多经济学和管理学问题。例如，假设销量是状态变量且价格是企业的控制变量；销量可能不会对价格的下降立即做出反应。同样地，在装备被订购、交割、安装和检测之前，企业投资于新资本装备的决定不会带来新的生产能力。

这种情况能够用最优控制方法处理，但是不会像瞬时反应的情形那么容易。由于这个原因，延迟反应的问题通常被模型化为瞬时反应的问题。

然而，带有延迟反应问题的最优控制的必要条件能够被正式推导出来。我们考查与第 2 节所考查的最简单的问题类似的问题，求下述问题的控制变量所满足的必要条件：

$$\max \int_{t_0}^{t_1} f(t,x(t),u(t))dt \tag{1}$$

$$\text{s. t. } x' = g(t,x(t),x(t-\tau),u(t),u(t-\tau)), \tag{2}$$

$$x(t) = x_0, \text{ 对于 } t_0 - \tau \leqslant t \leqslant t_0, \tag{3}$$

$$u(t) = u_0, \text{ 对于 } t_0 - \tau \leqslant t \leqslant t_0, \tag{4}$$

$$x(t_1) \text{ 自由。} \tag{5}$$

这种提法的几个特征需要注意。第一，仅状态变量和控制变量的当期值进入最大化目标。第二，状态变量的变化率取决于状态变量和控制变量的当期值和过去值。而且，反应延迟是固定的时间区间 τ。第三，控制变量和状态变量在初始时刻 t_0 之前的 τ 时间是给定常数，从这里开始求最优解。

为了推导这个问题的必要条件，我们像以前那样进行。利用连续可微的乘子函数 $\lambda(t)$ 把式（2）加到式（1）上，分部积分并计算第一变分

$$
\begin{aligned}
\delta J = \int_{t_0}^{t_1} \big[& (\partial f/\partial x_t + \lambda \partial g/\partial x_t + \lambda')\delta x_t + (\lambda \partial g/\partial x_{t-\tau})\delta x_{t-\tau} \\
& + (\partial f/\partial u_t + \lambda \partial g/\partial u_t)\delta u_t + (\lambda \partial g/\partial u_{t-\tau})\delta u_{t-\tau}\big]dt + \lambda(t_1)\delta x(t_1),
\end{aligned} \tag{6}
$$

其中，下标表明变量是当期变量或者是滞后变量。

通过取 $s=t-\tau$，于是，$t=s+\tau$，我们有

$$\int_{t_0}^{t_1}\lambda(t)[\partial g(t,x(t),x(t-\tau),u(t),u(t-\tau))/\partial x_{t-\tau}]\delta x_{t-\tau}(t)dt$$

$$=\int_{t_0-\tau}^{t_1-\tau}\lambda(s+\tau)[\partial g(s+\tau,x(s+\tau),x(s),u(s+\tau),u(s))/\partial x_s]$$

$$\times \delta x_{t-\tau}(s+\tau)ds, \tag{7}$$

对于涉及 $\delta u_{t-\tau}$ 的项也是类似的。因为 x_t 和 u_t 在 t_0 之前是固定的，进而 $x_{t-\tau}$ 和 $u_{t-\tau}$ 在 $t_0+\tau$ 之前是固定的，所以对于 $t<t_0+\tau$，$\delta x_{t-\tau}=\delta u_{t-\tau}=0$。这样，我们可以把式（7）中的积分下限增加 τ，因为在被删除的区间里积分等于零。对积分下限作适当变化，把式（7）代入式（6），利用涉及 $\delta u_{t-\tau}$ 的类似表达式，合并项，得

$$\int_{t_0}^{t_1-\tau}\{[\partial f/\partial x_t+\lambda\partial g/\partial x_t+\lambda'+(\lambda\partial g/\partial x_{t-\tau})\mid_{t+\tau}]\delta x_t$$

$$+[\partial f/\partial u_t+\lambda\partial g/\partial u_t+(\lambda\partial g/\partial u_{t-\tau})\mid_{t+\tau}]\delta u_t\}dt$$

$$+\int_{t_1-\tau}^{t_1}[(\partial f/\partial x_t+\lambda\partial g/\partial x_t+\lambda')\delta x_t$$

$$+(\partial f/\partial u_t+\lambda\partial g/\partial u_t)\delta u_t]dt+\lambda(t_1)\delta x(t_1). \tag{8}$$

注意，在第一个积分中，$\lambda \partial g/\partial x_{t-\tau}$ 和 $\lambda \partial g/\partial u_{t-\tau}$ 在 $t+\tau$ 处取值。同时，注意 $\delta u_{t-\tau}$ 和 $\delta x_{t-\tau}$ 不出现在第二个积分中，因为它们将被生成且超过边界 t_1。

为了使第一变分式（8）等于零，我们选择 λ 使得 δx_t 的系数等于零。然后，我们以通常的方式得到最优性条件，进而导出这些必要条件

$$\lambda'=-\partial f/\partial x_t-\lambda\partial g/\partial x_t-(\lambda\partial g/\partial x_{t-\tau})\mid_{t+\tau}, \quad t_0\leqslant t<t_1-\tau, \tag{9}$$

$$\partial f/\partial u_t+\lambda\partial g/\partial u_t+(\lambda\partial g/\partial u_{t-\tau})\mid_{t+\tau}=0, \quad t_0\leqslant t<t_1-\tau, \tag{10}$$

$$\lambda'=-\partial f/\partial x_t-\lambda\partial g/\partial x_t, \quad t_1-\tau\leqslant t\leqslant t_1, \tag{11}$$

$$\partial f/\partial u_t+\lambda\partial g/\partial u_t=0, \quad t_1-\tau\leqslant t\leqslant t_1, \tag{12}$$

$$\lambda(t_1)=0。 \tag{13}$$

如果把汉密尔顿函数写为

$$H(t,x(t),x(t-\tau),u(t),u(t-\tau),\lambda(t))=f(t,x_t,u_t)+\lambda_t g(t,x_t,x_{t-\tau},u_t,u_{t-\tau}),$$

我们就很容易知道

$$\lambda'=-\partial H/\partial x_t-\partial H/\partial x_{t-\tau}\mid_{t+\tau}, \quad t_0\leqslant t<t_1-\tau, \tag{14}$$

$$\partial H/\partial u_t+\partial H/\partial u_{t-\tau}\mid_{t+\tau}=0, \quad t_0\leqslant t<t_1-\tau, \tag{15}$$

$$\lambda'=-\partial H/\partial x_t, \quad t_1-\tau\leqslant t\leqslant t_1, \tag{16}$$

$$\partial H/\partial u_t=0, \quad t_1-\tau\leqslant t\leqslant t_1。 \tag{17}$$

延迟反应的存在使得在瞬时反应问题获得的必要条件中加入了一些项，像式（9）和式（10）或者式（14）和式（15）所表明的那样。如果滞后变量不是自变量，这些条件就退化为在瞬时反应情况下得到的条件，因此，关于它们的偏导数就消失了。

这些条件的解释与前面是类似的。在最优规划中，控制变量在任意时刻 t 微小变化

动态优化——经济学和管理学中的变分法和最优控制（第二版）

的总影响应当等于零。那种影响在($\partial H / \partial u_t$)瞬时得到部分实现，在$\tau$期之后，部分作为滞后变量($\partial H / \partial u_{t-\tau} \mid_{t+\tau}$)而出现。

例：在第 15 节极限定价的例子中，在事前未进入的条件下，竞争者在任意时刻进入的概率取决于在位企业的当前价格。假设进入不能立刻实现而需要花费某段时间τ可能是更现实的，由于生产和配送设施的获得需要花费时间。因此，在位企业的当前价格会决定未来τ期的条件概率。

保留第 15 节有关函数的所有其他假设，

$$\max \int_0^\infty e^{-rt} \{R_1(p(t))[1-F(t)] + R_2 F(t)\} dt \tag{18}$$

s. t.

$$F'(t) = h(p(t-\tau))[1-F(t)], \quad t \geqslant \tau, \tag{19}$$

$$p(t) = 0, \quad -\tau \leqslant t < 0, \tag{20}$$

$$F(t) = 0, \quad -\tau \leqslant t < 0. \tag{21}$$

根据式（19），t时刻的价格影响$t+\tau$时刻进入的概率密度。

当期汉密尔顿函数是

$$H = R_1(p(t))[1-F(t)] + R_2 F(t) + m(t)h(p(t-\tau))[1-F(t)]. \tag{22}$$

利用式（9）和式（10），我们得到

$$R_1'(p(t))[1-F(t)] + m(t+\tau)h'(p(t))[1-F(t+\tau)] = 0, \tag{23}$$

和

$$m' = R_1(p(t)) - R_2 + m(t)[h(p(t-\tau)) + r]. \tag{24}$$

像以前一样，尝试$p(t)$和$m(t)$的常数值得到

$$m = -(R_1 - R_2)/[r + h(p)], \tag{25}$$

且

$$R_1'(p)/[R_1(p) - R_2] = h'(p)e^{-h(p)\tau}/[r + h(p)]. \tag{26}$$

上式来自式（23）和式（19）的积分，其中$p(t)$为常值，这些会导致

$$F(t) = 1 - e^{-h(p)(t-\tau)}, \quad t \geqslant \tau, \tag{27}$$

于是，

$$[1-F(t+\tau)]/[1-F(t)] = e^{-h(p)\tau}. \tag{28}$$

这个解满足必要条件，并退化为以前$\tau=0$情形的解。与不存在进入滞后相比，进入滞后可以提高在位企业的当前价格。原因是，离未来的损失越遥远，当前的成本就越低。进而，这意味着在位企业将会损失较少的当前利润，因此，与没有进入滞后相比，它会制定更高的价格。

1. 证明如果时间滞后 τ 是时间的可微函数 $\tau(t)$，那么从式（6）到式（8），我们得到

$$\int_{t_0}^{t_1-\tau(t_1)} \left[(\partial f/\partial x_t + \lambda \partial g/\partial x_t + \lambda' + (\partial g/\partial x_{t-\tau(t)}/(1-\dot{\tau}(t))) \mid_{t+\tau(t)}) \delta x_t \right.$$
$$+ (\partial f/\partial u_t + \lambda \partial g/\partial u_t + (\lambda \partial g/\partial u_{t-\tau}/(1-\dot{\tau}(t))) \mid_{t+\tau(t)}) \delta u_t] dt$$
$$+ \int_{t_1-\tau(t_1)}^{t_1} \left[(\partial f/\partial x_t + \lambda \partial g/\partial x_t + \lambda') \delta x_t \right.$$
$$+ (\partial f/\partial u_t + \lambda \partial g/\partial u_t) \delta u_t] dt + \lambda(t_1) x(t_1)],$$

其中，$\dot{\tau}(t) = d\tau/dt$。推导对应于式（14）到式（17）的必要条件。〔提示：$\delta u_{t-\tau(t)} = 0$ 且 $\delta x_{t-\tau(t)} = 0$，$t < t_0 + \tau(t_0)$，而 $\delta u_{t-\tau(t)} = \delta u_t(1-\dot{\tau})$，$\delta x_{t-\tau(t)} = \delta x_t(1-\dot{\tau})$，$t \geqslant t_0 + \tau(t_0)$。〕

2. 如果投资成本与投资率成比例，而投资影响资本存量时存在一个固定的滞后 τ，刻画最优投资计划。

$$\max \int_0^{\infty} e^{-rt} [P(x(t)) - cu(t)] dt$$
$$\text{s. t. } x'(t) = u(t-\tau) - bx(t), \quad x(0) = x_0,$$
$$u(t) = 0, \quad -\tau \leqslant t < 0.$$

■ **进一步阅读**

式（14）到式（17）的推导和习题 1 基于 Budelis 和 Bryson（1970）。例题的进一步分析出现在 DeBondt（1976）中。这个方法的其他应用出现在 El-Hodiri，Loehman 和 Whinston（1972）以及 Sethi 和 McGuire（1977）。后一篇文章涉及可变的（而不是固定的）滞后。有关习题 2 的讨论以及滞后的进一步扩展在广告中的应用，也参见 Mann（1975）。

20. 带积分状态方程的最优控制

正如经济学和管理科学中某些情形最适宜用涉及延迟反应的状态方程刻画，其他一些情形最好把状态方程用积分方程来刻画。尽管形如

$$x' = g(t, x(t), u(t)) \tag{1}$$

的任何状态方程都能被写为积分方程

$$x(t) = \int_{t_0}^{t} g(s, x(s), u(s)) ds + x(t_0), \tag{2}$$

但仍然存在形如

$$x(t) = \int_{t_0}^{t} g(t, x(s), u(s), s) ds + x(t_0) \tag{3}$$

的状态方程，不能像式（2）那样仅仅通过两边关于 t 求微分从而写成形如式（1）的形式。

我们将用一个涉及企业关于产品跨时耐用性最优选择的例子来说明什么时候采用像式（3）那样的积分状态方程是有用的。但是，我们首先推导出问题

$$\max \int_{t_0}^{t_1} f(t, x(t), u(t)) dt \tag{4}$$

满足式（3）以及 $x(t_0) = x_0$，$x(t_1)$ 自由的必要条件。为此，我们构造拉格朗日函数

$$L(x, u, \lambda) = \int_{t_0}^{t_1} f(t, x(t), u(t))$$
$$+ \int_{t_0}^{t_1} \lambda(t) \left[\int_{t_0}^{t} g(t, x(s), u(s), s) ds + x(t_0) - x(t) \right] dt \text{。} \tag{5}$$

对涉及二重积分的项交换积分顺序，我们得到

$$L = \int_{t_0}^{t_1} f(t,x(t),u(t))dt$$
$$+ \int_{t_0}^{t_1} \left[\int_t^{t_1} \lambda(s)g(s,x(t),u(t),t)ds + x(t_0)\lambda(t) - x(t)\lambda(t) \right]dt \text{。} \tag{6}$$

注意，从式（5）到式（6）的过程中，g 的第一和第四个分量进行了交换。现在定义汉密尔顿函数

$$H(t,x,u,\lambda) = f(t,x(t),u(t)) + \int_t^{t_1} \lambda(s)g(s,x(t),u(t),t)ds \text{。} \tag{7}$$

通过把式（7）代入式（6），拉格朗日函数式（6）现在可以写为

$$L(x,u,\lambda) = \int_{t_0}^{t_1} \{ H(t,x,u,\lambda) - \lambda(t)[x(t) - x(t_0)] \}dt \text{。} \tag{8}$$

现在我们可以把式（8）看成是涉及两个函数 $x(t)$ 和 $u(t)$ 的变分最大化问题，其中不出现 $x'(t)$ 和 $u'(t)$（参见第 I 18 节）。于是，欧拉方程为

$$\partial L/\partial u = f_u(t,x(t),u(t)) + \int_t^{t_1} \lambda(s)g_u(s,x(t),u(t),t)ds = 0 \tag{9}$$

和

$$\partial L/\partial x = f_x(t,x(t),u(t)) + \int_t^{t_1} \lambda(s)g_x(s,x(t),u(t),t)ds - \lambda(t) = 0 \text{。} \tag{10}$$

但是，式（9）和式（10），连同式（7）中 H 的定义，得

$$\partial H/\partial u = 0 \tag{11}$$

和

$$\partial H/\partial x = \lambda(t) \tag{12}$$

为必要条件。

现在假定 $\partial g(t, x(s), u(s), s)/\partial t \equiv 0$，那么，根据交叉偏导数相等，我们有 $\partial(\partial g/\partial t)/\partial u = \partial(\partial g/\partial u)/\partial t \equiv 0$。接下来，回顾一下，从式（5）到式（6），$g$ 的第一和第四个自变量被交换了，因此 $\partial g/\partial t \equiv 0$ 意味着 $\partial g_u/\partial s \equiv 0$，也就是说，$g_u$ 关于式（9）中的积分变量 s 是不变的。这样，式（9）变为

$$f_u(t,x(t),u(t)) + g_u(x(t),u(t),t)\int_t^{t_1} \lambda(s)ds = 0 \text{。} \tag{13}$$

表达式（13）几乎与状态方程像式（1）一样的微分方程的最优控制问题的必要条件相同，除了在式（13）中 g_u 与乘子 $\lambda(s)$ 的积分相乘，而不是在标准控制问题中出现的与单个乘子 $\lambda_0(t)$ 相乘。然而，这表明在式（13）中出现的乘子 $\lambda(s)$ 刚好是 $\lambda_0(t)$ 时间导数的相反数，因为我们可以记 $\lambda_0(t) = \lambda_0(t_1) - \int_t^{t_1} \lambda'_0(\tau)d\tau$，并把式（13）中的 $\lambda(s)$ 视为 $-\lambda'_0(\tau)$。因此，$\int_t^{t_1} \lambda(s)ds = -\int_t^{t_1} \lambda'_0(\tau)d\tau$，式（13）可以改写为，

$$f_u + g_u(\lambda_0(t) - \lambda_0(t_1)) = 0 。 \tag{14}$$

但是，对于可以自由选择 $\lambda_0(t_1)$ 的最优控制问题，$\lambda_0(t_1) = 0$，因此，式（9）最终简化为

$$f_u + \lambda_0(t) g_u = 0 = \partial H / \partial u 。 \tag{15}$$

类似地，回顾 $\lambda(t) = -\lambda_0'(t)$，式（10）简化为

$$-\lambda_0'(t) = f_x + \lambda_0(t) g_x = \partial H / \partial x 。 \tag{16}$$

因此，我们表明了，满足积分状态方程（3）的最优控制问题式（4）的必要条件退化为状态方程为式（1）的标准最优控制问题的必要条件。类似地，我们可以证明，正像标准的最优控制问题那样，如果最大化的汉密尔顿函数关于状态变量是凹的，那么式（9）和式（10）的必要条件对于最大化也是充分的。

例： 一家企业生产一种耐用品，它用衰变率来衡量的耐用性可以在每个时间点进行选择。也就是说，产品的每个制造年份可以有不同的耐用性。

令 $x(t)$ 代表在 t 时刻生产的耐用品数量，$b(t)$ 代表它的衰变率。用 $Q(t)$ 代表 t 时刻耐用品的总量，即，

$$Q(t) = \int_0^t e^{-b(t)(t-s)} x(s) ds \tag{17}$$

且 $Q(0) = 0$。如果 $b(t) = b$，也就是说，衰变率是跨时不变的，那么，

$$Q'(t) = x(t) - b\int_0^t e^{-b(t-s)} x(s) ds = x(t) - bQ(t) \tag{18}$$

以及式（18）可以被改写为一个等价的微分方程。

令 $P(b(t), t)$ 代表衰变率为 $b(t)$ 的情况下产品在 t 时刻的售卖价格，令 $c(x(t), b(t))$ 为生产数量是 $x(t)$、衰变率为 $b(t)$ 的产品的总成本。假设总生产成本取特殊形式

$$C(x, b) = xg(x)h(b) + f(x), \tag{19}$$

也就是说，生产的产品数量和它的衰变率在总成本函数中以乘积的形式相互作用。然而，$h'(b) > 0$，$h''(b) \geq 0$，$f'(x) > 0$，以及所有其他二阶导数都是正的。$g'(x)$ 的符号现在不给定。商品的售卖价格 $P(b(t), t)$ 与它用 $b(t)$ 表示的耐用性有关，较高的 $b(t)$ 意味着较低的耐用性，通过观察，它等于商品所提供的服务流的租赁价格的贴现值。如果不是这样，就会有机会使得买者或者卖者从耐用品售卖价格和租赁价格的差异中获利。产品的售卖价格是它所提供的服务流的租金价格的贴现值，这里，贴现考虑到假定为常数的贴现率 r 和以衰变率 $b(t)$ 提供的服务的衰退。因此，

$$P(b(t), t) = \int_t^\infty p(Q(s)) e^{-(r+b(t))(s-t)} ds, \tag{20}$$

其中，$P(Q(s))$ 指在时刻 s 耐用品存量为 Q 的情况下的租赁价格。

企业的目标是在每个时间点选择生产多少 $x(t)$ 并设定衰变率 $b(t)$，以最大化它贴现的利润流，即

$$\pi = \int_0^\infty e^{-rt} \big[P(b(t),t)x(t) - C(x(t),b(t)) \big] dt, \tag{21}$$

满足式（17）。现在通过把式（20）中的 $P(b(t)，t)$ 代入式（21），式（21）可以被改写为

$$\pi = \int_0^\infty e^{-rt} \left\{ x(t) \left[\int_t^\infty p(Q(s)) e^{-(r+b(t))(s-t)} ds \right] - C(x,b) \right\} dt。 \tag{22}$$

通过交换积分顺序，式（22）中涉及二重积分的项可以被改写为

$$\int_0^\infty e^{-rs} p(Q(s)) \left[\int_0^s e^{-b(t)(s-t)} x(t) dt \right] ds。 \tag{23}$$

但是，由式（17）可知，里面的积分刚好是耐用品在时刻 s 的存量 $Q(s)$。把式（23）代回式（22），把积分变量由 s 变成 t，我们得到

$$\pi = \int_0^\infty e^{-rt} \big[p(Q(t))Q(t) - C(x(t),b(t)) \big] dt。 \tag{24}$$

用目标函数式（24）和状态方程（17）构造的汉密尔顿函数是

$$H = e^{-rt} \big[pQ - C(x(t),b(t)) \big] + \int_0^t e^{-b(t)(s-t)} x(t)\lambda(s) ds。 \tag{25}$$

注意，从式（3）到式（7），t 和 s 的角色交换了，从式（17）到式（25）也是如此。必要条件是：

$$\partial H/\partial x = -e^{-rt}C_x + \int_0^t e^{-b(t)(s-t)}\lambda(s)ds = 0, \tag{26}$$

$$\partial H/\partial b = -e^{-rt}C_b - \int_0^t (s-t)e^{-b(t)(s-t)}x(t)\lambda(s)ds = 0, \tag{27}$$

$$\lambda(t) = \partial H/\partial Q(t) = e^{-rt} \big[p(Q(t)) + p'(Q(t))Q(t) \big], \tag{28}$$

其中，C_x 和 C_b 分别代表 C 关于 x 和 b 的偏导数，而 p' 代表 p 关于 Q 的导数。把式（19）和式（28）代入式（26），得

$$\big[g(x) + xg'(x) \big]h(b) + f'(x)$$
$$= -\int_t^\infty e^{-(r+b(t))(s-t)} \big[p(Q(s)) + p'(Q(s))Q(s) \big] ds。 \tag{29}$$

把式（19）和式（28）代入式（27），得

$$g(x)h'(b) = -\int_t^\infty (s-t)e^{-(r+b(t))(s-t)} \big[p(Q(s)) + p'(Q(s))Q(s) \big] ds。 \tag{30}$$

在式（29）和式（30）中，横截性条件

$$\lim_{t \to \infty} \int_0^t e^{-b(t)(s-t)}\lambda(s)ds = 0$$

被用来确定 $\int_0^t e^{-b(t)(s-t)}\lambda(s)ds = -\int_t^\infty e^{-b(t)(s-t)}L(s)ds。$

进一步阅读

必要条件式（11）和式（12）的推导基于 Kamien 和 Muller。一个更严格的证明出现在 Bakke，Nerlove 和 Arrow 中，Mann 提供了涉及积分状态方程问题的例子。这个例子基于 Muller 和 Peles。他们也表明了在什么时候商品质量会跨时最优下降。

第Ⅱ部分　最优控制

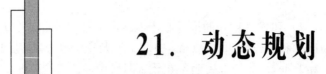

21. 动态规划

动态优化问题的第三种求解方法，称为**动态规划**，由 Richard Bellman 开创。它被广泛应用于离散时间和连续时间的问题。我们仅讨论后者。

动态规划的基本原理，称为**最优性原理**，可以被大致描述如下。最优路径具有这种性质：不管在某个初期的初始条件和控制值是什么，对于以早期决策带来的状态作为初始条件的剩余问题来讲，剩余期的控制变量（或者决策变量）一定是最优的。

考虑问题

$$\max \int_0^T f(t,x,u)dt + \phi(x(T),T) \tag{1}$$
$$\text{s. t. } x' = g(t,x,u), \quad x(0) = a。$$

定义最优值函数 $J(t_0, x_0)$ 为以时刻 t_0 和状态 x_0 为起点能够得到的最优值。这个函数对于所有的 $0 \leqslant t_0 \leqslant T$ 和可能出现的任何可行状态 x_0 都有定义。因此，

$$J(t_0,x_0) = \max_u \int_{t_0}^T f(t,x,u)dt + \phi(x(T),T) \tag{2}$$
$$\text{s. t. } x' = g(t,x,u), \quad x(t_0) = x_0。$$

那么，特别地，

$$J(T,x(T)) = \phi(x(T),T)。 \tag{3}$$

我们把式（2）中的积分分解成

$$J(t_0,x_0) = \max_u \left(\int_{t_0}^{t_0+\Delta} f dt + \int_{t_0+\Delta}^T f dt + \phi \right), \tag{4}$$

其中，Δt 被取成很小的正数。接下来，由动态规划原理，我们推断，对于在 $t_0 + \Delta t$ 时

刻以 $x(t_0+\Delta t)=x_0+\Delta x$ 为状态值的问题来讲，控制函数 $u(t)$，$t_0+\Delta t\leqslant t\leqslant T$ 是最优的。当然，状态 $x_0+\Delta x$ 依赖于状态 x_0 和在 $t_0\leqslant t\leqslant t_0+\Delta t$ 时期内选择的控制函数 $u(t)$。因此，

$$J(t_0,x_0)=\max_{\substack{u\\t_0\leqslant t\leqslant t_0+\Delta t}}\left[\int_{t_0}^{t_0+\Delta t}fdt+\max_{\substack{u\\t_0+\Delta t\leqslant t\leqslant T}}\left(\int_{t_0+\Delta t}^{T}fdt+\phi\right)\right]$$

$$\text{s. t. } x'=g, \quad x(t_0+\Delta t)=x_0+\Delta x; \tag{5}$$

即，

$$J(t_0,x_0)=\max_{\substack{u\\t_0\leqslant t\leqslant t_0+\Delta t}}\left[\int_{t_0}^{t_0+\Delta t}fdt+J(t_0+\Delta t,x_0+\Delta x)\right]。 \tag{6}$$

在 $t_0\leqslant t\leqslant T$ 期间的回报可以理解为在 $t_0\leqslant t\leqslant t_0+\Delta t$ 期间的回报加上所导致位置 $(t_0+\Delta t,\ x_0+\Delta x)$ 连续最优化的回报。即期回报和未来回报都受到最优选择的控制函数 $u(t)$，$t_0\leqslant t\leqslant t_0+\Delta t$ 的影响。

把式（5）写成更有用的形式，我们用 $f(t_0,\ x_0,\ u)\Delta t$（曲线在积分下限的高度乘以区间宽度）逼近右侧的第一个积分。因为 Δt 非常小，所以我们可以认为控制变量在 $t_0\leqslant t\leqslant t_0+\Delta t$ 上不变。而且，我们假设 J 是一个二阶连续可微的函数，利用 Taylor 定理展开右侧第二项。因此，

$$J(t_0,x_0)=\max_u[f(t_0,x_0,u)\Delta t+J(t_0,x_0)+J_t(t_0,x_0)\Delta t+J_x(t_0,x_0)\Delta x+h.o.t.]。$$

从两侧都减去 $J(t_0,\ x_0)$，同除以 Δt，再令 $\Delta t\to 0$，得

$$0=\max_u[f(t,x,u)+J_t(t,x)+J_x(t,x)x']。$$

由于不存在歧义，我们去掉了零下标。因为 $x'=g(t,\ x,\ u)$，所以最终我们有

$$-J_t(t,x)=\max_u[f(t,x,u)+J_x(t,x)g(t,x,u)]。 \tag{7}$$

这是最优值函数 $J(t,\ x)$ 满足的基本偏微分方程。它通常被称为 Hamilton-Jacobi-Bellman 方程。根据 t，x 和未知函数 J_x，我们求出最大化的 u，然后把结果代入式（7），就可以得到要求解的偏微分方程和边界条件式（3）。

注意，除了 $J_x(t,\ x)$ 起乘子 $\lambda(t)$ 的作用以外，式（7）右侧要关于 u 求解最大化的表达式看起来像汉密尔顿函数。然而，回顾我们把 $\lambda(t)$ 作为状态变量 x 的边际价值的解释！其实，$\lambda(t)=J_x(t,\ x(t))$，式（7）的右侧恰好就是以前的汉密尔顿函数关于 u 求解最大化的目标函数。也要注意，式（7）恰好与式（I 12.29）一样。

最优控制关于 $\lambda(t)$ 的微分方程也可以由式（7）推导出来。令 u 使得式（7）达到最大，于是，$f_u+J_xg_u=0$。而且，因为对于任意 x，式（7）都是成立的，所以如果 x 稍微修正它也是成立的。这样，式（7）关于 x 的偏导数一定等于零（其中，u 是根据 t，x 和 J_x 最优选择的）：

$$-J_{tx}=f_x+J_{xx}g+J_xg_x。 \tag{8}$$

J_x 的全导数为

$$dJ_x(t,x)/dt = J_{xt} + J_{xx}g。 \tag{9}$$

记 $\lambda = J_x$ 并把式（9）中的 J_{tx} 代入式（8），得出我们熟悉的微分方程

$$-\lambda' = f_x + \lambda g_x。$$

因此，如果充分可微，动态规划方法可以用来推导最优控制的必要条件。或者，我们也可以直接利用基本偏微分方程（7）（尽管对于大多数问题，我们不推荐这么做）。

　　例：为了进行说明，考虑

$$\min \int_0^\infty e^{-rt}(ax^2 + bu^2)dt \tag{10}$$
$$\text{s. t. } x' = u, \quad x(0) = x_0 > 0,$$

其中，$a > 0$，$b > 0$。由 $f = e^{-rt}(ax^2 + bu^2)$ 和 $g = u$，式（7）变为

$$-J_t = \min_u [e^{-rt}(ax^2 + bu^2) + J_x u]。 \tag{11}$$

求导以求出最优的 u：

$$2e^{-rt}bu + J_x = 0, \text{ 于是}, u = -J_x e^{rt}/2b。 \tag{12}$$

把式（12）中的 u 代入式（11）得到

$$-J_t = e^{-rt}(ax^2 + J_x^2 e^{2rt}/4b) - J_x^2 e^{rt}/2b。$$

合并项并且两边乘以 e^{rt}，得

$$ax^2 - J_x^2 e^{2rt}/4b + e^{rt}J_t = 0。 \tag{13}$$

为了求解偏微分方程，我们提出解的一般形式，然后看是否存在某个参数值的集合使得提出的解满足这个偏微分方程。我们来"尝试"

$$J(t,x) = e^{-rt}Ax^2, \tag{14}$$

其中，A 是待定常数。由问题表述式（10），最优值一定是正的，因此 $A > 0$。由式（14），计算

$$J_t = -re^{-rt}Ax^2 \text{ 和 } J_x = 2e^{-rt}Ax。$$

代入式（13），得

$$A^2/b + rA - a = 0。 \tag{15}$$

因此，如果 A 是二次方程（15）的正根，式（14）就是式（13）的解；也就是说，

$$A = [-r + (r^2 + 4a/b)^{1/2}]b。 \tag{16}$$

现在由式（14）和式（12）确定的最优控制为

$$u = -Ax/b。 \tag{17}$$

注意，式（17）根据状态变量给出最优控制；这被称为**反馈**形式。如果要求用 t 表示的最优解，我们可以回顾 $x' = u = -Ax/b$ 并解这个微分方程得到 $x(t) = x_0 e^{-At/b}$，由此 u

很容易被决定。

对于无穷边界的自治问题，像前面的例子一样，最优性条件有一个更简单的形式。无穷边界的自治问题可以写为形式

$$\max \int_0^\infty e^{-rt} f(x,u)dt$$
$$\text{s. t. } x' = g(x,u)。 \tag{18}$$

因此，

$$J(t_0, x_0) = \max \int_{t_0}^\infty e^{-rt} f(x,u)dt = e^{-rt_0} \max \int_{t_0}^\infty e^{-r(t-t_0)} f(x,u)dt。$$

右侧的积分值依赖于初始状态，但是它独立于初始时刻，即仅依赖于逝去的时间。现在令

$$V(x_0) = \max \int_{t_0}^\infty e^{-r(t-t_0)} f(x,u)dt。$$

那么，

$$J(t,x) = e^{-rt} V(x),$$
$$J_t = -re^{-rt} V(x),$$
$$J_x = e^{-rt} V'(x)。$$

代入式（7）并两边乘以 e^{rt} 得到与问题式（18）相关的最优当期值函数 $V(x)$ 的基本常微分方程

$$rV(x) = \max_u [f(x,u) + V'(x)g(x,u)]。 \tag{19}$$

■ 习 题

1. 利用式（19）求解本节的例子。
2. 用动态规划求解：

$$\min \int_0^T (c_1 u^2 + c_2 x)dt$$
$$\text{s. t. } x' = u, \quad x(0) = 0, \quad x(T) = B。$$

［提示：$c_2 x - J_x^2/4c_1 + J_t = 0$。尝试形如 $J(t, x) = a + bxt + hx^2/t + kt^3$ 的解，其中，a，b，h 和 k 是待定常数。把解与前面其他方法得到的解进行比较。］

■ 进一步阅读

关于动态规划的初步知识参见 Bellman，Howard 或者 Nemhauser。Bellman 和

Dreyfus 阐明了动态规划、变分法和最优控制之间的关系。Beckmann 讨论了动态规划在经济学中的应用。

我们集中讨论连续时间的动态规划。在应用中，动态规划的更大威力可能在离散时间问题，特别是当潜在函数不是光滑的和"好的"时。对于此类问题，动态规划方法容许发展出非常有效的计算机算法。这个课题非常有趣但不是本书关注的主要内容。关于这个领域的入门知识，参见 Stokey 和 Lucas 以及刚刚提到的任何一本参考书。

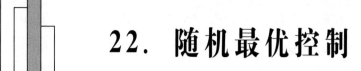

22. 随机最优控制

随机特征出现在我们的很多例子中，包括不确定的消费者寿命和机器寿命，以及不确定的竞争行为。文献包括更多不确定性的实例，例如有关疾病、大灾难、征用或者技术革新的发生时间。这些应用涉及特定状态变量和有时候是状态变量的函数的一个给定的概率分布函数。这种方法的广泛使用证明了它的适用性，但它并不适用于所有我们感兴趣的随机问题。随机建模的另一种方法在现代金融中特别流行，是本节的主题。

状态变量的运动可能不是完全确定的，它可能受到随机扰动。为了考察这类问题，我们给出 $Itô$ 随机积分的某些结论，这构成了分析的基础。上一节的动态规划方法也将被使用；因为随机因素进入系统的运动，最优控制必须根据系统的状态变量写成反馈形式，而不是仅根据时间（原因是，由于存在随机扰动，状态变量的实现值不能提前知道）。

不再是通常的微分方程 $x'=g(t, x, u)$，我们有下述形式的随机微分方程

$$dx = g(t,x,u)dt + \sigma(t,x,u)dz, \tag{1}$$

其中，dz 是随机过程 z 的增量，z 服从**布朗运动**或者**白噪声**或者是一个 Wiener 过程。期望变化率是 g，但是存在一个扰动项。简单地说，对于一个 Wiener 过程 z 以及对于时间区间的任何分割 t_0，t_1，t_2，$\cdots$，随机变量 $z(t_1)-z(t_0)$，$z(t_2)-z(t_1)$，$z(t_3)-z(t_2)$，$\cdots$服从均值为零且方差分别为 t_1-t_0，t_2-t_1，t_3-t_2，$\cdots$的独立的正态分布。微元 dt 和 dz 满足下述乘法表：

$$
\begin{array}{c|cc}
 & dz & dt \\
\hline
dz & dt & 0 \\
dt & 0 & 0
\end{array}
\tag{2}
$$

因为 $(dz)^2 = dt$，函数

$$y = F(t, z)$$

的微分将包含二阶偏导数，其中 z 是 Wiener 过程。特别地，利用 Taylor 级数展开，我们有

$$dy = F_t dt + F_z dz + (1/2)F_{tt}(dt)^2 + F_{tz}dtdz + (1/2)F_{zz}(dz)^2 + h.o.t,$$

利用乘法表式（2），因此

$$dy = \left(F_t + \frac{1}{2}F_{zz}\right)dt + F_z dz。 \tag{3}$$

下标代表偏导数。

类似地，如果

$$y = F(t, x), \tag{4}$$

其中 x 服从式（1），那么，因为 x 是随机的，所以 y 是随机的。利用 Taylor 定理和式（2），我们可以求出 y 的随机微分。我们得到

$$dy = F_t dt + F_x dx + (1/2)F_{xx}(dx)^2, \tag{5}$$

其中，dx 由式（1）给出。规则式（5）被称为 $It\hat{o}$ **定理**。当然，式（3）是式（5）的特例。我们可以把式（1）代入式（5）并利用式（2）来简化结果，得到等价表述

$$dy = (F_t + F_x g + (1/2)F_{xx}\sigma^2)dt + F_x\sigma dz。 \tag{6}$$

$It\hat{o}$ 随机积分可以扩展到包括多个随机过程的多变量情形。例如，令 $\boldsymbol{x} = [x_1, \cdots, x_n]$ 和

$$dx_i = g_i(t, \boldsymbol{x}, u)dt + \sum_{j=1}^{n}\sigma_{ij}(t, \boldsymbol{x}, u)dz_j, \quad i = 1, \cdots, n。 \tag{7}$$

令 Wiener 过程 dz_i 和 dz_j 有相关系数 ρ_{ij}。最后，令 $y = F(t, x)$。那么，$It\hat{o}$ 定理给出随机微分的规则：

$$dy = \sum_{i=1}^{n}(\partial F/\partial x_i)dx_i + (\partial F/\partial t)dt + (1/2)\sum_{i=1}^{n}\sum_{j=1}^{n}(\partial^2 F/\partial x_i \partial x_j)dx_i dx_j, \tag{8}$$

其中，dx_i 由式（7）给出，利用式（7）和乘法表

$$\begin{aligned} dz_i dz_j &= \rho_{ij}dt, \quad i, j = 1, \cdots, n, \\ dz_i dt &= 0, \quad i = 1, \cdots, n \end{aligned} \tag{9}$$

来计算乘积 $dx_i dx_j$，其中，相关系数 $\rho_{ii} = 1$，$i = 1, \cdots, n$。

随机微分方程的积分规则不同于通常的微积分规则。例如，在通常情况下，如果 $dy = ydx$，那么 $y = e^x$。但是，在随机微积分中，微分方程 $dy = ydz$ 有解 $y = e^{z - t/2}$。而验证方法在每种情况下都是一样的；我们利用合适的规则对给出的解求微分，验证是否满足微分方程。为了验证随机例子，记

$$y = e^{z - t/2} = F(z, t),$$

利用式（3）求微分。因为

$$F_z = y, \quad F_{zz} = y, \; F_t = -y/2,$$

我们得到

$$dy = (-y/2 + y/2)dt + ydz = ydz。$$

作为第二个例子，随机微分方程

$$dx = axdt + bxdz$$

有解

$$x(t) = x_0 e^{(a-b^2/2)t + bz}。$$

为了验证，我们记右侧为 $F(t, z)$，计算

$$F_t = (a - b^2/2)x,$$
$$F_z = bx, \quad F_{zz} = b^2 x,$$

插入式（3）得到

$$dx = [(a - b^2/2)x + b^2 x/2]dt + bxdz = axdt + bxdz。$$

作为第三个例子，我们求 $x \equiv Q/P$ 的随机微分，其中 Q 和 P 服从

$$dP/P = adt + bdz, \tag{10}$$
$$dQ/Q = cdt, \tag{11}$$

而 a, b, c 是给定的常数。在通常的确定情形，我们将会有

$$dx/x = dQ/Q - dP/P。$$

然而，利用 $It\hat{o}$ 定理式（8），我们计算

$$dx = x_P dP + x_Q dQ + (1/2)x_{PP}(dP)^2 + x_{PQ}dPdQ + (1/2)x_{QQ}(dQ)^2$$
$$= -(Q/P^2)dP + dQ/P + (Q/P^3)(dP)^2 - dPdQ/P^2。$$

两边乘以 $1/x = P/Q$，得

$$dx/x = -dP/P + dQ/Q + (dP/P)^2 - (dP/P)(dQ/Q)。$$

把式（10）和式（11）代入并简化，得

$$dx/x = (c + b^2 - a)dt - bdz。$$

现在考虑随机最优控制问题

$$\max E\left\{\int_0^T f(t,x,u)dt + \phi(x(T),T)\right\} \tag{12}$$
$$\text{s. t. } dx = g(t,x,u)dt + \sigma(t,x,u)dz, \quad x(0) = x_0,$$

其中，函数 E 代表期望值。为了求解的必要条件，我们沿用前一节的方法。定义 $J(t_0, x_0)$ 为从时刻 t_0 和状态 $x(t_0) = x_0$ 开始的形如式（12）的问题可获得的最大期望值：

$$J(t_0, x_0) = \max_u E\left(\int_{t_0}^T f(t,x,u)dt + \phi(x(T),T)\right)$$

$$\text{s. t. } dx = gdt + \sigma dz, \quad x(t_0) = x_0, \tag{13}$$

那么，如同式（21.2）到式（21.6），我们有

$$J(t,x) \cong \max_u E(f(t,x,u)\Delta t + J(t+\Delta t, x+\Delta x)). \tag{14}$$

假设 J 是二阶连续可微的，我们把右侧函数在 (t, x) 处展开：

$$J(t+\Delta t, x+\Delta x) = J(t,x) + J_t(t,x)\Delta t + J_x(t,x)\Delta x$$
$$+ (1/2)J_{xx}(t,x)(\Delta x)^2 + h.o.t. \tag{15}$$

但是，回顾式（12）中的微分约束，我们近似地有

$$\Delta x = g\Delta t + \sigma\Delta z,$$
$$(\Delta x)^2 = g^2(\Delta t)^2 + \sigma^2(\Delta z)^2 + 2g\sigma\Delta t\Delta z = \sigma^2\Delta t + h.o.t., \tag{16}$$

我们利用了式（2），并预期我们将立即除以 Δt 且令 $\Delta t \to 0$。把式（16）代入式（15），然后把结果代入式（14），得

$$J(t,x) = \max_u E(f\Delta t + J + J_t\Delta t + J_x g\Delta t + J_x\sigma\Delta z + (1/2)J_{xx}\sigma^2\Delta t + h.o.t.). \tag{17}$$

注意，J 的随机积分在过程中已经被计算了。现在对式（17）取期望；式（17）中唯一的随机项是 Δz，根据假设，它的期望为零。从每一侧减去 $J(t, x)$，除以 Δt，最后令 $\Delta t \to 0$，我们得到

$$-J_t(t,x) = \max_u(f(t,x,u) + J_x(t,x)g(t,x,u) + (1/2)\sigma^2 J_{xx}(t,x)). \tag{18}$$

这是随机最优控制问题式（12）的基本条件。它有边界条件

$$J(T,x(T)) = \phi(x(T),T). \tag{19}$$

条件式（18）和式（19）可与式（21.7）和式（21.3）相比较。

为了表明这些必要条件的用途，考虑第 21 节例子的随机修正：

$$\min E\int_0^\infty e^{-rt}(ax^2 + bu^2)dt \tag{20}$$
$$\text{s. t. } dx = udt + \sigma dz, \quad a > 0, \quad b > 0, \quad \sigma > 0.$$

注意，这里 σ 是一个常值参数。函数 $\sigma(t, x, u) = \sigma x$。把式（20）的特殊形式代入式（18），得

$$-J_t = \min_u(e^{-rt}(ax^2 + bu^2) + J_x u + (1/2)\sigma^2 x^2 J_{xx}). \tag{21}$$

最小化的 u 是

$$u = -J_x e^{rt}/2b. \tag{22}$$

把式（22）代入式（21）然后简化，得

$$-e^{rt}J_t = ax^2 - J_x^2 e^{2rt}/4b + (1/2)\sigma^2 x^2 J_{xx}e^{rt}. \tag{23}$$

现在对这个偏微分方程尝试与确定性情形下相同形式的解：

动态优化——经济学和管理学中的变分法和最优控制（第二版）

$$J(t,x)=e^{-rt}Ax^2。\tag{24}$$

计算式（24）中需要的偏导数，代入式（23），简化后发现 A 一定满足

$$A^2/b+(r-\sigma^2)A-a=0。\tag{25}$$

由于仅仅正根有意义，因此我们这里取正根：

$$A=\{\sigma^2-r+[(r-\sigma^2)^2+4a/b]^{1/2}\}b/2。\tag{26}$$

再次在式（22）中利用式（24）给出最优控制，

$$u=-Ax/b，\tag{27}$$

其中，A 由式（26）给出。把这里的结果与第 21 节的发现相比较。

对于自治和无穷边界的问题，式（18）有一个更为简单的形式。最优期望回报就可以表示为独立于 t 的当前值形式。我们沿用上一节的步骤，可以得到类似的结论。令

$$V(x_0)=\max E\int_{t_0}^{\infty} e^{-r(t-t_0)}f(x,u)dt$$
$$\text{s. t. } dx=g(x,u)dt+\sigma(x,u)dz, \quad x(t_0)=x_0,\tag{28}$$

因此，

$$J(t,x)=e^{-rt}V(x)。\tag{29}$$

把式（29）代入式（18），得

$$rV(x)=\max_u(f(x,u)+V'(x)g(x,u)+(1/2)\sigma^2(x,u)V''(x))，\tag{30}$$

它可以与式（21.19）相比较。

下一个例子，基于 Merton 的工作，考察在没有交易成本的情况下把个人财富在当期消费、对确定或者无风险资产的投资和对风险资产的投资间进行分配。令

$W=$ 总财富，

$w=$ 在风险资产上的财富比重，

$s=$ 确定资产的回报，

$a=$ 风险资产的期望回报，$a>s$，

$\sigma^2=$ 风险资产回报的单位时间方差，

$c=$ 消费，

$U(c)=c^b/b=$ 效用函数，$b<1$。

财富的变化由下式给出

$$dW=[s(1-w)W+awW-c]dt+wW\sigma dz。\tag{31}$$

确定部分的构成是确定资产基金的回报加上风险资产基金的期望回报并减去消费。目标是期望折现效用流的最大化。为了方便，我们假设无穷边界：

$$\max E\int_0^{\infty}(e^{-rt}c^b/b)dt\tag{32}$$

s. t. 式 (31) 和 $W(0) = W_0$。

这是带一个状态变量 W 以及两个控制变量 c 和 w 的无穷边界自治问题。尽管式（30）是根据仅带一个状态变量和一个控制变量的问题推导出来的，但它很容易推广至现在的情形。利用式（31）和式（32）的设定，式（30）变为

$$rV(W) = \max_{c,w}(c^b/b + V'(W)[s(1-w)W + awW - c]$$
$$+ (1/2)w^2W^2\sigma^2V''(W))。 \tag{33}$$

求导给出用问题的参数、状态 W 和未知函数 V 表示的 c 和 w 的最大化的值：

$$c = [V'(W)]^{1/(b-1)}, \quad w = V'(W)(s-a)/\sigma^2WV''(W)。 \tag{34}$$

我们假设最优解在任何时刻都涉及两种资产的投资。代入式（34）和式（33）并简化，得

$$rV(W) = (V')^{b/b-1)}(1-b)/b + sWV' - (s-a)^2(V')^2/2\sigma^2V''。 \tag{35}$$

我们对这个非线性二阶微分方程"尝试"如下形式的解

$$V(W) = AW^b, \tag{36}$$

其中，A 是待定的正常数。计算所需的式（36）的导数并把结果代入式（35）。简化后，我们得到

$$Ab = \{[r - sb - (s-a)^2b/2\sigma^2(1-b)]/(1-b)\}^{b-1}。 \tag{37}$$

因此，最优当前值函数是式（36），其中 A 由式（37）规定。为了求出最优控制函数，在式（34）中利用式（36）和式（37）：

$$c = W(Ab)^{1/(b-1)}, \quad w = (a-s)/(1-b)\sigma^2。 \tag{38}$$

在每个时刻，个人消费财富的一个常数比例。最优比例依赖于所有参数；它直接随着贴现率和风险资产的风险而变化。财富在两种资产中的最优分割是常数，独立于总财富。贡献于风险资产的比例直接随着风险资产的期望回报而变化，随着回报的方差反方向变化。

■ 习　题 _____

1. 利用当期最优值函数 $V(x)$ 求解问题式（20）。

2. 求控制函数 $c(t)$

$$\max E\int_0^\infty e^{-n}c^a(t)dt$$

s. t. $dx = (bx - c)dt + hxdz$, $\quad x(0) = x_0 > 0$,

其中 $z(t)$ 是 Wiener 过程。

解： $c(t) = [(r - ab)/(1-a) + ah^2/2]x(t)$。

进一步阅读

对于这本教科书中的随机问题，比如，回顾第 I 8 节，第 I 9 节，第 I 11 节以及第 II 10 节和第 II 15 节中的例子和习题。也可以参考 Cropper（1976，1977），Dasgupta 和 Heal，Kamien 和 Schwartz（1971a，1974a，1977a），Long（1975），Raviv 和 Robson。

Dreyfus（1965，pp. 215-224）给出了本部分必要条件的推导和一些例子。Arnold 给出了随机积分的一个易读的处理。对于本章例子和解方法的更完整的讨论以及对有限计划边界个人的更现实的分析，参见 Merton（1969）。Brock（1976）是极好的"使用者手册"。Brock 充分讨论了习题 2。Malliaris 和 Brock 是扩展的续篇，它提供了 *Itô* 定理的证明。

对于随机最优控制的进一步应用，参见 Merton（1971）（消费和现金管理），Fischer（指数债券），Gonedes 和 Lieber（生产计划），Constantinides 和 Richard（现金管理），以及 Tapiero（广告）。

第 II 部分　最优控制

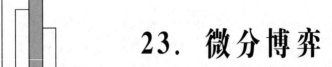

23. 微分博弈

直到现在，我们研究的动态优化方法涉及唯一决策者实施最优化的问题。特别地，在最优控制问题中，单个决策者关于控制变量的选择推进了系统的状态。然而，在很多情况下，系统的状态不只是由单个个体决定的。例如，如果一个水体中鱼的存量代表状态变量，那么许多人捕获的鱼的数量决定了状态。类似地，某个人成功开发出一个专利新产品或者生产过程的概率取决于每个公司在研发上投资的数量。最后，除非买者是一个垄断者，产品在每个时点的价格水平取决于每个厂商的产出水平。

多人联合行动，每个人独立决策，跨时影响共同的状态变量或者彼此的支付，这种情况被模型化为微分博弈。特别地，我们集中讨论非合作博弈，在这里，个人（被称为参与人）在选择他们控制变量取值的时候不是明确合作的，而且，系统状态根据一个或者多个微分方程而变化。因此，在微分博弈中，参与人跨时重复地相互影响。然而，他们的相互影响不是原来博弈的简单重复，因为随着时间的连续变化，每个博弈的初始条件都不相同。

对于两个参与人1和2的情形，我们以下述方式提出一个特定的微分博弈：参与人1选择他的控制 u_1 来最大化

$$J^1(u_1,u_2)=\int_{t_0}^{t_1}f^1(t,x_1(t),x_2(t),u_1(t),u_2(t))dt \ , \tag{1}$$

而参与人2选择 u_2 来最大化

$$J^2(u_1,u_2)=\int_{t_0}^{t_1}f^2(t,x_1(t),x_2(t),u_1(t),u_2(t))dt \ , \tag{2}$$

两个最大化问题满足状态方程

$$x_i'(t)=g^i(t,x_1(t),x_2(t),u_1(t),u_2(t)), \tag{3}$$

动态优化——经济学和管理学中的变分法和最优控制（第二版）

$$x_i(t_0) = x_{i0}, \quad x_i(t_i) \text{自由}, \quad i = 1, 2 .$$

与标准的最优控制问题一样，我们假设控制是分段连续的，然而，假设 f^i 和 g^i 是四个独立分量的给定的连续可微函数。每个参与人都知道存在另一个参与人，而且知道另一个参与人对其状态变量的选择会影响状态方程。结果是，个人在选择其控制变量时一定会考虑到其他参与人对控制变量的选择。也就是说，每个参与人在其他参与人的控制变量的每个可能的选择下为了最大化他的支付而选择他的控制变量。但是，为了使他做出最优选择，这就要求每个参与人猜测其他参与人将会怎么做。这种猜测转而会导致这种可能性：给定其他人的实际选择，参与人中的一个或者两个想要修正他的决策。当每个参与人都没有激励去修改他的控制变量的决策时，选择就被认为处于均衡状态。特别地，如果

$$J^1(u_1^*, u_2^*) \geqslant J^1(u_1, u_2^*) \tag{4a}$$

和

$$J^2(u_1^*, u_2^*) \geqslant J^2(u_1^*, u_2) \tag{4b}$$

其中，u_1^*，u_2^* 分别是参与人 1 和参与人 2 的均衡策略，他们就被称为处于**纳什均衡**。根据式（4a）和式（4b），给定其他参与人的策略，即控制变量的选择，每个参与人都尽最大努力做到最好，两个人都没有激励偏离他的选择。这种均衡定义和每个参与人关于两者目标函数的知识，实际上使得每个参与人自己寻找均衡且相应地选择均衡策略，从而避免了去猜测其他参与人的行为。实际上，每个参与人不仅可以计算对于竞争对手的每个策略他的最优反应，而且可以计算对于他自身的每个策略竞争对手的最优反应。而且，每个参与人都知道其他参与人也实施了这种思想实验，因此他们两者能够立即选择他们的均衡策略。在这个推理路线中，明显的强假设是仅仅存在一个纳什均衡。如果存在多个纳什均衡，那么每个参与人都不确定另一个参与人关注哪一个。关于两个参与人或者在多个纳什均衡中都选择一个纳什均衡这个问题，有很多研究和大量文献。

在微分博弈理论的应用中，最广泛采用的选择控制变量形式的策略是**开环的**或者**反馈的**。开环策略是指，在博弈伊始，每个参与人在每个时间点选择他的控制变量的所有值。也就是说，$u_1 = u_1(t)$；控制在每个时点的值仅仅是时间的函数。这类策略意味着每个参与人在博弈伊始就承诺他行动的整条路径，而且在任何后续时点都不会改变它。因为它是标准最优控制理论的直接应用，所以纳什均衡开环策略相对容易确定。也就是说，对于每个参与人，构造一个汉密尔顿函数：

$$H^i(t, x_1(t), x_2(t), u_1(t), u_2(t), \lambda_1^i(t), \lambda_2^i(t)) = f^i + \lambda_1^i g^1 + \lambda_2^i g^2, \quad i = 1, 2 \tag{5}$$

对应于式（1），式（2）和式（3）。用汉密尔顿函数表示的纳什均衡条件式（4a）和式（4b）为：

$$H^1(t, x_1(t), x_2(t), u_1^*(t), u_2^*(t), \lambda_1^1(t), \lambda_2^1(t))$$
$$\geqslant H^1(t, x_1(t), x_2(t), u_1(t), u_2^*(t), \lambda_1^1(t), \lambda_2^1(t)) ,$$
$$H^2(t, x_1(t), x_2(t), u_1^*(t), u_2^*(t), \lambda_1^2(t), \lambda_2^2(t))$$
$$\geqslant H^2(t, x_1(t), x_2(t), u_1^*(t), u_2(t), \lambda_1^2(t), \lambda_2^2(t)) .$$

对式（5）应用最优控制理论的标准必要条件得到方程：

$$H_{u_i}^i = 0, \quad \lambda_j^{i\prime}(t) = -\partial H^i / \partial x_j, \quad i = 1,2, \quad j = 1,2, \tag{6}$$

与式（3）一起得到决定八个函数 $u_1^*(t)$，$u_2^*(t)$，$\lambda_1^{1*}(t)$，$\lambda_2^{i*}(t)$，$x_1^*(t)$，$x_2^*(t)$，$i=$ 1，2 的八个方程。

寻找和刻画开环策略相对简单，这使得它们经常被应用。然而，在现实世界条件下，很难满足每个参与人在开始时承诺其行动完全序列的隐含要求。通常认为，当博弈演进时，参与人跨期有自由和激励去修正其行动。这样，模型化参与人行为的一个更适宜的方式是假定他可以基于系统在每个时点的状态选择他在每个时点的行动。这类策略称为**反馈策略**，被要求 $u_i = u_i(t, x_1(t), x_2(t))$，$i=1$，2 所刻画。也就是说，在每个时点的控制是时间和在此时点系统状态 $x_1(t)$，$x_2(t)$ 的函数。从概念上，反馈策略和开环策略的区别在于，反馈策略由一个表明状态变量在每个时点的每个取值下的最好选择而不是在博弈开始时每个时点下的最好选择的或然性计划构成。尽管存在两种类型的策略在每个时点行动都一致的情况，但通常都不一致。而且，反馈策略具有**子博弈精练**的性质。这意味着，在每个参与人的行动使系统从初始状态演进到新状态之后，以新状态为初始状态的博弈的延续可以看作是原来博弈的子博弈。反馈策略让参与人在子博弈中做出最优选择，即使子博弈的初始状态来自以前的次优选择。因此，反馈策略不仅对于由初始条件刻画的原有博弈是最优的，而且对于每一个由它演进而来的子博弈也是最优的。

尽管反馈策略的概念更合意且更一般，它可以仅依赖于时间而不依赖于当时系统的状态——也就是说，它包括了开环策略，但是它更难计算。与开环策略一样，反馈策略一定满足纳什均衡条件式（4a）和式（4b）。计算困难与协状态变量 $\lambda_1^i(t)$，$\lambda_2^i(t)$，$i=$ 1，2 有关。为了计算反馈策略，可以构造与问题式（1），式（2）和式（3）有关的汉密尔顿函数。

$$H^i(t, x_1(t), x_2(t), u_1(t, x_1(t), x_2(t)), u_2(t, x_1(t), x_2(t)), \lambda_1^i(t), \lambda_2^i(t))$$
$$= f^i + \lambda_1^i g^1 + \lambda_2^i g^2, \quad i = 1,2. \tag{7}$$

必要条件的第一个集合为

$$H_{u_i}^i = 0, \quad i = 1,2. \tag{8}$$

然而，必要条件的第二个集合为

$$\lambda_j^{1\prime}(t) = -\partial H^1 / \partial x_j - (\partial H^1 / \partial u_2)(\partial u_2^* / \partial x_j),$$
$$\lambda_j^{2\prime}(t) = -\partial H^2 / \partial x_j - (\partial H^2 / \partial u_1)(\partial u_1^* / \partial x_j), j = 1,2. \tag{9}$$

式（9）右侧的第二项会出现，因为我们假设参与人会使用反馈策略，所以 u_j 是 $x_1(t)$，$x_2(t)$ 的函数。式（9）右侧不出现项 $(\partial H^i / \partial u_i)(\partial u_i^* / \partial x_i)$ 是因为根据必要条件式（8）$\partial H^i / \partial u_i = 0$。由于式（9）右侧最后一项的存在，即交互影响的项，因此反馈策略的计算很困难。直觉告诉我们，寻找参与人 1 的最优反馈策略 $u_1^*(t, x_1(t), x_2(t))$ 要求知道参与人 2 的最优反馈策略 $u_2^*(t, x_1(t), x_2(t))$，反过来，寻找参与人 2 的最优反馈策略需要知道参与人 1 的最优反馈策略。然而，像下面的例子将会表明的那样，即使困难，反馈策略也可以计算出来。反馈策略的进一步要求是它对于任意初始条件 t_0，

x_0 都是最优的。当然，这与反馈策略从任何后续时间和将来状态变量的任意值出发都是最优的要求是一致的。

反馈策略符合动态规划最优性原理的精神。回顾基本偏微分方程，即最优值函数式（21.7）所满足的 Hamilton-Jacobi-Bellman 方程的推导，对于任意时刻和任意状态变量的未来值，我们要求目标函数是最优的。因此，式（21.7）通常被用来寻找反馈策略。当然，这涉及同时求解两个偏微分方程这个艰巨的任务。

例1 这个例子用来说明如何计算开环解和反馈解以及它们之间的区别。假设两个企业生产同一种产品。生产成本由总成本函数

$$C(u_i) = cu_i + u_i^2/2, \quad i = 1, 2 \tag{10}$$

决定，其中 $u_i(t)$ 代表第 i 个企业在 t 时刻的生产水平。每个企业把 t 时刻的所有产出都供应给市场。在每个时间点，企业面临同一个价格 $p(t)$ 以售卖产品。然而，他们在 t 时刻联合供给的数量 $u_1(t) + u_2(t)$ 决定了价格在 t 时刻的变化率，$dp(t)/dt = p'(t)$。在 t 时刻，总供给数量和价格变化之间的关系由微分方程

$$p'(t) = s[a - u_1(t) - u_2(t) - p(t)], \quad p(0) = p_0 \tag{11}$$

来刻画。因此，$p(t)$ 是状态变量。参数 s 代表相对于需求函数上的总供给数量的价格的调整速率。这里的完全含义将很快变得很明显。此时，可以看到，如果 $s = 0$，那么 $p'(t) = 0$。

每个企业选择它的产出水平来最大化

$$J^i = \int_0^\infty e^{-rt} [p(t)u_i(t) - C_i(u_i(t))] dt, \quad i = 1, 2, \tag{12}$$

满足式（10）和式（11）。通过在式（11）中求解 $p(t)$ 并代入式（12），得

$$J^i(u_1, u_2) = \int_0^\infty e^{-rt} [(a - u_1 - u_2)u_i - p'u_i/s - C(u_i)] dt。 \tag{13}$$

我们可以更深入地理解 s 的作用。由式（13），很明显，在极限的意义下，当 $s \to \infty$ 时，积分中的第二项消失，每个企业其实都面临一个向下方倾斜的线性需求函数 $a - u_1 - u_2 = \bar{p}(t)$。因此，如果调整速度是瞬时的，那么在每个时刻企业都重复处于 Cournot 双寡头垄断的情形。另一方面，如果相对于同期的生产数量，价格的调整存在滞后，那么在每个时刻每个企业都面临一个水平的需求函数。那就是式（12）中的处理方法以及调整方程式（11）所表示的含义。

为了求出这个博弈的开环纳什均衡，我们构造当期值汉密尔顿函数

$$H^i = p(t)u_i(t) - C(u_i(t)) + m_i(t)s(a - u_1(t) - u_2(t) - p(t)), \quad i = 1, 2, \tag{14}$$

得到必要条件

$$H^i_{u_i} = p(t) - c - u_i(t) - m_i(t)s = 0, \quad i = 1, 2 \tag{15}$$

和

$$-m_i'(t) = u_i(t) - m_i(t)(s + r), \lim_{t \to \infty} e^{-rt} m_i(t) = 0, \tag{16}$$

其中，在得到式（15）时我们利用了式（10）。现在，利用式（15）求解 $u_i(t)$，插入式（16），在积分因子 $e^{-(2s+r)t}$ 的帮助下对式（16）积分，并利用横截性条件确定积分常数，得到

$$m_i(t) = \int_t^\infty e^{-(2s+r)(\tau-t)}(p(\tau)-c)d\tau, \quad i=1,2。 \tag{17}$$

由式（17），很明显，$m_1(t)=m_2(t)$，因为两者都等于相同的右侧。然后，由式（15）可知，$u_1(t)=u_2(t)=u(t)$。把式（15）关于时间求导数，并把由此计算得到的 $sm'(t)$ 和式（15）中的 $sm(t)$ 代入被 s 相乘的式（16），得到

$$u'(t) = s[a-u(t)-p(t)]-(s+r)[p(t)-c-u(t)]。 \tag{18}$$

现在，稳定的开环纳什均衡策略是满足 $u'(t)=p'(t)=0$ 的策略。通过令式（11）和式（18）的右侧等于零，我们知道稳定的开环策略和产品价格分别是

$$u^* = (a-c)(s+r)/[4s+3r] \tag{19}$$

和

$$p^* = [2(a+c)s+(a+2c)r]/[4s+3r]。 \tag{20}$$

式（20）中由开环策略得到的价格 p^* 具有一个有趣的解释。假设两个企业参与一个静态 Cournot 双寡头垄断博弈，其中，需求函数是 $p=a-u_1-u_2$，成本函数由式（10）给出。那么，不难表明每个企业生产的均衡数量是 $u_0=(a-c)/4$，均衡价格是 $p_D=(a+c)/2$。另一方面，如果每个企业认为它面临水平的需求曲线，即它自己和竞争对手的产出水平都不影响产品价格，进而天真地采取行动，那么每个企业将生产 $U_N=(a-c)/3$，均衡价格将为 $p_N=(a+2c)/3$。现在关于式（20）进行一些计算，可以表明平稳的开环均衡价格是

$$p^* = (4sp_D+3rp_N)/(4s+3r)。 \tag{21}$$

因此，p^* 是两个价格 p_D 和 p_N 的凸组合。进而有

$$\lim_{s\to\infty}p^* = p_D, \quad \lim_{r\to\infty}p^* = p_N, \tag{22}$$

其中，当分别取极限时，r 和 s 是固定的。于是，当价格瞬时调整时，$s\to\infty$，平稳的开环纳什均衡价格变为静态 Cournot 双寡头的双寡头垄断价格。另一方面，当 $r\to\infty$ 时，每个企业完全折现未来的利润，平稳的开环均衡价格趋向于当每个企业都天真地采取行动时的静态均衡价格。也很容易证明，如果 $r=0$，企业把未来利润等同于当前利润，那么 $p^*=p_D$，如果 $s=0$，价格对总供给数量不敏感，那么 $p^*=p_N$。

这完成了开环纳什均衡策略的分析。现在我们转向刻画反馈纳什均衡策略。

为了找到反馈均衡策略 $u_i(t, p(t))$，对于每个参与人，通过回顾式（20.19），我们构造值函数

$$rV^i(p) = \max_{u_i}\{(p-c)u_i-u_i^2/2+sV_p^i(p)[a-p-u_i-u_j]\}, \quad i=1,2, \quad i\neq j, \tag{23}$$

其中，V_p^i 指 V^i 关于 p 的导数。关于 u_i 求最大化，得

$$u_i(p) = p - c - sV_p^i, \quad i = 1, 2。 \tag{24}$$

当时间不明显进入时，控制变量 u_i 仅是 p 的函数。把式（24）代入式（23），得

$$rV^i = (p-c)(p-c-sV_p^i) - (p-c-sV_p^i)^2/2$$
$$+ sV_p^i[a-p-(2p-2c-sV_p^i-sV_p^j)], \quad i=1,2, \quad i \neq j。 \tag{25}$$

注意，在式（25）中，V_p^i 和 V_p^j 都出现。这里，我们仅关注内点解，即那些满足 $u_i(p) > 0$ 的解。如果 $a > p_0$，这就能保证。求解由式（25）代表的微分方程系统意味着求满足它们的值函数 $V^i(p)$。建议以值函数

$$V^i(p) = g_i - E_i p + K_i p^2/2, \quad i=1,2 \tag{26}$$

为解，这意味着

$$V_p^i = K_i p - E_i。 \tag{27}$$

为了使式（26）建议的值函数是式（25）的解，系数 E_i、K_i 和常数 g 一定要有"正确的"值。为了求出它们，把式（27）代入式（25），得

$$(1/2)rK_i p^2 - rE_i p + rg_i$$
$$= (1/2 - 3sK_i + s^2 K_i K_j + (1/2)s^2 K_i^2)p^2$$
$$+ [3sE_i - s^2 K_i E_i - 2s^2 K_i E_j - c + sK_i(a+2c)]p$$
$$+ (1/2)c^2 + ((1/2)sE_i + sE_j - a - 2c)E_i, \quad i=1,2。 \tag{28}$$

现在，式（28）的左、右侧对于 p 的所有可能值都是相等的。这表明式（28）两侧 p^2 和 p 的系数以及两侧的常数项一定相等。令 p^2 的系数相等并合并项，得

$$s^2 K_i^2 + (2s^2 K_j - 6s - r)K_i + 1 = 0, \quad i=1,2, \quad i \neq j。 \tag{29}$$

通过令 p 的系数相等，可以得到 E_i 作为 K_1、K_2 和 c 的函数的表达式。

下一步就是证明 $K_1 = K_2$，由它可知 $E_1 = E_2$，$g_1 = g_2$ 且最终可知最优反馈策略是对称的，即 $u_1^*(p) = u_2^*(p)$。为了证明 $K_1 = K_2$，把式（29）中两式相减得到

$$(K_1 - K_2)[s^2(K_1 + K_2) - (r + 6s)] = 0。 \tag{30}$$

由式（30）可知，要么 $K_1 = K_2$，要么

$$s^2(K_1 + K_2) = r + 6s。 \tag{31}$$

把式（27）代入式（24），然后代入状态方程（11），得

$$p'(t) - sp[s(K_1 + K_2) - 3] = s[a + 2c - s(E_1 + E_2)]。 \tag{32}$$

通过取 $p'(t) = 0$ 并解出 $p(t) = \bar{p}$（一个常数），我们得到这个一阶微分方程的特解。齐次部分的解是

$$p(t) = ce^{Dt}, \tag{33}$$

其中，$D = s[s(K_1 + K_2) - 3]$，c 是积分常数。式（31）的完备解是

$$p(t) = \bar{p} + (p_0 - \bar{p})e^{Dt}。 \tag{34}$$

其中，通过在式（34）中取 $t=0$，我们得到 $c=p_0-\bar{p}$。现在，当 $t\to\infty$ 时，为了使得 $p(t)$ 收敛于 $\bar{p}$，要求 $D<0$ 或者 $s(K_1+K_2)<3$。但是，通过把式（31）中的 $s^2(K_1+K_2)$ 代入，这就要求 $r+3s<0$。然而，当 r 和 s 都非负时，这不能成立。因此，产品价格跨时收敛和存在平稳解的要求排除了带非对称反馈策略的非对称纳什均衡 $u_1^*(p)\neq u_2^*(p)$ 的可能性。

证明完 $K_1=K_2=K$，现在我们可以求式（29）的根。特别地，

$$\bar{K},\underline{K}=\{r+6s\pm[(r+6s)^2-12s^2]^{1/2}\}/6s^2 \tag{35}$$

为了区别式（35）给出的两个根 $\bar{K}$，$\underline{K}$，我们回到式（34），有 $K_1=K_2$，其中 $D=s(2sK-3)$。必要条件 $D<0$ 要求 $K<3/2s$。现在，在式（35）中当 $r=0$ 时，较大的根 $\bar{K}$ 取它的最小值。但是，对于 $r=0$，$\bar{K}=(3+\sqrt{6})/3s>3/2s$。于是，式（35）较大的根阻止 $p(t)$ 收敛。另一方面，因为 $\partial\underline{K}/\partial r<0$，所以较小的根 $\underline{K}$ 在 $r=0$ 处达到最大值。在 $r=0$ 处，$\underline{K}=(3-\sqrt{6})/3s<3/2s$。因此，仅较小的根允许 $p(t)$ 收敛。

由 $K=\underline{K}$，我们有

$$E=[c-sK(a+c)]/(r-3s^2K+3s) \tag{36}$$

和

$$u^*(p)=(1-sK)p+(sE-c)。 \tag{37}$$

表达式（37）给出纳什均衡反馈策略。现在，由式（32），满足 $K_1=K_2=K$ 和 $E_1=E_2=E$ 的特解是

$$\bar{p}=[a+2(c-sE)]/[2(1-sK)+1]。 \tag{38}$$

这是平稳的反馈策略纳什均衡价格。

最后一步要表明当 $s\to\infty$ 时，式（38）会发生什么，价格调整是瞬时的。取 $\lim_{s\to\infty}sK=\beta$ 和 $\lim_{s\to\infty}sE=\gamma$。现在，对于 $K=\underline{K}$，$\beta=1-\sqrt{2/3}$。由式（36），$\gamma=(c-a\beta-2c\beta)/(3-3\beta)$。因此，由式（38），

$$\lim_{s\to\infty}\bar{p}=(a+2(c-\gamma))/(3-2\beta)。 \tag{39}$$

最后，在式（39）中把 β 和 γ 代入并重新排列项，得

$$\lim_{s\to\infty}\bar{p}=[(a+2c)(1-\beta)+2(a+c)]/3(3-2\beta)(1-\beta)$$
$$=(p_N+2p_D\sqrt{2/3})/(1+2\sqrt{2/3}), \tag{40}$$

其中，p_N 和 p_D 上面有定义。

回顾式（22），并与式（40）比较，很明显，当 $s\to\infty$ 时，这个博弈的开环纳什均衡和反馈纳什均衡给出截然不同的解。在开环情形下，均衡价格收敛于静态双寡头垄断价格，而在反馈情形下，均衡价格收敛于低于双寡头垄断的价格。原因在于，当参与人实施反馈策略时，与实施开环策略或者静态双寡头垄断博弈相比，他们生产得更多。这里的直觉原因是，在式（37）中，当 $s\to\infty$ 时，p 的系数是正数 $\sqrt{2/3}$。因此，当价格增加

（减少）时，每个参与人增加（减少）产出。这意味着，如果一个参与人增加产出因而导致价格下降，其他参与人将会减少产出。这将会部分而非全部地弥补第一个参与人产出扩张带来的价格下降。因此，如果价格下降没有被其他参与人的产出收缩部分地弥补，第一个参与人就会有更大的激励扩大产出。然而，两个参与人都知道对方的行为，因此都把各自的产出扩张到大于静态 Cournot 双寡头垄断的均衡水平。

例 2 为了发明一种新产品，两个参与人进行竞赛。竞赛的获胜者将获得一份专利，这份专利将使她得到正的利润，直到专利到期和模仿者促使利润等于零。在竞赛结束时刻开始产生的获胜者利润的现值用 P 表示。两个参与人都不知道总的知识数量 z，它将开始着手成功地开发新产品。知识根据微分方程

$$dz_i/dt = z_i'(t) = u_i(t), \quad z_1(0) = 0, \quad i = 1, 2 \tag{41}$$

进行跨时积累，其中，$u_i(t)$ 代表企业 i 在时刻 t 用于积累知识的努力水平，在开始的时候两个企业都没有积累任何知识。因此，式（41）代表这个博弈的状态方程，其中 $z_i(t)$ 是状态变量，$u_i(t)$ 是控制变量。以速率 $u_i(t)$ 积累知识的成本是 $u_i^2/2$。

由于知识是跨时积累的以及新产品成功开发的总数量是未知的，因此它的成功开发日期也是未知的。然而，两个企业都知道在某个日期成功开发的概率，假定这个概率由

$$F_i(z_i(t)) = 1 - e^{-\lambda z_i(t)}, \quad F_i(0) = 0, \quad i = 1, 2, \tag{42}$$

给出，其中，λ 是常数。

根据式（42），如果没有积累任何知识且 λ 是常数，那么成功开发的概率就是零。由式（42）可知

$$dF_i(z_i(t))/dt = \lambda z_i'(t) e^{-\lambda z_i(t)} = \lambda u_i(t) e^{-\lambda z_i(t)} = f_i(z_i) u_i(t), \tag{43}$$

其中，式（41）被用来得到最后一个表达式，$f_i(z_i)$ 代表 F_i 关于 z_i 的导数。现在，由式（42）和式（43）可知，在给定到 t 时刻为止没有成功开发的情况下刚超过时刻 t 成功开发的条件概率，即风险率，为

$$f_i(z_i) z_i'(t)/(1 - F_i) = \lambda u_i(t), \quad i = 1, 2。 \tag{44}$$

每个参与人面临的问题是关于她的控制 u_i 最大化

$$\begin{aligned} J^i(u_1, u_2) = \int_0^T &\big[P(1 - F_j(z_j)) dF_i(z_i)/dt \\ &- e^{-rt}(1 - F_1(z_1))(1 - F_2(z_2)) u_i^2/2 \big] dt, \\ &i \neq j, \quad i = 1, 2。 \end{aligned} \tag{45}$$

式（45）的解释为，给定竞争者到那时以概率（$1 - F_j$）没有成功研发，参与人 i 在时刻 t 以概率 dF_i/dt 实现支付 P，减去只要她和她的竞争者以概率 $(1 - F_1)(1 - F_2)$ 没有成功开发产品所引致的研发成本。

现在我们对式（45）中第一项分部积分，令 $dv = (dF_i/dt)dt$ 和 $u = 1 - F_j$，得

$$\begin{aligned} \int_0^T P(1 - F_j)(dF_i/dt)dt &= P[1 - F_j(z_j(T))]F_i(z_i(T)) \\ &\quad + \int_0^T PF_i(dF_j/dt)dt。 \end{aligned} \tag{46}$$

把式（43）和式（46）代入式（45），得

$$J^1(u_1,u_2)=\int_0^T\left[P(1-e^{-\lambda z_i})e^{-\lambda z_j}\lambda u_j-e^{-rt}e^{-\lambda(z_1+z_2)}u_i^2/2\right]dt$$
$$+P\left[e^{-\lambda z_j(T)}-e^{-\lambda(z_i(T)+z_2(T))}\right],\quad i\neq j,\quad i=1,2。\qquad(47)$$

通过构造每个参与者的值函数，我们现在能够开始寻找反馈纳什均衡控制。由于我们不是处理无穷边界的问题，我们不得不利用形式（21.7）而不是式（21.19）。因此，对于第一个参与者，

$$-J_t^1(t,z_1,z_2)=\max_{u_1(t,z_1,z_2)}\left[P(1-e^{-\lambda z_1})e^{-\lambda z_2}\lambda\bar{u}_2-e^{-rt}e^{-\lambda(z_1+z_2)}u_1^2/2\right.$$
$$\left.+J_{z_1}^1u_1+J_{z_2}^1\bar{u}_2\right],\qquad(48)$$

其中，J_t^1，$J_{z_1}^1$，$J_{z_2}^1$ 分别指 J^1 关于 t，z_1 和 z_2 的偏导数。注意，$J_{z_1}^1$ 和 $J_{z_2}^1$ 都出现在式（48）中，因为存在两个状态方程（41）。而且，对于给定值 $u_2=\bar{u}_2$，我们关于 u_1 求最大化。很明显，对于第二个参与者，存在式（48）的对应方程。

式（48）的一阶条件为

$$-e^{-rt}e^{-\lambda(z_1+z_2)}u_1+J_{z_1}^1=0。\qquad(49)$$

利用式（49）求解 u_1 和式（49）的对应方程求解 u_2，然后把 u_1 和 u_2 代入式（48），得

$$J_t^1+\left[(J_{z_1}^1)^2e^{rt}e^{\lambda(z_1+z_2)}\right]/2+J_{z_2}^1J_{z_2}^2e^{rt}e^{\lambda(z_1+z_2)}+PJ_{z_2}^2e^{rt}\lambda(e^{\lambda z_1}-1)=0。\qquad(50)$$

现在，我们建议

$$J^i(t,z_1,z_2)=b(t)e^{-\lambda(z_1+z_2)}+k(t)e^{-\lambda z_j},\quad i\neq j,\ i=1,2\qquad(51)$$

是偏微分方程（50）和参与者 2 所对应方程的解。由式（51），我们有

$$J_{z_1}^1=J_{z_2}^2=-\lambda be^{-\lambda(z_1+z_2)},\qquad(52.\text{a})$$
$$J_{z_j}^i=-\lambda be^{-\lambda(z_1+z_2)}-\lambda ke^{-\lambda z_j},\quad i\neq j,\quad i=1,2,\qquad(52.\text{b})$$

和

$$J_t^i=b'(t)e^{-\lambda(z_1+z_2)}+k'(t)e^{-\lambda z_2},\qquad(52.\text{c})$$

其中，$b'(t)$ 和 $k'(t)$ 分别指 $b(t)$ 和 $k(t)$ 的时间导数。把式（52.a）到式（52.c）代回式（50）并合并项，得

$$e^{-\lambda(z_1+z_2)}\left[b'+b\lambda^2Pe^{rt}+3b^2\lambda^2e^{rt}/2\right]+e^{-\lambda z_2}\left[k'+(k-P)b\lambda^2e^{rt}\right]=0。\qquad(53)$$

因为 $e^{-\lambda(z_1+z_2)}$ 和 $e^{-\lambda z_2}$ 总是正的，所以每个括号里的表达式一定为零。这给出两个常微分方程

$$b'+b\lambda^2Pe^{rt}+3b^2\lambda^2e^{rt}/2=0\qquad(54)$$

和

$$k'+(k-P)b\lambda^2e^{rt}=0。\qquad(55)$$

现在，由建议的值函数式（51）和式（47），以及条件

$$J^1(T, z_1(T), z_2(T)) = -Pe^{-\lambda(z_1(T)+z_2(T))} + Pe^{-\lambda z_2(T)},\tag{56}$$

回顾式（21.3），我们有

$$b(T) = -P, \quad k(T) = P。\tag{57}$$

因此，式（57）提供了式（54）和式（55）的边界条件。表达式（54）是 Bernoulli 方程，可以通过取 $b(t) = -1/q(t)$ 来求解，因此 $b'(t) = q'(t)/q^2$，其中 $q'(t)$ 是 $q(t)$ 的时间导数。代入式（54），两边乘以 q^2 给出一个一阶线性微分方程

$$q' - q\lambda^2 Pe^{rt} + 3\lambda^2 e^{rt}/2 = 0,\tag{58}$$

式（58）的一个特解是 $q = 3/2P$。方程的齐次部分有形式 $q'/q = \lambda^2 Pe^{rt}$ 或者 $dq/q = \lambda^2 Pe^{rt} dt$。于是，$\ln q = \lambda^2 P \int_0^t e^{rs} ds + c_0$，其中 c_0 是积分常数。积分，取反对数，并把齐次方程的解和特解结合起来，得

$$q(t) = 3/2P + c_0 \exp \lambda^2 P(e^{rt} - 1)/r。\tag{59}$$

利用边界条件式（57）求积分常数得出 $q(T) = 1/P$，再代入式（59）得出 $c_0 = -\left(\frac{1}{2}P\right)\exp\left[-\lambda^2 P\ (e^{-rt} - 1)\right]$。代回式（59）并回顾 $q = -1/b$，最终得出式（54）的一个解

$$b(t) = -2P/[3 - \exp(P\lambda^2(e^{rt} - e^{rT})/r)]。\tag{60}$$

转向式（55），特解是 $k = P$。齐次方程的解是 $k(t) = c_1 \exp\left[-\int_0^t b(s)\lambda^2 e^{rs} ds\right]$，其中 c_1 是积分常数。把齐次方程的解和这个特解结合起来，得

$$k(t) = c_1 \exp\left[-\int_0^t b(s)\lambda^2 e^{rs} ds\right] + P。\tag{61}$$

边界条件式（57）$K(T) = P$，表明 $c_1 = 0$。因此，$k(T) = P$，即 $k(t)$ 关于时间是不变的。

现在为了找到 u_1^* 的显式表达式，由式（49）可知，我们需要知道 $J_{z_1}^1$。为了确定 $J_{z_1}^1$，我们把式（60）中的 $b(t)$ 和 $k(t) = P$ 代入值函数式（51），得到

$$J^1 = \frac{-2Pe^{-\lambda(z_1+z_2)}}{3 - \exp m(t)} + Pe^{-\lambda z_2}\tag{62}$$

其中，$m(t) = P\lambda^2(e^{rt} - e^{rT})/r$。对于参与者2，存在式（62）的对应方程。由式（62）可知

$$J_{z_1}^1 = 2\lambda Pe^{-\lambda(z_1+z_2)}/[3 - \exp m(t)]。\tag{63}$$

最后，把式（63）和式（49）结合起来得出反馈纳什均衡策略

$$u_i^*(t, z) = 2P\lambda e^{rt}/[3 - \exp(P\lambda^2(e^{rt} - e^{rT})/r)], \quad i = 1, 2。\tag{64}$$

由式（64），很明显，$u_1^* = u_2^*$，u_i^* 独立于状态变量 z_1 和 z_2，即它仅依赖于时间。因此，在这种情况下，反馈控制与开环控制是一致的。

  例3 假定在一个特殊的水体中，微分方程

$$dx/dt = x'(t) = \alpha x(t) - bx(t)\ln x(t) \tag{65}$$

控制鱼的存量的变化，其中，$x(t)$ 和 $x'(t)$ 分别指鱼在 t 时刻的存量和变化率，$\alpha > 0$，$b > 0$。也假定 $x(t) \geqslant 2$。为了鱼群能够存续，我们至少需要两条鱼，每种性别一条。由式（65）可知，在每个时间点，存量 $x(t)$ 导致出生数量 $\alpha x(t)$ 和死亡数量 $bx(t)\ln x(t)$。与式（65）相一致的而且使得 $x'(t) = 0$ 的鱼的稳态存量是 $x(t) = e^{\alpha/b}$。

现在假设两个捕鱼者都从这个存量中捕鱼。每个捕鱼者的所得直接与他用于这个活动的努力水平和鱼的存量有关。因此，

$$c_i(t) = w_i(t)x(t), \quad i = 1, 2, \tag{66}$$

其中，c_i 代表第 i 个捕鱼者的所得，$w_i(t)$ 代表他在 t 时刻的努力水平。捕鱼者的捕猎活动减少鱼的存量，将其加入状态方程（65）得到

$$x'(t) = (\alpha - w_1 - w_2)x - bx\ln x。 \tag{67}$$

每个捕鱼者根据效用函数

$$u_i(c_i(t)) = a_i\ln c_i(t) = a_i\ln w_i(t)x(t), \quad i = 1, 2 \tag{68}$$

从捕猎活动中得到满足感，其中，$w_i(t)x(t) \geqslant 0$，$a_i > 0$。为了计算方便，我们取

$$y(t) = \ln x(t), \tag{69}$$

使得 $dy/dt = y'(t) = x'(t)/x(t)$。把式（67）两边除以 $x(t)$ 得到转换后的状态方程

$$y'(t) = \alpha - w_1 - w_2 - by。 \tag{70}$$

参与人的相互影响用一个无穷边界的微分博弈来刻画，其中，每个人求

$$\max_{w_i} J^i(w_1, w_2) = a_i\int_0^\infty e^{-rt}[y(t) + \ln w_i(t)]dt, \quad i = 1, 2, \tag{71}$$

满足式（70），其中，根据式（69），效用函数式（68）做了变换。寻找反馈纳什均衡策略 $w_i^*(t, y(t))$。结果是，在这种情况下，它也与开环策略相一致。通过构造汉密尔顿函数

$$H^i = e^{-rt}a_i(y + \ln w_i) + \lambda_i(\alpha - w_1 - w_2 - by), \quad i = 1, 2, \tag{72}$$

我们得到开环策略。必要条件给出

$$w_i = a_i e^{-rt}/\lambda_i, \tag{73a}$$

$$\lambda_i'(t) = -e^{-rt}a_i + b\lambda_i(t), \quad \lim_{t\to\infty}\lambda_i(t) = 0, \quad i = 1, 2, \tag{73b}$$

其中，$\lambda_i'(t)$ 代表 $\lambda_i(t)$ 的时间导数。注意，在式（73a）中，状态变量没有显式出现。然而，它通过 $\lambda_i(t)$ 隐含地进入了。现在，由式（73b），利用积分因子 e^{-bt} 和横截性条件，我们有

$$\lambda_i(t) = a_i e^{-rt}/(r + b), \tag{74}$$

它也独立于 $y(t)$。把式（74）代回式（73a）给出两个参与者在每个时间点的纳什均衡努力水平

$$w_1^*(t) = w_2^*(t) = r + b。 \tag{75}$$

正是由于状态变量没有进入式（73a）和式（74）才使得开环策略和反馈策略相一致。大致说来，在代换协状态变量的解之后，只要关于控制变量的必要条件不包含状态变量，开环和反馈纳什均衡策略就是一致的。

习　题

1. 证明对于例 1 的有限边界形式，纳什均衡反馈策略 $u_i^*(t, p(t))$ 是对称的，$u^*(t, p(t)) = (1 - sK(t))p(t) - c + sE(t)$，其中，$K(t)$ 是里卡蒂方程

$$K'(t) = -3s^2 K^2(t) + (6s + r)K(t) - 1$$

的解。（提示：假设值函数为 $V^i(t, p) = K_i(t)p^2/2 - E_i(t)p + g_i(t)$。）

2. 假定两家企业是互补的垄断者。也就是说，每家企业是一种中间品的唯一生产者，这个中间品和另一家企业的产品一起构成最终产品。在一单位的最终产品需要一单位的两种中间品的假设下，最终产品的价格是两种中间品的价格之和。假定最终产品的需求量根据微分方程

$$dx/dt = x'(t) = s(a - p_1(t) - p_2(t) - x(t))$$

进行调整，其中，$x(t)$ 和 $x'(t)$ 分别代表 t 时刻的产品数量和它的时间导数，s 是与例 1 类似的调整速度参数。每家企业面对相同的成本函数 $C(x) = cx + x^2/2$，求

$$\max_{p_i} J^i(p_1, p_2) = \int_0^\infty e^{-rt}[p_i x - cx - x^2/2]dt,$$

满足上面的状态方程和 $x(0) = x_0$。证明

$$p = [(c + 2a)s + ra]/(5s + 2r)$$

是每个参与人的开环纳什均衡策略，而且它也是反馈纳什均衡策略。

3. 假设两家企业生产同一种产品，在某个时间点各自的产出为 $u_1(t)$，$u_2(t)$。生产这种产品的成本依赖于产量和产量的变化率，$du_i(t)/dt = u_i'(t)$，依据函数 $c_i = cu_i + bu_i^2 + Au_i'^2/2$，$i = 1, 2$。产品的需求函数是线性的，$p(t) = a - (u_1 + u_2)$。每家企业求

$$\max_{x_i} J^i(x_1, x_2) = \int_0^\infty e^{-rt}(pu_i - C_i)dt,$$

满足

$$u_i'(t) = x_i(t), \quad u_i(0) = u_{i0}, \quad i \neq j,$$
$$u_j'(t) = x_j(u_i, u_j), \quad u_j(0) = u_{j0}, \quad i = 1, 2,$$

其中，t 时刻的产量变化率 $x_i(t)$ 是控制变量，u 是利率。证明纳什均衡反馈策略形如

$$x_1^* = K + k_1 u_1 + k_2 u_2,$$
$$x_2^* = K + k_2 u_1 + k_1 u_2。$$

（提示：参见 Driskell 和 McCafferty。）

4. 假设两家企业在同一种产品的销售上进行竞争，需求函数是

$$p(t)=a-y_1(t)-y_2(t),$$

其中，$p(t)$，$y_1(t)$，$y_2(t)$ 分别为 t 时刻的产品价格、第一家企业的产出和第二家企业的产出。每家企业的边际成本从零到它 t 时刻的最大生产能力水平 $k_i(t)$，且超过这个水平就为无穷大。根据微分方程

$$k_i'(t)=I_i(t)-\delta k_i(t), \quad k_i(0)=k_{i0}, \quad i=1,2,$$

企业通过净投资 $I_i(t)$ 能够扩大它的生产能力水平，其中，δ 是能力衰减率，$k_i'(t)$ 为 $k(t)$ 的时间导数。净投资的成本由函数

$$C(I_i)=qI_i+cI_i^2/2, \quad i=1,2$$

来控制。每家企业在每个时间点都用它的能力水平进行生产。因此，每家企业通过跨期能力投资进行竞争。即每家企业试图

$$\max_{I_i}\int_0^\infty e^{-rt}\big[(a-y_1(t)-y_2(t))y_i(t)-C(I_i(t))\big]dt,$$

满足控制资本积累的状态方程。

i. 证明开环稳态纳什均衡能力水平为

$$k_i=[a-q(r+\delta)]/(3+c\delta(r+\delta)).$$

ii. 求反馈纳什均衡投资策略。（提示：令第 i 个参与者的值函数为 $V^i(K)=u+vk_i+wk_j+xk_i^2/2+yk_ik_j+zk_j^2/2$，其中，$u$，$v$，$x$，$y$，$z$ 是待定参数。）

■ 进一步阅读

　　微分博弈的正式理论是由 Isaacs 引入的，尽管 Roos 在 1925 年讨论了一个微分博弈，但是没有这样称呼。关于这个主题，任务繁重的数学教材是 Friedman 写的。Basar 和 Olsder，以及 Mehlmann 的书提供了更新和更富有直觉的解释。Feichtinger 和 Jorgensen，Clemhout 和 Wan 提供了有关微分博弈在经济学和管理科学中的应用研究的综述。例 1 基于 Fershtman 和 Kamien（1987，1990）。例 2 基于 Reinganum（1981，1982）。例 3 基于 Plourde 和 Yeung，他们为 Levhari 和 Mirman 介绍的博弈提供了连续时间形式。

　　纳什均衡反馈策略的必要条件基于 Starr 和 Ho。Reinganum 和 Stokey 解释了开环和反馈策略中的承诺之间的关系。存在名为闭环策略的第三种策略，其中，控制 $u=u(t, x(t_0), x(t))$ 既依赖于初始条件，又依赖于状态和时间。有关的讨论参见 Basar，Oldser 和 Mehlmann。问题 2 基于 Ohm；问题 3 基于 Driskell 和 McCafferty；问题 4 基于 Reynolds。关于例 1 的进一步分析，参见 Dockner，以及 Tsutsui 和 Mino。

　　很明显，Nash 是以他的名字命名的均衡概念的来源。Selten 是子博弈精炼概念的提出者。在 Neumann 和 Morgenstern 引入这个主题之后，Luce 和 Raiffa 是经典的博弈论教材。关于这个主题，Myerson 提供了最新的名词，包括文献的精炼。

附录 A

微积分和非线性规划

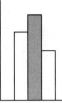

1. 微积分技巧

我们假设读者熟悉多变量微积分和常用的代数基础。以前学过数学规划也是有帮助的。本附录回顾这些领域的一些结果。

微积分基本定理 如果 $f(x)$ 是区间 $a \leqslant x \leqslant b$ 上的连续函数，如果 $F(x) = \int f(x)dx$ 是 $f(x)$ 的不定积分，那么定积分

$$\int_a^b f(x)dx = \int_a^b F'(x)dx = F(b) - F(a) ， \tag{1}$$

其中，

$$F(x) = \int_a^x f(u)du \tag{2}$$

的导数为

$$dF/dx = F'(x) = f(x) 。 \tag{3}$$

函数的函数微分的**链式法则**是

$$df(y(x))/dx = f'(y)y'(x) 。 \tag{4}$$

它很容易扩展到多变量函数。例如，

$$dg(y(x), z(x))/dx = g_y(y,z)y'(x) + g_z(y,z)z'(x) ， \tag{5}$$

其中，下标表示所标明的自变量的偏导数。

与微分链式法则对应的是积分变量代换。假设 $x = h(t)$ 定义在区间 $t_0 \leqslant t \leqslant t_1$ 上，使得 $h(t_0) = a$，$h(t_1) = b$，假设当 t 从 t_0 到 t_1，x 从 a 连续增加或者连续减少到 b，那么

$$\int_a^b f(x)dx = \int_{t_0}^{t_1} f[h(t)]h'(t)dt \, 。 \tag{6}$$

微分的**乘法法则**为

$$d[u(x)v(x)]/dx = u(x)v'(x) + v(x)u'(x) \, 。 \tag{7}$$

积分和重新排列，得到**分部积分公式**

$$\int u(x)v'(x)dx = u(x)v(x) - \int v(x)u'(x)dx \, ,$$

或者，简单地说，

$$\int udv = uv - \int vdu \, , \tag{8}$$

其中，$dv = v'(x)dx$ 和 $du = u'(x)dx$。例如，为了得到 $\int xe^x dx$，取 $u(x) = x$ 和 $v'(x) = e^x$。那么，$u'(x) = 1$，$v(x) = e^x$，因此，

$$\int xe^x dx = xe^x - \int e^x dx = (x-1)e^x \, 。$$

对于定积分，式（7）变为

$$\int_a^b u(x)v'(x)dx = u(b)v(b) - u(a)v(a) - \int_a^b v(x)u'(x)dx \, 。 \tag{9}$$

积分关于参数的微分法则为：

莱布尼茨公式 对于 r 的每一个取值令 $f(x, r)$ 关于 x 都是连续的，在 x—r 平面上的矩形 $a \le x \le b$，$\underline{r} \le r \le \bar{r}$ 中关于 x 和 r 有连续偏导数 $df(x, r)/\partial r$。令函数 $A(r)$ 和 $B(r)$ 有连续导数。如果 $V(r) = \int_{A(r)}^{B(r)} f(x, r)dx$，那么，

$$V'(r) = f(B(r), r)B'(r) - f(A(r), r)A'(r) + \int_{A(r)}^{B(r)} (\partial f(x, r)/\partial r)dx \, 。 \tag{10}$$

例如，如果

$$V(r) = \int_{r^2}^r e^{-rs}P(s)ds \, ,$$

那么，

$$dV(r)/dr = P(r)e^{-r^2} - 2P(r^2)re^{-r^3} - \int_{r^2}^r se^{-rs}P(s)ds \, 。$$

如果

$$f(kx, ky) \equiv k^n f(x, y) \, , \tag{11}$$

函数 $f(x, y)$ 就是 n 次齐次的。例如，$x^2 y$ 是 3 次齐次的，$x^a y^{1-a}$ 和 $2x - 5y$ 是 1 次齐次的，$\dfrac{4x}{y}$ 是 0 次齐次的。把式（11）关于 k 取微分并在 $k=1$ 处取值，得

$$f_x x + f_y y = nf,\tag{12}$$

它被称为齐次函数的**欧拉定理**。

如果 $f(x, y)$ 是一次齐次的，在式（11）中我们取 $k = 1/x$ 并重新排列，得到

$$f(x, y) = xf(1, y/x) = xg(y/x)。\tag{13}$$

函数值是比例因子 x 和比率 y/x 的函数值的乘积。

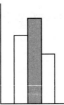

2. 中值定理

中值定理 如果 $f(x)$ 是区间 $a \leqslant x \leqslant b$ 上的连续函数，那么存在数 $\bar{x}$，使得

$$\int_a^b f(x)dx = f(\bar{x})(b-a)，其中，a < \bar{x} < b。 \tag{1}$$

回顾式 (1.1) 和式 (1.3)，我们可以把式 (1) 改写为

$$[F(b)-F(a)]/(b-a)=F'(\bar{x})，对于某个 a < \bar{x} < b。 \tag{2}$$

表达式 (2) 是微分中值定理，而式 (1) 是积分中值定理。

中值定理式 (2) 有一个有趣的几何解释。左侧是图 2.1 中底长为 $b-a$、高度为 $F(b)-F(a)$ 的直角三角形弦的斜率。那么式 (2) 表明，至少存在一个点 $\bar{x}$，使得曲线 $F(x)$ 在这一点与连接端点的三角形 ABC 的弦 AB 有相同的斜率。

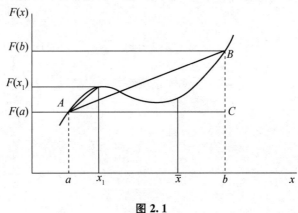

图 2.1

在式 (2) 中，$\bar{x}$ 严格位于 a 和 b 中间。中值定理可以用来证明：

如果 $F(b)-F(a)=F'(a)(b-a)$，那么 $a=b$ 或者对于严格处于 a 和 b 之间的某个 r，$F''(r)=0$。 (3)

由图可以很明显地看出来。用代数方法，如果 $a=b$，就直接得到结果。于是，假设 $a<b$。由中值定理，存在数 q，$a<q<b$，使得

$$F(b)-F(a)=(b-a)F'(q)。$$

把此式与式（3）的假设联系起来，得

$$[F'(a)-F'(q)](b-a)=0。$$

而且，由中值定理，存在数 r，$a<r<q$，使得

$$F'(a)-F'(q)=(a-q)F''(r)，$$

因此，

$$(a-q)(b-a)F''(r)=0。$$

因为 $a<q<b$，$F''(r)=0$。$a>b$ 情形的证明是类似的。

任何曲线都可以在一个点的邻域内被一个充分高阶的多项式任意逼近，根据

Taylor 定理 如果函数 $f(x)$ 和它的前 $n-1$ 阶导数在区间内是连续的，它的第 n 阶导数对于 $a<x<b$ 上的每一个 x 都存在，那么对于 $a<x_0<b$，$f(x)$ 在 x_0 处的 Taylor 级数展开是

$$f(x)=f(x_0)+\sum_{i=1}^{n}(x-x_0)^i f^{(i)}(x_0)/i!+R_n，$$ (4)

其中，$f^i\equiv d^i f/dx^i$，$R_n=(x-x_0)^n f^n(\bar{x})/n!$，对于某个 $\bar{x}$，$a<\bar{x}<b$。

$f(x)$ 的 Taylor 级数展开扩展了式（2）。我们把 R_{n+1} 叫做**余项**，把 $n-1$ 称为通过删除 R_{n+1} 获得的逼近**阶数**。特殊情形式（2）给出了零阶逼近和 $R_1=(b-a)f'(\bar{x})$。一阶逼近是 $f(x)=f(x_0)+(x-x_0)f'(x_0)$，它是一条过 $(x_0，f(x_0))$、斜率为 $f'(x_0)$ 的直线。二阶逼近给出曲线在点 x_0 处的二次逼近。去掉式（4）中的余项给出 $f(x)$ 的 n 阶多项式逼近。

两变量函数 $F(x，y)$ 中值定理的推导如下。对于 F 定义域的两个点 $(x，y)$ 和 $(x_0，y_0)$，令 $h=x-x_0$ 和 $k=y-y_0$。在区间 $0\leqslant t\leqslant 1$ 上定义单变量 t 的函数

$$f(t)=F(x_0+th，y_0+tk)。$$ (5)

于是，

$$f(1)-f(0)=F(x，y)-F(x_0，y_0)。$$

但是，由式（2），

$$f(1)-f(0)=f'(\bar{t})，对于某个 \bar{t}，0<\bar{t}<1。$$ (6)

把式（5）关于 t 求微分，得

$$f'(t)=hF_x+kF_y，$$ (7)

其中，F_x 和 F_y 在 $x_0 + th$，$y_0 + tk$ 处取值。结合式（5）到式（7）得到两变量函数的中值定理：对于某个 $\bar{x}$，$\bar{y}$，

$$F(x,y) - F(x_0, y_0) = (x - x_0)F_x(\bar{x}, \bar{y}) + (y - y_0)F_y(\bar{x}, \bar{y}), \tag{8}$$

其中，$x_0 < \bar{x} < x$，$y_0 < \bar{y} < y$。

泰勒级数展开和广义中值定理式（3）也可以被推广至两变量函数。令 $h = x - x_0$ 和 $k = y - y_0$。于是，

$$F(x,y) = F + (hF_x + kF_y) + R_2, \tag{9}$$

其中，$R_2 = h^2 F_{xx}/2 + hkF_{xy} + k^2 F_{yy}/2$。在式（9）右侧，$F$，$F_x$ 和 F_y 都在 x_0，y_0 处取值，R_2 中的二阶偏导数都在 x，y 和 x_0，y_0 之间的某点处取值。进一步扩展，我们得到

$$F(x,y) = F + (hF_x + kF_y) + (h^2 F_{xx}/2 + hkF_{xy} + k^2 F_{yy}/2) + R_3, \tag{10}$$

其中，右侧 F 和它的偏导数都在 (x_0, y_0) 处取值，R_3 是余项。

更一般地，n 变量函数 $F(x_1, \cdots, x_n)$ 在点 $x^0 = (x_1^0, \cdots, x_n^0)$ 处的一阶 Taylor 级数展开是

$$F(x_1, \cdots, x_n) = F + \sum_{i=1}^{n} h_i F_i + R_2, \tag{11}$$

其中，

$$R_2 = (1/2) \sum_{i=1}^{n} \sum_{j=1}^{n} h_i h_j F_{ij}, \quad h_i = x_i - x_i^0, \quad i = 1, \cdots, n。$$

对于式（11）的右侧，F 和 F_i 在 x^0 处取值，F_{ij} 在 x 和 x^0 之间的某点处取值。二阶展开为

$$F(x_1, \cdots, x_n) = F + \sum_{i=1}^{n} h_i F_i + (1/2) \sum_{i=1}^{n} \sum_{j=1}^{n} h_i h_j F_{ij} + R_3, \tag{12}$$

其中，右侧 F 以及它的一阶和二阶导数 F_i，F_{ij} 都在 x^0 处取值，R_3 是余项。级数可以推广至任意多项。

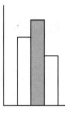

3. 凹函数和凸函数

如果对于所有的 $0 \leqslant t \leqslant 1$ 和对于任意 $a \leqslant x_1 \leqslant x_2 \leqslant b$，我们有

$$tf(x_1) + (1-t)f(x_2) \leqslant f(tx_1 + (1-t)x_2), \tag{1}$$

函数 $f(x)$ 在区间 $a \leqslant x \leqslant b$ 上就是**凹的**。函数在任意两点取值的加权平均不大于自变量相同加权平均的函数值。如果式（1）中的不等式严格成立，那么函数 $f(x)$ 被认为是**严格凹的**。在凹函数的图形上连接任意两点的弦不会在图形的上方。如果函数是严格凹的，弦就严格在图的下方。线性函数是凹的，但不是严格凹的（参见图3.1）。

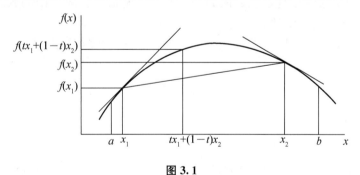

图 3.1

如果式（1）中的不等式反过来，函数 $f(x)$ 就是**凸的**。如果反向的不等式严格成立，它就是**严格凸的**。例如，$f(x) = -x^2$ 是一个严格凹函数，而 $f(x) = x^2$ 是严格凸的。这些函数表明一个一般原则，如果 $f(x)$ 是一个凹函数，那么 $-f(x)$ 就是一个凸函数。

凹函数有几个重要性质。首先，凹函数 $f(x)$ 在它被定义的任意开区间 $a < x < b$ 上都是连续的。

其次，如果 f 是凹的和可微的，

$$(x_2-x_1)f'(x_1) \geqslant f(x_2)-f(x_1) \geqslant (x_2-x_1)f'(x_2)。 \tag{2}$$

图上两点连线的斜率小于左端点切线的斜率且大于右端点切线的斜率（参见图 3.1）。对于凸函数，式（2）中的不等式要反向。

再次，二阶可微凹函数的二阶导数是非正的。为了了解这一点，利用式（2.4），对于某个 $\bar{x}$，

$$f(x_2)-f(x_1)-(x_2-x_1)f'(x_1)=(x_2-x_1)^2 f''(\bar{x})/2 \tag{3}$$

其中 $x_1 < \bar{x} < x_2$。但是由式（2）或者图 3.1，很明显式（2）的左侧是非正的。因此，式（3）的右侧也是非正的。因为 $(x_2-x_1)^2$ 是正的，所以 $f''(\bar{x})$ 一定是非正的。而且，由于对于任意 $a \leqslant x_1 < x_2 \leqslant b$，式（3）都成立，因此，对于所有的 $a \leqslant x \leqslant b$，都有 $f''(x) \leqslant 0$。类似地，凸函数的二阶导数是非负的。

对于定义域内所有 x，$f''(x) \leqslant 0$ 的条件对于一个二阶可微函数 f 为凹的来讲是充分必要的。如果 $f''(x) < 0$，f 就是严格凹的。然而，反过来不成立。函数 $f(x)=-x^4$ 看起来是严格凹的，然而，$f''(0)=0$。尽管有这种可能性，我们还是假设对于严格凹函数。读者应该记住存在例外点的可能性。

两变量凹函数 $f(x, y)$ 的定义是定义式（1）的直接推广：对于所有 $0 \leqslant t \leqslant 1$ 和 f 定义域内任意两点 (x_1, y_1)，(x_2, y_2)，都有

$$tf(x_1,y_1)+(1-t)f(x_2,y_2) \leqslant f(tx_1+(1-t)x_2,ty_1+(1-t)y_2)。 \tag{4}$$

式（2）的扩展是

$$f(x_2,y_2)-f(x_1,y_1) \leqslant (x_2-x_1)f_x(x_1,y_1)+(y_2-y_1)f_y(x_1,y_1), \tag{5}$$

对于两变量可微凹函数在其定义域内的任意一对点都成立。对于凸函数来讲，式（4）和式（5）中的不等式要反过来。

类似地，为了找到导数的二阶条件，利用式（2.9），我们写出式（3）的对应形式。令 $h=x_2-x_1$ 和 $k=y_2-y_1$。那么，

$$f(x_2,y_2)-f(x_1,y_1)-hf_x(x_1,y_1)-kf_y(x_1,y_1)$$
$$=h^2 f_{xx}/2+hkf_{xy}+k^2 f_{yy}/2, \tag{6}$$

其中，二阶偏导数在 (x_1, y_1) 和 (x_2, y_2) 之间的合适的点 $\bar{x}$，$\bar{y}$ 处取值。由式（5）可知，式（6）的左侧是非正的，因此，右侧的**二次型**一定也是非正的。（**二次型**是形如 $f(x_1,\cdots,x_n)=\sum_{j=1}^{n}\sum_{i=1}^{n}a_{ij}x_i x_j$ 的函数，其中，$a_{ij}=a_{ji}$，$i, j=1, \cdots, n$。）如果 $f_{xx} \neq 0$，加上和减去 $k^2 f_{xy}^2/f_{xx}$，合并项，把式（6）右侧等价地写为

$$f_{xx}[(h+kf_{xy}/f_{xx})^2+(f_{xx}f_{yy}-f_{xy}^2)k^2/f_{xx}^2] \leqslant 0。 \tag{7}$$

因为对于 h 和 k 的任意选择式（7）一定成立，包括 $k=0$，所以

$$f_{xx} \leqslant 0。 \tag{8}$$

另外，式（7）一定成立除非 $h=-kf_{xy}/f_{xx}$，因此，根据式（8），我们一定有

$$f_{xx}f_{yy}-f_{xy}^2 \geqslant 0。 \tag{9}$$

于是，如果 $f(x, y)$ 是凹的并且如果 $f_{xx} \neq 0$，式（8）和式（9）就成立。注意，式（8）和式（9）表明

$$f_{yy} \leqslant 0。 \tag{10}$$

为了防止 $f_{xx}=0$，我们在 $f_{yy} \neq 0$ 的假设下开展论证，表明式（9）和式（10）成立。这些条件是凹性的充分条件。如果不等式严格成立，f 就是严格凹的。如果 $f(x, y)$ 是凸函数，那么，$f_{xx} \geqslant 0$，$f_{yy} \geqslant 0$ 且式（9）也成立。

如果

$$tf(x^*)+(1-t)f(x^0) \leqslant f(tx^*+(1-t)x^0) \tag{11}$$

对于所有 $0 \leqslant t \leqslant 1$ 和 f 定义域内任意一对点 $x^*=[x_1^*, \cdots, x_n^*]$，$x^0=[x_1^0, \cdots, x_n^0]$ 都成立，函数 $f(x_1, \cdots, x_n)$ 就是**凹的**。式（2）的扩展可以陈述为，如果 $f(x_1, \cdots, x_n)$ 是凹的且可微的，那么

$$f(x^*)-f(x^0) \leqslant \sum_{i=1}^{n}(x_i^*-x_i^0)f_i(x^0)， \tag{12}$$

其中，x^* 和 x^0 是 f 定义域内任意两点。而且，取 $h_i=x_i^*-x_i^0$，$i=1, \cdots, m$，由 Taylor 级数展开式（2.11），

$$f(x^*)-f(x^0)-\sum_{i=1}^{n}h_if_i(x^0)=\frac{1}{2}\sum_{i=1}^{n}\sum_{j=1}^{n}h_ih_jf_{ij}， \tag{13}$$

其中，二阶偏导数在 x^* 和 x^0 之间合适的点 $\bar{x}$ 处取值。由式（12）可知，式（13）的左侧是非正的，因此式（13）右侧的二次型一定是非正的。

为了给出式（13）右侧关于 h_i 的**二次型**非正的等价条件，我们需要一些定义。函数 f 二阶偏导数的系数矩阵

$$\boldsymbol{H}=\begin{bmatrix} f_{11} & f_{12} & \cdots & f_{1n} \\ f_{21} & f_{22} & \cdots & f_{2n} \\ \vdots & \vdots & & \vdots \\ f_{n1} & f_{n2} & \cdots & f_{nn} \end{bmatrix}$$

称为 f 的 **Hessian 矩阵**。式（13）右侧的二次型可以写为

$$\boldsymbol{hHh}^T \leqslant 0， \tag{14}$$

其中，$\boldsymbol{h}=[h_1, \cdots, h_n]$，$\boldsymbol{h}^T$ 是 $\boldsymbol{h}$ 的转置。如果式（14）对于所有 $\boldsymbol{h}$ 都成立，二次型 $\boldsymbol{hHh}^T$ 就是**半负定**的。（如果式（14）对于所有 $\boldsymbol{h} \neq 0$ 都成立，它就是**负定**的。）等价地说，如果 $\boldsymbol{hHh}^T$ 是半负定的，我们说 Hessian 矩阵 $\boldsymbol{H}$ 是半负定的。矩阵是半负定的，如果它的主子式以负号开始且依次变号：

$$f_{11} < 0, \quad \begin{vmatrix} f_{11} & f_{12} \\ f_{21} & f_{22} \end{vmatrix} > 0, \quad \begin{vmatrix} f_{11} & f_{12} & f_{13} \\ f_{21} & f_{22} & f_{23} \\ f_{31} & f_{32} & f_{33} \end{vmatrix} < 0, \cdots,$$

$$(-1)^n |\boldsymbol{H}| \geqslant 0 \text{。} \tag{15}$$

最后一个主子式，即 $\boldsymbol{H}$ 的行列式本身，可以是零。（如果 $\boldsymbol{H}$ 是负定的，那么主子式依次变号且都不为零。）由式（12）和式（13），很明显，如果 f 是凹的，$\boldsymbol{H}$ 对于所有的 x 都是半负定的。

如果 $f(x_1, \cdots, x_n)$ 是二阶连续可微和凸的，式（12）的符号就要反过来，因此，Hessian 矩阵一定是半正定的。如果矩阵 $\boldsymbol{H}$ 的所有主子式是正的，除了 $|\boldsymbol{H}|$ 可能为零，它就是半正定的。它是半正定的，当且仅当 f 是凸的。

凹的概念已经通过几种方式被推广了。如果，对于 f 定义域内的任意 x^*，x^0 和对于所有 $0 \leqslant t \leqslant 1$，

$$f(tx^* + (1-t)x^0) \geqslant \min[f(x^*), f(x^0)] \tag{16}$$

成立，函数 $f(x_1, \cdots, x_n)$ 就是**拟凹**的。等价地，$f(x_1, \cdots, x_n)$ 是拟凸的，当且仅当对于每一个数 a，集合

$$A_a = \{x^* : f(x) \geqslant a\} \tag{17}$$

是凸的。如果 $-g$ 是拟凹的，函数 g 就是**拟凸**的。每个凹函数都是拟凹的，但是，拟凹函数不一定是凹的，甚至不是连续的。

■ 进一步阅读

关于拟凹的讨论和它在优化中的应用，参见 Arrow 和 Enthoven。

4. 最大值和最小值

Weierstrass 定理告诉我们，连续函数在闭的有界区域内有最大值和最小值。如果假设条件不满足，那么可能没有最大值和/或最小值。例如，$f(x)=4x-x^2$ 在 $0 \leqslant x < 2$ 上没有最大值，因为区间不是闭的；函数取值任意接近于 4，但是 4 这个值在区间里达不到。函数 $f(x)=4+1/x$ 在区间 $-1 \leqslant x \leqslant 1$ 上不是连续的，在该区间上没有最大值；当 x 从右侧趋于零，它变得任意大。最大值可以在区域的内部或者在边界点达到。它可以在区域内的一个点或者几个点达到。

如果对于 x^* 附近的所有 x 都有 $f(x^*) > f(x)$ ——也就是说，对某个 $\varepsilon > 0$，对于满足 $x^* - \varepsilon < x < x^* + \varepsilon$ 的所有 x——那么，x^* 被认为提供一个严格局部最大值。如果对于 f 定义域内的所有 x 都有 $f(x^*) > f(x)$，那么 x^* 给出一个严格全局最大值。局部和全局最小值可以类似定义。

假设 $f(x)$ 是二阶连续可微的，在 $a < x < b$ 上的 x^* 处达到最大值。由中值定理式 (2.2)，对于 x 和 x^* 之间的某个 $\bar{x}$，

$$f(x) - f(x^*) = f'(\bar{x})(x - x^*), \tag{1}$$

因为 x^* 最大化 f，所以式 (1) 的左侧一定是非正的，从而右侧也是非正的。因此，当 $x < x^*$ 时，$f' \geqslant 0$；当 $x > x^*$ 时，$f' \leqslant 0$。因为 f^* 是连续的，所以我们下结论说

$$f'(x^*) = 0。\tag{2}$$

而且，由 Taylor 定理式 (2.4)，对于 x 和 x^* 之间的某个 $\bar{x}$，

$$f(x) - f(x^*) - (x - x^*)f'(x^*) = (x - x^*)^2 f''(\bar{x})/2。\tag{3}$$

因为式 (2) 成立且 x^* 是最大化的，所以式 (3) 的左侧是非正的。这意味着

$$f''(x^*) \leqslant 0。\tag{4}$$

因此，条件式（2）和式（4）对于点 x^* 最大化在其定义域内部的二阶连续可微函数 $f(x)$ 是必要的。在局部最大化点，函数是平稳的，见式（2），且是局部凹的，见式（4）。

而且，如果 x^* 满足式（2）且对于 x^* 附近的所有 x，即 $x^*-\varepsilon<x<x^*+\varepsilon$，

$$f''(x)<0, \tag{5}$$

那么，由式（3）可知，$f(x^*)>f(x)$。因此，式（2）和式（5）是点 x^* 给出局部最大化的充分条件。

类似的论证表明，局部最大化的必要条件是式（2）和

$$f''(x^*)\geqslant 0。 \tag{6}$$

局部最小化的充分条件是式（2）和对于 x^* 附近的所有 x，

$$f''(x)>0。 \tag{7}$$

为了求出单变量函数的最大值，我们比较函数在局部最大化点的值和定义域边界点的值，如果有，然后选择最大的一个。如果函数在整个定义域内是严格凹的（全局严格凹），最大化的点将是唯一的。

在图 4.1 中，边界点 $x=g$ 最大化函数 $f(x)$ 在 $a\leqslant x\leqslant g$ 上的取值。点 b 和 d 是局部最大值点，满足式（2）和式（4）。点 c 和 e 是局部最小值点，满足式（2）和式（6）。

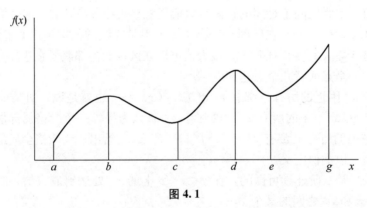

图 4.1

对于两变量二阶连续可微函数 $f(x, y)$，我们可以重复上面的论证。令 x^*，y^* 给出内部最大值。中值定理式（2.8）给出对于 x^*，y^* 和 x，y 之间的某个 $\bar{x}$，$\bar{y}$，

$$f(x, y)-f(x^*, y^*)=(x-x^*)f_x(\bar{x}, \bar{y})+(y-y^*)f_y(\bar{x}, \bar{y})。 \tag{8}$$

因为 x^*，y^* 是最大化的，所以左侧对于所有的 x，y 都是非正的。通过取 $y=y^*$，我们发现对于任意 x 而言，$x-x^*$ 和 f_x 一定有相反的符号，因此 $f_x=0$。类似地，$f_y=0$。于是，为了使 f 在 x^*，y^* 处平稳，

$$f_x(x^*,y)=0, \quad f_y(x^*,y^*)=0 \tag{9}$$

是必要的。

由 Taylor 展式（2.9），

动态优化——经济学和管理学中的变分法和最优控制（第二版）

$$f(x,y)-f(x^*,y^*)-hf_x(x^*,y^*)-kf_y(x^*,y^*)$$
$$=h^2f_{xx}/2+hkf_{xy}+k^2f_{yy}/2, \tag{10}$$

其中，$h=x-x^*$；$k=y-y^*$，右侧的二阶偏导数在 x，y 和 x^*，y^* 之间的某点处取值。但是，因为 x^*，y^* 是最大化的且式（9）成立，式（10）的左侧一定是非正的，因此右侧一定也是非正的。像式（3.6）到式（3.10）表明的那样，在 x^*，y^* 处

$$f_{xx}\leqslant 0, \quad \begin{vmatrix} f_{xx} & f_{xy} \\ f_{yx} & f_{yy} \end{vmatrix}=f_{xx}f_{yy}-f_{xy}^2\geqslant 0。 \tag{11}$$

于是，式（9）和式（11）分别局部平稳和局部凹，对于在 x^*，y^* 处的局部最大化是必要的。类似地，我们证明，局部平稳式（9）和局部凸，

$$f_{xx}\geqslant 0, \quad f_{xx}f_{yy}-f_{xy}^2\geqslant 0, \tag{12}$$

对于在 x^*，y^* 处的局部最小化是必要的。局部最优的充分条件是式（9）以及式（11）（最大化）或者式（12）（最小化）对于 x^*，y^* 附近的所有 x，y 成立的严格不等式。

为了求出函数 $f(x,y)$ 的最大值，我们比较在每个局部最大值点的值和区域边界上的值，然后选择最大的值。如果 $f(x,y)$ 在整个定义域内是严格凹的，那么局部最大值就是全局最大值。

例：最大化 $f(x,y)=xy+9y-x^2-y^3/12$。

计算

$$f_x=y-2x=0, \quad f_{xx}=-2, \quad f_{xy}=1,$$
$$f_y=x+9-y^2/4=0, \quad f_{yy}=-y/2,$$
$$|H|=\begin{vmatrix} -2 & 1。 \\ 1 & -y/2 \end{vmatrix}=y-1。$$

一阶条件在 $(1/2+(37/4)^{1/2}, 1+37^{1/2})$ 处和 $(1/2-(37/4)^{1/2}, 1-37^{1/2})$ 处是满足的。在第一个解处，$f_{xx}<0$ 且 $|H|>0$；因此它是局部最大化解。在第二个解处，$|H|<0$；因此它既不是局部最大化解，也不是局部最小化解。

表明 $x^*=[x_1^*, \cdots, x_n^*]$ 是否在定义域内部最大化二阶连续可微函数 $f(x_1, \cdots, x_n)$ 的方式很清楚，于是

$$f_i(x^*)=0, \quad i=1,\cdots,n。 \tag{13}$$

而且，取 $x=[x_1, \cdots, x_n]$ 和 $h_i=x_i-x_i^*$。那么，由 Taylor 定理，我们有

$$f(x)-f(x^*)-\sum_{i=1}^{n}h_if_i(x^*)=(1/2)\sum_{i=1}^{n}\sum_{j=1}^{n}h_ih_jf_{ij}, \tag{14}$$

其中右侧的二阶导数在 x 和 x^* 之间的某点处取值。由于 x^* 是最大化的且式（13）成立，因此右侧的二次项一定是非正的，也就是说，半负定。于是，f 的 Hessian 矩阵的主子式的符号一定交替变化，以负号开始（回顾式（3.15））。如果式（14）中的二次型在 x^* 处是负定的且式（13）成立，那么 x^* 给出局部最大值。

类似地，f 最小化的必要条件是平稳性式（13）和局部凸性，即 Hessian 矩阵半正定。Hessian 矩阵的正定性和平稳性是局部最小化的充分条件。

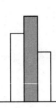

5. 等式约束最优化

一个满足约束的最大化问题为

$$\max f(x, y) \tag{1}$$

$$\text{s. t. } g(x, y) = b. \tag{2}$$

在满足约束式（2）的点 x，y 中寻找给出目标函数式（1）最大值的那一个。我们可以利用式（2）求解 x 的函数 y，然后把它代入式（1）得到一个关于单变量 x 的无约束问题。给定 $g_y(x_0, y_0) \neq 0$，原则上，我们可以在点 x_0，y_0 的邻域内局部这么做：

隐函数定理　如果 $g(x, y)$ 有连续的偏导数，且如果 $g(x_0, y_0) = 0$ 而 $g_y(x_0, y_0) \neq 0$，那么存在一个包含 x_0，y_0 的矩形区域 $x_1 \leqslant x \leqslant x_2$，$y_1 \leqslant y \leqslant y_2$，使得对于区间内的每一个 x，方程 $g(x, y) = 0$ 恰好决定 $y = G(x)$ 的一个值。而且，在这个区域里，$g(x, G(x)) = 0$。最后，$G(x)$ 是连续和可微的，而且

$$dy/dx = G'(x) = -g_x/g_y. \tag{3}$$

条件 $g_y \neq 0$ 避免被 0 除。利用式（2）解出 $y = G(x)$ 并把它代入式（1）可得到

$$\max f(x, G(x)). \tag{4}$$

如果 x^* 是式（4）的解，那么根据链式法则式（1.5），我们知道在 x^* 处，

$$f_x + f_y G' = 0. \tag{5}$$

把式（3）代入上式可得

$$f_x - f_y g_x/g_y = 0,$$

或者等价地，只要 $f_y \neq 0$，

动态优化——经济学和管理学中的变分法和最优控制（第二版）

$$f_x/f_y = g_x/g_y。 \tag{6}$$

在最优时，f 可达到的最大等高线刚好与约束关系 $g=b$ 相切（参见图 5.1）。

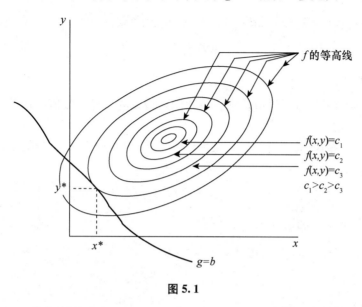

图 5.1

给定 $g_x \neq 0$，我们可以定义

$$\lambda = f_x/g_x。 \tag{7}$$

改写式（7），得

$$f_x - \lambda g_x = 0, \tag{8}$$

把式（7）代入式（6），得

$$f_y - \lambda g_y = 0。 \tag{9}$$

条件式（8）和式（9）与式（6）等价。它们也可以通过构造式（1）和式（2）的**拉格朗日函数**得到，即，

$$L(x,y,\lambda) = f(x,y) + \lambda[b - g(x,y)], \tag{10}$$

取式（10）的偏导数等于 0，

$$\begin{aligned} L_x &= f_x - \lambda g_x = 0, \\ L_y &= f_y - \lambda g_y = 0, \\ L_\lambda &= b - g(x,y) = 0。 \end{aligned} \tag{11}$$

如果 $g_x = g_y = 0$ 不都成立，那么式（1）和式（2）的解 (x, y, λ) 满足三个方程 (11)。当然，式（11）也是最小化的必要条件。与式（6）相比，式（10）和式（11）有两个好处。首先，式（10）和式（11）很容易以对称的形式推广至涉及多个变量和可能存在多个约束的问题。其次，拉格朗日乘子有一个有用的解释。

为了推演这个解释，令 $V(b)$ 为式（1）中的最大值。由于在最优点处约束是满足的，我们可以记

$$V(b)=f(x,y)+\lambda[b-g(x,y)], \text{ 在 } x=x^*(b),y=y^*(b) \text{ 处。}$$

关于 b 求导数，利用链式法则，得

$$V'(b)=(f_x-\lambda g_x)dx/db+(f_y-\lambda g_y)dy/db+\lambda。$$

但是，因为 x^*，y^* 满足式（11），上式简化为

$$V'(b)=\lambda。 \tag{12}$$

因此，乘子 λ 是约束的边际价值。它告诉我们，最大的目标函数值以何种速率随着约束右侧的变化而变化。

问题式（1）和式（2）解的二阶条件可以由式（4）和式（5）推导出来。在最大值点，式（4）关于 x 的二阶导数是非正的。因此，

$$d(f_x+f_yG')/dx=f_{xx}+2f_{xy}G'+f_yG''+f_{yy}(G')^2\leqslant0。$$

代入式（3）中的 G'，两边同乘 g_y^2，可得

$$g_y^2f_{xx}-2f_{xy}g_xg_y+f_{yy}g_x^2+g_y^2f_yG''\leqslant0。$$

代入

$$
\begin{aligned}
G''(x)=dG'/dx&=d(-g_x/g_y)/dx\\
&=-\{g_y[g_{xx}+g_{xy}G'(x)]-g_x(g_{yx}+g_{yy}G')\}/g_y^2,
\end{aligned}
$$

并利用 $G'=-f_x/f_y$，最后得

$$g_y^2f_{xx}-2f_{xy}g_xg_y+f_{yy}g_x^2+2f_yg_xg_{xy}-f_xg_xg_{yy}-f_yg_yg_{xx}\leqslant0 \tag{13}$$

作为式（1）和式（2）的最优解 (x^*,y^*) 满足的二阶必要条件。如果 (x^*,y^*) 以严格不等式满足式（6）和式（13），(x^*,y^*) 就给出了局部最大值。如果 g 是线性函数，那么，给定 f 是凹函数，式（13）将会满足。对于最小化问题，式（13）的不等号反过来。最后，通过求行列式的值并利用式（7）到式（10），我们可以确定式（13）等价于

$$
\begin{vmatrix}
L_{xx} & L_{xy} & g_x \\
L_{yx} & L_{yy} & g_y \\
g_x & g_y & 0
\end{vmatrix}\geqslant0。 \tag{13'}
$$

为了求解带 n 个变量和 m 个约束的问题

$$\max f(x_1,\cdots,x_n) \tag{14}$$
$$\text{s. t. } g_i(x_1,\cdots,x_n)=b_i,\quad i=1,\cdots,m, \tag{15}$$

其中，$m<n$ 且 f，g_1，$\cdots$，g_m 都是二阶连续可微的，我们把一个拉格朗日乘子 λ_i 与式（15）的第 i 个约束联系起来，构造拉格朗日函数

$$L(x_1,\cdots,x_n,\lambda_1,\cdots,\lambda_m)=f(x)+\sum_{i=1}^{m}\lambda_i[b_i-g_i(x)]。 \tag{16}$$

令 L 关于每一个分量的偏导数等于零

动态优化——经济学和管理学中的变分法和最优控制（第二版）

$$\partial L/\partial x_j = \partial f/\partial x_j - \sum_{i=1}^{m}\lambda_i\partial g_i/\partial x_j = 0, \quad j=1,\cdots,n, \tag{17}$$

$$\partial L/\partial\lambda_i = b_i - g_i = 0, \quad i=1,\cdots,m。 \tag{18}$$

最后，利用 $n+m$ 个方程（17）和（18）求解 x_1，$\cdots$，x_n，λ_1，$\cdots$，λ_m。在式（17）和式（18）的解集中求最大值点。

定理 1 令 f，g_1，$\cdots$，g_m 为 $\boldsymbol{x}=[x_1,\cdots,x_n]$ 的二阶连续可微函数。如果存在向量 $\boldsymbol{x}^*=[x_1^*,\cdots,x_n^*]$ 和 $\boldsymbol{\lambda}^*=[\lambda_1^*,\cdots,\lambda_m^*]$ 满足式（17）和式（18），并且如果

$$\sum_{j=1}^{n}\sum_{i=1}^{n}h_ih_j\partial^2 L(x^*,\lambda^*)/\partial x_i\partial x_j < 0 \tag{19}$$

对于每个非零向量 $[h_1,\cdots,h_n]$ 满足

$$\sum_{j=1}^{n}h_j\partial g_i(\boldsymbol{x}^*)/\partial x_j = 0, \quad i=1,\cdots,m, \tag{20}$$

那么 f 在 $\boldsymbol{x}^*$ 处有一个满足式（15）的严格局部最大值。如果式（19）中的不等式反向，那么 f 有严格局部最小值。

如果 f 是严格凹的且每个 g_i 是线性的，那么满足式（17）和式（18）的任意点 x^* 都会满足式（19）到式（20）。在这种特殊情况下，式（17）和式（18）的解就是式（14）和式（15）的解。

对于更一般的情形，拉格朗日函数的 Hessian 矩阵负定条件式（19）满足线性约束式（20），可以如下等价地陈述。假设 **Jacobian 矩阵**

$$[\partial g_i/\partial x_j], \quad i=1,\cdots,m, \quad j=1,\cdots,n \tag{21}$$

有秩 m 且假定变量被标号以使得式（21）的前 m 行的子矩阵有秩 m。那么，对于 $k=m+1,\cdots,n$，条件式（19）和式（20）可以被在 x^* 处加边 Hessian 矩阵的行列式

$$(-1)^k\begin{vmatrix} \partial^2 L/\partial x_1^2 & \cdots & \partial^2 L/\partial x_1\partial x_k & \partial g_1/\partial x_1 & \cdots & \partial g_m/\partial x_1 \\ \vdots & & \vdots & \vdots & & \vdots \\ \partial^2 L/\partial x_k\partial x_1 & \cdots & \partial^2 L/\partial x_k^2 & \partial g_1/\partial x_k & \cdots & \partial g_m/\partial x_k \\ \partial g_1/\partial x_1 & \cdots & \partial g_1/\partial x_k & 0 & \cdots & 0 \\ \vdots & & \vdots & \vdots & & \vdots \\ \partial g_m/\partial x_1 & \cdots & \partial g_m/\partial x_k & 0 & \cdots & 0 \end{vmatrix} > 0 \tag{22}$$

的要求所代替。对于局部最小化，$(-1)^k$ 被 $(-1)^m$ 所代替。

乘子 λ_j 保留作为相关约束边际价值的解释。因此，定义 V，利用

$$V(b_1,\cdots,b_m) = \max f(x_1,\cdots,x_n),满足式（15）, \tag{23}$$

像以前一样，可以证明，

$$\lambda_i = \partial V/\partial b_i, \quad i=1,\cdots,m。 \tag{24}$$

附录 A　微积分和非线性规划

例:

$$\max 2x + y$$
$$\text{s. t. } x^2 + y^2 = 4 \text{。}$$

拉格朗日函数是

$$L = 2x + y + \lambda(4 - x^2 - y^2),$$

因此,

$$L_x = 2 - 2\lambda x = 0,$$
$$L_y = 1 - 2\lambda y = 0,$$
$$L_\lambda = 4 - x^2 - y^2 = 0 \text{。}$$

这些方程被

$$(x_1, y_1, \lambda_1) = (4/5^{1/2}, 2/5^{1/2}, 5^{1/2}/4)$$

和

$$(x_2, y_2, \lambda_2) = -(x_1, y_1, \lambda_1)$$

所满足。对于二阶条件,$m = 1$,$k = n = 2$,加边 Hessian 矩阵的行列式为

$$\begin{vmatrix} L_{xx} & L_{xy} & g_x \\ L_{yx} & L_{yy} & g_y \\ g_x & g_y & 0 \end{vmatrix} = \begin{vmatrix} -2\lambda & 0 & 2x \\ 0 & -2\lambda & 2y \\ 2x & 2y & 0 \end{vmatrix} = 8\lambda(x^2 + y^2),$$

它与 λ 的符号相同。在第一个均衡点它是正的,在第二个均衡点是负的,因此,第一个解给出了局部最大值,第二个解给出了局部最小值。

最后,我们注意一个不需要做特殊正规假设的更一般的定理。

定理 2　令 f 和 g_i,$i = 1$,…,m 是 $\boldsymbol{x} = (x_1, \cdots, x_n)$ 的连续可微函数。如果 $\boldsymbol{x}^*$ 是 f 的满足式 (15) 的在 $\boldsymbol{x}^*$ 邻域内所有点 $\boldsymbol{x}$ 处的局部最大值点或者局部最小值点,那么存在 $m + 1$ 个不全为零的实数,使得

$$\lambda_0 \partial f(\boldsymbol{x}^*)/\partial x_j - \sum_{i=1}^{m} \lambda_i \partial g_i(\boldsymbol{x}^*)/\partial x_j = 0, \quad j = 1, \cdots, n \text{。} \tag{25}$$

如果 $\boldsymbol{x}^*$ 是局部最大值点,那么通过把列 $\partial f/\partial x_j$,$j = 1$,…,n 加至式 (21) 得到了扩展的 Jacobian 矩阵的秩在 $\boldsymbol{x}^*$ 处小于 $m + 1$。而且,如果扩展的矩阵在 $\boldsymbol{x}^*$ 处与式 (21) 有相同的秩,那么 $\lambda_0 \neq 0$,我们可以取 $\lambda_0 = 1$。如果扩展的矩阵有比式 (21) 更大的秩,那么 $\lambda_0 = 0$。如果可行区域仅是一个点,这就能发生。例如,

$$\max x + y$$
$$\text{s. t. } x^2 + y^2 = 0$$

有拉格朗日函数

$$L = \lambda_0(x + y) - \lambda_1(x^2 + y^2) \text{。}$$

方程

$$L_x = \lambda_0 - 2\lambda_1 x = 0,$$
$$L_y = \lambda_0 - 2\lambda_1 y = 0,$$
$$L_{\lambda_1} = -(x^2 + y^2) = 0$$

有解 $\lambda_0 = x = y = 0$。$\lambda_0 = 1$ 时，它们无解。

■ 进一步阅读

处理满足等式约束最优化的教材有 Avriel（Chapter 2），Hadley（Chapter 3）和 Silberberg（1990）（Chapter 6）。

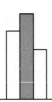

6. 不等式约束最优化

在问题

$$\max f(x,y) \tag{1}$$
$$\text{s. t. } g(x,y) \leqslant b \tag{2}$$

的解处，约束式（2）可能不是紧的；也就是说，它可以严格不等式成立。那么，我们知道条件式（4.9）成立。另外，约束可以是紧的，即在最大化处以等式成立。在这种情况下，我们期望式（5.6）或者式（5.11）成立。下面，这些条件都将被详细解释。把乘子 λ 与式（2）结合起来，构造拉格朗日函数

$$L(x,y,\lambda) = f(x,y) + \lambda[b - g(x,y)], \tag{3}$$

并求导

$$L_x = f_x - \lambda g_x = 0, \tag{4}$$
$$L_y = f_y - \lambda g_y = 0, \tag{5}$$
$$L_\lambda = b - g \geqslant 0, \quad \lambda \geqslant 0, \quad \lambda(b-g) = 0。 \tag{6}$$

条件式（4）到式（6）对于式（1）和式（2）的解是必要的。新条件是式（6）。第一部分重述式（2）。λ 的非负性表明了增加 b 扩大了可行区域进而不会减少可获得的最大值的事实。式（6）的第三部分表明要么乘子等于零，要么约束是紧的。

如果约束不是紧的，那么 $b > g$，于是 $\lambda = 0$，进而式（4）和式（5）简化为第 4 节的类似要求。约束的边际价值等于零，因为它对最优没有影响。如果约束是紧的，式（4）到式（6）就复制了第 5 节的要求。

例：

$$\max x^2 + y^2$$

动态优化——经济学和管理学中的变分法和最优控制（第二版）

s. t. $2x^2+y^2\leqslant 4$。

拉格朗日函数是

$$L(x,y,\lambda)=x^2+y^2+\lambda(4-2x^2-y^2)。$$

必要条件

$$2x-4\lambda x=0,$$
$$2y-2\lambda y=0,$$
$$2x^2+y^2\leqslant 4,\quad \lambda\geqslant 0,\quad \lambda(4-2x^2-y^2)=0$$

被如下点：

$$(x,y,\lambda):(0,0,0),(\pm 2^{1/2},0,1/2),(0,\pm 2,1)$$

满足。目标函数的最大值，即 4，在最后一对点处达到。

变量的非负性要求引发了必要条件的修正。如果问题

$$\max f(x) \tag{7}$$
$$\text{s. t. } x\geqslant 0$$

的解 x^* 在 $x^*>0$ 处发生，那么第 4 节的条件适用。然而，如果最大化在边界 $x^*=0$ 处发生，那么函数一定是递减的或者在 $x=0$ 处平稳。于是，式（7）和式（8）的必要条件为（见图 6.1）

$$f'(x)\leqslant 0,\quad x\geqslant 0,\quad xf'(x)=0。 \tag{9}$$

利用式（1）到式（6）和 $g=-x$，$b=0$，也可以求出这些条件。

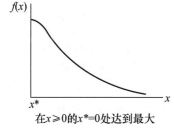
在 $x\geqslant 0$ 的 $x^*=0$ 处达到最大

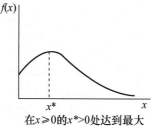
在 $x\geqslant 0$ 的 $x^*>0$ 处达到最大

图 6.1

把非负性条件

$$x\geqslant 0,\quad y\geqslant 0 \tag{10}$$

加至问题式（1）和式（2）导出必要条件

$$f_x-\lambda g_x\leqslant 0,\quad x\geqslant 0,\quad x(f_x-\lambda g_x)=0,$$
$$f_y-\lambda g_y\leqslant 0,\quad y\geqslant 0,\quad y(f_y-\lambda g_y)=0,$$
$$b-g\geqslant 0,\quad \lambda\geqslant 0,\quad \lambda(f-g)=0。 \tag{11}$$

例：

$$\max x^2+y^2$$

s. t. $2x^2 + y^2 \leqslant 4$，$x \geqslant 0$，$y \geqslant 0$。

必要条件

$$2x - 4\lambda x \leqslant 0, \quad x \geqslant 0, \quad x(2x - 4\lambda x) = 0,$$
$$2y - 2\lambda y \leqslant 0, \quad y \geqslant 0, \quad y(2y - 2\lambda y) = 0,$$
$$2x^2 + y^2 \leqslant 4, \quad \lambda \geqslant 0, \quad \lambda(4 - 2x^2 - y^2) = 0$$

被 $(0，0，0)$ 和 $(2^{1/2}，0，1/2)$，以及最优解 $(0，2，1)$ 满足。

$$\max f(x_1, \cdots, x_n) \tag{12}$$
$$\text{s. t. } g_i(x_1, \cdots, x_n) \leqslant b_i, \quad i = 1, \cdots, m \tag{13}$$

的解的必要条件称为 Kuhn-Tucker 条件，其中，f，g_i，$\cdots$，g_m 是连续可微的。在正规条件下，如果 $\boldsymbol{x}^* = [x_1, \cdots, x_n]$ 是式（12）和式（13）的解，那么存在一个向量 $\boldsymbol{\lambda}^* = [\lambda_1, \cdots, \lambda_m]$，使得令

$$L(\boldsymbol{x}, \boldsymbol{\lambda}) = f + \sum_{i=1}^m \lambda_i (b_i - g_i), \tag{14}$$

$\boldsymbol{x}^*$，$\boldsymbol{\lambda}^*$ 满足

$$\partial L / \partial x_j = \partial f / \partial x_j - \sum_{i=1}^m \lambda_i \partial g_i / \partial x_j = 0, \quad j = 1, \cdots, n, \tag{15}$$

$$\partial L / \partial \lambda_i = b_i - g_i \geqslant 0,$$
$$\lambda_i \geqslant 0, \quad \lambda_i (b_i - g_i) = 0, \quad i = 1, \cdots, m。 \tag{16}$$

如果要求 $x_j \geqslant 0$，那么式（15）的第 j 行被

$$\partial L / \partial x_j \leqslant 0, \quad x_j \geqslant 0, \quad x_j \partial L / \partial x_j = 0 \tag{15'}$$

所代替。

如果 f 是凹的且每个 g_i 是凸的，那么必要条件式（15）和式（16）也是充分的，式（15）和式（16）的解是式（12）和式（13）的解。

上面提到的正规条件也称为**约束条件**。关于必需的约束条件，有一些提法。令 $I(\boldsymbol{x}^*)$ 为在 $\boldsymbol{x}^*$ 处紧的约束指标集：

$$I(\boldsymbol{x}^*) = \{i : g_i(\boldsymbol{x}^*) = b_i\}。 \tag{17}$$

第一个约束条件是积极约束 $g_i(\boldsymbol{x}^*)$，$i \in I(\boldsymbol{x}^*)$ 的偏导数矩阵是满秩的。第二个约束条件是所有的约束函数 g 是凸的且约束集有非空内部。下面推导第三个。

对于从 $\boldsymbol{x}^*$ 到 $\boldsymbol{x}^* + \boldsymbol{h}$ 的微小修正，其中 $\boldsymbol{h}$ 的绝对值很小，非积极约束将仍满足。如果 $\boldsymbol{x}^* + \boldsymbol{h}$ 是可行的，我们一定有

$$g_i(\boldsymbol{x}^* + \boldsymbol{h}) \leqslant b_i, \quad i \in I(\boldsymbol{x}^*)。$$

在 $\boldsymbol{x}^*$ 附近 Taylor 展开：

$$g_i(\boldsymbol{x}^* + \boldsymbol{h}) = g_i(\boldsymbol{x}^*) + \sum_{j=1}^n [\partial g_i(\boldsymbol{x}^*) / \partial x_j] h_j + R_2 \leqslant b_i。$$

忽略余项并回顾 $g_i(\boldsymbol{x}^*)=b_i$，对于所有可行修正 $\boldsymbol{h}$，这变为

$$\sum_{j=1}^{n}[\partial g_i(\boldsymbol{x}^*)/\partial x_j]h_j \leqslant 0, \quad i \in I(\boldsymbol{x}^*)\text{。} \tag{18}$$

结果是，对于不可行修正，式（18）也可以满足，以防正规条件不满足。例如，如果约束是

$$g_1(x_1,x_2)=-x_1 \leqslant 0,$$
$$g_2(x_1,x_2)=-x_2 \leqslant 0,$$
$$g_3(x_1,x_2)=-(1-x_1)^3+x_2 \leqslant 0,$$

那么，在（1，0）处，第二和第三个约束是紧的。条件式（18）变为

$$0h_1-1h_2 \leqslant 0,$$
$$0h_1+h_2 \leqslant 0,$$

它也被 $\boldsymbol{h}=(a,0)$ 满足，其中 $a>0$。但是，对于任意 $a>0$，$\boldsymbol{x}^*+\boldsymbol{h}=(1+a,0)$ 是不可行的（见图 6.2）。约束条件排除了这样一个尖点。它表明不存在满足式（18）和提高目标函数值的向量 $\boldsymbol{h}$，也就是说，满足式（18），也满足

$$\sum_{j=1}^{n}h_j\partial f(\boldsymbol{x}^*)/\partial x_j > 0\text{。} \tag{19}$$

满足式（18）和式（19）的 $\boldsymbol{h}$ 的不存在性被称为**约束条件**，它由上面提到的其他两个约束条件来保证。

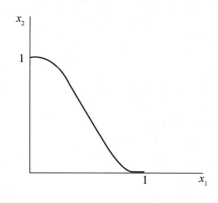

图 6.2

利用 Farkas 引理，可以证明 Kuhn-Tucker 定理。

Farkas 引理 令 $\boldsymbol{q}=[q_1,\cdots,q_n]$ 和 $\boldsymbol{x}=[x_1,\cdots,x_n]$ 为 n 维向量，$\boldsymbol{A}$ 代表一个 $m\times n$ 矩阵：

$$\boldsymbol{A}=\begin{bmatrix} a_{11} & a_{12} & \cdots & a_{1n} \\ a_{21} & a_{22} & \cdots & a_{2n} \\ \vdots & \vdots & & \vdots \\ a_{m1} & a_{m2} & \cdots & a_{mn} \end{bmatrix}\text{。}$$

那么，表述

(i)"对于所有满足 $Ax \geqslant 0$ 的 x，都有 $q \cdot x \leqslant 0$"

等价于表述

(ii)"存在一个 m 维向量 $v = [v_1, \cdots, v_m] \geqslant 0$，使得 $vA + q = 0$"。

关于 Farkas 引理的这两个表述可以被等价地写为

(i) 对于满足

$$\sum_{j=1}^{n} a_{ij}x_j \geqslant 0, \quad i = 1, \cdots, m$$

的所有 $[x_1, \cdots, x_n]$，都有 $\sum_{j=1}^{n} q_j x_j \leqslant 0$，

和

(ii) 存在 $v_i \geqslant 0$，$i = 1, \cdots, m$，使得

$$\sum_{i=1}^{m} v_i a_{ij} + q_j = 0, \quad j = 1, \cdots, n。$$

这个结论的一个证明利用了线性规划的对偶理论。考虑线性规划问题：

$$\max \sum_{j=1}^{n} q_j x_j$$

$$\text{s. t.} \sum_{j=1}^{n} a_{ij} x_j \geqslant 0, \quad i = 1, \cdots, m。$$

对偶线性规划为

$$\min \sum_{i=1}^{m} 0 v_i$$

$$\text{s. t.} -\sum_{i=1}^{m} v_i a_{ij} = q_j, \quad j = 1, \cdots, n, \quad v_i \geqslant 0, \quad i = 1, \cdots, m。$$

如果陈述（i）成立，对于所有可行的 $[x_1, \cdots, x_n]$，最大化问题的目标是非正的。能够达到的最大值是零，而且它一定可以达到，如果 $x_j = 0$，$j = 1, \cdots, n$。那么，对偶理论确保最小化问题也有一个解，值为零。这样，最小化问题的约束能够被满足。进而，这意味着陈述（ii）也满足。

反过来，假设陈述（ii）满足。那么最小化问题有一个可行解（值为零）。由对偶可知，最大化问题也有一个值为零的可行解。最终，这意味着陈述（i）成立。因此，我们有

Kuhn-Tucker 定理 如果 $f, g_1, \cdots, g_m$ 都是可微的且 x^* 是局部最大化的，那么存在乘子 $\lambda = [\lambda_1, \cdots, \lambda_m]$，使得 x^*，λ 满足式（15）和式（16），前提是不存在满足式（18）和式（19）的 h。

证明：因为不存在满足式（18）和式（19）的 h，所以对于所有满足

$$\sum_{j=1}^{n} h_j \partial g_i(x^*) / \partial x_j \leqslant 0, \quad i \in I(x^*)$$

的 $\boldsymbol{h}$，我们一定有

$$\sum_{j=1}^{n} h_j \partial f(\boldsymbol{x}^*) / \partial x_j \leqslant 0。$$

在 Farkas 引理的（i）部分，我们把 h_j，$\partial f(\boldsymbol{x}^*)/\partial x_j$ 和 $\partial g_i(\boldsymbol{x}^*)/\partial x_j$ 分别与 x_j，q_j 和 a_{ij} 对应起来。那么，把 λ_i 与 v_i 对应起来，Farkas 引理的（ii）部分说明存在 $\lambda_i \geqslant 0$，$i \in I(\boldsymbol{x}^*)$，使得

$$\sum_{i \in I} \lambda_i \partial g_i(\boldsymbol{x}^*) / \partial x_j + \partial f(\boldsymbol{x}^*) / \partial x_j = 0，\quad j = 1,\cdots,n。$$

对于 $i \notin I(\boldsymbol{x}^*)$，令 $\lambda_i = 0$。那么，我们有式（15）和式（16）。

没有正则条件，我们有下述结论。

Fritz John 定理 假定 f，g_1，$\cdots$，g_m 是连续可微的。如果 $\boldsymbol{x}^*$ 是式（12）和式（13）的解，那么存在向量 $\boldsymbol{\lambda}^* = [\lambda_0^*，\lambda_1^*，\cdots，\lambda_m^*]$ 使得 $\boldsymbol{x}^*$，$\boldsymbol{\lambda}^*$ 满足

$$\lambda_0 \partial f / \partial x_j - \sum_{i=1}^{m} \lambda_i \partial g_i / \partial x_j = 0,$$
$$\lambda \neq 0,\quad \lambda \geqslant 0,\quad \lambda_i(b - g_i) = 0,\quad i = 1,\cdots,m。$$

▌进一步阅读

讨论约束优化的教材有 Avriel（Chapter 3），Hadley（Chapter 6），Lasdon（Chapter 1），Zangwill（Chapter 2）和 Silberberg（1990）（Chapter 14）。

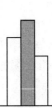

7. 线积分和 Green 定理

令 C 代表 x—y 平面上的一条曲线；如果 C 可以参数化地表示为

$$x=x(t), \quad y=y(t), \quad a\leqslant t\leqslant b,$$

其中，x 和 y 在 $a\leqslant t\leqslant b$ 上是连续可微的，它就被认为是光滑的。取 A 为点 $(x(a)$，$y(a))$，取 B 为点 $(x(b)$，$y(b))$。C 的走向是从 A 到 B 的方向（见图 7.1）。如果 A 和 B 重合但是曲线不会在其他地方自交，那么 C 是一条简单的闭曲线。

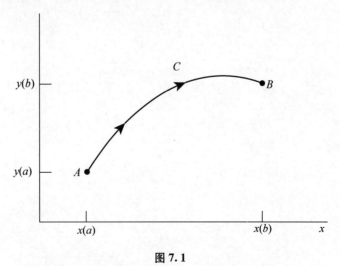

图 7.1

令 $F(x, y)$ 为定义在 C 上所有 (x, y) 的函数。那么，F 沿着 C 关于 x 的线积分定义为

$$\int_C F(x,y)dx = \lim_{n\to\infty}\sum_{i=1}^{n}F(x(t_i),y(t_i))\big[x(t_i)-x(t_{i-1})\big],$$

给定当 $x(t-1)\to x(t)$ 时极限存在，其中，$a=t_1<t_2<\cdots<t_{n-1}<t_n=b$，它可以利用普通积分求值

$$\int_C F(x,y)dx = \int_a^b F(x(t),y(t))x'(t)dt。 \tag{1}$$

类似地，F 沿着 C 关于 y 的线积分定义为

$$\int_C F(x,y)dy = \lim_{n\to\infty}\sum_{i=1}^{n}F(x(t_i),y(t_i))\big[y(t_i)-y(t_{i-1})\big]$$
$$= \int_a^b F(x(t),y(t))y'(t)dt \tag{2}$$

颠倒 C 的走向改变积分符号，因为它使得相应的普通积分颠倒了积分上下限。

例 令 C 为由 $x=3t^2$，$y=2t$，$0\leqslant t\leqslant 1$ 参数化表示的抛物线，指向 t 增加的方向。那么，因为 $x'(t)=6t$ 和 $y'(t)=2$，我们有线积分

$$\int_C x^2 y dx = \int_0^1 (3t^2)^2 2t6t dt = 108/7,$$
$$\int_C x^2 y dy = \int_0^1 (3t^2)^2 2t2 dt = 6。$$

表达式

$$\int_C F(x,y)dx + G(x,y)dy$$

表明

$$\int_C F(x,y)dx + \int_C G(x,y)dy 。$$

因此，例如，

$$\int_C x^2 y dx + x^2 y dy = 108/7 + 6。$$

在 $y(t)=t$ 的特例中，我们有 $y'(t)=1$，以致

$$\int_C G(x,t)dt = \int_a^b G(x(t),t)dt,$$

和

$$\int_C F(x,t)dx + G(x,t)dt = \int_a^b[F(x,t)x' + G(x,t)]dt 。 \tag{3}$$

一个重要定理，即 Green 定理，解释了一条闭曲线上的线积分如何能够用一个普通的重积分来求值。

Green 定理 令 R 为 x—y 平面上的有界闭区域，它的边界 C 由有限个不相交的简单光滑闭曲线组成。令 $F(x,y)$ 和 $G(x,y)$ 在 R 上有连续的一阶偏导数。令 C 的走

向为当我们沿着 C 向正方向前进时区域在左侧。那么，

$$\oint_C Fdx + Gdy = \iint_R (\partial G/\partial x - \partial F/\partial y)dxdy。 \tag{4}$$

左侧积分符号的方向表明了线积分在闭曲线上的走向。右侧表达式是在区域 R 上的普通二重积分。

例：区域 R 的面积可以写为下面三个线积分中的任何一个：

$$\int_C -ydx = \int_C xdy = (1/2)\left[\int_C -ydx + xdy\right]。$$

为了验证第三个表达式，例如，注意 $F = -y$，$G = x$，因此，$\partial G/\partial x = 1$，$\partial F/\partial y = -1$。因此，

$$(1/2)\left[\int_C -ydx + xdy\right] = (1/2)\iint_R [1-(-1)]dxdy = \iint_R dxdy。$$

附录 B

微分方程

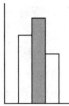

1. 引　言

代数方程的解是满足方程的数或数集。二次方程 $t^2-8t+15=0$ 的解是数 3 和 5，因为它们满足这个方程。

另一方面，微分方程的解是函数。求解一个微分方程意味着寻找一个函数和它的导数满足给定的方程。例如，微分方程

$$y'(t)=dy/dt=4 \tag{1}$$

的解是函数 $y(t)$，它的导数等于 4，也就是线性函数 $y(t)=a+4t$，其中 a 是任意常数。方程

$$y''(t)=d^2y/dt^2=2 \tag{2}$$

的解是函数 $y(t)$，它的二阶导数是 2，也就是形如

$$y(t)=a+bt+t^2$$

的函数，其中 a 和 b 是常数。

$$d^2y/dt^2=dy/dt \quad 或者 \quad y''(t)=y'(t) \tag{3}$$

的解是函数 $y(t)$，它的第一和第二阶导数相等，也就是形如

$$y(t)=be^t+a$$

的方程，通过计算导数可以确定。

微分方程进一步的例子是

$$yy'=t, \tag{4}$$

$$(y'')^3+y''(y')^4-t^7y=\sin t, \tag{5}$$

其中 $y=y(t)$，$y'=y'(t)$，等等。微分方程的**解**是函数 $y(t)$，并且其与它的导数满足微分方程。**通解**是微分方程所有解的集合。通过为积分常数赋值，可以得到**特解**。因此，$y(t)=a+2t$ 是式（1）的通解，而 $y(t)=2t$ 和 $y(t)=-3+2t$ 是特解。有时我们会寻找通过一个给定点的特解。

微分方程可以根据它们中出现的最高阶导数进行分类。这被称为它们的**阶数**。式（1）和式（4）是一阶的，而式（2）、式（3）和式（5）是二阶的。如果未知函数 $y(t)$ 和它的导数仅出现一次幂，微分方程被称为**线性**的。否则，方程是**非线性**的。因此，式（1）到式（3）是线性微分方程，而式（4）和式（5）是非线性的。

如果微分方程可以写为仅依赖于 y 的项和仅依赖于 t 的项的方程，那么它可以用**分离变量法**求解。例如，微分方程 $g(y)y'=f(t)$（其中 f 仅依赖于 t 且 g 仅依赖于 y）可以写为

$$g(y)dy=f(t)dt,$$

因为 $y'=dy/dt$。现在变量分离了，它的解为

$$\int g(y)dy = \int f(t)dt+c,$$

其中，c 是任意常数。

例 1 $y'=dy/dt=t^2$ 可以正式地写为 $dy=t^2dt$。因为左侧仅依赖于 y 而右侧仅依赖于 t，所以变量已经分离了。积分得 $y=t^3/3+c$。

例 2 $y'=aty$ 可以改写为 $dy/y=atdt$。左侧仅依赖于 y 而右侧仅依赖于 t。积分得 $\ln y=at^2/2+c$，或者，等价地，$y=e^{c+at^2/2}$ 是所求的解。

微分方程

$$f(t,y)+g(t,y)dy/dt=0$$

或者，等价地，如果存在某个函数 $U(t,y)$ 使得

$$dU\equiv U_tdt+U_ydy\equiv fdt+gdy,$$

则

$$f(t,y)dt+g(t,y)dy=0$$

被称为是**恰当**的。

因此，如果微分方程恰好是某个函数的全微分，那么它是恰当的。恰当微分方程

$$dU=0$$

有解

$$U(t,y)=c。$$

例 3 微分方程 $t^2y'+2ty=0$ 可以写为 $t^2dy+2tydt=0$，它等价于 $d(t^2y)=0$。（通过求导确认此论断：$d(t^2y)=2tydt+t^2dy$。）积分得 $t^2y=c$，因此，

$$y=c/t^2。$$

动态优化——经济学和管理学中的变分法和最优控制（第二版）

例 4 微分方程 $(1+2ty)y'+y^2=0$ 可以写为 $(1+2yt)dy+y^2dt=0$，它等价于 $d(ty^2+y)=0$。解是 $ty^2+y=c$，它是 y 作为 t 的函数的隐含方程。

练 习

求解 $yy'=t^2$。（答案：$y^2=2t^3/3+c$。）

进一步阅读

有许多关于微分方程的经典教材，诸如 Coddington 和 Levinson，Ince，Kaplan，Pontryagin 和 Sanchez 等写的教材。

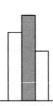

2. 一阶线性微分方程

常系数

带常系数的一阶线性微分方程形如

$$y'(t) + Py(t) = Q, \tag{1}$$

其中，P 和 Q 是给定的常数。为了求满足式（1）的函数 $y(t)$，注意

$$d(e^{Pt}y(t))/dt = Pe^{Pt}y(t) + e^{Pt}y'(t) = e^{Pt}[y'(t) + Py(t)]。$$

因此，如果方程（1）被 e^{Pt} 乘，左侧将是**恰当微分**，即某个函数关于 t 的全微分。两边乘以 dt 得

$$d(e^{Pt}y) = Qe^{Pt}dt,$$

它可以被积分为

$$e^{Pt}y = e^{Pt}Q/P + c,$$

其中 c 是积分常数。乘以 e^{-Pt} 得

$$y(t) = Q/P + ce^{-Pt}, \tag{2}$$

其为满足微分方程（1）的函数族。它被称为式（1）的通解。

为了确定 c，我们需要 y 在某点的函数值。例如，如果要求 $y(0) = y_0$，那么在 $t = 0$ 处求式（2）的值得 $y_0 = Q/P + c$，因此，$c = y_0 - Q/P$。满足的式（1）的解为

$$y(t) = y_0 e^{-Pt} + (1 - e^{-Pt})Q/P。 \tag{3}$$

总之，求解带常系数的一阶线性微分方程（1）的步骤是两边乘以**积分因子** e^{Pt} 并积分。利用在某点的函数值求出积分常数。使用的点被称为**初始条件**或者**边界条件**。

■ 变化的右侧

如果式（1）的右侧不是常数，而是 t 的一个已知函数，步骤将是类似的。例如，给定

$$y'(t) + Py(t) = ae^{bt}, \tag{4}$$

用积分因子 e^{Pt} 相乘并分离变量：

$$d(e^{Pt}y(t)) = ae^{(b+P)t}dt。$$

积分：

$$e^{Pt}y(t) = ae^{(b+P)t}/(b+P) + c。$$

因此，

$$y(t) = ae^{bt}/(b+P) + ce^{-Pt} \tag{5}$$

是满足式（4）的函数族。再次，c 可以用边界条件确定。

■ 变系数

一阶线性微分方程的一般形式是

$$y'(t) + P(t)y(t) = Q(t), \tag{6}$$

其中，$P(t)$ 和 $Q(t)$ 是给定的函数，需要求函数 $y(t)$。积分因子是 $e^{\int Pdt}$，因为回顾 $\left(d\left(\int Pdt\right)/dt = P\right)$

$$d(y(t)e^{\int Pdt})/dt = e^{\int Pdt}\left[y'(t) + P(t)y(t)\right]。$$

因此，用积分因子 $e^{\int Pdt}$ 乘以式（6）并积分得

$$ye^{\int Pdt} = \int Q(t)e^{\int Pdt}dt + c,$$

或者最终得

$$y = e^{-\int Pdt}\int Q(t)e^{\int Pdt}dt + ce^{-\int Pdt}, \tag{7}$$

其中 c 是积分常数。这是式（6）的通解。通过设定常数 c 的值，可以得到特解。

如果面对形如式（6）的微分方程，我们不应当直接利用公式（7）。而应当沿用上面给出的获得式（7）的相同步骤：乘以 $e^{\int P(t)dt}$ 并积分。我们用

$$y'(t)+ay(t)/t=b \tag{8}$$

来说明。y 的系数（即 a/t）不是常数。沿用上面的步骤，积分因子将是

$$e^{\int (a/t)dt} = e^{a\ln t} = t^a \text{。}$$

式（8）两边乘以 t^a 得

$$t^a[y'(t)+ay(t)/t]=d(t^a y(t))/dt=bt^a \text{。}$$

积分

$$t^a y(t)=bt^{a+1}/(a+1)+c，如果 a \neq -1，$$
$$y(t)/t=b\ln t+c，如果 a=-1，$$

因此，

$$y(t)=bt/(a+1)+ct^{-a}, \quad a \neq -1,$$
$$y(t)=bt\ln t+ct, \quad a=-1 \tag{9}$$

是式（8）的解。

如果在式（6）中 $Q(t)\equiv 0$，那么得到的微分方程就是**齐次**的；否则它是**非齐次**的。我们可以通过上面给出的例子（以及式（6）和式（7））来确认一阶线性微分方程的通解（通过取 $Q(t)\equiv 0$ 并求解来得到）由相关的齐次微分方程的通解和完备方程的一个特解之和构成。例如，由式（1）得到的齐次方程

$$y'+Py=0$$

的通解是 $y(t)=ce^{-Pt}$，而式（1）的一个特解是 $y=Q/P$；这两个函数的和是式（2），即式（1）的通解。尽管对于求解一阶线性微分方程来讲这个观测是不必要的（因为它们可以通过上面给出的步骤求出来），但是对于高阶方程这个原理是有用的。非齐次线性微分方程的通解是相关的齐次方程的通解和完备方程的特解之和的结论依然是正确的。

在变分法和最优控制理论的许多应用中，关注的是当独立变量（通常是时间）增加到无穷大时，微分方程解的行为。解趋向的值（如果存在）被称为**稳态**、**平稳状态**或者**均衡**。例如，由式（2），如果 $P>0$，那么

$$\lim_{t \to \infty} y=\lim_{t \to \infty}(Q/P+ce^{-Pt})=Q/P \text{。}$$

式（1）的特解也可以解释为平稳状态。它也可以通过求满足式（6）的 y（满足 $y'=0$）而确定。

习　题

求解 $x'(t)+ax(t)/t=bt^2$。

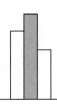

3. 二阶线性微分方程

二阶线性微分方程可以写为如下形式：

$$y''(t) + P(t)y'(t) + Q(t)y(t) = R(t), \tag{1}$$

其中 P，Q 和 R 是已知函数，要求的是函数 $y(t)$。方程（1）被称为完备方程。与式（1）有关的通过用 0 替代 $R(t)$ 而得到的微分方程是：

$$y''(t) + P(t)y'(t) + Q(t)y(t) = 0, \tag{2}$$

它被称为**退化**方程。完备方程也被认为是**非齐次**的而退化方程是**齐次**的。退化方程是重要的，原因在于如下定理。

定理 1　完备方程（1）的通解是完备方程的任意特解和退化方程（2）的通解之和。

退化方程的通解在下面的定理 2 中给出。在谈到它之前，我们给出一个必要的定义。如果存在不全为零的常数 c_1 和 c_2，使得

$$c_1 y_1(t) + c_2 y_2(t) \equiv 0, \quad t_0 \leqslant t \leqslant t_1, \tag{3}$$

函数 $y_1(t)$ 和 $y_2(t)$ 就被认为在区间 $t_0 \leqslant t \leqslant t_1$ 上是线性相关的。如果不存在这样的恒等式，函数就是**线性独立**的。

例如，函数 $y_1(t) = e^{2t}$ 和 $y_2(t) = 3e^{2t}$ 是线性相关的，因为

$$3y_1(t) - y_2(t) = 0。$$

另一方面，$y_1(t) = e^{2t}$ 和 $y_3(t) = e^{-2t}$ 是线性独立的，因为

$$c_1 e^{2t} + c_2 e^{-2t} = e^{-2t}(c_1 e^{4t} + c_2)$$

在某个区间上为零，仅当 $c_1 = c_2 = 0$。

现在我们给出如下定理。

定理 2　退化方程（2）在 $t_0 \leqslant t \leqslant t_1$ 上的任意解 $y(t)$ 可以表示为任意两个线性独立解 y_1 和 y_2 的线性组合

$$y(t) = c_1 y_1(t) + c_2 y_2(t), \quad t_0 \leqslant t \leqslant t_1 。 \tag{4}$$

由于式（2）的每个解都形如式（4），因此式（4）称为式（2）的**通解**。如果我们求出了式（2）的两个线性独立的解，那么我们可以求出式（2）的所有解。

例如，$y_1(t) = e^{2t}$ 和 $y_2(t) = e^{-2t}$ 满足微分方程

$$y''(t) - 4y(t) = 0 。 \tag{5}$$

因为这些解都是线性独立的，所以式（5）的通解是

$$y(t) = c_1 e^{2t} + c_2 e^{-2t} 。$$

式（5）的任意解一定是这个形式。

常系数齐次方程

我们考虑微分方程（1），其中 $P(t) = A$ 和 $Q(t) = B$ 是常数。也假设 $R(t) = 0$。因为 $y' + Py = 0$ 的通解是 $y = ce^{-Pt}$，我们可以猜测二阶微分方程

$$y''(t) + Ay'(t) + By(t) = 0 \tag{6}$$

的解将形如 $y = ce^{rt}$，常数 c 和 r 取适当的值。如果 $y = ce^{rt}$ 是解，它将满足式（6）。计算 $y' = rce^{rt}$，$y'' = r^2 ce^{rt}$，并把它们代入式（6）：

$$ce^{rt}(r^2 + Ar + B) = 0 。$$

排除 $c = 0$ 这个无用的情形，我们尝试的解满足式（6），当且仅当 r 是二次方程

$$r^2 + Ar + B = 0 \tag{7}$$

的解。式（7）称为与式（6）有关的**特征方程**。它有两个可以用二次公式得到的根，即

$$r_1, r_2 = -A/2 \pm (A^2 - 4B)^{1/2}/2 。 \tag{8}$$

根据 $A^2 - 4B$ 的符号，存在三种情形。我们依次考察。

情形 1：$A^2 > 4B$。在这种情形下，根 r_1 和 r_2 是不等实根。因此式（6）的通解是

$$y(t) = c_1 e^{r_1 t} + c_2 e^{r_2 t}, \tag{9}$$

其中，r_1 和 r_2 是特征方程（7）的根式（8），c_1 和 c_2 是任意常数。

例：与

$$y'' - 4y = 0$$

相关的特征方程是 $r^2 - 4 = 0$，它有实根 r_1，$r_2 = \pm 2$。因此，给定的微分方程的通解是

$$y(t) = c_1 e^{2t} + c_2 e^{-2t} 。$$

动态优化——经济学和管理学中的变分法和最优控制（第二版）

情形 2：$A^2 < 4B$。这里 r_1 和 r_2 是共轭复根：

$$r_1, r_2 = -A/2 \pm i(4B - A^2)^{1/2}/2 = a \pm bi, \tag{10}$$

其中 $i \equiv (-1)^{1/2}$，我们定义

$$a = -A/2, \quad b = (4B - A^2)^{1/2}/2。 \tag{11}$$

通解可以写为

$$y(t) = e^{at}(c_1 e^{ibt} + c_2 e^{-ibt})。 \tag{12}$$

因为

$$e^{\pm it} = \cos t \pm i \sin t, \tag{13}$$

所以式（12）可以被改写为

$$y(t) = e^{at}(k_1 \cos bt + i k_2 \sin bt), \tag{14}$$

其中，$k_1 = c_1 + c_2$，$k_2 = c_1 - c_2$。我们也可以求出实根，因为如果复函数

$$y(t) = u(t) + iv(t) \tag{15}$$

是式（6）的解，那么实值函数 $u(t)$ 和 $v(t)$ 也都是解。为了明白这一点，利用式（15）是式（6）的解的假设：

$$u'' + Au' + Bu + i(v'' + Av' + Bv) = 0。$$

此方程成立仅当实部和虚部都等于零：

$$u'' + Au' + Bu = 0,$$
$$v'' + Av' + Bv = 0。$$

如所说的那样，这表明 u 和 v 都是式（6）的解。对式（14）应用这个结果，我们得出结论：情形 2 中式（6）的一般实解是

$$y(t) = e^{at}(k_1 \cos bt + k_2 \sin bt), \tag{16}$$

其中，a 和 b 由式（11）定义，k_1 和 k_2 是任意常数。

例：为了求解微分方程

$$y''(t) - 4y'(t) + 13y(t) = 0,$$

我们写出特征方程

$$r^2 - 4r + 13 = 0,$$

并求解得到

$$r_1, r_2 = 2 \pm 3i。$$

因此，通解是

$$y(t) = e^{2t}(k_1 \cos 3t + k_2 \sin 3t)。$$

情形 3：$A^2 = 4B$。根是 $r_1 = r_2 = -A/2$。因为是重根，所以我们仅有一个解 $y(t) = c_1 e^{-At/2}$，带一个任意常数。我们需要另一个解。尝试

$$y(t) = kte^{rt},$$

其中，k 和 r 是待定常数。由于这个试解，我们有 $y' = ke^{rt}(1+rt)$，$y'' = rke^{rt}(2+rt)$。代入式（6）得

$$ke^{rt}[2r + A + t(r^2 + Ar + B)] = 0。 \tag{17}$$

方程（17）对于所有 t 都是成立的。这表明 t 的系数一定是零，因此

$$r^2 + Ar + B = 0$$

或者 $r = -A/2$，因为在当前情形下 $A^2 = 4B$。r 的选择也满足式（17）。因此，在这种情况下，式（6）的通解是

$$y(t) = c_1 e^{rt} + c_2 te^{rt} = e^{rt}(c_1 + c_2 t),$$

其中，$r = -A/2$。

　　例：与微分方程

$$y'' + 4y' + 4y = 0$$

有关的特征方程是

$$r^2 + 4r + 4 = (r+2)^2 = 0,$$

它有重根 $r_1 = r_2 = -2$。微分方程的通解是

$$y(t) = e^{-2t}(c_1 + c_2 t)。$$

■ 常系数非齐次方程

　　现在我们可以求任何常系数齐次二阶线性微分方程的通解。为了求解非齐次微分方程，我们需要完备方程的一个特解，我们对此重点讨论。如果完备方程形如

$$y'' + Ay' + By = R,$$

其中 B 和 R 是常数，那么一个特解是常值解 $y = R/B$。更一般地，如果系数 A 和 B 是常数，我们可以利用函数形式 R 揭示特解的函数形式。这称为**待定系数法**。如果 R 是一个 n 阶多项式，我们就尝试一般的 n 阶多项式。例如，为了求

$$y'' - y' + 2y = t^3 - t$$

的通解，利用

$$y(t) = at^3 + bt^2 + ct + d。$$

微分并代入微分方程。合并项，

$$2at^3+(2b-3a)t^2+2(c-b+3a)t+(2b-c+2d)=t^3-t。$$

为了使它对于所有的 t 都满足，方程每一边 t 的相同次幂的系数一定相等，因此

$2a=1，$

$2b-3a=0，$

$2(c-b+3a)=-1，$

$2b-c+2d=0。$

求解得 $a=1/2$，$b=3/4$，$c=-(5/4)$ 和 $d=-11/8$，因此一个特解是

$$y(t)=t^3/2+3t^2/4-5t/4-11/8。$$

如果 $R(t)$ 包括三角项和指数项，试解将包含这样的函数形式。例如，为了求

$$y'-3y=t^2+e^t\sin2t$$

的特解，我们可以尝试形如

$$y=at^2+bt+c+e^t(k_1\sin2t+k_2\cos2t)$$

的解。代入微分方程并合并项得

$$-3at^2+(2a-3b)t+(b-3c)-2(k_1+k_2)e^t\sin2t+2(k_1-k_2)e^t\cos2t$$
$$=t^2+e^t\sin2t。$$

令同类项系数相等得

$$-3a=1，\quad 2a-3b=0，\quad b-3c=0，$$
$$-2(k_1+k_2)=1，\quad 2(k_1-k_2)=0，$$

它有解

$$a=-1/3，\quad b=-2/9，\quad c=-2/27，$$
$$k_1=k_2=-1/4。$$

因此，一个特解是 $y(t)=-t^2/3-2t/9-2/27-e^t(\sin2t+\cos2t)/4。$

求特解的更一般的方法称为**参数变异法**。它可以应用于微分方程的系数不为常数的情形。它是沿着如下思路发展出来的。假设 $y_1(t)$ 和 $y_2(t)$ 是式（2）已知的线性独立的解。现在考虑函数

$$y(t)=c_1(t)y_1(t)+c_2(t)y_2(t)，\tag{18}$$

其中，选择函数 c_1 和 c_2 使得式（18）是式（1）的特解。对式（18）求导得

$$y'=c_1y_1'+c_1'y_1+c_2y_2'+c_2'y_2。\tag{19}$$

加上限制条件

$$c_1'y_1+c_2'y_2=0。\tag{20}$$

利用式（20），对式（19）微分：

$$y''=c_1y_1''+c_2y_2''+c_1'y_1'+c_2'y_2'。\tag{21}$$

把式（18）到式（21）代入式（1），合并项：

$$c_1(y_1''+Py_1'+Qy_1)+c_2(y_2''+Py_2'+Qy_2)+c_1'y_1'+c_2'y_2'=R。 \tag{22}$$

但是，因为 y_1 和 y_2 是式（2）的解，式（22）括号中的表达式是零，式（22）退化为

$$c_1'y_1'+c_2'y_2'=R。 \tag{23}$$

因此，函数 $c_1'(t)$ 和 $c_2'(t)$ 满足一对线性微分方程式（20）和式（23），我们可以解出 c_1' 和 c_2'。对结果求积分得出 c_1 和 c_2，因此得出式（1）的特解式（18）。那么，式（1）的通解是

$$y(t)=a_1y_1(t)+a_2y_2(t)+c_1(t)y_1(t)+c_2(t)y_2(t)， \tag{24}$$

其中，a_1 和 a_2 是任意常数。

例： 求解

$$y''+2y'+y=e^{-t}/t^2。 \tag{25}$$

齐次方程的特征方程是

$$r^2+2r+1=0，$$

有根 $r_1=r_2=-1$。因此，齐次方程的两个线性独立的解为

$$y_1(t)=e^{-t}，\ y_2(t)=te^{-t}。 \tag{26}$$

完备方程的一个特解是

$$y(t)=c_1(t)y_1(t)+c_2(t)y_2(t)=c_1(t)e^{-t}+c_2(t)te^{-t}， \tag{27}$$

其中，$c_t'(t)$ 和 $c_2'(t)$ 满足式（20）和式（23），在这种情形下是

$$c_1'(t)e^{-t}+c_2'(t)te^{-t}=0， \tag{28}$$
$$-c_1'(t)e^{-t}+c_2'(t)(e^{-t}-te^{-t})=e^{-t}/t^2。 \tag{29}$$

求解，得

$$c_1'(t)=-1/t，\ c_2'(t)=1/t^2。 \tag{30}$$

积分得

$$c_1(t)=-\ln|t|，\ c_2(t)=-1/t。 \tag{31}$$

因此，把式（31）代入式（27）得特解

$$y(t)=-\ln|t|e^{-t}-e^{-t}。 \tag{32}$$

把式（26）和式（32）结合起来，合并项，得式（25）的通解为

$$y(t)=e^{-t}(a_1+a_2t-\ln|t|)。 \tag{33}$$

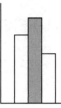

4. n 阶线性微分方程

齐次方程的解

令 $y^{(n)}(t) = d^n y/dt^n$ 表示 $y(t)$ 的 n 阶导数。那么，常系数 n 阶齐次线性微分方程形如

$$y^{(n)}(t) + p_1 y^{(n-1)}(t) + p_2 y^{(n-2)}(t) + \cdots + p_{n-1} y^{(1)}(t) + p_n y(t) = 0, \tag{1}$$

其中，p_i 是给定的常数。

扩展以前给出的定义，如果存在不全为零的常数 c_1，c_2，$\cdots$，c_n，使得

$$c_1 y_1(t) + c_2 y_2(t) + \cdots + c_n y_n(t) \equiv 0, \quad t_0 \leqslant t \leqslant t_1,$$

我们就称函数 $y_1(t)$，$y_2(t)$，$\cdots$，$y_n(t)$ 在 $t_0 \leqslant t \leqslant t_1$ 上是**线性相关**的。如果不存在这种 n 个常数的集合，函数 y_1，$\cdots$，y_n 在 $t_0 \leqslant t \leqslant t_1$ 上就是**线性独立**的。式（1）的 n 个线性独立解的集合总是存在的。如果 $y_1(t)$，$\cdots$，$y_n(t)$ 是式（1）的线性独立解的集合，那么通解是

$$y(t) = c_1 y_1(t) + c_2 y_2(t) + \cdots + c_n y_n(t)。 \tag{2}$$

沿用前面 $n=1$ 和 $n=2$ 情形的提示，我们尝试把 $y = e^{rt}$ 作为解。把试解代入式（1）（在计算相关的导数之后）得到

$$e^{rt}(r^n + p_1 r^{n-1} + p_2 r^{n-2} + \cdots + p_{n-1} r + p_n) = 0。 \tag{3}$$

如果式（3）满足，我们尝试的解就满足式（1）。因此，r 一定满足与式（1）有关的**特**

征方程

$$r^n + p_1 r^{n-1} + \cdots + p_{n-1} r + p_n = 0 \text{。} \tag{4}$$

由代数基本定理，多项式方程（4）恰好有 n 个根。它们不一定是不同的，也不一定是实根。

对应于式（4）的每个实的非重复根，存在式（1）的形如

$$y = e^{rt}$$

的解。

对应于重数为 m 的实根 r——也就是说，重复 m 次——我们有 m 个线性独立的解

$$y_j(t) = t^{j-1} e^{rt}, \quad j = 1, \cdots, m \text{。}$$

复根成对出现，它们是共轭复根。与以前一样，对应于任何一对共轭复根 $a \pm bi$，有两个实的线性独立的解

$$e^{at} \cos bt, \quad e^{at} \sin bt \text{。}$$

如果复根是重复的，比如重数为 q，我们有下述 $2q$ 个线性独立的解：

$$t^{j-1} e^{at} \cos bt, \quad t^{j-1} e^{at} \sin bt, \quad j = 1, \cdots, q \text{。}$$

因此，总之，微分方程（1）有通解式（2），其中，$y_1(t)$，$\cdots$，$y_n(t)$ 是式（1）的 n 个线性独立的解，对应于特征方程（4）的 n 个根 r_1，$\cdots$，r_n。

例： 微分方程

$$y^{(4)} + 4y^{(3)} + 13y^{(2)} + 36y^{(1)} + 36y = 0$$

有特征方程

$$r^4 + 4r^3 + 13r^2 + 36r + 36 = 0$$

或者

$$(r+2)^2 (r^2 + 9) = 0,$$

它有四个根 -2，-2，$3i$，$-3i$。因此，微分方程的通解是

$$y(t) = e^{-2t}(c_1 + c_2 t) + c_3 \cos 3t + c_4 \sin 3t \text{。}$$

非齐次方程

常系数非齐次 n 阶线性微分方程形如

$$y^{(n)} + p_1 y^{(n-1)} + p_2 y^{(n-2)} + \cdots + p_{n-1} y^{(1)} + p_n y = R(t) \text{。} \tag{5}$$

如果 $y^*(t)$ 是式（5）的一个特解，$c_1 y_1(t) + \cdots + c_n y_n(t)$ 是相关的齐次系统（1）的通解，那么

$$y(t) = y^*(t) + c_1 y_1(t) + c_2 y_2(t) + \cdots + c_n y_n(t) \tag{6}$$

是式（5）的通解。因此，式（5）的通解由两部分构成，即相应的齐次方程的通解加上非齐次方程的一个特解。因为前者已经讨论过，所以我们集中讨论后者。

式（5）的特解可以用上一节给出的待定系数法求出。我们尝试与式（5）有相同一般函数形式的特解，然后求系数值使得试解满足微分方程。例如，为了求

$$y^{(3)} - y^{(2)} + y = t^2$$

的特解，我们尝试

$$y = at^2 + bt + c。$$

代入微分方程得

$$at^2 + bt + c - 2a = t^2。$$

令 t 相同次幂的系数相等得特解

$$y = t^2 + 2。$$

因为

$$y^{(3)} - y^{(2)} = t^2$$

之中没有 y 和 y' 的项，所以这个微分方程的试解将是一个四阶多项式

$$y(t) = at^4 + bt^3 + ct^2 + dt + e。$$

代入，合并项并令 t 相同次幂的系数相等，得特解

$$y(t) = -t^4/12 - t^3/3 - 2t^2。$$

求特解的一般方法是本附录的第 3 节给出的参数变异法。即使系数不是常数，它也可以应用，但是需要相关的齐次方程的 n 个线性独立的解。

令 $y_1(t)$，$\cdots$，$y_n(t)$ 为式（1）的线性独立的解。那么，我们构造

$$y(t) = c_1(t) y_1(t) + \cdots + c_n(t) y_n(t), \tag{7}$$

其中，函数 $c_1(t)$，$\cdots$，$c_n(t)$ 是要求的函数。加上限制

$$\sum_{t=1}^{n} c_i' y_i = 0, \sum_{i=1}^{n} c_i' y_i' = 0, \cdots, \sum_{i=1}^{n} c_i' y_i^{(n-2)} = 0。 \tag{8}$$

考虑到限制条件式（8），把式（7）和它的导数代入式（5）。这得出

$$\sum_{i=1}^{n} c_i' y_i^{(n-1)} = R(t)。 \tag{9}$$

现在 n 个线性方程式（8）和式（9）可以解出 c_1'，$\cdots$，c_n'。对这些结果积分可以求出 c_1，$\cdots$，c_n，因此，通过式（7），求出式（5）的一个特解。

例：求解方程

$$y''' - y'' = t^2。$$

与齐次部分有关的特征方程是 $r^3 - r^2 = 0$，它有根

$$r_1 = 0, \quad r_2 = 0, r_3 = 1。$$

于是，齐次方程的三个线性独立的解是

$$y_1(t) = 1, \quad y_2(t) = t, \quad y_3(t) = e^t。$$

试解是

$$y(t) = c_1(t) + t c_2(t) + e^t c_3(t),$$

其中，系数满足式（8）和式（9）：

$$c_1'(t) + c_2'(t) + c_3'(t) e^t = 0,$$
$$c_2'(t) + c_3'(t) e^t = 0,$$
$$c_3'(t) e^t = t^2。$$

求解并积分：

$$c_1' = t^3 - t^2, \quad c_2' = -t^2, \quad c_3' = t^2 e^{-t},$$
$$c_1 = t^4/4 - t^3/3, \quad c_2 = -t^3/3, \quad c_3 = -e^{-t}(t^2 + 2t + 2),$$

因此一个特解是

$$y(t) = -t^4/12 - t^3/3 - t^2 - 2t - 2。$$

■ 等价系统

一个 n 阶线性微分方程等价于一个由 n 个一阶线性微分方程组成的系统。例如，给定

$$y'' + Ay' + By = R, \tag{7'}$$

我们可以把 x 定义为

$$y' = x。 \tag{8'}$$

于是，$y'' = x'$。代入式（7'）得

$$x' + Ax + By = R。 \tag{9'}$$

因此，式（8'）和式（9'）构成一对一阶线性微分方程，它等价于一个二阶微分方程（7'）。（通过从式（8'）和式（9'）开始，把式（8'）关于 t 求微分，把式（9'）代入结果得到式（7'），可以确认等价性。）

更一般地，给定式（5），我们可以利用

$$y' = z_1,$$
$$(y'' =) z_1' = z_2,$$

$$(y''' =) z_2' = z_3,$$
$$\vdots$$
$$(y^{(n-1)} =) z_{n-2}' = z_{n-1}. \tag{10}$$

连续地定义函数 z_1，$\cdots$，z_{n-1}。把式（10）代入式（5），我们得到

$$z_{n-1}' + p_1 z_{n-1} + p_2 z_{n-2} + \cdots + p_{n-1} z_1 = R. \tag{11}$$

现在式（10）和式（11）构成关于 n 个函数 y，z_1，$\cdots$，z_{n-1} 的 n 个一阶线性微分方程。通过把式（10）中关于 y 和它的导数的等价表达式代入式（11）得到式（5），我们可以确定式（10）和式（11）与式（5）的等价性。因为一个由 n 个一阶线性微分方程组成的系统等价于一个 n 阶线性微分方程，所以对其中之一发展起来的结果和方法表明了另一个也有对应的结果和方法。

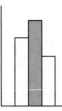

5. 一对线性方程

我们考虑两个一阶线性微分方程系统

$$dx/dt = a_1 x(t) + b_1 y(t) + p(t),$$
$$dy/dt = a_2 x(t) + b_2 y(t) + g(t), \tag{1}$$

其中，a_1，a_2，b_1，b_2 是给定的常数，$p(t)$ 和 $g(t)$ 是给定的函数，$x(t)$ 和 $y(t)$ 是要求的函数。解是满足方程的两函数 $x(t)$，$y(t)$。回顾一个线性微分方程的解是相关齐次方程的通解加上非齐次方程的特解。这里应用一个类似的定理。

对应于式（1）的齐次系统是

$$dx/dt = a_1 x + b_1 y,$$
$$dy/dt = a_2 x + b_2 y。 \tag{2}$$

求解系统式（2）的一种方法是把这对方程简化为一个二阶线性微分方程并利用第 3 节的方法。把式（2）的第一个方程关于 t 求导，得

$$x'' = a_1 x' + b_1 y'。$$

从式（2）中把 x'，y'，y 代入并合并项，得到

$$x'' - (a_1 + b_2)x' + (a_1 b_2 - b_1 a_2)x = 0。 \tag{3}$$

因此，如果与式（3）有关的特征方程

$$r^2 - (a_1 + b_2)r + a_1 b_2 - b_1 a_2 = 0 \tag{4}$$

的根是不等实根，那么式（3）的解是

$$x(t) = c_1 e^{r_1 t} + c_2 e^{r_2 t}, \tag{5}$$

动态优化——经济学和管理学中的变分法和最优控制（第二版）

其中，r_1 和 r_2 是式（4）的根。

重新排列式（2）的第二个方程，我们得到

$$y=(x'-a_1x)/b_1。 \tag{6}$$

首先把式（5）中的 x（并且因而 x'）代入，得

$$y(t)=[(r_1-a_1)c_1e^{r_1t}+(r_2-a_1)c_2e^{r_2t}]/b_1。 \tag{7}$$

因此，如果式（4）的根是不等实根，式（2）的通解就是式（5）和式（7）。在重根和复根的情况下求通解的方法是类似的。

第二种直接求解式（2）的方法是可用的。关于单个方程解的讨论提示我们尝试 $x(t)=Ae^{rt}$，$y(t)=Be^{rt}$ 作为式（2）的特解。把这些试解代入式（2）得到

$$rAe^{rt}=a_1Ae^{rt}+b_1Be^{rt}，$$
$$rBe^{rt}=a_2Ae^{rt}+b_2Be^{rt}。 \tag{8}$$

把式（8）中所有方程除以 e^{rt}，合并项，并改写为矩阵形式：

$$\begin{bmatrix} a_1-r & b_1 \\ a_2 & b_2-r \end{bmatrix}\begin{bmatrix} A \\ B \end{bmatrix}=\begin{bmatrix} 0 \\ 0 \end{bmatrix}。 \tag{9}$$

为了使得式（9）的解不是 $A=B=0$，式（9）的系数矩阵一定是奇异的，或者等价地说，它的行列式一定是零：

$$\begin{vmatrix} a_1-r & b_1 \\ a_2 & b_2-r \end{vmatrix}=0。 \tag{10}$$

把式（10）展开得到 r 的二次方程：

$$r^2-r(a_1+b_2)+a_1b_2-a_2b_1=0, \tag{11}$$

它被称为式（2）的特征方程。注意，这恰好是上面求出的特征方程（4）！它有根

$$r=(a_1+b_2)/2\pm[(a_1+b_2)^2-4(a_1b_2-a_2b_1)]^{1/2}/2。 \tag{12}$$

注意，为了未来参照，式（12）表明两个根 r_1 和 r_2 满足

$$r_1r_2=a_1b_2-a_2b_1,$$
$$r_1+r_2=a_1+b_2。 \tag{13}$$

如果 $r_1 \neq r_2$，式（2）的通解是

$$x(t)=A_1e^{r_1t}+A_2e^{r_2t},$$
$$y(t)=B_1e^{r_1t}+B_2e^{r_2t}, \tag{14}$$

其中，A_1 和 A_2 由初始条件决定，式（12）定义 r_1 和 r_2，以及 B_1 和 B_2 由式（8）决定：

$$B_1=(r_1-a_1)A_1/b_1, \quad B_2=(r_2-a_1)A_2/b_1。 \tag{15}$$

这与上面求出的解相一致。

如果式（12）的两个根相同，那么像以前一样，我们尝试解的形式 $x(t)=(A_1+A_2t)e^{rt}$，$y(t)=(B_1+B_2t)e^{rt}$。结果是

$$x(t)=(A_1+A_2t)e^{rt},$$
$$y(t)=[(r-a_1)(A_1+A_2t)+A_2]e^{rt}/b_1, \tag{16}$$

其中，系数 B_i 由 A_1，A_2 和式（2）的参数决定。如果根是共轭复根，解可以用前面使用的类似方式以实三角函数来表示。

现在我们已经表明了如何求齐次方程的通解。有一个定理确认非齐次方程（1）的通解是式（2）的通解和式（1）的特解之和。式（1）的特解，比如，可以用参数变异法得到。在 p 和 g 是常数的情况下，一个特殊的常值解 x_s，y_s 可以通过求解方程组

$$a_1x_s+b_1y_s+p=0,$$
$$a_2x_s+b_2y_s+g=0 \tag{17}$$

得到。这可以直接扩展到几个一阶线性微分方程组成的系统。

均衡行为

使得 $x'=y'=0$ 的点 x_s，y_s 被称为**均衡点**、**稳态**或者**平稳点**。如果 $\lim_{t\to\infty}x(t)=x_s$ 和 $\lim_{t\to\infty}y(t)=y_s$，均衡是稳定的。对于 p 和 g 都是常数的系统，存在几种情形。

情形 I A：式（12）的根是不等实根，而且 $r_2<r_1<0$。由式（14）可知，在这种情况下，均衡是稳定的。它被称为**稳定状态**。由式（13），Routh-Hurwitz 条件

$$a_1b_2-a_2b_1>0, \quad a_1+b_2<0 \tag{18}$$

成立。这些条件对于式（1）的稳定性是充分必要的。

情形 I B：根是不等实根，而且 $r_1>r_2>0$。因为两个都是正根，所以当 t 增加时，式（14）的解 $x(t)$，$y(t)$ 无边界增长。均衡是不稳定状态。

情形 I C：根是不等实根，而且 $r_1>0>r_2$。如果 $A_1\neq0$，式（14）中带正根的项就会控制解，$x(t)$ 和 $y(t)$ 会无边界增长。然而，如果 $A_1=0$ 且 $A_2\neq0$，那么当 t 增加时，式（14）的解将会收敛到均衡 (x_s, y_s)。这个均衡被称为**鞍点**。

情形 I D：根是不等实根，而且 $r_1=0>r_2$。由式（13），在这种情况下，$a_1/b_1=a_2/b_2$，因此方程（17）要么不一致，要么冗余。在前一种情形下，不存在均衡。对于后者，任何满足 $a_1x_s+b_1y_s+p=0$ 的点都是一个均衡。初始条件决定当 t 增加时会趋向于哪一个均衡。

情形 I E：根是不等实根，而且 $r_2=0<r_1$。这与情形 I D 类似，除了解 $x(t)$，$y(t)$ 远离均衡点以外（除非 $x(0)=x_s$，$y(0)=y_s$）。

情形 II：根是共轭复根：

$$r_1,r_2=a\pm bi,$$

其中，

$$a=(a_1+b_2)/2, \quad b=[4(a_1b_2-a_2b_1)-(a_1+b_2)^2]^{1/2}/2。 \tag{19}$$

解是如下形式

$$x(t)=e^{at}(k_1\cos bt+k_2\sin bt)+x_s,$$
$$y(t)=e^{at}(c_1\cos bt+c_2\sin bt)+y_s。 \tag{20}$$

存在几种可能性。

　　情形ⅡA：根是纯虚根，$a=0$。解 $x(t)$，$y(t)$ 在固定的边界里振荡。在 x—y 平面上，轨道是围绕 x_s，y_s 的椭圆。

　　情形ⅡB：根是复根，有负实部且 $a<0$。解式（20）振荡且趋向于 x_s，y_s。均衡被称为**稳定焦点**。

　　情形ⅡC：根是复根，有正实部且 $a>0$。解式（20）振荡且远离 x_s，y_s（除非 $x(0)=x_s$，$y(0)=y_s$）。均衡是**不稳定焦点**。

　　情形Ⅲ：根是相等实根，$r_1=r_2\neq0$。解是式（16）。如果 $r<0$，解是稳定的；如果 $r>0$，解是不稳定的。

　　我们可以在 x—y 平面上描绘解的行为，其中，点代表（$x(t)$，$y(t)$），箭头方向的运动代表随着时间推移的运动。

　　在非线性系统中，存在另外一种均衡，称为**极限环**。这是 x—y 平面上的闭曲线。稳定的**极限环**，轨道收敛于它。**不稳定的极限环**，轨道偏离于它。

非线性系统

　　非线性微分方程系统的均衡性质的一些洞见可以通过研究近似线性微分方程系统来得到。例如，假定系统

$$x'=f(x,y), \quad y'=g(x,y) \tag{21}$$

在（x_s，y_s）处有一个隔离的均衡。也就是说，（x_s，y_s）满足

$$f(x_s,y_s)=0, \quad g(x_s,y_s)=0, \tag{22}$$

存在（x_s，y_s）的不包括式（21）的其他均衡点的邻域。（因此极限环不在我们这里的考虑之列。）利用 Taylor 定理把式（21）的右侧在（x_s，y_s）的邻域展开，仅保留线性项，我们可以得到在（x_s，y_s）附近的近似线性微分方程系统。于是，

$$x'=f(x_s,y_s)+f_x(x_s,y_s)(x-x_s)+f_y(x_s,y_s)(y-y_s),$$
$$y'=g(x_s,y_s)+g_x(x_s,y_s)(x-x_s)+g_y(x_s,y_s)(y-y_s)。$$

但是，根据式（22），这简化为

$$x'=a_1(x-x_s)+b_1(y-y_s),$$
$$y'=a_2(x-x_s)+b_2(y-y_s), \tag{23}$$

其中，常数为

$$a_1 = f_x(x_s, y_s), \quad a_2 = g_x(x_s, y_s),$$
$$b_1 = f_y(x_s, y_s), \quad b_2 = g_y(x_s, y_s)。 \tag{24}$$

在 (x_s, y_s) 的邻域内,式(21)的解很像式(23)在相同邻域内的解,沿用式(1)的分析,可以确定式(23)的行为。

习 题

证明方程组

$$x' = a_1 x + b_1 y + c_1 z,$$
$$y' = a_2 x + b_2 y + c_2 z,$$
$$z' = a_3 x + b_3 y + c_3 z$$

的解是

$$x(t) = A_1 e^{r_1 t} + A_2 e^{r_2 t} + A_3 e^{r_3 t},$$
$$y(t) = B_1 e^{r_1 t} + B_2 e^{r_2 t} + B_3 e^{r_3 t},$$
$$z(t) = C_1 e^{r_1 t} + C_2 e^{r_2 t} + C_3 e^{r_3 t},$$

其中,r_1,r_2 和 r_3 是行列式方程

$$\begin{vmatrix} a_1 - r & b_1 & c_1 \\ a_2 & b_2 - r & c_2 \\ a_3 & b_3 & c_3 - r \end{vmatrix} = 0$$

的根,给定根都不相等。

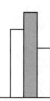

6. 解的存在性和唯一性

确认微分方程解存在的一个方式就是把它求出来。然而，如果方程不容易求解，或者它包含没有完全设定好的函数，那么有一个保证解存在的定理是合意的。

定理 1 假设 $f(t, y)$ 是定义在点 t_0，y_0 附近的一个矩形区域 D

$$|t-t_0|\leqslant a, \quad |y-y_0|\leqslant b$$

上的单值连续函数，而且有连续的偏导数 $f_y(t, y)$。令 M 为 $|f(t, y)|$ 在 D 中的上界，h 为 a 和 a/M 中的较小者。那么存在对于满足 $|t-t_0|<h$ 的所有 t 定义的唯一的连续函数，它满足微分方程 $dy/dt=f(t, y)$，而且在 t_0 时刻等于 y_0。

如果微分方程涉及参数 p，

$$dy/dt=f(t,y;p),$$

其中，对于 $p_1\leqslant p\leqslant p_2$，$f(t, y; p)$ 在 D 中关于它的自变量是单值的、连续的和连续可微的，那么解连续地依赖于 p，且当 $|t-t_0|<h$ 时，解关于 p 是可微的。

注 1：解的存在性和唯一性仅在 (t_0, y_0) 的一个邻域内有保证。例如，$dy/dt=y^2$ 满足 $(t_0, y_0)=(1, -1)$ 的解是 $y=-1/t$，但是它在 $t=0$ 处没有定义。

定理 1 的结果可以扩展到一个一阶微分方程组：

$$dy_i/dt=f_i(t,y_1,y_2,\cdots,y_n), \quad i=1,\cdots,n。 \tag{1}$$

定理 2 假设函数 $f_i(t, y_1, y_2, \cdots, y_n)$，$i=1, \cdots, n$ 在由 $|t-t_0|\leqslant a$ 和 $|y_i-y_i^0|\leqslant b_i$，$i=1, \cdots, n$ 定义的区域 D 上关于后面 n 个自变量是单值的、连续的和连续可微的。令 M 为 f_1，f_2，$\cdots$，f_n 在此定义域的上界中最大的那个。令 h 为 a，b_1/M，$\cdots$，b_n/M 中最小的那个。那么，对于满足 $|t-t_0|<h$ 的那些 t，存在方程组 (1) 的连续解的唯一集合，这些解在 $t=t_0$ 处取给定值 y_1^0，$\cdots$，y_n^0。

注 2：因为 n 阶微分方程

$$d^n yx / dt^n = f(t, y, y^1, \cdots, y^{(n-1)}) \qquad (2)$$

等价于一阶方程的集合

$$dy/dt = y_1, \quad dy_1/dt = y_2, \cdots,$$
$$dy_{n-2}/dt = y_{n-1}, \quad dy_{n-1}/dt = f(t, y, y_1, \cdots, y_{n-1}),$$

所以如果 f 关于它后面 n 个自变量是连续的和连续可微的，那么式（2）有唯一的连续解，它和它前 $n-1$ 个导数（也是连续的）将在 $t = t_0$ 处取初始条件的任意集合。

如果式（1）中的函数 f_i 关于 y_1, $\cdots$, y_n 是线性的，那么可以在一个更大的定义域内确保解存在。

定理 3 如果在式（1）中我们有

$$dy_i / dt = f_i = \sum_{j=1}^{n} a_{ij}(t) y_j + b_i(t), \quad i = 1, \cdots, n, \qquad (3)$$

且如果系数 $a_{ij}(t)$，$i = 1$, $\cdots$, n, $j = 1$, $\cdots$, n, 以及 $b_i(t)$, $i = 1$, $\cdots$, n 在 $t_0 \leqslant t \leqslant t_1$ 上是连续的，那么存在连续函数 $y_t(t)$, $\cdots$, $y_n(t)$ 的唯一集合，它们在 $t_0 \leqslant t \leqslant t_1$ 上满足式（3），在 $t_0 \leqslant t \leqslant t_1$ 内的一点 t^* 处有给定的值

$$y_1(t^*) = k_1, \cdots, y_n(t^*) = k_n。$$

注 3：刚给出的问题都是初值问题。给定数据都适用于一个点，对于问题式（1）是 $y_i(t_0)$, $i = 1$, $\cdots$, n, 或者对于问题式（2）是 $(y(t_0)$, $y'(t_0)$, $\cdots$, $y^{(n-1)}(t_0))$。在源自变分法或最优控制问题的微分方程中，边界条件在两个时点的设定是分开的。因此，对于一个二阶问题，我们会给定 $y(t_0)$ 和 $y(t_1)$，而不是 $y(t_0)$, $y'(t_0)$。这些情况被称为边值问题。一般边值问题有解的条件更复杂。

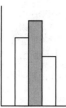

术语表

动态优化——经济学和管理学中的变分法和最优控制（第二版）

动态优化——经济学和管理学中的变分法和最优控制（第二版）

Fritz John theorem，Fritz John 定理

Fundamental theorem of calculus，微积分基本定理，

    of integral calculus，积分的

Future generations, utility of consumption of，后代，消费效用

G

Generalized momenta，广义动量

Global stability，全局稳定性

Golden rule，黄金律

Goodwill, *see also* Advertising，声誉，也参见广告

Green's theorem，Green 定理

Growth, *see also* Consumption，增长，也参见消费

H

Hamilton-Jacobi-Bellman equation，Hamilton-Jacobi-Bellman 方程

Hamilton-Jacobi equation，Hamilton-Jacobi 方程

Hamilton's Principle of Stationary Action，平稳行动的 Hamilton 原理

Hamiltonian，汉密尔顿函数

    concave，凹的

    current value，当期值

    feedback strategies，反馈策略

    Hessian matrix of, *see* Hessian matrix，（的）Hessian 矩阵，参见 Hessian 矩阵

    jump in，（的）跳跃

    maximized，最大化的

    open-loop Nash equilibrium，开环纳什均衡

Hessian matrix，Hessian 矩阵

    bordered，加边

Higher derivatives，高阶导数

Higher-order terms，高阶项

Homogeneous equations，齐次方程

    with constant coefficients，常系数

    solutions to，（的）解

Homogeneous function，齐次函数

Homogeneous system，齐次系统

Horizontal demand function，水平需求函数

Human capital, *see also* Investment，人力资本，也参见投资

I

Identity，恒等式

Immediate response problem，瞬时反应问题

Implicit function theorem，隐函数定理

Inequality，不等式

Inequality constrained optimization，不等式约束最优化

Inequality constraints 不等式约束

    endpoints，终点

    in t, x，关于 t, x 的

Infinite horizon autonomous problem，无穷边界自治问题

    equilibria in，（的）均衡

Infinite horizon capital accumulation，无穷边际资本积累

Infinite time horizon，无穷时间边界

Influence equation，影响方程

Initial condition，初始条件

Initial value，初始值

Integral 积分

    differentiation under，在（积分）下微分

    value of，值

Integral calculus，积分

    fundamental theorem of，基本定理

Integral constraint，积分约束

Integral state equations，积分状态方程

Integrand，被积函数

Most rapid approach path，最速降线
Multiplier，乘子
    current value，当期值
    interpretation of，（的）解释
    Lagrange，拉格朗日
    state variable，状态变量
Multiplier equation，乘子方程
Multiplier function，乘子函数
Myopic rule，短视的规则

N

Nash equilibrium，纳什均衡
    closed-loop strategies，闭环策略
    feedback strategies，反馈策略
    open-loop strategies，开环策略
Necessary conditions，必要条件
    in calculus of variations，变分法的
    in inequality constrained optimization，不等式约束优化的
    Kuhn-Tucker，Kuhn-Tucker
    in Nash equilibrium，纳什均衡的
    in optimal control，最优控制的
Negative definite，负定
Negative semidefinite，半负定
Neoclassical growth model，新古典增长模型
New conditions，新的条件
New product development，新产品研发
Newton's Second Law of Motion，牛顿第二运动定律
Nonhomogeneous equations，非齐次方程
    with constant coefficients，常系数
    differential，微分
Nonlinear differential equations，非线性微分方程
Nonlinear programming，非线性规划
    equality constrained，等式约束
    inequality constrained，不等式约束
    nonconstrained，无约束

Nonnegativity condition，非负条件
    of state variable，状态变量（的）
Nonnegativity restriction，非负限制
Nonpositive derivative，非正导数

O

Objective, value of，目标，（的）值
Oil，石油
Open-loop strategies, Nash equilibrium，开环策略，纳什均衡
Optimal control，最优控制
    application of，（的）应用
    problems，问题
    stochastic，随机
    tools of，（的）工具
    vector of，（的）向量
Optimal function，最优函数
Optimal path，最优路径
Optimal value function，最优值函数
    current，当期
    interpretation of，（的）解释
Optimality condition，最优性条件
    of most rapid approach path，最速降线（的）
    principle of，原理
    verification of，确认
Optimization problem，最优化问题
    constrained，有约束的
    equality constrained，等式约束的
    inequality constrained，不等式约束的
Optimizer，最优控制
Optimizing function，最优化函数
Optimizing values，最优化值
Ordinary condition，一般条件
Output，产品
    investing of，投资
    production of，生产
Output per capita，人均产出

动态优化——经济学和管理学中的变分法和最优控制（第二版）

译者后记

本书是国外著名大学经济学和管理学高年级本科生和低年级研究生《动态优化》课程的经典教材。在本书中，作者详细介绍了变分法、最优控制和动态规划等三种最基本的动态最优化方法及其应用。本书集中讨论求解连续时间问题的方法，包含大量的例子和习题，其中绝大多数具有解析解。作者在本书中把"变分"思想介绍得深入浅出，适合初学者和非教学专业人员阅读。本书是动态宏观经济学、金融理论和管理学研究者不可多得的工具书。特别值得一提的是，自出版以来，本书定义了经济学和管理科学中的动态优化方法的教学框架。

感谢恩师邹恒甫教授一直以来的教育和培养，感谢北京大学龚六堂教授的指导和帮助。本书能够翻译出版，中国人民大学出版社的编辑高晓斐老师和王美玲老师付出了很多努力，在此一并致谢。

译文不妥之处，敬请谅解并不吝指正。译者邮箱：wanggaowang@gmail.com。

王高望

2016 年 6 月

经济科学译丛

序号	书名	作者	Author	单价	出版年份	ISBN
1	投入产出分析:基础与扩展(第二版)	罗纳德·E. 米勒等	Ronald E. Miller	98.00	2019	978 - 7 - 300 - 26845 - 3
2	宏观经济学:政策与实践(第二版)	弗雷德里克·S. 米什金	Frederic S. Mishkin	89.00	2019	978 - 7 - 300 - 26809 - 5
3	国际商务:亚洲视角	查尔斯·W. L. 希尔等	Charles W. L. Hill	108.00	2019	978 - 7 - 300 - 26791 - 3
4	统计学:在经济和管理中的应用(第10版)	杰拉德·凯勒	Gerald Keller	158.00	2019	978 - 7 - 300 - 26771 - 5
5	经济学精要(第五版)	R. 格伦·哈伯德等	R. Glenn Hubbard	99.00	2019	978 - 7 - 300 - 26561 - 2
6	环境经济学(第七版)	埃班·古德斯坦等	Eban Goodstein	78.00	2019	978 - 7 - 300 - 23867 - 8
7	美国经济史(第12版)	加里·M. 沃尔顿等	Gary M. Walton	98.00	2018	978 - 7 - 300 - 26473 - 8
8	管理者微观经济学	戴维·M.克雷普斯	David M. Kreps	88.00	2019	978 - 7 - 300 - 22914 - 0
9	组织经济学:经济学分析方法在组织管理上的应用(第五版)	塞特斯·杜玛等	Sytse Douma	62.00	2018	978 - 7 - 300 - 25545 - 3
10	经济理论的回顾(第五版)	马克·布劳格	Mark Blaug	88.00	2018	978 - 7 - 300 - 26252 - 9
11	实地实验:设计、分析与解释	艾伦·伯格等	Alan S. Gerber	69.80	2018	978 - 7 - 300 - 26319 - 9
12	金融学(第二版)	兹维·博迪等	Zvi Bodie	75.00	2018	978 - 7 - 300 - 26134 - 8
13	空间数据分析:模型、方法与技术	曼弗雷德·M. 费希尔等	Manfred M. Fischer	36.00	2018	978 - 7 - 300 - 25304 - 6
14	《宏观经济学》(第十二版)学习指导书	鲁迪格·多恩布什等	Rudiger Dornbusch	38.00	2018	978 - 7 - 300 - 26063 - 1
15	宏观经济学(第四版)	保罗·克鲁格曼等	Paul Krugman	88.00	2018	978 - 7 - 300 - 26068 - 6
16	计量经济学导论:现代观点(第六版)	杰弗里·M. 伍德里奇	Jeffrey M. Wooldridge	109.00	2018	978 - 7 - 300 - 25914 - 7
17	经济思想史:伦敦经济学院讲演录	莱昂内尔·罗宾斯	Lionel Robbins	59.80	2018	978 - 7 - 300 - 25258 - 2
18	空间计量经济学入门——在R中的应用	朱塞佩·阿尔比亚	Giuseppe Arbia	45.00	2018	978 - 7 - 300 - 25458 - 6
19	克鲁格曼经济学原理(第四版)	保罗·克鲁格曼等	Paul Krugman	88.00	2018	978 - 7 - 300 - 25639 - 9
20	发展经济学(第七版)	德怀特·H.波金斯等	Dwight H. Perkins	98.00	2018	978 - 7 - 300 - 25506 - 4
21	线性与非线性规划(第四版)	戴维·G.卢恩伯格等	David G. Luenberger	79.80	2018	978 - 7 - 300 - 25391 - 6
22	产业组织理论	让·梯若尔	Jean Tirole	110.00	2018	978 - 7 - 300 - 25170 - 7
23	经济学精要(第六版)	巴德、帕金	Bade, Parkin	89.00	2018	978 - 7 - 300 - 24749 - 6
24	空间计量经济学——空间数据的分位数回归	丹尼尔·P. 麦克米伦	Daniel P. McMillen	30.00	2018	978 - 7 - 300 - 23949 - 1
25	高级宏观经济学基础(第二版)	本·J. 海德拉	Ben J. Heijdra	88.00	2018	978 - 7 - 300 - 25147 - 9
26	税收经济学(第二版)	伯纳德·萨拉尼耶	Bernard Salanié	42.00	2018	978 - 7 - 300 - 23866 - 1
27	国际宏观经济学(第三版)	罗伯特·C. 芬斯特拉	Robert C. Feenstra	79.00	2017	978 - 7 - 300 - 25326 - 8
28	公司治理(第五版)	罗伯特·A.G. 蒙克斯	Robert A. G. Monks	69.80	2017	978 - 7 - 300 - 24972 - 8
29	国际经济学(第15版)	罗伯特·J. 凯伯	Robert J. Carbaugh	78.00	2017	978 - 7 - 300 - 24844 - 8
30	经济理论和方法史(第五版)	小罗伯特·B. 埃克伦德等	Robert B. Ekelund. Jr.	88.00	2017	978 - 7 - 300 - 22497 - 8
31	经济地理学	威廉·P. 安德森	William P. Anderson	59.80	2017	978 - 7 - 300 - 24544 - 7
32	博弈与信息:博弈论概论(第四版)	艾里克·拉斯穆森	Eric Rasmusen	79.80	2017	978 - 7 - 300 - 24546 - 1
33	MBA宏观经济学	莫里斯·A. 戴维斯	Morris A. Davis	38.00	2017	978 - 7 - 300 - 24268 - 2
34	经济学基础(第十六版)	弗兰克·V. 马斯切纳	Frank V. Mastrianna	42.00	2017	978 - 7 - 300 - 22607 - 1
35	高级微观经济学:选择与竞争性市场	戴维·M. 克雷普斯	David M. Kreps	79.80	2017	978 - 7 - 300 - 23674 - 2
36	博弈论与机制设计	Y. 内拉哈里	Y. Narahari	69.80	2017	978 - 7 - 300 - 24209 - 5
37	宏观经济学精要:理解新闻中的经济学(第三版)	彼得·肯尼迪	Peter Kennedy	45.00	2017	978 - 7 - 300 - 21617 - 1
38	宏观经济学(第十二版)	鲁迪格·多恩布什等	Rudiger Dornbusch	69.00	2017	978 - 7 - 300 - 23772 - 5
39	国际金融与开放宏观经济学:理论、历史与政策	亨德里克·范登伯格	Hendrik Van den Berg	68.00	2016	978 - 7 - 300 - 23380 - 2
40	经济学(微观部分)	达龙·阿西莫格鲁等	Daron Acemoglu	59.00	2016	978 - 7 - 300 - 21786 - 4
41	经济学(宏观部分)	达龙·阿西莫格鲁等	Daron Acemoglu	45.00	2016	978 - 7 - 300 - 21886 - 1
42	发展经济学	热若尔·罗兰	Gérard Roland	79.00	2016	978 - 7 - 300 - 23379 - 6
43	中级微观经济学——直觉思维与数理方法(上下册)	托马斯·J. 内契巴	Thomas J. Nechyba	128.00	2016	978 - 7 - 300 - 22363 - 6
44	环境与自然资源经济学(第十版)	汤姆·蒂坦伯格等	Tom Tietenberg	72.00	2016	978 - 7 - 300 - 22900 - 3
45	劳动经济学基础(第二版)	托马斯·海克拉克等	Thomas Hyclak	65.00	2016	978 - 7 - 300 - 23146 - 4
46	货币金融学(第十一版)	弗雷德里克·S. 米什金	Frederic S. Mishkin	85.00	2016	978 - 7 - 300 - 23001 - 6
47	动态优化——经济学和管理学中的变分法和最优控制(第二版)	莫顿·I. 凯曼等	Morton I. Kamien	48.00	2016	978 - 7 - 300 - 23167 - 9
48	用Excel学习中级微观经济学	温贝托·巴雷托	Humberto Barreto	65.00	2016	978 - 7 - 300 - 21628 - 7
49	宏观经济学(第九版)	N. 格里高利·曼昆	N. Gregory Mankiw	79.00	2016	978 - 7 - 300 - 23038 - 2
50	国际经济学:理论与政策(第十版)	保罗·R. 克鲁格曼等	Paul R. Krugman	89.00	2016	978 - 7 - 300 - 22710 - 8
51	国际金融(第十版)	保罗·R. 克鲁格曼等	Paul R. Krugman	55.00	2016	978 - 7 - 300 - 22089 - 5
52	国际贸易(第十版)	保罗·R. 克鲁格曼等	Paul R. Krugman	58.00	2016	978 - 7 - 300 - 22088 - 8
53	经济学精要(第3版)	斯坦利·L. 布鲁伊等	Stanley L. Brue	58.00	2016	978 - 7 - 300 - 22301 - 8
54	经济分析史(第七版)	英格里德·H. 里马	Ingrid H. Rima	72.00	2016	978 - 7 - 300 - 22294 - 3
55	投资学精要(第九版)	兹维·博迪等	Zvi Bodie	108.00	2016	978 - 7 - 300 - 22236 - 3

序号	书名	作者	Author	单价	出版年份	ISBN
56	环境经济学(第二版)	查尔斯·D·科尔斯塔德	Charles D. Kolstad	68.00	2016	978-7-300-22255-4
57	MWG《微观经济理论》习题解答	原千晶等	Chiaki Hara	75.00	2016	978-7-300-22306-3
58	现代战略分析(第七版)	罗伯特·M·格兰特	Robert M. Grant	68.00	2016	978-7-300-17123-4
59	横截面与面板数据的计量经济分析(第二版)	杰弗里·M·伍德里奇	Jeffrey M. Wooldridge	128.00	2016	978-7-300-21938-7
60	宏观经济学(第十二版)	罗伯特·J·戈登	Robert J. Gordon	75.00	2016	978-7-300-21978-3
61	动态最优化基础	蒋中一	Alpha C. Chiang	42.00	2015	978-7-300-22068-0
62	城市经济学	布伦丹·奥弗莱厄蒂	Brendan O'Flaherty	69.80	2015	978-7-300-22067-3
63	管理经济学:理论、应用与案例(第八版)	布鲁斯·艾伦等	Bruce Allen	79.80	2015	978-7-300-21991-2
64	经济政策:理论与实践	阿格尼丝·贝纳西-奎里等	Agnès Bénassy-Quéré	79.80	2015	978-7-300-21921-9
65	微观经济分析(第三版)	哈尔·R·范里安	Hal R. Varian	68.00	2015	978-7-300-21536-5
66	财政学(第十版)	哈维·S·罗森等	Harvey S. Rosen	68.00	2015	978-7-300-21754-3
67	经济数学(第三版)	迈克尔·霍伊等	Michael Hoy	88.00	2015	978-7-300-21674-4
68	发展经济学(第九版)	A.P. 瑟尔沃	A. P. Thirlwall	69.80	2015	978-7-300-21193-0
69	宏观经济学(第五版)	斯蒂芬·D·威廉森	Stephen D. Williamson	69.00	2015	978-7-300-21169-5
70	资源经济学(第三版)	约翰·C·伯格斯特罗姆等	John C. Bergstrom	58.00	2015	978-7-300-20742-1
71	应用中级宏观经济学	凯文·D·胡佛	Kevin D. Hoover	78.00	2015	978-7-300-21000-1
72	计量经济学导论:现代观点(第五版)	杰弗里·M·伍德里奇	Jeffrey M. Wooldridge	99.00	2015	978-7-300-20815-2
73	现代时间序列分析导论(第二版)	约根·沃特斯等	Jürgen Wolters	39.00	2015	978-7-300-20625-7
74	空间计量经济学——从横截面数据到空间面板	J·保罗·埃尔霍斯特	J. Paul Elhorst	32.00	2015	978-7-300-21024-7
75	国际经济学原理	肯尼思·A·赖纳特	Kenneth A. Reinert	58.00	2015	978-7-300-20830-5
76	经济写作(第二版)	迪尔德丽·N·麦克洛斯基	Deirdre N. McCloskey	39.80	2015	978-7-300-20914-2
77	计量经济学方法与应用(第五版)	巴蒂·H·巴尔塔基	Badi H. Baltagi	58.00	2015	978-7-300-20584-7
78	战略经济学(第五版)	戴维·贝赞可等	David Besanko	78.00	2015	978-7-300-20679-0
79	博弈论导论	史蒂文·泰迪里斯	Steven Tadelis	58.00	2015	978-7-300-19993-1
80	社会问题经济学(第二十版)	安塞尔·M·夏普等	Ansel M.Sharp	49.00	2015	978-7-300-20279-2
81	博弈论:矛盾冲突分析	罗杰·B·迈尔森	Roger B. Myerson	58.00	2015	978-7-300-20212-9
82	时间序列分析	詹姆斯·D·汉密尔顿	James D. Hamilton	118.00	2015	978-7-300-20213-6
83	经济问题与政策(第五版)	杰奎琳·默里·布鲁克斯	Jacqueline Murray Brux	58.00	2014	978-7-300-17799-1
84	微观经济理论	安德鲁·马斯-克莱尔等	Andreu Mas-Collel	148.00	2014	978-7-300-19986-3
85	产业组织:理论与实践(第四版)	唐·E·瓦尔德曼等	Don E. Waldman	75.00	2014	978-7-300-19722-7
86	公司金融理论	让·梯若尔	Jean Tirole	128.00	2014	978-7-300-20178-8
87	公共部门经济学	理查德·W·特里西	Richard W. Tresch	49.00	2014	978-7-300-18442-5
88	计量经济学原理(第六版)	彼得·肯尼迪	Peter Kennedy	69.80	2014	978-7-300-19342-7
89	统计学:在经济中的应用	玛格丽特·刘易斯	Margaret Lewis	45.00	2014	978-7-300-19082-2
90	产业组织:现代理论与实践(第四版)	林恩·佩波尔等	Lynne Pepall	88.00	2014	978-7-300-19166-9
91	计量经济学导论(第三版)	詹姆斯·H·斯托克等	James H. Stock	69.00	2014	978-7-300-18467-8
92	发展经济学导论(第四版)	秋山裕	秋山裕	39.80	2014	978-7-300-19127-0
93	中级微观经济学(第六版)	杰弗里·M·佩罗夫	Jeffrey M. Perloff	89.00	2014	978-7-300-18441-8
94	平狄克《微观经济学》(第八版)学习指导	乔纳森·汉密尔顿等	Jonathan Hamilton	32.00	2014	978-7-300-18970-3
95	微观经济学(第八版)	罗伯特·S·平狄克等	Robert S.Pindyck	79.00	2013	978-7-300-17133-3
96	微观银行经济学(第二版)	哈维尔·弗雷克斯等	Xavier Freixas	48.00	2014	978-7-300-18940-6
97	施米托夫论出口贸易——国际贸易法律与实务(第11版)	克利夫·M·施米托夫等	Clive M. Schmitthoff	168.00	2014	978-7-300-18425-8
98	微观经济学思维	玛莎·L·奥尔尼	Martha L. Olney	29.80	2013	978-7-300-17280-4
99	宏观经济学思维	玛莎·L·奥尔尼	Martha L. Olney	39.80	2013	978-7-300-17279-8
100	计量经济学原理与实践	达摩达尔·N·古扎拉蒂	Damodar N.Gujarati	49.80	2013	978-7-300-18169-1
101	现代战略分析案例集	罗伯特·M·格兰特	Robert M. Grant	48.00	2013	978-7-300-16038-2
102	高级国际贸易:理论与实证	罗伯特·C·芬斯特拉	Robert C. Feenstra	59.00	2013	978-7-300-17157-9
103	经济学简史——处理沉闷科学的巧妙方法(第二版)	E·雷·坎特伯里	E. Ray Canterbery	58.00	2013	978-7-300-17571-3
104	管理经济学(第四版)	方博亮等	Ivan Png	80.00	2013	978-7-300-17000-8
105	微观经济学原理(第五版)	巴德、帕金	Bade, Parkin	65.00	2013	978-7-300-16930-9
106	宏观经济学原理(第五版)	巴德、帕金	Bade, Parkin	63.00	2013	978-7-300-16929-3
107	环境经济学	彼得·伯克等	Peter Berck	55.00	2013	978-7-300-16538-7
108	高级微观经济理论	杰弗里·杰里	Geoffrey A. Jehle	69.00	2012	978-7-300-16613-1
109	高级宏观经济学导论:增长与经济周期(第二版)	彼得·伯奇·索伦森等	Peter Birch Sørensen	95.00	2012	978-7-300-15871-6

经济科学译丛

序号	书名	作者	Author	单价	出版年份	ISBN
110	宏观经济学(第二版)	保罗·克鲁格曼	Paul Krugman	45.00	2012	978-7-300-15029-1
111	微观经济学(第二版)	保罗·克鲁格曼	Paul Krugman	69.80	2012	978-7-300-14835-9
112	克鲁格曼《微观经济学(第二版)》学习手册	伊丽莎白·索耶·凯利	Elizabeth Sawyer Kelly	58.00	2013	978-7-300-17002-2
113	克鲁格曼《宏观经济学(第二版)》学习手册	伊丽莎白·索耶·凯利	Elizabeth Sawyer Kelly	36.00	2013	978-7-300-17024-4
114	微观经济学(第十一版)	埃德温·曼斯费尔德	Edwin Mansfield	88.00	2012	978-7-300-15050-5
115	卫生经济学(第六版)	舍曼·富兰德等	Sherman Folland	79.00	2011	978-7-300-14645-4
116	宏观经济学(第七版)	安德鲁·B·亚伯等	Andrew B. Abel	78.00	2011	978-7-300-14223-4
117	现代劳动经济学:理论与公共政策(第十版)	罗纳德·G·伊兰伯格等	Ronald G. Ehrenberg	69.00	2011	978-7-300-14482-5
118	宏观经济学:理论与政策(第九版)	理查德·T·弗罗恩	Richard T. Froyen	55.00	2011	978-7-300-14108-4
119	经济学原理(第四版)	威廉·博伊斯等	William Boyes	59.00	2011	978-7-300-13518-2
120	计量经济学基础(第五版)(上下册)	达摩达尔·N·古扎拉蒂	Damodar N.Gujarati	99.00	2011	978-7-300-13693-6
121	《计量经济学基础》(第五版)学习习题解答手册	达摩达尔·N·古扎拉蒂等	Damodar N. Gujarati	23.00	2012	978-7-300-15080-8
122	计量经济分析(第六版)(上下册)	威廉·H·格林	William H.Greene	128.00	2011	978-7-300-12779-8
123	国际贸易	罗伯特·C·芬斯特拉等	Robert C.Feenstra	49.00	2011	978-7-300-13704-9
124	经济增长(第二版)	戴维·N·韦尔	David N.Weil	63.00	2011	978-7-300-12778-1
125	投资科学	戴维·G·卢恩伯格	David G. Luenberger	58.00	2011	978-7-300-14747-5

金融学译丛

序号	书名	作者	Author	单价	出版年份	ISBN
1	银行风险管理(第四版)	若埃尔·贝西	Joël Bessis	56.00	2019	978-7-300-26496-7
2	金融学原理(第八版)	阿瑟·J.基翁等	Arthur J. Keown	79.00	2018	978-7-300-25638-2
3	财务管理基础(第七版)	劳伦斯·J.吉特曼等	Lawrence J. Gitman	89.00	2018	978-7-300-25339-8
4	利率互换及其他衍生品	霍华德·科伯	Howard Corb	69.00	2018	978-7-300-25294-0
5	固定收益证券手册(第八版)	弗兰克·J.法博齐	Frank J. Fabozzi	228.00	2017	978-7-300-24227-9
6	金融市场与金融机构(第8版)	弗雷德里克·S.米什金等	Frederic S. Mishkin	86.00	2017	978-7-300-24731-1
7	兼并、收购和公司重组(第六版)	帕特里克·A.高根	Patrick A. Gaughan	89.00	2016	978-7-300-24231-6
8	债券市场:分析与策略(第九版)	弗兰克·J.法博齐	Frank J. Fabozzi	98.00	2016	978-7-300-23495-3
9	财务报表分析(第四版)	马丁·弗里德森	Martin Fridson	46.00	2016	978-7-300-23037-5
10	国际金融学	约瑟夫·P·丹尼尔斯等	Joseph P. Daniels	65.00	2016	978-7-300-23037-1
11	国际金融	阿德里安·巴克利	Adrian Buckley	88.00	2016	978-7-300-22668-2
12	个人理财(第六版)	阿瑟·J·基翁	Arthur J. Keown	85.00	2016	978-7-300-22711-5
13	投资学基础(第三版)	戈登·J·亚历山大等	Gordon J. Alexander	79.00	2015	978-7-300-20274-7
14	金融风险管理(第二版)	彼德·F·克里斯托弗森	Peter F. Christoffersen	46.00	2015	978-7-300-21210-4
15	风险管理与保险管理(第十二版)	乔治·E·瑞达等	George E. Rejda	95.00	2015	978-7-300-21486-3
16	个人理财(第五版)	杰夫·马杜拉	Jeff Madura	69.00	2015	978-7-300-20583-0
17	企业价值评估	罗伯特·A·G·蒙克斯等	Robert A. G. Monks	58.00	2015	978-7-300-20582-3
18	基于Excel的金融学原理(第二版)	西蒙·本尼卡	Simon Benninga	79.00	2014	978-7-300-18899-7
19	金融工程学原理(第二版)	萨利赫·N·内夫特奇	Salih N. Neftci	88.00	2014	978-7-300-19348-9
20	投资学导论(第十版)	赫伯特·B·梅奥	Herbert B. Mayo	69.00	2014	978-7-300-18971-0
21	国际金融市场导论(第六版)	斯蒂芬·瓦尔德斯等	Stephen Valdez	59.80	2014	978-7-300-18896-6
22	金融数学:金融工程引论(第二版)	马雷克·凯宾斯基等	Marek Capinski	42.00	2014	978-7-300-17650-5
23	财务管理(第二版)	雷蒙德·布鲁克斯	Raymond Brooks	69.00	2014	978-7-300-19085-3
24	期货与期权市场导论(第七版)	约翰·C·赫尔	John C. Hull	69.00	2014	978-7-300-18994-2
25	国际金融:理论与实务	皮特·塞尔居	Piet Sercu	88.00	2014	978-7-300-18413-5
26	货币、银行和金融体系	R·格伦·哈伯德等	R.Glenn Hubbard	75.00	2013	978-7-300-17856-1
27	并购创造价值(第二版)	萨德·苏达斯纳	Sudi Sudarsanam	89.00	2013	978-7-300-17473-0
28	个人理财——理财技能培养方法(第三版)	杰克·R·卡普尔等	Jack R. Kapoor	66.00	2013	978-7-300-16687-2
29	国际财务管理	吉尔特·贝克特	Geert Bekaert	95.00	2012	978-7-300-16031-3
30	应用公司财务(第三版)	阿斯沃思·达摩达兰	Aswath Damodaran	88.00	2012	978-7-300-16034-4
31	资本市场:机构与工具(第四版)	弗兰克·J·法博齐	Frank J.Fabozzi	85.00	2012	978-7-300-13828-2
32	衍生品市场(第二版)	罗伯特·L·麦克唐纳	Robert L. McDonald	98.00	2011	978-7-300-13130-6
33	跨国金融原理(第三版)	迈克尔·H·莫菲特等	Michael H. Moffett	78.00	2011	978-7-300-12781-1
34	统计与金融	戴维·鲁珀特	David Ruppert	48.00	2010	978-7-300-11547-4
35	国际投资(第六版)	布鲁诺·索尔尼克等	Bruno Solnik	62.00	2010	978-7-300-11289-3

图书在版编目（CIP）数据

动态优化：经济学和管理学中的变分法和最优控制：第二版/（美）莫顿·I·凯曼，（美）南茜·L·施瓦茨著；王高望译. —北京：中国人民大学出版社，2016.8
（经济科学译丛）
ISBN 978-7-300-23167-9

Ⅰ.①动… Ⅱ.①莫…②南…③王… Ⅲ.①动态最佳化-应用-经济-教材 Ⅳ.①F224.0

中国版本图书馆 CIP 数据核字（2016）第 168643 号

"十三五"国家重点出版物出版规划项目
经济科学译丛
动态优化——经济学和管理学中的变分法和最优控制（第二版）
莫顿·I·凯曼
南茜·L·施瓦茨　　　著
王高望　译
Dongtai Youhua

出版发行	中国人民大学出版社			
社　　址	北京中关村大街 31 号		**邮政编码**	100080
电　　话	010 - 62511242（总编室）		010 - 62511770（质管部）	
	010 - 82501766（邮购部）		010 - 62514148（门市部）	
	010 - 62515195（发行公司）		010 - 62515275（盗版举报）	
网　　址	http://www.crup.com.cn			
经　　销	新华书店			
印　　刷	涿州市星河印刷有限公司			
规　　格	185 mm×260 mm　16 开本		**版　　次**	2016 年 8 月第 1 版
印　　张	20.75 插页 2		**印　　次**	2023 年 3 月第 3 次印刷
字　　数	467 000		**定　　价**	48.00 元